Und wie ein Nachtwandler mit großen starren Augen und vorwärts ausgestreckten tastenden Händen, gehe ich dem Abgrund zu.
Carl Bulcke: Silkes Liebe

Mein Leben hat mir viel gezeigt. Denke ich daran zurück, so war es eine Reihe von Bildern ohne Götter. Götzen ja. Es ist ein Irrsinn.
Carl W.H. Koch: Im Tropenhelm

Handle nur nach derjenigen Maxime, durch die du zugleich wollen kannst, dass sie ein allgemeines Gesetz werde.
Immanuel Kant

Volker Storck

Äusserste Vorsicht im Umgang mit ihm ist angebracht.

Das abenteuerliche Leben des Carl W.H. Koch (1882 - 1970)

Eine Dokumentation

Herstellung: epubli GmbH, Berlin, www.epubli.de
Printed in Germany

Vorwort

Koch ist (...) ein großer Egoist, der es versteht, einflussreiche Persönlichkeiten für seine persönlichen Zwecke einzuspannen. Äusserste Vorsicht im Umgang mit ihm ist angebracht. (...) Wenn Koch auch politisch nicht abgelehnt wird, muss aber darauf hingewiesen werden, dass sein Charakter zu grossem Zweifel Anlass gibt.[1]

Mit diesen harten Worten beantwortet die NSDAP-Kreisleitung Witzenhausen am 9. Dezember 1939 eine Anfrage des Präsidenten der Reichsschrifttumskammer über den Schriftsteller Karl W.H. Koch. Ganz ähnliche Charakteristiken finden sich in deutschen Archiven, es wird noch die Rede davon sein.

Koch ist heute - fast fünfzig Jahre nach seinem Tod im Jahr 1970 - weitgehend vergessen. Seine wenigen Bücher sind antiquarisch verfügbar, über die Person dahinter ist kaum etwas in Erfahrung zu bringen. Die einzigen im Internet verfügbaren biografischen Daten haben als gemeinsame Quelle einen Text, den Koch selbst für Langsdorffs Anthologie "Deutsche Flagge über Sand und Palmen - 53 Kolonialkrieger erzählen" 1936 verfasst hat:

Geb. 1882, Hauptmann d. R. der Marineinfanterie. 1903-1905 englische Goldküste, 1905 bis 1909 Ostasien, 1909-1916 mit Unterbrechung in Kamerun, zuletzt Führer der 5. Aktiven Feldkompanie, Eisernes Kreuz 1. Klasse, 1916 Internierung in Spanien, Flucht mit Segelschiff durch den Kanal, 1917-1919 englische Gefangenschaft mit Fluchtversuchen und Gefängnisstrafen, 1919 „Eiserne Division" im Baltikum, 1920 Chef der Stelle Baltikum im Reichswehrministerium, bis 1921 Verbindungsoffizier der Heeresfriedenskommission im besetzten Gebiet, 1924-30 Farmer in Angola. Seit 1932 SA. und Mitarbeiter vom Kolonialpolitischen Amt der Reichsleitung, Anfang 1933 durch kommunistischen Überfall erheblich verletzt, Führer Sturm 30. Seit April 1934 Direktor der Deutschen Kolonialschule Witzenhausen, Sturmhauptführer. Außer dem Buch ‚Im Tropenhelm' (Verlag Carl Floeder, Düsseldorf) (...) verfaßte er die Bücher: ‚Im toten Busch', ‚Das Lied des Landes' und ‚Das Ehrenbuch der S.A.[2]

Zwischen 2014 und 2017 tauchten auf Frankfurter Flohmärkten wesentliche Teile von Kochs schriftlichem und fotografischem Nachlass auf. Ein Teil der Dokumente - hauptsächlich sind es Abzüge seiner Fotografien - gelangte auf

---

[1] NSDAP-Kreisleitung Witzenhausen an den Präsidenten der Reichsschrifttumskammer in Berlin, 09.12.1939 (BArch)

[2] zitiert nach Werner v. Langsdorff: Deutsche Flagge unter Sand und Palmen

Umwegen ins Deutsche Historische Museum nach Berlin und ist inzwischen online in der DHM Objektdatenbank abrufbar. Der weitaus umfangreichere Bestand wurde von mir erworben. Ausgehend von Tagebüchern, Briefen, Zeitungsausschnitten und Negativen begann eine spannende Recherche im Internet, in Archiven, Bibliotheken und Museen, die immer wieder für Überraschungen sorgte. Schon bald entstand die Idee zu einem Buch, um den Lebensweg eines außergewöhnlichen Menschen vor dem endgültigen Vergessen zu bewahren. Spannend wurde die Recherche immer dann, wenn überraschend neue Dokumente und Informationen ermittelt wurden wie beispielsweise bisher unbekannte Familienfotos bei Ebay oder Hinweise, dass Kochs Wohnhaus im Kameruner Busch - das "Haus vom Chef" - nach über hundert Jahren noch immer steht.

Die vorliegende Biografie erhebt nicht den Anspruch, eine umfassende Geschichte kolonialer Bestrebungen während der ersten Hälfte des 20. Jahrhunderts zu sein. Sie erzählt anhand veröffentlichter und vor allem unveröffentlichter Dokumente die Geschichte eines Mannes, der für kurze Zeit im Rampenlicht der Öffentlichkeit stand, und der ein Leben führte, das ereignisreicher kaum sein konnte.

Sofern nicht ausdrücklich angegeben, wurden die Fotografien ausnahmslos von Carl W.H. Koch gefertigt und überzeugen auch nach über hundert Jahren durch ihre Qualität. Zitate sind kursiv gesetzt und folgen einem Stil, der heute oft nicht mehr gebräuchlich ist. Dennoch wurden auch typisch kolonialistische, selbst rassistische Begriffe mit Rücksicht auf die Originalität der Quellen übernommen.

Frankfurt, im Oktober 2018

Volker Storck

Goldküste - China - Kamerun

Am 15. August 1882 zeigt der Ingenieur Carl Koch beim Standesamt Frankfurt am Main die Geburt eines Kindes *männlichen Geschlechts* an. Einen Namen gibt er für das zwei Tage zuvor *in seiner Wohnung (...) Nachmittags um ein Uhr*[3] geborene Sonntagskind nicht an, was darauf hindeutet, dass die Familie mit dem baldigen Tod des Buben rechnet. Erst knapp zwei Monate später und einen Tag nach der evangelischen Taufe lässt Vater Koch am 9. Oktober 1882 das Geburtsregister vervollständigen:

> *Vor dem unterzeichneten Standesbeamten erschien heute (...) der Ingenieur Carl Koch zu Frankfurt a.M. wohnhaft Zeißelstraße No. 11*[4] *und zeigte an, daß dem von seiner Ehefrau am 13. August laufenden Jahres geborenen Kinde die Vornamen "Wilhelm Heinrich Carl" beigelegt worden seien.*[5]

Der 1845 geborene Vater Georg Karl Emil Koch stammt aus Dillenburg in Hessen und hat eine bewegte Vergangenheit hinter sich.

Als Siebzehnjähriger flüchtet er im Sommer 1862 zusammen mit seinem Freund Speck aus Elternhaus und Gymnasium, um nur mit etwas Geld, einem Fernglas und zwei Pistolen, jedoch ohne gültige Pässe als blinde Passagiere nach Amerika auszuwandern. Ein unterhaltsam geschriebenes Tagebuch zeugt von den Abenteuern einer Reise, die nach wenigen Wochen in London ihr klägliches Ende findet:

> *(...) das Boot näherte sich endlich Dortrecht. (...) Dies Stübchen* (auf dem Schiff) *sollte uns als Asyl dienen, doch fiel uns gleich ein Umstand ins Auge der wenig geeignet war, uns großes Vertrauen in dessen Sicherheit einzuflößen. Die Thüre nämlich, welche aus dem vorderen Cabinetchen in dasselbe führte, hatte zwar einmal ein Schloß gehabt, dasselbe aber im Laufe der Zeiten eingebüßt. Statt dessen führte jetzt an Stelle des Schlüsselloches eine ziemlich weite Öffnung aus dem einen Raum in den andern. Vermittels einer sinnreichen Vorrichtung gelang es nun zwar unserem Erfindungsgeist, die Thüre gegen unfreiwilliges Aufgehen zu sichern, auch das Loch wurde undurchsichtig gemacht, allein eine schmale Spalte in der Thür war nicht zu beseitigen und gestattete eine theilweise Ansicht des vorderen Zimmers. Das wollte übrigens nicht viel heißen, denn es war nicht wahrscheinlich, daß einer der Beamten im vordern Zimmer weiter vordrang als bis zur Theke und so weit waren wir geschützt, wenn*

[3] Geburtsregister Frankfurt/Main
[4] Frankfurt-Nordend
[5] Geburtsregister Frankfurt/Main

wir uns in der Nähe der Flaschen hielten. Dergleichen Bewegungen erlaubte uns das Klirren der Flaschen jederzeit auszuführen, ohne befürchten zu müssen, dadurch ein verdächtiges Geräusch zu machen.

Mittlerweile hatte das Schiff gehalten und als ich einen Blick durch das Fenster warf, sah ich gerade, wie in einer Entfernung von etwa 20 Schritten ein großer Nachen voll Beamten vorbeistrich nach der Mitte des Schiffs hin. Rasch zog ich meinen Kopf zurück und duckte mich, ebenso wie mein Freund, um von jenen nicht bemerkt zu werden. Wir sahen nochmals nach dem Verschluß der Thüre und setzten uns zur Erde nieder, die geladenen und gespannten Pistolen zur Hand, fest entschlossen, einen etwa eintretenden Beamten mittels derselben zum Schweigen zu zwingen, ihn womöglich uns dies schwören zu lassen. Doch sollte es nicht zum Äußersten kommen. (...)

(Im Kanal) *nahm das Schiff einen schweren Gang und eine schwankende Bewegung an. Möwen umkreisten es, ihre schrillen Schreie ausstoßend. Die Wasserfläche floß nicht, wie bisher in einem ruhigen Strom dahin, sondern war überall in einer starken wellenförmigen Bewegung, welche für das Dampfboot nach und nach die Wirkung hatte, daß dasselbe sich mit dem Vordertheil auf dem ich mich befand, bald hob bald senkte. Das Ganze bot ein so erhabenes Schauspiel für das ungewohnte Auge daß ich den Blick lange nicht davon abwenden konnte, und an der Brüstung stehend, bald das Meer, bald den Horizont betrachtete. (...)*

Ich stieg in die Cajüte hinab, aber welch ein Anblick bot sich mir hier. Alle Cojen, alle Tische und Bänke lagen voll kotzender Individuen. Leider hatte ich versäumt, auf eine der ersteren Beschlag zu legen, und mußte nun sehen, wo ich ein Lager fand. Die Cojen liefen in einer dreifachen Reihe übereinander an 3 Seiten der Cajüte hin, sie reichten aber nicht einmal für die Hälfte der Passagiere. In der untersten Reihe fand ich auch meinen Schicksalsgefährten in einem beklagenswerthen Zustand. Ein Engländer, der wahrscheinlich gegründeten Anspruch auf die Coje hatte, stand vor ihm, rief ihm auf englisch allerlei zu und suchte ihn an den Beinen aus der Coje herauszuziehen, was ihm jedoch nicht gelang; für alle seine Demonstrationen hatte Speck nur einen passiven, aber unüberwindlichen Widerstand und erwiderte seine Reden nur durch ein unartikuliertes Grunzen und Stöhnen, unterbrochen durch Kotzen. Kein Wunder daß solche Scenen auch mir übel machten. [6]

Nach der misslungenen Auswanderung schlägt Georg Karl Emil Koch, der sich fortan Carl Koch nennt, die Militärlaufbahn ein und tritt *im Frühjahr 1863 nach bestandenem Aufnahmeexamen in die Militärschule zu Wiesbaden ein.*[7]

---

[6] Unveröffentlichtes Manuskript des Vaters aus dem Nachlass von Carl W.H. Koch (CWHK)

[7] a.a.O.

1866 wird der Kadett-Unteroffzier Koch zum Unterleutnant der Herzoglich Nassauischen Feldbrigade[8] befördert und nimmt auf Seiten der süddeutschen Armeen und Österreichs am glücklosen Mainfeldzug gegen Preußen teil. Nach der Annexion Nassaus durch Preußen wird Koch in die preußische Armee übernommen, wo er als Seconde-Lieutenant[9] beim Infanterie-Regiment Nr. 88 in Luxemburg und Fulda, ab 1869 in Mainz Dienst tut.[10]

Von dort rückt das Regiment, das sich inzwischen "2. Nassauisches Infanterie Regiment Nr. 88" nennen darf, im Sommer 1870 nach Frankreich ab. Kochs Einheit wird in den beiden blutigen Entscheidungsschlachten von Wörth[11] und Sedan[12] und später als Vorposten auf der Montretout-Schanze und in St. Cloud[13] bei Paris eingesetzt.[14] Dort soll er nach der Erinnerung seines Sohnes durch einen Granatsplitter im Knöchel[15] verwundet worden sein. Allerdings findet sich sein Name nicht unter den verwundeten Offizieren in den preußischen Verlustlisten. Auch der Bataillonskommandeur Major Wilhelm Heye erwähnt ihn in seinem Kriegstagebuch nur einmal kurz unter dem 1. Januar 1871:

> *Um 3 Uhr langten 105 Mann Ersatz unter Leutnant Koch an (...) Von 6-7 Uhr war ich bei den Offizieren der 3ten Kompagnie, die auf der Meierei liegt, und ließ mir von Leutnant Koch von Frankfurt und der Heimat erzählen.*[16]

Gesichert ist, dass Carl Koch 1872 als Halbinvalide mit Pension nebst Aussicht auf Anstellung im Civildienst aus dem aktiven Militärdienst ausgeschieden und zum 1. Bataillon des 5. Westfälischen Landwehr-Regiments Nr. 53 mit Standort in Duisburg übergetreten ist.[17]

> *Es war noch sehr anständig, dass der Grossherzog von Hessen ihn damals solange als Adjutant beschäftigte, bis er auf der nahgelegenen technischen Hochschule seine Ingenieur-Examina ablegen konnte (...)*[18]

In Duisburg heiratet der inzwischen zum Premier-Lieutenant[19] beförderte Koch 1875 die fünfundzwanzigährige Maria Dorothea Thier, *ein armes Mädchen*[20] aus dem niedersächsischen Adelebsen.

---

[8] lt. Kriegsrangliste 2. Regiment, II. Bataillon, 9. Kompanie, zitiert nach Rosenwald: Die Herzoglich Nassauische Brigade im Feldzug 1866
[9] Leutnant
[10] Rang- und Quartierlisten der Königlich Preußischen Armee und Marine
[11] 06.08.1870
[12] 01.09.1870
[13] 19.01.1870
[14] Auswertung der Preußischen Verlustlisten 1870/71
[15] CWHK an Peter Koch, 27.11.1966 (Nachlass)
[16] Heye: Kriegstagebuch
[17] Rang- und Quartierlisten der Königlich Preußischen Armee und Marine
[18] CWHK an Peter Koch, 27.11.1966 (Nachlass)
[19] Oberleutnant
[20] CWHK an Peter Koch, 27.11.1966 (Nachlass)

Georg Carl Emil Koch

Maria Dorothea Thier

Maria ist 1850 unehelich auf die Welt gekommen, eine Tatsache, die Karl W.H. Koch zeitlebens beschäftigt und auf die er manchen Schicksalsschlag zurückführt.

> *Ich hatte immer gehofft, entsprechende Dokumente beschaffen zu können (...) hinsichtlich einer Adoption meiner Mutter durch den Förster Wilhelm Heinrich Thier (...). Dafür, dass der spätere Forstdirektor Burckhardt der wirkliche Vater meiner Mutter war, spricht folgendes:*
>
> *1). Meine Mutter hat dies mir und meinen Geschwistern erzählt.*
>
> *2). Meine Mutter hielt ein grösseres Bild von ihm in besonderen Ehren (...). Dasselbe Bild findet sich im Unterrichtssaal des Pfarramtes zu Adelebsen, wo ich es vor einigen Jahren bei meinem ersten Besuch in Adelebsen sah.*
>
> *3). Der damalige Forstassessor Burckhardt studierte von 1844/49 an der Forsthochschule in Hannoversch-Münden und besuchte fraglos nach Abschluss des Studiums in den Weihnachtsferien seine in Adelebsen wohnenden Eltern. Dieser Zeit entspricht die Geburt meiner Mutter im September 1850.*
>
> *4). Meine Mutter verkehrte als Mädchen viel im Hause der Freiherren von Adelebsen, die ihrerseits offenbar enge Beziehungen zur Familie Burckhardt hatten, denn an einem zum Schloss gehörigen Bau befindet sich eine Erinnerungstafel an den Forstdirektor Burckhardt. Nach den damaligen Standesbegriffen hätten die Freiherren von Adelebsen sie kaum in ihr Haus aufgenommen, wenn sie nicht die Tochter des Burckhardt gewesen wäre.*[21]

---

[21] CWHK an die Reichsschrifttumskammer, 28.08.1940 (BArch)

Von Duisburg zieht das Paar zunächst nach Hannover und schließlich 1879 nach Mainz, wo Koch dem 4. Großherzoglich Hessischen Landwehr-Regiment Nr. 118 zugeordnet wird. Ausgezeichnet mit der Landwehr-Dienstauszeichnung 2. Klasse wird ihm 1882 der endgültige Abschied vom Militär bewilligt.[22]

In Mainz kommt 1880 der lang ersehnte Stammhalter Gustav zur Welt, kurz darauf zieht die Familie nach Frankfurt, wo 1882 Karl und schließlich 1886 Emilie geboren werden. Bis 1889 bleiben Kochs in Frankfurt, wo sie insgesamt dreimal umziehen: Von der Zeisselstraße 11 im Nordend in die Bockenheimer Hasengasse[23] 14 und schließlich - ebenfalls in Bockenheim - in die Falkstraße 39. Bockenheim ist zu dieser Zeit noch eine eigenständige Kleinstadt vor den Toren Frankfurts und bietet alles, was man zum Leben braucht. Dort werden die beiden Buben eingeschult und besuchen fortan die nahe gelegene Realschule[24].

Carl Wilhelm Heinrich Koch
1884

Im Mai 1889 heißt es erneut Koffer packen. Carl Koch hat in Darmstadt in der Rossdörfer Str. 13 eine Wohnung für seine fünfköpfige Familie, die Schwiegermutter und seine Schwägerin gemietet.[25]

Die Unstetigkeit ist längst zum Dauerzustand nicht nur im Leben der Kinder geworden. Es bleibt kaum Zeit für einen geregelten Schulbesuch und echte Freundschaften.

---

[22] Rang- und Quartierlisten der Königlich Preußischen Armee und Marine
[23] Ab 1895 Landgrafenstraße
[24] Heute Franckeschule
[25] Auskunft Stadtarchiv Darmstadt

Darmstadt 1890

Von Darmstadt geht es schon 1892 für vier Jahre zurück nach Mainz, dann für rund ein Jahr nach Hückeswagen im Bergischen Land. Dort meldet sich die Familie am 4. Dezember 1896 nach Nürnberg ab,[26] wo sie bis 1899 wohnen wird[27]. Ausdrücklich vermerkt wird im Hamburger Melderegister unter der Rubrik *letzter Aufenthalt: Nürnberg u*(nd) *a*(uf) *Reisen.*

Die häufigen Umzüge sind den großen öffentlichen Bauvorhaben geschuldet, bei denen Vater Koch beschäftigt ist. So wird er nach der Erinnerung seines Sohnes Karl W.H. Koch u.a. beim Bau des Frankfurter Hauptbahnhofs (Bauzeit 1883-1888) und der Bevertalsperre (Bauzeit 1896-1898) eingesetzt: [28]

> *Im zweiten Beruf war er tüchtig - (Frkftr Bahnhof, Bewer-Wupper-Talsperre) - aber naturgemäss hatte er oft Schwierigkeiten mit Vorgesetzten, da er sehr gescheit, aber nicht klug war.*[29]

---

[26] Auskunft Stadtarchiv Hückeswagen
[27] Auskunft Staatsarchiv Hamburg
[28] Für Kochs Beteiligung am Bau des Bahnhofs in Hannover (Bauzeit 1875-1879) konnte bisher noch kein Nachweis erbracht werden
[29] CWHK an Sohn P., Brief vom 27.11.1966 (Nachlass)

Familie Koch (2. v.r.: CWHK)
Hamburg, 31. Dezember 1899

Während der Vater das Geld verdient, sorgt die Mutter als *Arbeitstier der Familie*[30] für einen einigermaßen geregelten Tagesablauf.

Gustav tritt nach dem Schulabschluss in die Fußstapfen seines Vaters und beginnt ein Ingenieursstudium an der Technischen Hochschule in Berlin-Charlottenburg.

Karl hat andere Pläne. Nachdem er das "Einjährige" - also die Berechtigung zum verkürzten Militärdienst mit Aussicht auf eine Reserveoffizierslaufbahn - in der Tasche hat, reist er zur Erholung an den Bodensee. Aus dieser Zeit stammt die früheste schriftlich fixierte Erinnerung:

> *Als junger Mensch machte ich an der Vorarlbergergrenze eine nächtliche Kletterpartie in einem geeigneten Felsgebiet. Um meine Uhr nicht zu beschädigen, wickelte ich sie in ein Taschentuch und versenkte Uhr und Tuch in die Hosentasche. Von einem schmalen Band mit Erdauflage aus galt es, eine überhängende Felsnase zu überwinden. Oben – es war mir heiss geworden – fasste ich unbedachterweise das Tuch an einem Zipfel und zog es aus der Tasche. Die Uhr flog hinunter, ein Aufschlag war nicht zu hören. Sie war einfach weg. Ich kletterte, getrieben von einer vagen Hoffnung, hinunter bis zu dem Felsband. Durch das, vom äussersten Zacken*

[30] Häufig verwendete Charakterisierung seiner Mutter im Tagebuch von CWHK

der überhängenden Nase heruntertropfende Wasser war in die Lehmauflage des Bandes ein kreisrundes, wassergefülltes Loch gewaschen worden. Darin fand sich die Uhr. Sie war, jeglichem Gesetz der Schwerkraft widersprechend, in einem Bogen etwa fünfzehn Meter durch die Luft gesaust und tickte vergnügt weiter, als ob sie der Sturz und das Wasserbad nichts angingen. Der Zufall hatte sie geleitet.[31]

In einer *Hütte am Weiher nahe Lindau*[32] kommt es am 13. Mai 1900 - es ist ein Sonntag - zu einer schicksalhaften Begegnung. Der Siebzehnjährige, der seinen Vornamen inzwischen elegant mit C schreibt, verliebt sich in Annemarie, ein Mädchen aus gutem Hause. Es kommt zum ersten zaghaften Kuss, die beiden jungen Leute träumen von einer gemeinsamen Zukunft und schreiben sich Briefe, von denen keiner erhalten ist. Diskret hütet Koch sogar gegenüber dem Tagebuch das Geheimnis um Annemaries Nachnamen.

Seinem Bruder schreibt er:

(...) ich halte diese Zeit (meiner Liebe für Fr. A.) für den einzigen Lichtpunkt in meiner Jugendzeit; vielleicht weil sie so ganz frei von trivialen Motiven war. Kennst du den Vers von Möricke über Prinzessin Rotraut u. ihren Knappen.

„Einstmals sie ruhten am Eichenbaum,
„da lacht Schön-Rotraut:
„Was siehst mich an so wunniglich
„wenn du das Herz hast, küsse mich![33]

Ich hatte es damals ja an dem Sonntagmorgen, doch das ist ja lange her. Aber der 13. Mai ist für mich heute noch ein Feiertag.[34]

Am 18. August 1900 - fünf Tage nach seinem 18. Geburtstag - kommt Karl in Hamburg an, wo die Eltern inzwischen eine moderne Mietwohnung am Winterhuder Marktplatz ¾ bewohnen. Die Meldebehörde registriert den Sohn als *Handl.*(ungs) *Commis*, also als kaufmännischen Angestellten. Wo er seine schulische und berufliche Ausbildung abgeschlossen hat und wo für welches Unternehmen er arbeitet, ist nicht bekannt. Fragen nach dem erlernten Beruf wird er später lapidar mit der Floskel *den kaufmännischen*[35] beantworten.

Am 1. Oktober 1902 tritt Carl für ein Jahr als Einjährig-Freiwilliger in das Altonaer Infanterie Regiment "Graf Bose" (1. Thüringisches) Nr. 31 ein. Er hat genaue Vorstellungen von seiner Zukunft: Nach der Militärzeit wird er sich einige Jahre den Wind um die Nase wehen lassen, vielleicht in einer der

---

[31] Vom Zufall, undatierte autobiografische Erzählung (Nachlass)
[32] Tagebucheintrag 16.05.1912 (Rückblick)
[33] Eduard Mörike (1804-1875): Schön-Rohtraut (1838)
[34] CWHK an Gustav Koch, 17.09.1904 (Nachlass)
[35] Fragebogen zur Bearbeitung des Aufnahmeantrags für die Reichsschrifttumskammer vom 08.05.1939 (BArch)

deutschen Kolonien und dann - als stolzer Reserveleutnant und gemachter Mann - Annemarie heiraten. In seinen Träumen steht einer glänzenden Karriere nichts im Wege.

Familie Koch. Aufg. Herbst 1903[36]

CWHK als Unteroffizier im Infanterie Regiment "Graf Bose" (1. Thüringisches) Nr. 31, Vater Georg Karl Emil Koch, Mutter Maria Dorothea, Schwester Emilie, Bruder Gustav (v.l.n.r.)

Trotz der tief empfundenen Liebe zu Annemarie schlittert der Einjährig-Freiwillige Koch in eine kurze, aber heiße Affäre mit R.[37], der Ex-Freundin seines Bruders.

> *Sie that mir erst ein bischen leid, dann verliebte sie sich offenbar in mich als „Ersatz" 1903. Nun, ich ließ das zu, küßte sie weidlich ab, trieb mich mit ihr in St. P.* (Sankt Pauli) *herum u. ließ mich von ihr besuchen. Mit Kurt Br. u. Karl Hoppe haben wir dann manche lustige Stunde in meiner Altonaer Bude verlebt. Übrigens sah ich in ihr nicht R., sondern das Weib. Meine Gefühle für sie waren sehr komplizierter Art. Ich wurde in jenen Monaten durch Verschiedenes in meiner Umgebung viel an Frau Annemarie erinnert, glaubte ferner ein Mädchen aus unserem damaligen Bekanntenkreise wirklich zu lieben (rathe einmal! Auflösung folgt!), ohne mich ihr nähern*

[36] Rückseitige Beschriftung, Aufnahme durch A. Roth, Hamburg, Alsterdamm 1 (eigene Sammlung)
[37] In keinem erhaltenen Brief wird der Name ausgeschrieben

zu wollen u. suchte ferner nach einem Gegenmittel für die Anstrengungen u. Widerwärtigkeiten des Dienstes. Ich war erklärlicherweise in einem seelischen Zustande, der Betäubung verlangte u. der schließlich in einem Nervenfieber Ableitung fand. –[38]

In einem Gedicht besingt er seine innersten Gefühle:

Liebesnacht

Ich streichle die Haut dir, die kühle u weiße
Und küsse den Hals dir, die Brust u. den Mund,
Empfinde den Duft deiner Liebe ganz leise
Wie jenen von Rosen zu frühester Stund.

Ich nehme dich sanft in den Arm u. beginne
Die Spiele der Liebe in wechselndem Tausch;
Umfasse die Hüften dir, und die Sinne
Erheben verlangend empor sich zum Rausch.

Ich blick in die Augen dir, schimmerndes Leuchten,
Besagt mir vom Herzen, wie heiß es dir schlägt,
da sich ein Taumel, den Wünsche erzeugten,
dunkel u. tief ihre Farbe erregt.

Ich fühl deinen Körper und fühl dein Vergehen
Und spüre dein Blut und die Leidenschaft.
Du gibst dich in Liebe, in stürmischem Wehen
Erlöst sie vom Leben in löschender Kraft.

Uns schwindet das Dasein, es sinken die Bande,
Befreiend beschwingt uns das göttliche Gut.
Wie tosende Wellen am Meeresstrande
Verebbt der Alltag, in brennender Glut.

Ermattet in Liebe, schließt dann du die Lider
Sinkst schmiegend u. tief in die Kissen hinein
Und kuschelst die schweren u. losen Glieder
Gleich Teilen von mir in die Arme mein.

Der süßeste Schlummer, von Göttern behütet
Befällt uns Beide vergessend und sacht;
Die Liebe geht schlafen, in Liebe ermüdet,
In heißer Erfüllung der dunkelen Nacht![39]

---

38 CWHK an Gustav Koch, 17.09.1904 (Nachlass)

39 Undatiertes Manuskript; Papier und Schriftbild deuten auf eine Entstehungszeit um 1905 (Nachlass)

Wenige Tage nach der Entlassung als Unteroffizier - zwei Wehrübungen trennen ihn nun von der im wilhelminischen Kaiserreich so erstrebenswerten Beförderung zum Reserveoffizier - besteigt Koch am 10. November 1903 in Cuxhaven das Dampfschiff "Alexandra Woermann" mit Ziel Accra an der Englischen Goldküste. In der Passagierliste wird er als "Kaufmann" geführt.

Die Goldküste steht seit Jahrhunderten im Fokus europäischer Mächte. In Groß-Friedrichsburg - rund 200 km westlich von Accra - hatte von 1683 bis 1717 sogar eine kurbrandenburgische Kolonie bestanden. Noch heute finden sich Reste der einstmals umfangreichen Befestigungsanlagen. Nach blutigen Auseinandersetzungen wurde Südghana schließlich 1874 zur britischen Kronkolonie Goldküste erklärt.

Nach rund drei Wochen erreicht das Schiff die Küste Westafrikas.

> *Kurz vor Tischzeit vorbeimarschierende Musik. Es war dieselbe eintönige Melodie, die ich Herbst 1903 bei meiner Ankunft an der Goldküste in Akkra von Hausatruppen gehört habe. Damals amüsierte ich mich darüber, dass der schwarze Kapellmeister den Marsch immer abwechselnd einmal mit u. einmal ohne große Trommel spielen liess, um eine gewisse Veränderung zu erzielen u. damit mehr Eindruck zu machen. Heute wundert mich nichts mehr. Damals - ich hatte gerade meine Dienstzeit hinter mir, - wunderte ich mich auch noch darüber, dass ein Soldat, dessen Beinwickel sich gelöst hatte, sein Gewehr einem begeisterten Negerknirps zum Tragen gab; der Junge trat in die marschierende Kolonne ein, der Soldat blieb zurück, band seine Gamasche fest u. eilte der Kolonne dann in federndem Laufschritt wieder nach. Das ist jetzt 15 Jahre her u. ich verstehe nicht, wo die Zeit geblieben ist, nur in stillen Stunden scheint sie mir vergeudet u. nutzlos verbracht. Aber das geht wohl den meisten Menschen so, die ernst an die Vergangenheit denken. -*[40]
>
> *Als ich kurz nach der Jahrhundertwende in Akkra (...) an Land kam, sass ich bis zum Hals im Wasser, und so jagte das schwere Boot vor den meterhohen Brechern her an Land. Irgendwie hatte der Steuermann die starke Dünung (...) nicht richtig einkalkuliert und war gerade noch über die schwarzen Felsklippen klar gekommen, die grimmig auftauchten und über die von achtern anstürmend sich die Seen ins Boot warfen.*
>
> *Abends tanzten Frauen, Mädchen und Männer, mehr oder weniger in bunte Drucke gehüllt, und nie werde ich den Rhythmus noch die Worte vergessen, angefangen mit dem assikjuleluja, die mich damals begleitet vom Takt des Händeklatschens und den dumpfen Trommeln im Kreis ums Holzfeuer in jenen Duft Zentralafrikas einführten, der seine Seele ist und unsere Seelen (...) für immer einfing. (...)*
>
> *Es war gar nicht so weit von der Küste, wo ich - der als junger Mensch mit dem Fahrrad und ohne jede Waffe auf Urwaldpfaden glaubte, das*

---

[40] Tagebucheintrag 12.05.1918 (Rückblick)

Hinterland sehen zu können - noch sah, dass die Eingeborenen, als ich kam, ihre Lasten, Speere, und was sie noch trugen, wegwarfen und flüchteten. "Der Teufel kommt", brüllten sie, im schönen, melodischen Adangbe, das ich mich bemüht hatte zu verstehen. Nie hatten sie ein Fahrrad erblickt.

Oben, in den Akuapembergen wohnte mein Freund Ofu. Er besass ein zweistöckiges Haus mit breiten Veranden und liess in seinen Kakaopflanzungen ausser seinen Sklaven seine 200 Frauen arbeiten. (...)

Die Frauen tanzten, die Feuer brannten helle, die Sklaven hatten Kautschuk hineingeworfen.

"Du weisst" sagte Ofu, "ich konnte nur 100 aus den Farmen kommen lassen, weil Du wieder einmal nicht vorher schriebst oder einen Boten schicktest. Sie stehen alle zu Deiner Verfügung. Richtig, Du hast ja Deine Braut zuhause. Na, prost!"[41]

Häuptling, Akropong[42] *(Goldküste) 1904*[43]

Der Freund spricht ein heikles Thema an, denn Annemarie ist nicht mehr Kochs Braut, offiziell waren die beiden nie richtig verlobt. Später wird er von der

[41] Typoskript "The Whiteman's Grave" (Nachlass)
[42] Akropong, Kleinstadt in Ghana, ca. 40 km von Accra entfernt
[43] Postkarte im Nachlass

Tragik in meinem Leben[44] sprechen, wenn er an sie denkt. In einem nie abgeschickten Brief reflektiert er die Trennung:

> *Mein geliebtes Mädchen, es ist nun soweit, dass ich Dir ausführlich schreiben kann, ohne dass ich mich Deinem Vater gegenüber zu schämen brauche.*
>
> *In diesen drei Jahren*[45] *habe ich Dir nur kurze Grüsse schicken können, weil ich erst bewiesen haben wollte, dass ich etwas war. Du wirst den Brief Deines Vaters nicht kennen, den ich als erste Post aus Europa bekam, als ich an der berüchtigten Elfenbeinküste*[46] *gelandet war.*
>
> *Ich will nicht näher darauf eingehen, es war ein schwerer Schlag. Dein Vater hatte recht. Was war ich schon? Ein Handlungsgehilfe an der dreifach verdammten Küste Westafrikas, die the whiteman's grave genannt wird und auf die wirklich das alte Kiplingsche Wort passt: damned from here to eternity*[47]*.*
>
> *An jenem Tage ging ich wieder meinen täglichen Weg nach des Tages Arbeit zu jenem verrosteten, zerschlagenen Wrack, das einst ein donnernder und pfeifender Tornado durch den brüllenden Brandungsstrand hinauf, auf den Sand des flachen Ufers geworfen hatte. Vielerlei Seegetier war da immer zu beobachten, wie es durch die alten Schiffsräume strich. Einmal war bei der Flut ein kräftiger Hai in die Brandungswellen geraten und konnte nicht mehr zurück. Ich erlöste das verzweifelt kämpfende Tier mit ein paar Schüssen. Auch ein Hai ist ein Geschöpf Gottes.*
>
> *Von der hohen Stahlkante des Wracks habe ich damals Deinen Ring in die fast ständig tobende Brandung geworfen, sentimentaler Kindskopf, der ich war. Und irgendwie wurde mir leichter, wenigstens glaubte ich es. Ja, ich konnte, dies sage ich Dir offen, ziemlich ungehindert an den Zusammenkünften der wenigen Europäer teilnehmen.*
>
> *Was waren wir jungen Angestellten schon viel?*
>
> *Ein Franzose, ein Engländer, ein anderer Deutscher und ich waren die kleinen Leute. Manchmal tranken wir. War der Franzose in Stimmung gekommen, so sang er "je m'en fous.......", der Engländer, "when we are married we eat sausage for tea......." und mein Landsmann, ein Württemberger "auf dem Wase da grase de Hase, in de Gumpe do gampe de Fisch......". Nachher marschierten wir um das krumme und schiefe Pocket Billard, das uns zur Erholung bewilligt worden war, hintereinander herum und sangen, alle vier mit gleicher Vorliebe und je nach Fähigkeit, "als im*

---

[44] Tagebucheintrag 21.05.1911

[45] 1900-1903

[46] gemeint ist die Goldküste

[47] Zeile aus Rudyard Kiplings Gedicht "Gentlemen-Rankers" (1892)

Jahre einundsiebzig ich nach Frankreich bin marschiert, da hat Guste, die bewusste, mir ein Butterbrot geschmiert." Dabei trug jeder sein Queue geschultert. Die Mohren, die durchs Fenster guckten, fanden das herrlich und viel schöner als die Feste der Chefs. Und die Mädchen jenes glücklichen Volkes eines Küstenstammes drängten sich an die Gitterstäbe der Fenster (...).

Die im ersten Stock des Hauptgebäudes griffbereit stehenden und stets magazingeladenen zwölf Winchestergewehre beeinflussten die persönlichen Beziehungen von Weiss und Schwarz und umgekehrt nur ganz selten, der letzte grosse Aufstand lag volle drei Jahre zurück.[48]

Dann wurde ich krank. Ich schluckte das elende Chinin, das es dort gab, in falscher Stunde, als ich Malaria hatte, vielleicht lösten sich auch die Pillen, die mit einem steinharten Zuckermantel versehen waren, sehr schlecht auf. Der Erfolg war ein schweres Schwarzwasserfieber[49]*. Ich weiss nicht, ob der farbige Apotheker, der aus dem Inneren geholte, theosophische Missionsarzt oder meine gesunde Natur mich rettete. Kurzum, es ging mir langsam besser, obwohl es das berüchtigte siebente Jahr war. In diesem Turnus sterben die meisten Weissen, sie werden, wie die Farbigen sagen, von den Göttern des Landes weggeholt, damit sie nicht überhand nehmen. Aber in diesem Klima konnte ich nicht bleiben.*

Eines war mir damals in vielen müden Nächten, in denen ich aus Schwachheit nicht schlafen und den Kopf nicht vom Kissen heben konnte, klar geworden: Zum erfolgreichen Händler war ich nicht geboren, nie konnte ich mit den Farbigen feilschen, um ihnen etwas anzudrehen, an dem sehr gut verdient wurde. Wohl konnte ich Landesprodukte von ihnen kaufen, weil meine rein menschlich-intuitive Beziehung zu ihnen sie gewissermassen schwach machte. Da war, wenn Körbe mit Kakaobohnen oder sonstwas angebracht wurde, fast immer gleich ein Konnex, mag es zu einem Häuptling oder zu einem Sklaven, zu einem jungen Mädchen oder zu einer gerissenen alten Händlerin gewesen sein. Ob ich wohl in einer früheren Inkarnation schwarze oder braune Haut gehabt hatte? Manchmal schien es mir so.

Wenn wir mit Farbigen zusammen waren, auch Vorgesetzte oder Regierungsbeamte, die Fragen stellten, meist blickten sie vor und während der Antwort erst zu mir, dem jungen Neuling, als ob ich sie beraten sollte oder könnte, als ob ich zu ihnen gehöre und nicht zu den Menschen meiner Hautfarbe. (...)[50]

---

[48] Gemeint ist der letzte große Aufstand der Ashanti gegen die britische Herrschaft unter Führung der Königinmutter Yaa Asantewaa (1863-1923) im Jahr 1900

[49] Hämoglobinurie, Begleiterscheinung der Malaria tropica; über die Nieren wird Hämoglobin ausgeschieden, was zu einem akuten Nierenversagen führen kann.

[50] Typoskript "Dröhnende Trommeln" (Nachlass)

In diesem stark autobiografischen Text - Teil der unveröffentlichten Erzählung "Dröhnende Trommeln" - beschreibt Koch wesentliche Teile des eigenen Charakters: Er ist anders als andere Menschen, sein tiefes Denken und Fühlen hebt ihn über seine Umgebung hinaus. Sein Auge ist unbestechlich objektiv, das Urteil stets gerecht - an all dem besteht für ihn kein Zweifel, sondern rechtfertigt das Selbstverständnis einer höheren Berufung. Koch ist nur 1,66 m groß, möglicherweise erklärt das einen Teil seines immensen Selbstbewusstseins.

Dem Bruder schreibt er lange Briefe aus Afrika, bei kritischen Themen sogar in englisch, um die Mutter nicht zu beunruhigen:

> *Because Mama will trouble you in order to see my letter I write a special one for private things of heart and sense. (...)*
>
> *Would you have thought, that I should have taken here on the coast a black wife, like the others use to do? But I did. She is, or better she was a Hausa-girl with the nice name Zanabio Salata. Thereby I had a good chance to learn the Hausa language and I made use of it. Look here, in this climate the feeling is very different and that changes the meaning, also the mine, after having been pure for so long years.*
>
> *In the beginning of July I had a very bad fever, so that the doctor was thinking blackwater fever would come. For 4 days I was in high fever, day and night time about 39.5 – 40.8°, but then, after having received a brandy-clyster, the temperature changed and the fever went down a little bit. I stopped in the bed for 11 days and then I felt so tired and weak, that I could use a stair only with effort. But I did not wrote to home about that in order to make not fear our parents and sister. Blackwater fever is the badest thing of all here on the coast.*[51]

Detailreich beschreibt er seinen Tagesablauf auf einer Kakao-Faktorei in Akuse:

> *Wie ich den Tag durchschnittlich verbringe? Das ist in der Woche gleich, am Sonntag verschieden. Morgens um ¾ 6 stehe ich auf, ziehe mich rasch an, rasch, weil weder Unterzeug noch Kragen oder Krawatte u. läute um 6 Uhr zum Zeichen des Beginnens. Meine erste Arbeit besteht darin, daß ich ein wichtiges Bedürfnis erledige u. geschäftlich im Absenden der schwarzen Clerks mit dem nötigen Kleingeld um Palmöl, Kerne, Cocoa etc. zu kaufen. Tagsüber habe ich mit Aus- u. Einzahlungen meiner Kasse zu thun, Probenehmen von Öl, Kaufen von Cocoa, Überwachen des Wiegens u. Markens der Fässer zu thun u. nebenher meine Produktenbücher u. meine Kasse zu führen. Ferner fertige ich alle Hausanischen Kunden ab, da sie mich kennen u. vor Allem, da ich mich in Hausasprache gut verständlich machen kann. In Adangbe bin ich noch kaum über die allgemeinen Ausdrücke hinaus gekommen.*

---

[51] CWHK an Gustav Koch, 12.08.1904 (Nachlass)

In der Mittagszeit liegt man etwas u. schläft, ich gewöhnlich nur von ¾ 2 – 2 Uhr. Um diese Zeit läute ich wieder u. bin bis 5 Uhr ähnlich beschäftigt wie am Vormittage, doch rechne ich mit den Clerks über die Produkteneinkäufe ab. Um 5 Uhr essen wir, dann bade ich oder radele etwas; Abends machen wir wohl 2x p Woche Besuche oder empfangen auch, sonst lesen wir bis u. nach dem Thee, der mit Gelée-Brot um 8 Uhr genossen wird.

Wir essen viel Konserven, denn an frischen Speisen ist Mangel. Gemüse fehlt frisch ganz, als Fleisch haben wir nur Geflügel u. Schaffleisch bezw. Mutton. Butter gibt's nicht. Trotzdem ist das Essen recht gut. Statt Kartoffeln essen wir manchmal Yams. Kürzlich waren uns die Kartoffeln ausgegangen, Yamszeit ist auch nicht u. dazu kam, daß in keiner Factorei Mehl zu kaufen war! So geht es hier mitunter. Aber das Essen der Eingeborenen, deren Hauptspeise „Kaupi" u. „Fufu" sind, zu (verzehren[52]), *würde zu weit führen. Erwähnt sei, daß sie im Allgemeinen „laff" essen, jedoch bei einzelnen Speisen Quantitäten des grünen Country-Pfeffers essen, die kaum glaublich sind. Er ist viel stärker als spanischer Pfeffer, doch sah ich selbst schon, wie ein schwarzer Bengel einen gehäuften Theelöffel voll ohne Vor- u. Nachspeise u. ohne jede Zuthat verschlang. Zu einer richtigen Palmölsuppe mit Huhn u. Fufu gehört viel Pfeffer, so daß jeder Löffel im Halse brennt. Übrigens ist der Pfeffer auch für Europäer, zeitweise genossen, sehr gesund. Erwähnt sei noch, daß ein Schwarzer, wenn 6-10 Jahre das doppelte, wenn erwachsen, das vierfache von dem an Quantität verschlingt, was einem Europäer genügen würde. Dementsprechend ist bei allen Kindern von 3 Monaten alt an der Bauch dicker als die Schultern breit.*[53]

In seiner Freizeit beschäftigt sich Koch insgeheim mit der Planung einer abenteuerlichen Reise:

Von meinem Verhältnis zu dem Hausamädel schrieb ich dir, doch habe ich das ja aufgegeben. Jetzt habe ich andere Pläne u. Absichten, die mich an schöne Negerinnen wenig denken lassen. Ich treibe Hausa, lese den Koran u. habe mir eine arabische Grammatik bestellt. Das sollte dich auf den Gedanken bringen, daß ich zum mindesten nach Timbuktu will, evtl. auch weiter hinauf ans Mittelmeer, u. zwar Ende nächsten Jahres. Ich habe das Kaufmannspielen satt u. werde meine Stellung Ende nächsten Jahres verlassen, soferne nicht ganz besondere Umstände eintreten, die meine Pläne umstürzen. Aus einer derartigen Reise läßt sich, soferne ich hindurchkomme, Geld machen u. damit kommt man auch weiter. – Mit 1200/1400 Mark hoffe ich auszukommen u. soviel werde ich bis Ende nächsten Jahres nach der Regenzeit zusammen bringen.[54]

Das ganze Vorhaben ist in Anbetracht der knappen Mittel ein Wagnis, doch drängen mich die ganzen Verhältnisse darauf hin. Gelingt es, so erwarte ich

[52] Wort im Originalbrief nicht lesbar
[53] CWHK an Gustav Koch, 11.08.1904 (Nachlass)
[54] CWHK an Gustav Koch, 17.09.1904 (Nachlass)

mir das hineingesteckte Kapital u. mehr durch Bücher u. Vorträge etc. zurück u. befriedige gleichzeitig meinen Abenteurersinn. Im anderen Falle ist eben Alles ein ruhmloses Ende gemacht. Beide Teile ziehe ich bei Weitem dem Kontorschemel vor.[55]

Es gibt keinen Hinweis, dass Koch seine Reisepläne auch nur ansatzweise realisiert hat.

Den Abschied von der Goldküste verarbeitet er später in seiner dramatischen Erzählung "Brandung"[56], erstmals veröffentlicht 1922[57]:

> *(...) Zwanzig Meter vom Ufer entfernt hielten Steuermann und Ruderer, letztere mit kurzen dreizackigen Paddeln das Boot an der Stelle, bis gellende weitere Signale von Ofu den richtigen Augenblick kündeten. Dann ruderten sie los.*
>
> *Tief beugten sich die muskulösen Körper seitlich herunter, schlugen die breiten Schaufeln in tobendes Wasser und rissen sie durch, schnellten Oberkörper, Arme und Ruder blitzschnell empor und schlugen wieder ein. Mit raschen, taktmässigen Bewegungen arbeiteten sie und begleiteten Schlag und Pause mit rhythmischen rrrö und tschschsch.*
>
> *Die Brecher kamen dem Boot entgegengejagt, brausend und gierig, erst ein schwächlicher, dann zwei schwere, über die das Boot sich steil hob und fallend weiterglitt. Nach Überwinden des dritten Brechers reckte der Schlagmann sein Paddel mit ausgestrecktem Arm in die Höhe und rief triumphierend "hoeeesabaméu!" über das Wasser als Zeichen, die Gefahr sei vorbei. (...)*[58]

Am 2. März 1905 ist Koch wieder bei den Eltern in Hamburg, die inzwischen in der Sierichstraße 44 im Stadtteil Winterhude wohnen. Ein Foto aus dieser Zeit zeigt einen ernsten jungen Mann mit schütterem Haar und gutem Anzug.

Am 6. Juni 1905 erscheint in der Deutschen Zeitung[59] unter dem Titel *An der Goldküste* Kochs *Skizze aus einer westafrikanischen Faktorei*[60] seine erste Veröffentlichung. Wohl mit Rücksicht auf die gerade erst begonnene Karriere

---

[55] CWHK an Gustav Koch, 15.11.1904 (Nachlass)

[56] Erstveröffentlichung 1922 in der Sammlung Kameruner Erzählungen "Im toten Busch"; auf dem Typoskript vermerkt Koch "Nach einem Bericht an der ehemalig englischen Goldküste" (Nachlass)

[57] vgl. Pusztai, Gábor, An der Grenze - Das Fremde und das Eigene

[58] zitiert nach dem Typoskript "Brandung" (Nachlass)

[59] 1896 gegründete, in rechten Kreisen viel gelesene Tageszeitung, Hg. Friedrich Lange, Berlin

[60] Deutsche Zeitung, 06.06.1905; im Fragebogen zur Bearbeitung des Aufnahmeantrags für die Reichsschrifttumskammer vom 08.05.1939 (BArch) gibt Koch als Titel seiner Erstveröffentlichung in der Deutschen Zeitung 1905 "Afrikanische Skizzen" an

verwendet der junge Koch als Pseudonym "Karl Gaskia", ein Wort aus der afrikanischen Haussa-Sprache, das in einschlägigen Wörterbüchern mit *true, certain, just*[61] übersetzt wird. Die Skizze bietet interessante Einblicke in den Alltag einer afrikanischen Faktorei.

Carl Koch
Fastnacht 1905.[62]

Bei den europäischen Niederlassungen in Westafrika herrscht, besonders in der Zeit der Kakaoernte, Tag für Tag rege Tätigkeit und ein gar mannigfaltiges Getriebe im Faktoreihof. Lassen Sie mich einen Vormittag schildern, wie ich ihn als Gast einer Firma in Akuse[63] *im Voltagebiet erlebte.*

Im Osten verkündete eine leichte Helle am nächtlichen Himmel die nahe Dämmerung; noch schweigen die Webervögel in ihren kunstvollen Nestern, als mich das Geräusch eines ankommenden Zuges von Trägern, die ermüdet ihre Lasten niedersetzten, aus dem Bette trieb.

---

[61] Rev. James Frederick Schön: Vocabulary of the Haussa Language, London 1843

[62] Rückseitige Beschriftung, Aufnahme durch A. Roth, Hamburg, Alsterdamm 1 (eigene Sammlung)

[63] Akuse, Kleinstadt in Ghana mit ehemals bedeutender Faktorei der Basler Mission, ca. 80 km von Accra und rund 40 km von Akropong entfernt

Während des erfrischenden Bades und des Ankleidens dämmerte es, und als ich darauf in den Faktoreihof hinaustrat, stand leuchtend, aber noch ohne stechende Strahlen, die Sonne schon am östlichen Horizont. Der eine Angestellte war gerade damit beschäftigt, den schwarzen Arbeitern, die sich aus Krujungen, Canoeleuten aus Pram=Pram, Adangbe= und Krebéenegern, Sierra Leone= und Lagosleuten zusammensetzten, ihre Arbeiten anzuweisen, während der andere in dem kleinen Bureau verschiedenen schwarzen Kommis und Kommissionären Geldbeträge zum Einkauf von Produkten auf dem eine halbe Stunde entfernt gelegenen Markte auszahlte.

Eben fesselt mein Auge eine das Tor passierende Negerfamilie, deren Mitglieder Palmöl in jenen vielgebrauchten Blechbehältern bringen, in denen Petroleum an der Küste eingeführt wird. Das Palmöl wird in bereitstehenden eisernen Töpfen erhitzt und dann, flüssig geworden, in einen gallonenweise eingeteilten Behälter gemessen; schließlich wird es, nachdem eine Einigung über den Preis, der annähernd eine Mark pro Gallone beträgt, erzielt ist, in das bereitstehende Faß geschüttet. Freilich geht es bei einem derartigen Handel nach den umständlichen Begrüßungen ohne langes Hin= und Herreden nicht ab, denn das Feilschen liegt zu sehr in der Natur des Negers. (...)

Eben erscheint ein neuer Trupp im Hof mit einem, durch Straußenfedern geschmückten, großen Fächer und etlichen, kunstvoll aus Eisen geschmiedeten Heroldstäben, die an den oberen Enden goldene Verzierungen in Form von Kugeln, Figuren u. dergl. tragen. Es ist eine Gesandschaft eines benachbarten Kings. Und dort wieder eine Anzahl Träger, lange, halbkreisförmig geflochtene Gestelle mit Kakao auf dem Kopf tragend; ein ganz bestialischer Geruch geht von der Gesellschaft aus, gegen den die Atmosphäre im Affenhause des Zoologischen zur Winterszeit paradiesisch erscheinen müßte. Es sind Hausaner, aber von allerniedrigster Stufe, die die Waschregeln des Korans sicherlich nur mangelhaft befolgen und von deren aus handbreiten Zeugstreifen gefertigten Kleidern, ärmelloser Rock mit Oeffnung zum Durchstecken des Kopfes und weite Hose, nur noch die Nähte bestehen. (...)

Die Meldung des Küchenchefs: "Chop ready", erinnert schließlich daran, daß die Mittagszeit gekommen ist und der Magen sein Recht verlangt; energisch wird Schluß gemacht, d.h. wer noch irgendwelche Wünsche hat, muß damit warten, bis zum Nachmittag, der hauptsächlich notwendigen schriftlichen Arbeiten gewidmet wird.

Es wird ruhig im Hof. Etliche Arbeiter, die den an der Sonne trocknenden Kakao bewachen, liegen faul in einem schattigen Winkel und verzehren ihre gewöhnliche Kost, Kaugi, das ist aus gestoßenem Mais gekochte Klumpen und Stinkfische mit Pfeffer. Einer summt leise vor sich hin, und dazu tönt das Geklapper unserer Messer und Gabeln beim schweigsamen Mahl und das Geräusch der servierenden Jungen, wenn sie mit leichtem, dumpf erklingendem Tritt zur Küche eilen.

Im nächsten Monat erscheint die zweite Skizze[64]:

> *Doch auch dabei sollten wir keine Ruhe haben, denn kaum saßen wir beim Tee, als schon der Küchenjunge Emanuel ankam und in seinem famosen Küstenenglisch meldete: "Massa, some plenty ants live for fowlyard." Mit etlichen Kosenamen auf die alles gefährdenden und zerstörenden Ameisen, die uns erst kürzlich vier Affen angefressen und damit getötet hatten, stürzten wir zum Geflügelhaus und riefen nach Laternen und Wasser in Menge. Da wimmelte es auf der Erde bereits von Tausenden der zähen braunen Tierchen und schon waren ihrer Zerstörungswut drei Tauben und ein Huhn zum Opfer gefallen, die zuckend auf dem Boden lagen, nachdem sie sich durch Flügelschläge vergeblich von den kleinen Peinigern zu schützen versucht hatten. Die Taktik dieser Ameisen ist zu bewundern. Einige greifen das Tier an und beißen es vor allem in die Augen, dringen hierauf jedoch in sämtliche Körperöffnungen ein. Das erblindende, gequälte Tier kann sich nicht helfen und ergibt sich fast widerstandslos in sein Schicksal, während die Angreifer in Menge darüber herfallen. (...)*
>
> (Wir) *begaben uns hierauf, es war inzwischen 10 Uhr geworden, zur Nachtruhe.*
>
> *Eine Viertelstunde etwa mochte ich im Bett gelegen haben, als leises Geräusch und Geflüster vom Tore her meine Aufmerksamkeit erregte. In der Annahme, daß der schwarze Wächter irgend eine verabredete Gaunerei ausführen wollte, bekleidete ich mich rasch und schlich mit einer schweren Peitsche in der Hand der Umzäunung zu, kam jedoch nur noch recht, um einige schwarze Gestalten lautlos in der Dunkelheit verschwinden zu sehen. Ich rief nach unserem Wächter Tommie, keine Antwort. Abermaliges Rufen hatte denselben negativen Erfolg. Schließlich fand ich ihn völlig betrunken in einer Ecke liegen und selbst ein nicht gerade sanfter Peitschenhieb störte ihn nicht. Mit meinem inzwischen herbeigekommenen Kollegen versuchte ich alles, um den Mann hochzukriegen, doch es half kein Mittel. Wir überließen ihn seinem Schicksal und sandten einen der Jungen zum Headman, d.h. Führer unserer Arbeiter, der schließlich, obwohl nur 1-2 Minuten entfernt wohnend, nach 20 Minuten ankam. Er war von der Aussicht, Nachwächter zu spielen, nicht sonderlich erbaut, da er Geister fürchtete, mußte sich jedoch fügen und hatte auch nach einer weiteren Viertelstunde Kleider, Tabak und Pfeife beisammen, um seinen Posten vor Gewehr zu beziehen. Inzwischen war uns aufgefallen, daß die den Hof und Gebäude beleuchtenden Laternen schwächer und schwächer brannten. Bei der ersten besten fanden wir bei näherer Untersuchung, daß das Petroleum mit Wasser stark gemischt war. Was nun? Es half nichts, wir mußten sämtliche zehn Laternen ausleeren und nachfüllen. Am anderen Morgen erfuhren wir übrigens, daß die Frau des Wächters seit geraumer Zeit einen schwunghaften Petroleumhandel betrieb.*

---

[64] Deutsche Zeitung, 04.07.1905 ("Stimmungsbilder aus einer westafrikanischen Faktorei.")

Im gleichen Beitrag gedenkt Koch eines in Akuse verstorbenen Kameraden. Die feinfühligen Worte lassen vermuten, dass die beiden jungen Männer eine tiefe Freundschaft verband.

> *Wieder haben wir einen Toten zum Friedhof hinausgetragen.*
>
> *Es war der besten einer, ein frisch und harmlos inmitten des tropischen Morastes dahinlebender Mensch von kaum zwanzig Jahren mit jugendfrischem Herzen und unverdorbener Seele. Nicht, daß er sich auffallend fern gehalten hätte, nein, er machte oft mit bei den häufigen Trinkgelagen, aber ruhig und mäßig und mit einem stillen Lächeln auf den Lippen, das manchen die auf der Zunge liegende Zote nicht aussprechen ließ. Wir nannten ihn Darling und so hatten ihn alle herzlich gerne, gerade deshalb, weil er so ganz anders war. Seine durchaus anständige Denkungsweise verfehlte ihren Einfluß nicht und in seiner Anwesenheit war der Ton der Unterhaltung besser, ohne an Freiheit und Ungezwungenheit zu verlieren. Ihn selbst bewahrte angeborene Feinfühligkeit vor allem Unreinen, vielleicht auch half ihm der Glaube an die Lieben daheim. Bei uns war es ein stillschweigendes Uebereinkommen, ihm seine Zeit so angenehm wie möglich zu machen; er wurde zart behandelt, wie eine jüngere Schwester etwa. Es lag dem bei jedem von uns wohl der Gedanke zu Grunde, daß Darlings Zeit in Afrika nur knapp bemessen sei; er war nicht dafür geschaffen. (...)*
>
> *Es war ein schreckliches Ringen und Kämpfen des jungen Lebens, dem das Todessiegel auf die Stirne gedrückt war. Er schrie in seinen Phantasien nach der Liebsten, nach Mutter, Vater, Schwester, bäumte sich auf im Bett, um wieder ermattet umzusinken und schlief schließlich todesmatt ein. Gegen Mitternacht kam das Ende. -*
>
> *Heute ruht er still draußen auf dem Gottesacker zwischen anderen kahlen Gräbern, die meisten nach Sitte der Schwarzen nur mit leeren Ginflaschen geschmückt, während das seine, wie die der anderen Europäer, ein schlichtes Holzkreuz aufweist.*
>
> *Eidechsen huschen über seinen Grabhügel, äugen, ruckweise Hals und Kopf hebend, nach Futter und Feinden, Schlangen rascheln am Boden hin und einzelne Falter irren ängstlich über den öden Raum, während hoch droben eine Schar von mächtigen Geiern ihre Kreise zieht. Und abends, wenn sanfte Winde das den Friedhof umgebende hohe Gras wogen, rauschen und flüstern lassen, wenn leise, sachte die fernen Fächerpalmen knistern und rascheln, dann mag es ihm gleich einem Liede von der fernen, lange verlorenen Liebsten klingen.*

Zum Zeitpunkt der beiden Veröffentlichungen hat Koch Deutschland nach knapp drei Monaten schon wieder verlassen[65]. Sein Ziel ist diesmal China - weit weg von Deutschland, von Annemarie und ihrem uneinsichtigen Vater.

---

[65] Abmeldung am 24.05.1905 bei der Hamburger Meldebehörde

Koch lebt sich schnell ein in Shanghai, das im 19. Jahrhundert zur Geburtsstätte des modernen China geworden war. Nach der im Jahr 1842 erzwungenen Öffnung des Hafens für den internationalen Handel hatte die Stadt am Huangpu-Fluss einen atemberaubenden Aufstieg genommen. Vornehmlich agrarische und gewerbliche Erzeugnisse wie Tee und Seide wurden aus dem Hinterland gesammelt und exportiert, während bei den Importen anfänglich noch Opium dominierte. Nach der Jahrhundertwende wandelte sich die Struktur der Shanghaier Wirtschaft tiefgreifend: der Transithandel ging zurück, während die Stadt zum industriellen und gewerblichen Zentrum Chinas aufstieg und zunehmend Fertigprodukte exportierte bzw. Investitionsgüter - insbesondere Maschinen - und Rohstoffe importierte. [66]

Von den rund 17.000 Bewohnern des "International Settlements" stellen 1905 die Briten und Japaner den weitaus größten Teil. Doch immerhin 832 Deutsche leben dauerhaft in Shanghai.[67] Kontakte zu den über 500.000 Bewohnern der "Native City" gibt es kaum.

Koch hat bei Meyer & Co. in der Szechuen Road 42 eine Anstellung gefunden. Das renommierte Hamburger Handelshaus von Konsul H.C. Eduard Meyer und Senator J. Hinrich Garrels gehört zu den bedeutendsten Ostasienfirmen seiner Zeit mit Niederlassungen in London, Hongkong, Tientsin und Hankow.[68] In Shanghai betreibt Meyer & Co. darüberhinaus Agenturen der Royal Dutch Petroleum Company und der Asiatic Petroleum Company.[69]

In seiner reichlich bemessenen Freizeit betätigt sich Koch als Soldat im Shanghai Volunteer Corps (SVC). Diese militärisch organisierte Einheit wurde 1853 vom Shanghai Municipal Council zum Schutz ausländischer Interessen in der Stadt gegründet und besteht neben der deutschen Prinz-Heinrich-Kompanie unter anderem aus japanischen, amerikanischen, portugiesischen und chinesischen Freiwilligen.

Ein halbes Jahr nach Kochs Ankunft in Shanghai wird das SVC im Dezember 1905 beim blutigen "mixed court riot" eingesetzt, über den die Freiburger Zeitung am 18. Dezember 1905 berichtet:

> *Die Chinesen revoltieren seit heute früh. Sie haben die Hauptstraßen verbarrikadiert. (...) In Nanking Road brennen verschiedene Häuser. Die Europäer werden vom Pöbel angegriffen und mit Steinen beworfen. Die Lage ist ernst. (...) Die Konsuln hatten vor einiger Zeit den ausländischen Beisitzern der gemischten Gerichtshöfe die Instruktion zugehen lassen, alle weiblichen Gefangenen dem Munizipalgefängnisse und nicht dem chinesischen Gefängnisse zuzusenden.*[70]

---

[66] Vgl. Wolfgang Taubmann: Shanghai: Geburtsstätte des modernen China, 1997
[67] Angaben lt. The Directory & Chronicle for China, Japan, Corea etc., 1909
[68] vgl. Chronik des Ostasiatischen Vereins auf www.oav.de
[69] The Directory & Chronicle for China, Japan, Corea etc., 1906
[70] Freiburger Zeitung, 19.12.1905

Die Nachrichtenagentur Reuters meldet am gleichen Tag:

> *Hier kam es heute zu Ausschreitungen, die von der Polizei, den Seeleuten und Freiwilligen unterdrückt wurden. Der angerichtete Schaden ist unbedeutend. Eine Polizeistation ist teilweise verbrannt, eine Schenke wurde zertrümmert, ein Fahrradladen teilweise ausgeplündert. Etwa 20 (nach anderen Meldungen 25) Chinesen wurden getötet, einige Europäer verwundet; die Straßen sind leer. Bewaffnete Patrouillen streifen überall umher.*[71]

Koch hat ganz eigene Erinnerungen an den Aufstand:

> *Ende des Jahres 1905 kam es in Schanghai zu Strassenunruhen. Als ich mit einem Bekannten den Weg in unsere Wohnung erzwingen wollte, bemerkten wir eine Bewegung in dem Mob, der die westliche Hauptstrasse beherrschte. Wir stürzten darauf zu und sahen, wie ein Europäer mit blutüberströmtem, unkenntlichen Gesicht zusammenbrach, als er in unserer Richtung fliehen wollte. Es gelang uns nach einer wüsten Rauferei und als uns ein Amerikaner, der genügend Munition für seinen Smith und Wesson bei sich hatte, - wir besassen in unseren Revolvern zusammen nur elf Schuss – zur Hilfe kam, soviel Platz zu schaffen, dass der Verwundete weggetragen werden konnte. Um wen es sich handelte, konnten wir nicht erfahren, denn die gesamte Presse sollte grundsätzlich keinen Namen derjenigen Europäer nenne, die in Blutvergiessen mit den Aufständischen verwickelt waren, um spätere Verfolgungen zu vermeiden. In unserm Falle hat es unglücklicherweise Tote und Verwundete gegeben. Es hätte uns natürlich interessiert, zu wissen, wen wir befreit hatten, denn während wir das Wegschaffen des Verwundeten deckten, wurden wir überwältigt, an der Kehle gepackt, an eine Hauswand gepresst, kurzum, es entstand eine immerhin peinliche Lage.*[72]

Viele Jahre später erfährt Koch in Afrika von einem australischen Bekannten, dass der vermeintliche Europäer, *der am Morgen des ersten Aufstandstages in der Nankingstrasse so übel zugerichtet wurde*[73], ein Australier namens Holmes gewesen war.

Kommandeur der deutschen Kompanie des SVC ist 1905 ein gewisser Hauptmann E. Willkomm, im Zivilberuf Prokurist beim Export-Import-Unternehmen Hugo Schwer & Co., Wien. Als dessen Hamburger Teilhaber und Prokurist Louis Schön das Büro in der Hankow Road 9A übernimmt, beschließt Captain Willkomm, sich fortan ganz dem Kaufmannsberuf zu widmen, bittet um seinen Abschied vom SVC und wirbt ganz nebenbei seinen *2nd Lieutenant C. Koch*[74] von Meyer & Co. ab.[75] Nachfolger Willkomms als Führer der fünfzig

---

[71] Freiburger Zeitung, 19.12.1905

[72] Typoskript "Vom Zufall", undatierte autobiografische Erzählung (Nachlass)

[73] a.a.O.

[74] Foto von CWHK in Twentieth Century Impressions of Hongkong, Shanghai, and other Treaty Ports of China, 1908

Mann starken deutschen Kompanie wird Hauptmann Hans Schellhoss, der als technischer Attaché beim Generalkonsulat für die Flussregulierungsarbeiten des Whangpoo-Flussarms bei Shanghai zuständig ist.[76] Koch bleibt auch nach dem Wechsel zu Louis Schön & Co. dem SVC erhalten und bewährt sich militärisch, glaubt man seinen Erinnerungen an einen Besuch des britischen Generals Broadwood[77]:

> *Broadwood inspizierte Frühjahr 1908 das S.V.C. u. hielt sich während der Felddienstübung fast immer bei der Deutschen Kompanie auf, die ich im Zentrum der Verteidigungsstellung führte. Als Amerikaner, Japaner u. A-Komp. scharf angriffen u. infolge Versagens der B-Komp. aus meinem Zentrum linke Flanke geworden war, frug er mich "What are you going to do now?" und erwiderte auf meine Antwort, ich habe den Befehl zum Rückzug gegeben "That's the only thing you possibly could have done." - Er hatte einen sehr netten Adjutanten mit sich, der nach dem offiziellen Essen in deutschen Klub noch viel Betrieb machte. -*[78]

In Elsa Jacqmin - seiner "Missi" - findet Koch zumindest vorübergehend eine Freundin, die ihn Annemarie vergessen lässt. Seine trüben Gedanken angesichts eines Briefes von Missi vertraut er 1910 dem akribisch geführten Tagebuch an, als er sich bereits seit einigen Monaten in Kamerun befindet:

> *Heute kam Post von (...) "ihr" in Shai; ich bin downheaded in jeder Beziehung; ist ekelhaft, das zu lesen. Sie will offenbar jede Gefühle, d.h. den Rest in mir töten! - Ich nehme klugheitshalber Rücksicht auf ihre Rachsucht, sonst würde ich ihr Addio sagen! Aber sie ist zu Allem fähig u. außerdem tut sie mir leid. Liebe kann ich kaum noch einmal für sie empfinden, denn die hat sie getötet. Höchstens zieht mich sinnliche Gier, vielleicht auch Erinnerung an frühere Zeiten zu ihr. - Gott, wie häßlich das Alles klingt. Ich fühle Ekel in mir! -* [79]

Zwei kurze Reserveübungen beim III. Seebataillon in der deutschen Kolonie Tsingtau unterbrechen die Tage in Shanghai. Zu dieser noch jungen Einheit hat Koch sich von seinem Hamburger Regiment versetzen lassen.

> *Der große Vorteil der Seebataillone aber ist die Möglichkeit, sie im Bedarfsfalle sofort außerhalb der europäischen Gewässer verwenden zu können. Nach der Verfassung des Reiches dürfen Teile des Heeres nicht ohne weiteres im Frieden außerhalb der Landesgrenzen verwendet werden. Unsere Schutztruppen in den Kolonien sind aber aus Ersparnisrücksichten so knapp bemessen wie möglich, die Zusammenstellung von Freiwilligen-truppen kostet Zeit und viel Geld, und so sind es unsere braven Seesoldaten,*

---

[75] The Directory & Chronicle for China, Japan, Corea etc., 1908
[76] vgl. Georg Baur, China um 1900, Aufzeichnungen eines Krupp-Direktors
[77] Lieutenant General Robert George Broadwood (1862-1917), 1906 Commander of British Troops in South China
[78] Tagebucheintrag 16.05.1918
[79] Tagebucheintrag 29.03.1910

auf die zurückgegriffen wird, wenn es heißt, schnell eine ausgebildete geschlossene Truppe an irgend einer Stelle unseres überseeischen Besitzes zu werfen. (...) Die Einstellung der Offiziere in die Marineinfanterie geschieht nur auf deren Antrag; aus allen Armeekorps finden Einberufungen statt, aus den preußischen, sächsischen, bayerischen und dem württembergischen; die Marine ist ja deutsch.[80]

"Durch den Lidzun-Fluss b/Tsingtau."
(Prinz Heinrich Berge im Hintergrund)

Abwechslung bringt auch die Feier zum 50. Geburtstag Kaiser Wilhelms II. im Januar 1909, bei der der frisch gebackene Leutnant[81] eine tragende Rolle übernimmt:

Unique Vaudeville Performance and Brilliant Ball at the Town Hall Given by the German Volunteer Co. (...) The following gentlemen are to be congratulated upon the success of the evening: Consul-General von Buri, Capt. Schellhoss, Lieut. Koch (...)[82]

Anders als viele seiner Landsleute findet Koch, der mühsam in die Anfangsgründe der chinesischen Sprache und Schrift eindringt, Kontakt zur

---

[80] Caemmerer/Ardenne: In Wehr und Waffen, Ein Buch von Deutschlands Heer und Flotte

[81] Patent vom 10.11.1908

[82] The Bund, 26.01.1908 (sic! / Kaiser Wilhelm II. wurde am 27.01.1859 geboren und somit erst 1909 50 Jahre alt) (Nachlass)

einheimischen Bevölkerung und in Tsching Schui Li einen Freund, dem er viele Jahre später ein literarisches Denkmal setzt.[83]

> *Tsching Schui Li's Landhaus stand an der Vereinigung der beiden Strassen, die unweit der meteorologischen Station in Sikkawei einmünden und vereinigt zur gewölbten Brücke über den ruhigen Kanal emporsteigen. Ein sorgfältig gepflegter Garten füllte den spitzen Winkel aus. Die Baulichkeiten lagen ein weniges zurück. An das Wohnhaus schlossen sich Küche und Vorratskammern an, etwas abseits befanden sich Stallungen und Quartiere der zahlreichen Dienerschaft. Die Westfront des ersten Stockwerkes unterbrach eine geräumige Veranda und grüsste hinaus in das offene Land.*
>
> *Flach lag es im müden Schwinden des Tages. Weit dehnten sich die leeren, braunen Felder von Reis und Baumwolle zwischen schmalen Dämmen, still standen die Wassermühlen mit zerzausten Strohdächern auf steinernem Pfosten, und wolkenlos klar spannte sich der reine Himmel über die Niederung.*
>
> *In der milden Schweigsamkeit, die sich bis zu den fernen Hügeln mit ihren weissen Klosterwänden dehnte, standen fremd die rhythmischen Wechselrufe zweier heimwärts eilender Kulis und schrieben eine hörbare Zickzacklinie, die sich allmählich verlor, in die verwirrende Luft des späten Herbstes. Zwischen Bambushainen kauerten chinesische Dörfchen mit ihren geschweiften und gezackten Dächern, die bösen Geistern den Zutritt verwehren, kahlgewordene Totenhügel mit ein, zwei, drei oder vier Spitzen erhoben sich steil aus der ebenen Fruchtbarkeit der Felder, und geduckt hockten Grabhäuschen aus grauen Ziegelsteinen, wahllos eingesprengt in die Landschaft. Mit der Sonne senkte sich ein schwerer Duft von Schwermut, Andacht und geheimnisreicher Grösse.*[84]

Ein kleines Erlebnis aus dieser Zeit kommt Koch in Erinnerung, als er 1918 in einer Kriegsgefangenenbaracke sitzt. Es charakterisiert deutlich Kochs Bereitschaft, das aus seiner Sicht Richtige und Notwendige gegen alle Widerstände durchzusetzen:

> *Kurz vor Mandschuria*[85] *war die Luft im Durchgangswagen* (der Eisenbahn) *wieder einmal derart, dass sie sogar den beiden vornehmen Chinesen zu schlecht erschien; nur die Russen fühlten sich hinter zugeschraubten Fenstern sauwohl. Ich verbündete mich mit China, stellte die Beiden, die aus Shanghai kamen u. nach Moskau reisten, an das eine Ende des Waggons, ging selbst ans andere u. dann, auf mein Zeichen, rissen sie die beiden Türen ebenso weit auf, wie ich die auf meiner Seite. Ein Entsetzensschrei durchdrang den Wagen, einige Damen schienen nicht wenig Neigung zu haben, mich zu lynchen. Aber es war zu spät, denn da es*

---

[83] vgl. DHM-Foto aus Kochs Nachlass, Inventarnr. BA 2015/1885

[84] Typoskript "Der schwarze Sieg" mit handschriftlichen Korrekturen (Nachlass)

[85] Manjur/Manzhouli in der Mongolei

draussen immerhin etliche Grad unter 0 waren, hatte das kurze Öffnen der beiden Wagenenden vollkommen genügt, um einen eisigen Strom durchzujagen, zumal der Zug in voller Fahrt war.[86]

Die Rückreise nach Deutschland gestaltet sich unerwartet dramatisch.

In einem jener Vorkriegsjahre, in denen es im heiligen Russland innerpolitisch auch im fernen Osten kriselte, reiste ich mit der transsibirischen Eisenbahn von Wladiwostok nachhause. In meinem Gepäck befanden sich drei Militärpatronen irgendeines Landes in der Blechdose derjenigen Filmrolle, die gerade im Kodak war. In Mandschuria fand die peinlichste Zollkontrolle statt. Der russische Beamte packte alles aus und nahm die Blechdosen vor. Er machte die erste auf, die zweite, die dritte – und legte die vierte zurück. Es war die mit den Patronen.

Ich kam dann, einige Tage später, mit einem russischen Stabsoffizier, der etliche Tage mein Abteilnachbar war, ins Gespräch und zeigte ihm die Patronen. Er sagte erschrocken, „um Gotteswillen, werfen Sie die Patronen weg, Sie kommen in Teufelsküche. Waffen oder Munition, auch nur ein harmloses Stück, hat heute Ihre sofortige Festnahme zur Folge. Gefängnis oder 15000 Rubel Strafe!"[87]

Chinesische Dorfjugend bei Shanghai in Winterkleidung

Im Mai 1918 resümiert Koch in englischer Gefangenschaft seine Zeit in Asien:

In Shanghai im lieben, alten Waverley-House zog ich auch dauernd von Zimmer zu Zimmer, wenn ich auch längere Zeit dort verbrachte. Aber

[86] Tagebucheintrag 12.05.1918
[87] Typoskript "Vom Zufall", undatierte autobiografische Erzählung (Nachlass)

dazwischen fielen die Übungen in Tsingtau u.s.w., die alles auf den Kopf stellten. Es waren doch wohl die schönsten Jahre meiner Jugend, die ich in Ostasien verbrachte; in denen ich das frisch genoss, was das Leben bot, Sport, Klubleben, Freiwilligen-Korps u.s.w. Freilich, je älter die Erinnerung, desto rosiger sieht alles aus. Auch die Zeit an der Goldküste, die Abende dort am Palmenstrand, die Ausflüge in den Akuapembergen u. in der Osudokuebene, hatte ihre Reize. Jedoch damals war ich noch ein reiner Thor! Wie weit liegt das alles heute zurück. The call of Africa hat sich doch als stärker erwiesen, als die Reise von Ostasien u. heute möchte ich dorthin nicht zurück. Heute zieht mich nur der schwarzrote Erdteil an. - [88]

Zurück in Deutschland hält sich Koch nicht lange bei den Eltern in Hamburg auf. Er hat eine Anstellung in der Zollabteilung des Reichskolonialamts in Berlin angenommen, eine Zwischenstation, denn er will wieder hinaus, zurück nach Afrika, und zwar in die deutsche Kolonie Kamerun. Koch hat sich auf eine Stelle als Sekretär in der Lokalverwaltung des deutschen Schutzgebiets beworben[89] und hofft auf baldige Beförderung. Wer weiss, vielleicht kann er Bezirksamtmann oder wenigstens Stationsleiter werden?

Kamerun ist seit 1884 eine deutsche Kolonie, deren Ausdehnung fast 500.000 Quadratkilometer umfasst. Nach der Angliederung Neu-Kameruns im Jahr 1911 sind es sogar knapp 800.000 Quadratkilometer. Das Schutzgebiet ist damit größer als das gesamte Deutsche Reich. An der Spitze der Verwaltung steht der Gouverneur mit Sitz in Buea. Zahlreiche Aufstände regionaler Stämme wurden in den letzten Jahren blutig niedergeschlagen und sorgten für manchen Kolonialskandal in der Heimat. Wichtigstes Handelsgut sind die wilden Kautschukbestände, die von zwei deutschen Konzessionsgesellschaften ausgebeutet werden. Für junge Leute übt das vermeintlich freie Leben unter afrikanischer Sonne eine heute kaum noch vorstellbare Anziehungskraft aus angesichts des reglementierten Alltags im wilhelminischen Deutschland.

Als sich der 27jährige Carl Koch am 10. September 1909 in Hamburg einschifft, ist eine illustre Gesellschaft an Bord des Dampfschiffs "Eleonore Woermann":

Mit mir fuhren alle möglichen Leute, Vorgesetzte für meine neue Karriere, Kaufleute u. Missionare beider Konfessionen. Ich hielt mich zurück, ließ mich auch Niemandem vorstellen, sondern überließ alles dem Zufall. Am Tisch mit mir saßen Arb(eiter) *Komm*(issar) *Adams, K*(au)*fm*(ann) *Schulze - (früher sächsischer Kavallerist) - der Ingenieur der Telefunken-Station an Bord und Ass*(istent) *Clausnitzer (Togo). Mein Kabinengenosse Dr. v.d. Hellen, der nach Togo ging. So war ich ziemlich allein für mich während der ersten Tage. Gelegentlich, beim Kaffee oder Shuffle-board lernte ich Oberltt. Wegelin, Forstass. Schorfkopf, Ass. Jacob kennen, die sämtlich hier in Buea oder Soppo (z.Zt.) sind. Erst nach 6 Tagen traf es sich so, daß Ass.*

[88] Tagebucheintrag 17.05.1918
[89] Kolonial-Handels-Adressbuch 1911

Clausnitzer mich Sr. Exzellenz, dem Gouverneur Dr. Seitz[90] *vorstellte, der nicht gerade erbaut darüber schien, daß ich der Bekanntschaft so wenig Wert beizumessen schien. Vorher hatte ich den Kommandeur der Schutztruppe, Major Puder*[91] *u. Frau u. noch früher, die beiden Töchter Elsa und Rena kennen gelernt, sowie die Gesellschaftsdame Ihrer Exz., Frl. von Cleve, eine kluge, sympathische Erscheinung. Übrigens noch früher Hptm. a.D. von Besser, ein Verwandter des Oberltt. v. Besser, der 70/71 mit Papa vor Paris stand. Zwei Engländer sind noch zu erwähnen, der Mineningenieur Avery und Kfm. Jolson (Gr. Bassam). Es waren nette, sympathische Menschen, obwohl nicht gerade gentlemanlike aussehend.*[92]

Koch beobachtet die Menschen seiner Umgebung, er taxiert sie und trifft sein Urteil, das er später nur selten revidiert. Er ist ein angenehmer Gesellschafter, zumindest am Anfang. Er besticht durch tadellose Manieren, seine Erzählungen aus fremden Ländern faszinieren die Zuhörer stets aufs Neue. Koch ist belesen, klug und redegewandt. Doch schon nach kurzer Zeit stößt er seine Gesprächspartner vor den Kopf. Sein Rechtsempfinden kennt keine Gnade, selbst geringste Verstöße gegen die Etikette prangert er an. Zu jeder Zeit das eigene Handeln als allgemein verbindlichen Maßstab, das fordert er von jedermann - und eckt damit bei Freunden, Bekannten und Vorgesetzten gleichermaßen an. Der Kantsche Imperativ - Richtschnur und Halt in bewegten Zeiten - wird zum Fallstrick und Hemmschuh einer aussichtsreichen Karriere.

Freilich auch Mißtöne blieben nicht aus. Hptm. Fabricius, Adj(utant) *Oberltt. v Putkamer, die ich später kennen lernte, Ass. Schorfkopf sahen mich mit neidischen Augen an u. im ganzen Benehmen fühlte ich sehr wohl, wie mißgünstig ich angesehen wurde, wie wenig diesen der Verkehr mit den Engländern paßte! – (...) Seitz war erst kühl u. probierte aus, wie ich denke. Morgens ging er an mir vorbei, auf eine Verbeugung wartend, die natürlich nicht erfolgte, falls er mich nicht ansah. Dann änderte er sich – ich hatte gewonnen. Frau Seitz, die das Gesicht einer Kleopatra hat, aber auch den ganzen Stolz – besser Einbildung – besitzt, wurde, sobald sie sah, daß ich auch mein „Männchen" machen kann, sehr nett u. ich kann mich in der Hinsicht absolut nicht beklagen.*[93]

Und er verliebt sich wieder einmal Hals über Kopf, diesmal in eine der beiden Töchter Hauptmann Puders:

Andererseits auch fühlte ich sehr wohl, daß Elsa fast zu weit ging in ihrer Zuneigung. Ich sah ein, ich müßte vorsichtiger sein. Das Mädchen war mir so zugetan, sie gab mir nach den Mahlzeiten so herzlich die Hand u. sah

---

[90] Theodor Seitz (1863-1949), deutscher Gouverneur von Kamerun und Kolonialpolitiker

[91] Harry Puder (1862-1933), preußischer Generalmajor, 1908-1913 Kommandeur der Schutztruppe für Kamerun

[92] Tagebucheintrag 27.11.1909

[93] a.a.O.

mich mit so glücklichen Augen an, daß ich alle Kräfte zusammennehmen mußte, um vernünftig zu bleiben – u. es wurde mir sehr schwer! –[94]

(...) so war es eine Wohltat für mich mit Elsa u. Rena zu plaudern. Als Elsa von meiner Versetzung nach Molundu[95] *hörte, sagte sie u.A. „Es ist so traurig hier draußen, daß man alle Menschen die man liebgewinnt, wieder verlassen muß"; ich hätte das liebe Ding küssen mögen u. sagen wollen, daß muß man ja nicht. Aber meine Stellung! Nein, es ging nicht. Ich habe kein Recht dazu.*[96]

Kochs Versetzung als kommissarischer Stationsleiter nach Molundu im südöstlichsten Zipfel der Kolonie hat ein Vorspiel und steht unter keinem guten Stern.

Durch den privaten Verkehr mit Gouverneur Dr. Seitz und Hauptmann Puder hat sich Koch viele Neider geschaffen. Unter den Kollegen gönnt ihm kaum einer die offensichtliche Bevorzugung.

Als ich am anderen Tag Seitz sah, sagte er mir, ja, Ihnen fehlt das Kalkulator-Attest u. so müssen Sie 6 Monate hier sein, bevor Sie nach Garua[97] *können. Nette Bescherung. Ich saß im Bestallungsbüro fest! Dann reichte ich ein Gesuch ein u. bat, die Zeit, die ich im Dienste des R.K.A.*[98] *beim Zollamt Berlin tätig war, zählen zu lassen. Kundt*[99] *erklärte das für unmöglich u. so ging mein Gesuch nach Berlin weiter. Ich war niedergeschlagen u. ärgerlich, aber que faire! Abwarten. (...) Mit den Sekretären verkehrte ich gelegentlich, von größerem Verkehr hielt mich – glücklicherweise – mein Reiten mit Wertz*[100] *ab. Doch stand ich mit Allen gut, jeder Einzelne war höflich u. nett. Doch das änderte sich mit einem Schlage:*

Die Verfügung meiner Versetzung nach Molundu kam heraus. Seitz meinte zu Kundt u. Schuhmacher[101] *„was machen wir mit dem Kalkulatorattest, ich glaube, es geht auch so." Damit war die Sache gesichert, zum nicht geringen Ärger der* (Gouvernements-)*Sekretäre; von da an änderte sich das Benehmen von Schweder, Wilske, Schmeiser (weniger) u. der neuangekommene Hörth erklärte mir auch freimütig, weshalb. Ich würde als Günstling u. Eindringling angesehen, was erklärte sich* (sic!) *die Versetzung mit meinem Verhältnis zu Seitz! C'etait tout. –*[102]

---

[94] a.a.O.
[95] Urwald-Station in Südostkamerun
[96] Tagebucheintrag 22.12.1909
[97] Station im Norden von Kamerun
[98] Reichskolonialamt
[99] Finanzdirektor der Zentralverwaltung, Kolonial-Handels-Adressbuch 1909
[100] Zolldirektor der Zentralverwaltung, Kolonial-Handels-Adressbuch 1909
[101] Regierungsassessor der Lokalverwaltung, Kolonial-Handels-Adressbuch 1909
[102] Tagebucheintrag 27.11.1909

Ausflug mit Zolldirektor Wertz zum Fako,
dem Götterberg Kameruns (17.10.1909)

Zwei Tage vor Weihnachten 1909 verlässt der *Gouvernementsbeamte*[103] Koch Buea, nicht ohne sich bei allen ihm wichtigen Personen förmlich zu verabschieden. Auf dem Sanaga geht es zunächst ganz bequem auf dem Regierungsschiff Mungo bis Edea und dann mit 72 Trägern quer durch Kamerun über Jaunde und Akonolinga nach Molundu. Immer zur Hand ist eine lichtstarke Mittelformatkamera. Mit ihr wird Koch in den nächsten Monaten auch heute noch faszinierende Aufnahmen vom Leben der verschiedenen Ethnien im äußersten Südosten Kameruns anfertigen.

Ein ebenso treuer Begleiter ist Foxterrier Jack, Kochs einzig verlässlicher Freund.

> *(...) Fuchshund Jack, der (...) als Begleiter des Stationsleiters Koch mit stachelbewehrtem Halsband das Land durchstreifte und in jedem Dorf ein Huhn oder eine Ziege als Tribut für seinen Herrn gnädigst vom Häuptling entgegennahm.* [104]

Die Verpflegungsfrage ist auf dem Marsch nicht immer einfach zu lösen, Koch notiert die Schwierigkeiten gewissenhaft im Tagebuch.

---

[103] Versetzungsmitteilung im Amtsblatt für das Schutzgebiet Kamerun, 15.11.1909
[104] Erich Robert Petersen: Die Gummisucher

Das Essen für die Träger kam recht spät, ebenso einige faule Eier u. ein zähes Huhn für mich, obwohl das Land dicht bevölkert ist u. rechts u. links der Straße fortwährend Pflanzungen angelegt sind.[105]

Als um 3.20 noch kein Essen zur Stelle war, obwohl die Trommel schon von 2 Uhr geschlagen wurde, sandte ich Soldaten danach aus. Der King war im Busch, um Material für Hüttenbau zu finden. Ein Unterhäuptling erschien endlich u. erklärte, der King sei noch weiter in den Busch gegangen, als er das Schlagen der Planten[106] *hörte. Das ganze, langgestreckte Dorf war fast vollkommen geräumt, als wir kamen. Der Unterhäuptling erschien bald wieder mit einem Hahn u. süßen Kartoffeln für mich, nachdem er von den Soldaten Prügel bezogen hatte. - Mit dem Vorfall fing der Busch an, Afrika als Land des Faustrechts! Aber was sollte ich tun? Meine Leute mußten unter allen Umständen Essen haben u. es war schon reichlich spät!*[107]

3 Stunden sitzen wir hier u. immer noch nicht genügend Chop[108]*. Ich habe eben wieder 2 Soldaten wegschicken müssen, um Chop zu erhalten. Die Mwelles scheinen recht renitent zu sein, sonst müßte das Essen längst da sein. Dabei sind Pflanzungen rund um uns herum! Es ist lächerlich mit dem Gesindel!*[109]

In den Abendstunden sitzt Koch im Zelt und liest. Es sind leichte Gesellschaftsromane, die ihm schwere Gedanken bereiten. Da ist zum Beispiel die Geschichte der strahlend schönen Verona in Crokers Roman "Ihre Familie", die - unverschuldet verarmt - zu ihrem unglücklichen Vater Chandos nach Indien heimkehrt. Der fristet dort sein Leben als einfacher Arbeiter, nachdem er - ebenfalls unverschuldet - seinen Offiziersberuf aufgeben musste. Am Ende werden nach rund 300 Seiten die Guten belohnt, die Bösen bestraft.

Es sind Sätze wie diese, mit denen sich Koch identifiziert haben mag:

"Armer Chandos!" rief Mr. Lepell. "Sein Lebtag hat er das Gute gewollt und das Schlimme getan. Alles, was er angegriffen hat, ist ihm mißglückt: Beruf, Heirat..."[110]

Ich dachte heute viel über meine ganze Lage nach. Wie wird wohl noch Alles werden? Ich las gestern einen Roman von Croker, „Ihre Familie" u. das brachte mich in tiefe Gedanken. Das Leben draußen hat mich der kleinlichen Denkungsweise entfernt u. trotzdem fühle ich mich der Natur des armseligen Chandos verwandt, insofern als ich einen ähnlichen Lebensabend mir selbst voraussage. Ich bin auch schwach u. trotzdem stolz. Hier stehe ich auch in 2. Klasse, obwohl ich das sicher nicht verdiene,

---

105 Tagebucheintrag 04.01.1910, Bargĕngombé
106 Gemeint ist das Freihauen der zugewachsenen Wege
107 Tagebucheintrag 05.01.1910, Ngono
108 Lebensmittel für die afrikanischen Arbeiter
109 Tagebucheintrag 06.01.1910, Atebambaka
110 B.M. Croker: Ihre Familie

ja, nicht einmal verschuldet habe. Wäre ich unter einem anderen Titel herausgekommen, so hätte man mich absolut anerkennen müssen (...) Ich habe schon genug an meiner unglücklichen Veranlagung[111] *gelitten u. das war immer ein Grund zu der Absicht nicht zu heiraten. Trotzdem aber, ich sehne mich nach Glück u. Zufriedenheit u. ich glaube fast, Elsa* (Puder) *würde mir u. ich ihr dazu verhelfen. Vielleicht wird doch noch Alles gut oder wenigstens besser, als ich erwarte. Heute wieder fühlte ich mich recht unglücklich, ohne zu wissen, weshalb. Manchmal komme ich mir vor wie mein verstorbener Freund Karl Konrad, der soweit war, daß das Leben ihm nichts mehr bieten konnte; auf zum Sterben. Vielleicht bringt mir Afrika Erlösung in der einen oder anderen Weise. –*[112]

Koch vor seinem Zelt

Ganz ähnliche Gedanken bewegen Koch, als er Carl Bulckes Roman "Silkes Liebe" im Schein der Petroleum-Lampe verschlingt:

Gestern las ich Silke's Liebe von C. Bulcke. Gott, wie das Buch wirkte. Ich verstehe den Freiherrn v. Nürnberg so wohl, aber ich bin nur Halbheit verglichen mit ihm. Mit seinem Namen u. seinem Geld wäre es mir wohl auch so gegangen. Das Buch muß in meine Bibliothek – wenn ich je dazu komme! –[113]

Erzählt wird die Geschichte des schwer reichen Barons von Nürnberg, der sich in einer Kleinstadt ein Schloss mietet. Nach langer Einsamkeit kommt er in

[111] CWHK meint mit "Veranlagung" die uneheliche Herkunft seiner Mutter
[112] Tagebucheintrag 11.01.1910, Aboe
[113] Tagebucheintrag 26.01.1910, Quakwa

Kontakt zu benachbarten Hofkreisen und verliebt sich gleichzeitig in Silke, die Tochter des Gastwirts und Bürgermeisters. Silke lehnt seinen Antrag unter Hinweis auf den Standesunterschied ab. Nürnberg macht einen Selbstmordversuch und wird gerettet. Silke wählt den Freitod und wird noch auf dem Totenbett von ihrem Vater mit Nürnberg getraut, der sich kurz darauf erschießt.

Nicht nur die Tagebuchform des Romans dürfte Koch an sein eigenes Schicksal erinnern, er spürt die tiefe Seelenverwandtschaft mit der Romanfigur Johannes Friedrich von Nürnberg:

> *Es ist sonderbar, denn die Leute sagen, ich tauge nicht zur Freundschaft.*[114]
>
> *Es ist mit der Gesundheit wie mit den Idealen: Erst, wenn man sie verloren, weiß man, was man besessen hat.*[115]
>
> *Geht mir die Sache wider den Strich, so reise ich ab.*[116]
>
> *Wenn ich Söhne hätte, als bestes Erbteil vermachte ich ihnen dieses Wort: Laßt euch nicht behandeln. Behandelt selber.*[117]
>
> *Sagt, was ihr wollt, Leute. Das Beste im Leben ist die Disziplin. Und eure schwersten Stunden werden eure besten Erinnerungen.*[118]
>
> *Halbheit, Halbheit - es hat nie etwas Ganzes werden wollen aus Ihnen. Sie mögen vielleicht Anlage zu einer Künstlernatur gehabt haben, - ich weiß es nicht. (...) Soll ich Ihnen den Grund sagen, weshalb sie sich so zersplittert haben?! (...) Ihr Gesicht, - das ist die Schuld daran. Und Sie sind ein sehr geschickter Maskenträger. (...) Der ein Weltmann werden wollte, wurde ein sentimentaler Einsiedler.*[119]

Gewissenhaft notiert Koch die Stärken und Schwächen seiner Mitmenschen:

> *Ich wurde von St*(ations)*L*(eiter) *Hartig u. Wegebauer Liller empfangen. Letzterer ist Frankfurter u. ein netter Gesellschafter, auch biederer, weitdenkender Charakter, trotz mangelnder Bildung. H. ist der richtige Unteroffizierstyp, seit 10-12 Jahren i/ Schutzgebiet, zuletzt als Feldwebel, u. paßt in die Rolle des Stationsleiters recht wenig. Absolut ungebildet, ohne Takt, auch einer von denen, die platt sagen „das ist nicht wahr", ohne zu ahnen, wie unverschämt das ist. Dazu unbegrenzte Naivität u. Beschränktheit. Und so was wird Stationsleiter! –*[120]

---

114 Carl Bulcke: Silkes Liebe
115 a.a.O.
116 a.a.O.
117 a.a.O.
118 a.a.O.
119 a.a.O.
120 Tagebucheintrag 16.01.1910, Abong Mbang

Wie Koch mit vermeintlich renitenten "Eingeborenen" umgeht, wird am Beispiel seines Hausjungen Max deutlich:

> *Gestern faßte ich Max: Er bot dem Soldaten Bide u. dem Mauerer Salomo meinen Kognak an; offenbar hatte er eine Flasche gestohlen, halb ausgetrunken u. den Rest in meine Aluminiumflasche gefüllt. Ich ließ ihn in ein Halseisen stecken u. werde ihn in Molundu bestrafen. Das geht ja nicht so weiter mit dem Bengel, den ich im Übrigen sehr ungern so behandle. Bin ich jetzt milde gegen ihn, dann ist meine ganze Stellung in Molundu von Vornherein verdorben. – Heute geht Max an der Kette mit einem Sack Salz auf dem Kopf. Das kränkt ihn, der bisher der Big Massa war! –*[121]
>
> *Max magert sehr ab, es scheint ihm also nahe zu gehen! Muß aber sein, so leid er mir tut. –*[122]

Am 8. Februar 1910 erreicht Koch nach über einem Monat Marsch seine Station Molundu. Der erste Eindruck ist verheerend:

> *Mein erster Tag hier! Gott, ist das Alles Halbheit hier! Vieles angefangen, nichts vollendet! Morgens kamen die Häuptlinge Nkodjo u. Mendum an, mit einem Huhn u. einem Ei! (...) Der Zusammenfluß des Djah u. Bumba ist reizend. Der Station gegenüber liegt ein Dorf der Zwerg- u. sonstigen Völker, die unserer Eingeborenen Stadt unterstehen. – Im Bureau u. überall viel zu tun, mir graut vor der Schreiberei, doch muß auch das gehen. Es gibt viel zu tun her, denn nichts ist fertig. In der Soldatenstadt sowohl als in den Farmen, Alles verkommen u. verwahrlost. Ich werde wohl Abends im Bureau sitzen müssen, damit erst einmal Betrieb in die Sache kommt. Nun, ich werde ja sehen, wie es geht! –*[123]

Koch stürzt sich in seine neue Aufgabe. Und er hat erste Jagderfolge:

> *Vorgestern schoß ich einen Elefanten, der mich jedoch um ein Haar gefaßt hätte. Das Tier war angeschossen im dichten Busch u. griff mich an, doch konnte ich mich durch einen Sprung hinter einen Baum retten. Die Schwarzen warfen ihre Gewehre weg. Der - männliche - Elefant ist klein, (...) ein Zwergelefant u. hat leider nur geringe Zähne. Immerhin bildet er eine stattliche Jagdtrophäe!*[124]

Für einen 1913 in der Zeitschrift "Wild und Hund" veröffentlichten Beitrag dramatisiert er das Erlebnis gekonnt:

> *Plötzlich ein Rauschen vor mir, und einen Bruchteil einer Sekunde später öffnete sich der Vorhang: Rüssel, Kopf und vorgeworfene Gehöre 10 m vor mir.*

---

[121] Tagebucheintrag 31.01.1910, Buschlager
[122] Tagebucheintrag 01.02.1910, Auba (nahe Ngato)
[123] Tagebucheintrag 09.02.1910, Molundu
[124] Tagebucheintrag 10.03.1910

Kehrt! Ich glaubte den Rüssel um meinen Hals zu fühlen. (...) Meine Schwarzen waren verschwunden, die Büchsen hatten sie weggeworfen; zuerst kam mein Jäger wieder. (...) Endlich stand der Bulle 12 m vor mir, schräg, den Kopf mir abgewandt. Ich hielt zwischen Gehör und Stirn und riß durch. Ein dumpfer Fall und er lag. Es war 2,30 Uhr. (...)

Ein Drittel einer Zigarette hatte ich geraucht, als der anscheinend leblose Elefant, auf dessen Nacken ich saß, das Licht öffnete, das mir zugewandt war; Herz und Lunge fingen an zu arbeiten. Meine Schwarzen waren wie weggeblasen, ich war so perplex, daß ich ruhig sitzen blieb. (...) Das Herz arbeitete wohl 20 Sekunden lang wie eine Dampfmaschine, dann schwächer und schwächer, und unter einem langen Seufzer brach das kluge Auge. Ich warf meine Zigarette fort. Die Majestät des Todes schritt durch den düsteren Buschwald, und es tat mir leid um das mächtige Tier, das arglos dem Menschen zum Opfer gefallen war.[125]

Koch knüpft Kontakte zur französischen Kolonialverwaltung jenseits der Grenze, wo große Gebiete im kommenden Jahr als "Neu-Kamerun" an das Deutsche Reich abgetreten werden sollen. Als Gastgeschenk erhält Koch von Capitain Curault die Hündin Lottchen, die sich schnell mit Jack anfreundet. Hinzu kommen das Schimpansenbaby Tom und ein Schuppentier, die jedoch beide nach wenigen Tagen sterben.

Koch stürzt sich mit Feuereifer in seine Aufgaben: Eine neue Brücke über das Flüsschen Lupi wird fertiggestellt, ein großzügiges Gästehaus entsteht, außerdem werden Hühnerhaus, Taubenschlag, Gefängnis und ein neuer Zaun zum Schutz gegen Ziegen gebaut. Und doch gibt es schon nach wenigen Monaten in Buea erhebliche Bedenken gegen Kochs selbstherrliche Amtsführung, der sich selbst fotografisch immer wieder ausdrucksstark in Szene setzt.

Wie die Situation in Molundu mehr und mehr außer Kontrolle gerät, illustriert die Episode um den Soldaten Landumo:

Die Gefangenen Hausa u. Anuga wurden von dem Soldaten Salabeba auf der Flucht erschossen. Soldat Mabemba hatte sie von der Kette befreit; ich sagte ihm, er würde aufgehängt. Das verbreitete sich sofort in ganz Molundu u. trug wohl auch dazu bei, daß die Ausreißer durch Unterstützung von Eingeborenen ergriffen wurden. (...) Die Verwandten des Mabemba wollten nach Aussage des Kfm. Wieland Elfenbein bringen, um sein Leben zu retten. Als Beweis brachte Salabeba die Geschlechtsteile der Beiden! C'est l'Afrique! Wie würde man sich zu Hause über den Vorfall entsetzen. - Aber ich glaube, der Tod der Beiden übt eine heilsame Wirkung aus, dadurch bekommt das Volk Respekt u. daran fehlte es hier sehr. -[126]

Am 31/3 ein bezeichnender Vorfall: Der Soldat Landumo schoß morgens 3.30 schräg ins Gefängnis hinein u. verwundete Gef. Minkalle schwer. Es

---

[125] Koch: Jagdbilder aus Südostkamerun
[126] Tagebucheintrag 22.03.1910

stellte sich heraus, daß er auch Gefangene erschießen wollte, wie der Salabeba, also gänzlich grundlos so handelte. Ich habe ihm 5 Jahre aufgebrummt (Mordversuch). In der Missangastadt war großer Streit zwischen Bangallas u. meinen Jaundes, von denen Einer verwundet wurde. Ich habe 5 Bangallas mit Hieben bestraft. Ist ein freches Volk. -[127]

Am 13. Mai 1910 trifft Koch eine folgenreiche Entscheidung. Die tödlichen Schüsse im Busch werden zu weitreichenden Untersuchungen durch das Gouvernement führen und schließlich sogar das Reichskolonialamt beschäftigen.

> (Ich war) *13 Tage im Busch u. hatte dabei mein erstes "Gefecht". Um es kurz zu machen: Marsch Boloso nach N., Mabua u. weiter, dann südlich nach Djah. Abends am ?/5. erst Gummimesser, dann Stimmen, Buschdorf umstellt, ich selbst voran ins Dorf, mit Schüssen empfangen, Sold. Mbelle angeschossen, Arm u. Brust, Nduku Prellschuß Knöchel. Mbelle schoß einem Mann Magussi durch die u. Gewehr aus der Hand, der auf mich abdrückte. Dann wüster Lärm, Schüsse, Pulverdampf, Verfolgung in den Busch, einige Gefangene u. dann Ruhe. Feind 8 Tote (5 M. 3 Wb.)*
>
> *Am Erstaunlichsten war bei der ganzen Sache, daß wir nicht mehr Verluste erlitten, zumal ich den Kunabembes hatte zurufen lassen, nicht zu feuern. Wirkung hatte das nicht, denn im Moment, in dem ich bemerkt wurde, fingen sie an zu schießen u. erst dann fingen wir auch an. Als ich im Marsch Marsch vorgegangen war u von der ersten Hütte aus schießen ließ, dachte ich, da fortwährend auf mich geschossen wurde, auch zu feuern, gab den Gedanken jedoch sofort auf; dazu hätten die Augen eines Schwarzen gehört, ich hätte höchstens die eignen Leute totgeschossen. Unter den Gefangenen befand sich ein reizendes Kunabembe Mädchen Balä (=Graswiese), das jedoch auch mit dem üblichen schweren Messinghalsring verunziert war.*[128]

Viele Jahr später verarbeitet Koch in einer unveröffentlichten Kurzgeschichte das Geschehen und schmückt es mit der Freiheit des Geschichtenerzählers aus:

> *Eine lange, schwache Steigung führte durch eine Wirrnis von verkommenen, aufgegebenen Pflanzungen, einzelnen Ölpalmen und Dickichten, von verwilderten Bananengruppen von 7-8 Metern Höhe, durch Elefantengras und an Schirmbäumen vorbei, sowie an verflochtenen, unpassierbaren Unkrautfeldern. Nach einer guten Stunde hörte das auf, es folgte ein geschlossener Waldstreifen, der wieder eine Stunde Marsch erforderte, ein tiefer Sumpf musste passiert werden und wieder ging es leicht bergan. (...)*

[127] Tagebucheintrag 17.04.1910
[128] Tagebucheintrag 17.05.1910

Carl W.H. Koch

Jagderfolge

Kochs Wohnhaus in Molundu

Träger in Molundu

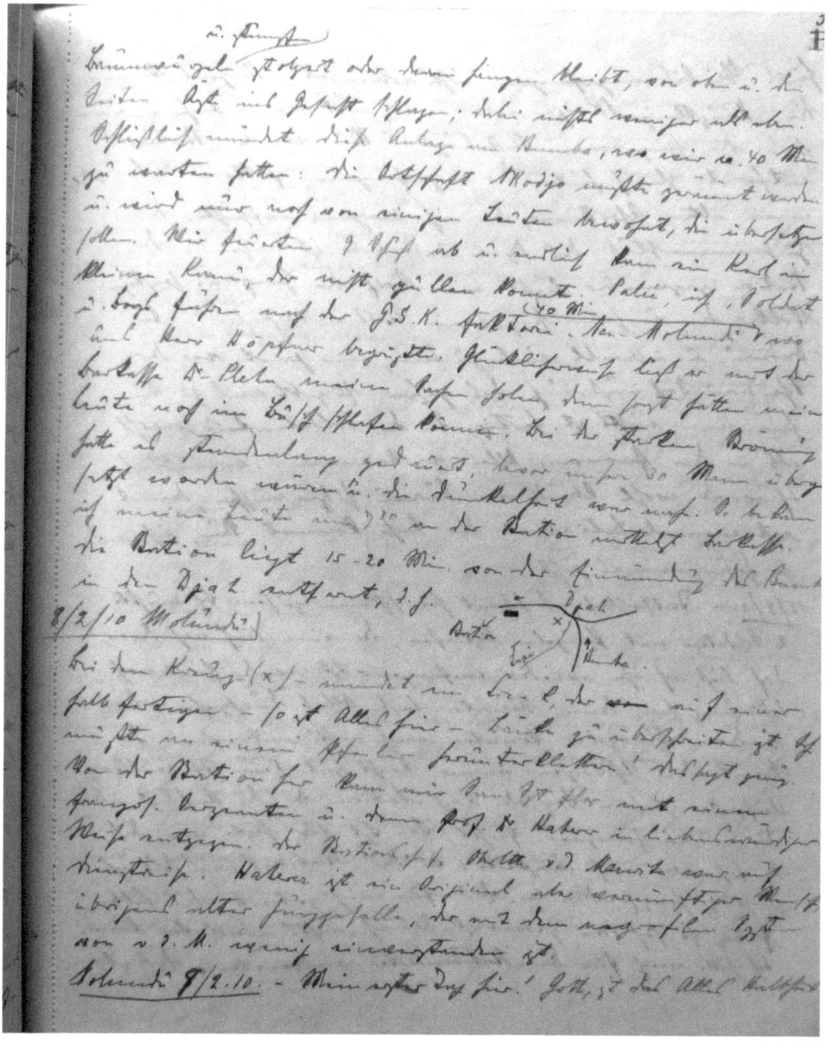

Tagebuch-Seite

Carl W.H. Koch (li.) mit dem französischen Capitain Curault

v.l.n.r.: Hr. de Cuvry[129], Richard v. Stetten, Carl W.H. Koch, Dr. Haubold, Hr. Höpfner

129 Franz Behrend de Cuvry, ehemaliger GSK-Agent

Küche des Stationsleiters in Molundu

(Der Weiße) *ging an der Spitze mit dem Vormann der Träger mit dem Hinterlader. Bakoko mit dem Mannlicher*[130] *und Undola mit der kleinkalibrigen Doppelbüchse waren am Ende der kleinen Kolonne, die leidlich dicht aufgeschlossen marschierte.* (Der Weiße) *sah in der Farm zwischen Maispflanzen, Maniokstauden und Bohnen, die auf gewölbten Bänken standen, geduckte Gestalten und zog in jäher Erkenntnis die Browning, seine einzige Waffe.*

Das Verhängnis brach los, er schoss auf dunkle Körper, erblickte links und rechts in den Augenwinkeln heulende, wildbrüllende Gestalten, sah Blut aus durchschnittenen Kehlen und anderen Wunden spritzen, Schreie des Todes und des gierigen Blutrausches standen in der Luft, (er) *hörte noch einen Schuss und noch einen, neben ihm sackte der Vormann zur Erde (...)*[131]

Die "Eingeborenen" nennen Koch auf Grund solcher und ähnlicher Aktionen bald *Small brother Dominik*[132], ein bezeichnender Spitzname, auf den er ausgesprochen stolz ist. In der eben zitierten Kurzgeschichte gibt Koch dem Weißen übrigens den Namen *Adominik*. Hans Dominik (1870-1910) war bis zu seinem frühen Tod einer der umstrittensten Vertreter der deutschen Verwaltung in Kamerun gewesen. Gouverneur von Puttkamer charakterisiert ihn wie folgt:

Er (...) hatte das den Negern gegenüber einzig richtige Prinzip: Sie müssen wissen, dass ich ihr Herr bin und der Stärkere; solange sie das nicht glauben, müssen sie es eben fühlen, und zwar hart und unerbittlich, so dass ihnen für allezeit das Auflehnen vergeht.[133]

Ganz genau so versteht Koch seine eigene Aufgabe - und übersieht dabei, dass Gouvernement, Kolonialamt und Regierung längst humanere Sichtweisen vertreten.

Obwohl Koch zunächst eine gute Meinung von ihm hatte, kommt es schon bald zum Streit mit dem angesehenen Regierungsarzt Dr. Albert Haberer, der nach Monaten in eine dramatische Duellforderung Kochs münden wird. Auslöser ist Kochs sehr spezielle Rechtsauffassung:

Mit (Professor Haberer) *ging es denn auch bald (...) los (...) anläßlich eines Briefes des Herrn Grätschuss (G.S.K.*[134]*), der aus Versehen sein schwarzes Weib angeschossen hatte u. um Hilfe, bezw. Medizin bat. Ich bat um einen San.-Kolonisten zur Hilfeleistung am nächsten Morgen 6 Uhr marschbereit, als ich dann mit entsprechendem Schreiben an G. aus dem Bureau zurückkam, weigerte sich der Professor, den Mann abzusenden. Ich machte*

---

130 Jagdgewehr

131 Typoskript "Dröhnende Trommeln" (Nachlass)

132 Tagebucheintrag 06.-09.03.1911 (Jukaduma)

133 v. Puttkamer: Gouverneursjahre in Kamerun, zitiert nach Florian Hoffmann: Okkupation und Militärverwaltung in Kamerun

134 Gesellschaft Süd-Kamerun, eine der Kautschuk-Konzessionsgesellschaften

ihn darauf aufmerksam, daß es sich evtl. darum handelte, einen Europäer, der von ärztlicher Wundbehandlung nichts versteht, vor Gefängnis zu bewahren, u. diese Überlegung sollte ausschlaggebend sein. Als er sich weiterhin weigerte, machte ich ihn nochmals auf die evtl. gerichtlichen Folgen der Fahrlässigkeit des G. aufmerksam, doch ohne Erfolg. Ich änderte mein Schreiben um u. kurz darauf, - ich saß noch im Bureau - verließ der Professor mit einem offiziellen "Guten Abend" für mich Herrn Treichel, der noch in meiner Halle saß. - Am nächsten Morgen begann der Professor mit einem unverschämten Brief, der den Anfang von vielen ähnlichen bildete. Ich versuchte noch schriftlich, die Sache einzurenken, doch ohne Erfolg. -

Hätte ich gewußt, von welch' gemeiner Gesinnung sich Haberer zeigen würde, wäre ich ihm anders entgegengetreten, als ich es tat. Ich nahm jedoch an, er würde noch vernünftig werden u. erwartete von einem Mann seiner Stellung, seiner Titel u. Ehrenzeichen immerhin ein gewisses Anstandsgefühl. Daß er nichts dergleichen besitzt, kann man schließlich nicht vermuten, denn wenn er auch vom Charakter noch so niedrig u. gemein ist, so sollte ihm sein Alter u. Stellung einen gewissen Halt geben u. ihm die Pflicht auferlegen, sich halbwegs anständig zu führen. - Heute ist die Lage leider die, daß ich, obwohl ich mir vor meinem Gott u. Gewissen nichts vorzuwerfen habe, damit rechnen muß, daß ich vom Gouvernement entlassen u. evtl. bestraft werde. Was bleibt mir dann? Eine Kugel! Aber die Pflicht für Eltern u. Schwester zu sorgen müßte mich zum Leben zwingen, zu einem verfehlten freilich, denn, wenn das Schlimmste kommt, ist Alles zu Ende! Ich glaube nicht, die Pflicht würde mich halten, aber die Rache. Wehe Haberer, wenn es so geht. Meine arme Mutter würde jede anscheinende Schmach nicht überleben u. das Unglück meiner Familie würde mich stärken zur Rache. - Ich zittere jetzt schon bei Ankunft jeder Post, denn bald wird eine Entscheidung kommen. -[135]

Koch unternimmt mehrtägige Expeditionen in den umliegenden Busch, lässt Trassen schlagen für die Kautschukernte, kümmert sich um die Arbeiter-Anwerbung für die Firmen des Konzessionsgebiets, gründet Verpflegungsstationen und übernimmt nebenbei kleinere Vermessungsaufgaben. Gleichzeitig treibt er ethnologische Studien, beobachtet die teilweise primitiven Lebensumstände der indigenen Bevölkerung und zeichnet ihre zahlreichen Sprachen und Dialekte auf. Im Tagebuch notiert er kleine Begebenheiten, die er später in seinen Büchern verarbeiten wird:

Die Eingeborenen (Bumbonen) sind absolut unkultiviert, einer erzählt schmunzelnd bei einem Palaver, er habe eine Häuptlingsfrau 4mal benutzt, ein alter Häuptling harmlos, er habe des Nachts softly softly 4 Ziegen gestohlen. Eines Unrechtes sind sich die Leute nicht bewußt, das muß so sein, ist ihre Antwort. - Das Land krankt an Weiberpalavern. Die Summen, die dafür bezahlt werden, sind enorm, ebenso die Gewalttaten, die daraus entstehen. Die alten Häuptlinge halten die Preise, die jungen Leute haben zu wenig Geld, um sich ein Weib zu kaufen u. sind auf die Alten angewiesen;

---

[135] a.a.O.

diese wieder nutzen das aus, verführen die Jungen u. nehmen ihnen dann große Summen in Waren ab. So geht das in's Endlose! Der alte Häuptling Meton hatte heute allein 4 Palaver wegen seiner Weiber, die mit ihm wenig zufrieden scheinen. Kein Wunder, er ist alt, dick u. schwerfällig, kann sich kaum rühren! Erfolg, junge Hausfreunde, die man den Weibern nicht verübeln kann. -[136]

In J(ukaduma) *nahm ich einen Zauberer Ekalla mit Anhang fest, einen widerwärtigen Albinoneger, der sehr viel Einfluß hat u. überall, von Bange bis Momoss u. Lamuka die Leute bedrängt. Ich bin neugierig, was die Lamukleute dazu sagen. Der alte Jukaduma wollte den Mann unbedingt loskaufen, doch ließ ich mich darauf nicht ein.* -[137]

Dieser "Albino-Zauberer" wird Kochs Lesern später mehrmals begegnen:

So konnte ich (...) einen berüchtigten Medizinmann im Sanga-Gebiet nach erfolgter Überführung nur mit Mühe vor einem sofortigen Lynchgericht schützen, und trotzdem versuchte ein alter, angesehener Häuptling in dunkler Nacht den Zauberer mit Elfenbein loszukaufen![138]

Zauberer haben bei den Urwaldbewohnern stets eine gewisse Rolle gespielt, wenn auch nicht einer derart bedeutende, als vielfach angenommen wird. (...) ein Albino-Neger, der als Zauberer im französischen Sanga-Gebiet nahe der Urwaldgrenze eine gewisse Rolle spielte und später seinen Wirkungskreis auf deutschen Boden verlegte, bis seine Verhaftung seinem widerlichen Treiben ein Ende bereitete. Er hatte es verstanden, für das Heilen von verhexten Frauen von den Eingeborenen bedeutende Summen in Waren verschiedenster Art zu erlangen.[139]

Zauberer spielen heute eine große Rolle nicht mehr und kommen nur bei gelegentlichen Giftproben und Krankheiten in Betracht. Jede schwere Krankheit wird durch den bösen Geist verursacht, von dem ein Weib besessen ist und der es des Nachts verläßt, um sein Opfer zu suchen. Der Zauberer muß feststellen, wer die "Besessene" ist und den Geist austreiben, wodurch der Kranke in Verbindung mit Medikamenten geheilt wird. Der Zauberer sucht sich in der Regel ein junges und schönes und daher wertvolles Weib aus, dessen Eigentümer zahlungsfähig ist.

---

[136] Tagebucheintrag 07.09.1910, Posten Plehn

[137] Tagebucheintrag 21.09.1910, Im Busch, 4 Stunden hinter Saolo, nähe Weg Jukaduma-Banja

[138] Koch: Unter Kannibalen

[139] Koch: Lichtbildervortrag Neu-Kamerun

Der "Albino-Zauberer" Ekalla
veröffentlicht u.a. in Reclams Universum und in Kochs
Molundu-Beitrag für das Baessler-Archiv

Unter allerhand Tänzen wird einem lebenden Huhn der Kopf abgerissen und das besessene Weib muß das Blut aus dem Körper aussaugen und das Herz des Huhnes roh verschlingen; dann wird das Weib vom Zauberer zirka 8 Tage lang in dessen Hütte eingesperrt und darf sich nur von ihm sehen lassen. Der Zauberer treibt durch Klystiere den bösen Geist aus und benutzt im übrigen die Zeit, um von der Familie des Kranken und des besessenen Weibes möglichst viel zu erpressen; anscheinend verkehrt er auch geschlechtlich mit dem betreffenden Opfer.[140]

Eine letzte dramatische Steigerung erfährt der Zauberer in Kochs Erzählung "Der Zauberer, der Tod und die Freundin der Nacht":

Nie werde ich das schaudernde Bild vergessen, das mich in heiterer Freude traf, wie ein dunkler, schwerer Keulenhieb. Hütten und Wald mit Rauch und vereinzelten Sonnenstrahlen, tiefgetönte, blanke Körper und der mit Schellen und seltsamem Putz von Wildkatzenfellen und Amuletten behangene, bärtige Albino-Zauberer, auf dessen weißgelber Haut sich Tropfen und Streifen roten Blutes abzeichneten wie eine phantastische Malerei. (...)

[140] Koch: Die Stämme des Bezirks Molundu

Impfaktion

Missanga-Weiber und -Kinder
(Vgl. Größenverhältnis; der Verfasser in der Mitte ist 1,66 m groß.)[141]

[141] Bildbeschriftung aus Koch, Die Stämme des Bezirks Molundu, 1913

Blick in ein Missanga-Dorf[142]

[142] Bildbeschriftung aus Koch, Unter Kannibalen in Reclams Universum, April 1913

Es gab keine Rettung für das junge, braune Mädchen, die linke Brustseite war mit grausamem, sachkundigem Schnitt durch Haut, Fleisch und Rippen in das Innere hinein spannenlang und tief geöffnet, und das Leben verließ zusehends den unschuldigen Körper.[143]

Ein weiteres Element, das Koch in seinen späteren Veröffentlichungen immer wieder aufnehmen wird, ist der angebliche Kannibalismus unter den "Eingeborenen":

Der Oberhäuptling Ingnelli der menschenfressenden Makka's soll sehr gut mit Sch(elske / Stationsleiter in Atok) *stehen, trotzdem wurde vor 2 Mtn. ein anderer der Station freundlich gesinnter Hptlg. ermordet u. aufgefressen, der Täter allerdings gleich von Ingnelli getötet. Auch der Dackel von Sch*(elske) *wurde von einem Makka vor seinen Augen erschossen, ohne daß er den Täter fassen konnte, den er nur anschoß. –*

Bei den Makkas sieht man bessere Ruder mit gebogener Schaufel u. Ring im Griff. Im Übrigen sollen sie auf niedrigster Stufe stehen u. von gemeiner Gesinnung sein. –[144]

Der Makka, wie überhaupt der Neger ist doch dem Affen noch näher verwandt als wir: Ich sah heute auf einem 1 Meter langen starken abgehauenen Ast einen Neger auf einem über den Fluß hängenden Baum von ca 50-60m Höhe stehen u. mit beiden Händen mittelst einer schweren Axt einen anderen Ast abhauen, der schließlich krachend u. klatschend in den Fluß stürzte! Das soll ihm ein Europäer nachmachen. –[145]

Die Makka fallen doch sehr durch ihren viehischen Gesichtsausdruck auf; die richtigen Bestien, in deren Hände ich nicht geraten möchte! –[146]

Ende September 1910 trifft Regierungsarzt Dr. Walter Haubold in Molundu ein. Er soll die Station übernehmen, bis die überhand nehmenden Vorwürfe und Beschwerden gegen Kochs Amtsführung offiziell geklärt sind. Doch Koch entschließt sich, *die Befolgung des Befehls zu verweigern, was ich auch telegrafisch u. brieflich tat.*[147]

Inzwischen sind nämlich mit Dr. Johannes Mildbraed[148] und Dr. Arnold Schultze[149] zwei führende Persönlichkeiten der Zentralafrika-Expedition des Herzogs Adolf Friedrich zu Mecklenburg in Molundu angekommen. Insbesondere zu dem Offizier, Geograph und Entomologen Schultze fasst Koch schnell Vertrauen. Dass Schultze bis vor wenigen Jahren als Oberleutnant der

---

[143] Koch: Das Lied des Landes
[144] Tagebucheintrag 14.01.1910 (Atok)
[145] Tagebucheintrag 15.01.1910 (Modabum)
[146] a.a.O.
[147] Tagebucheintrag 21.03.1911 (Rückblick)
[148] Johannes Mildbraed (1879-1954), deutscher Botaniker
[149] Arnold Schultze (1875-1948), deutscher Offizier und Wissenschaftler

Schutztruppe angehört hatte, mag die gegenseitige Sympathie gefördert haben. Schultze findet in seinem Expeditionsbericht ausnahmslos lobende Wort für den *unermüdlichen Stationsleiter* Koch:

> *Es war wiederum vollkommen Nacht, als der gellende Laut der Dampfsirene den Europäern des deutschen Zollpostens Molundu unsere und der langersehnten Post Ankunft meldete. Kurz darauf erkannten wir auf dem halb unter Wasser stehenden Uferwege im Scheine der Lampe den Regierungsarzt Dr. Hauboldt (...). Schon an diesem ersten Abend, den wir im gastlichen Hause des Stationsleiters Koch zubrachten, erhielten wir viele nützliche Anregungen für unsere Arbeiten im Südkameruner Urwald, da unser Gastgeber sich in der kurzen Zeit seines Wirkens überraschend reiche Kenntnisse von Land und Leuten angeeignet hatte.*[150]
>
> *Am 3. Dezember* (1910) *kam ein Eilbote von Leutnant Edler von der Planitz, dem Führer der Trägerkolonne, der die dringende Bitte übermittelte, die kleine Expedition so schnell wie möglich von den Dongoschnellen, etwa 60 Kilometer oberhalb Molundu, auf dem Wasserweg abholen zu lassen. Sofort erklärte sich der unermüdliche Stationsleiter von Molundu bereit, die Expedition Planitz abzuholen.*[151]

Koch notiert in seinem Tagebuch Details der Reise:

> (Ich) *traf am 9.12. zur großen Freude von Planitz am Dongo ein, nachdem ich tags zuvor ein Krokodil von ca 5m Länge erlegt hatte. Hierbei machte ich die interessante Erfahrung – u. das bestätigten die Schwarzen als Regel – daß ein angeschossenes, älteres Krokodil an seinen Platz zurückkehrt. (...) Meine Fahrt nach dem Dongo war recht interessant, auch abgesehen von den Jagderlebnissen. Ich freute mich über die Missanga- u. Pupo-Leute, die mir anstandslos sämtliche Kanus gaben. Als Beweis für das Vertrauen, das ich besitze nahm ich die Tatsache, daß sie die jüngsten u. nettesten Weiber zum Rudern mitgaben. -*
>
> *Zwischen Auba u. dem Dongo, d.h. am 4. Tag von Molundu, wird der Djah sehr schmal, von Bergrücken eingeschlossen, die mit schönem, hochstämmigen Urwald bedeckt sind. Einzelne Ölpalmen fand ich auch. -*

---

[150] Dr. Arnold Schultze in "Vom Kongo zum Niger und Nil", Berichte der deutschen Zentralafrika-Expedition 1910/1911

[151] a.a.O.

Höhle am Dongo

Am Dongo sind einige kleine Höhlen, deren Wände von den Zähnen von Elefanten u. Flußpferden zernagt u. ausgefressen sind. Die Tiere fressen anscheinend die weichen, verwitterten Felswände mit Vorliebe. - An Flußpferden sah ich eine Herde von 30 St. Das erste Geschossene schwamm trotz Hirn- und Blattschuß noch ca. 3 Km., durchquerte dann im Todeslauf 500 Busch, u. wälzte sich in den letzten Zuckungen auf einer Gras- u. Schlammwiese, wo es direkt am Weg verendete. Das Andere fanden wir im Fluß an einem Baumstamm, an den es angetrieben worden war. Leider hatten Beide kleine Zähne.

Ich hatte in der Beziehung wie stets Pech, d.h. wie auch Anf(ang) *Okt*(ober 1910) *am Bange mit dem mächtigen Elefantenbullen, der zwischen seiner Herde stand - ich sah selbst 6 andere Elefanten - u. nach meinem Kopfschuß stürzte, dann jedoch sich wieder erhob u. mit Weib u. Kind abging, trotz 2 weiteren Blattschüssen auch nicht liegen blieb. Er fiel wiederholt, doch peitschte ihn anscheinend das Weibchen immer wieder auf; schließlich ging die ganze Familie in den weithin ausgetretenen Bange-Fluß, u. damit waren die schönen Zähne von ca. 1,50m Länge für mich verloren. Ich kam, bis an die Brust im Wasser watend zwar ganz nahe an die Tiere heran, konnte jedoch infolge des dichten Busches nicht zum Schuß kommen. So kam ich dann schließlich nach 13 stündiger Jagd ohne Essen, Trinken u. Rauchen todmüde auf dem P*(osten) *Plehn an.*

Dongo-Schnellen

Missanga-Kanu auf dem Dschah[152]

[152] Bildbeschriftung aus Koch, Die Stämme des Bezirks Molundu, 1913

Bagielli

Bagielli

Bagielli

Der Elefant ist sicherlich verendet u. von dem nahebei wohnenden Häuptling Saolo bezw. dessen Bagielli (Bomanjoko) gefunden worden, die die schönen Zähne wohl behalten haben werden. -[153]

Inzwischen kommt es zu einem Diebstahl, der Koch trotz seiner Abwesenheit zur Last gelegt wird. Da er die Stationsleitung nicht wie befohlen abgegeben hat, trägt er die Verantwortung - das Reichskolonialamt wird später sogar die persönliche Haftung fordern. In Kochs Gedankenwelt begeht das Amt eine ihm unverständliche Ungerechtigkeit:

Vorher, als ich vom Dongo kam, erlebte ich wieder eine unangenehme Überraschung: Aus der Kasse des Z(oll)-*A*(ssistenten) *Erhardt waren 1350 Mk. gestohlen, d.h. soviel nannte er. Weihnachten kam schließlich durch den Gef. Landumo heraus, daß der mit 10 Jahren Kettenhaft bestrafte Jaunde-Mann Mbelle (Belinga) die Tat begangen hatte, doch wurden insgesamt nur ca. 450 Mk gefunden. Der Vorfall kennzeichnet zur Genüge, welche Aufsicht in meiner Abwesenheit auf der Station herrschte. Ich dachte damals, hättest du doch nur abgegeben, dann hätte Dr. Haubold das Vergnügen gehabt!* -[154]

Die Übergabe der Station verzögert sich ein weiteres Mal, als Koch einen heftigen Fieberanfall bekommt. Im Tagebuch findet er in diesem Zusammenhang liebevolle Worte für sein *schwarzes Weib Aude*:

Ich hatte im Dezbr. nach der Dongo-Reise u. den verschiedenen unangenehmen Vorfällen verschiedentlich Fieber. Zeitweise ging es mir so schlecht, daß mein schwarzes Weib Aude fast die ganzen Nächte hindurch weinend am Bett saß u. mich pflegte. Ihr einige Worte für das Mitgefühl, das sie mir bewies. Sie war ein Sanaga-Weib, nicht mehr jung noch schön, aber von einer Würde, Anmut u. Haltung, die immer wieder das Entzücken von Dr. Schultze erregten. Ich habe von ihr, was Verhalten den Eingeborenen gegenüber anbelangt, viel gelernt, speziell auf der Bezirksreise Aug./Okt. Ich erinnere noch, wie sie nur lächelnd den Kopf wandte, als in Minjass eine Patrone im Feuer explodierte - anscheinend ein Racheakt des bestraften Sold. Alo - u. ihr die Kugel nahe am Kopf vorbeiging, oder mit welch' klassischer Bewegung sie Schwarze wegwies, die in ihre Nähe kamen, zu nahe für ihre Stellung als "Frau Govenor"!

Das bringt mich zu dem Punkt "cherchez la femme" bei den Beamten. Offiziell heißt es, daß es dem Ansehen der Beamten in den Augen der Eingeborenen schade, wenn sie ein schwarzes Weib hielten. Das ist m.A. Unsinn. Nach meiner Ansicht sollte es sich im Gegenteil jeder Einzelne, ob Beamter oder Kaufmann, zur Pflicht machen, ein ständiges Weib zu halten. Der Eingeborene erkennt das an, gesundheitlich ist es das Beste u. die Hausdiebstähle gehen zurück, was besonders auf Reisen bemerkbar ist. Ich habe an der Küste u. auch sonst in der Trunkenheit den "Schrei nach dem

---

[153] Tagebucheintrag 21.03.1911 (Rückblick)

[154] a.a.O.

Weibe" zur Genüge gesehen; daher auch die vielen Geschlechtskrankheiten in den Tropen, von denen freilich Jeder befallen werden kann, denn oft kommt ja vor, daß auch das ständige Weib mit Schwarzen verkehrt. In der Beziehung kann jedoch der Europäer viel dadurch tun, daß er sein farbiges Weib gut behandelt u. sie nicht nur als willenlose Sklavin seiner sinnlichen Wünsche ansieht. In der Praxis ist es in der Regel besser, ein Weib zu nehmen, das nicht zu jung ist, sondern schon etwas "sense" besitzt. -[155]

Im "Lied des Landes" macht Koch "seine" Aude gar zur Königstochter:

> *Aude war Rasse in Gestalt, Denkungsweise und ernster Beherrschung. Ihr Vater war einer jener könighaften Häuptlinge gewesen, die im nördlichen, freien Land über Zehntausende geboten hatten und deren Herrschaft und Tradition in Blut befestigt war. Es mußte der Weiße kommen, um seine gewalthaberische Macht zu brechen. (...) Audes Mann war Madjo, der Krieger*[156] *gewesen. Ihn kannte ich und hatte ihm einen Dienst leisten können, bevor er starb.*[157]

Wenige Seiten weiter erläutert er sein fatalistisches Rechtsverständnis, das bestimmend ist für sein ganzes Leben:

> *(...) gibt es überhaupt einen stehenden Rechtsbegriff? (...) Jeder Mensch, so scheint es mir, wird blind geführt, an der rechten Hand leitet ihn ein Teufel, links aber ein Engel, der auf den Schlag des Herzens achtet. Die Macht der beiden ist verschieden bei jedem Menschen (...) Bald findet der Engel Hilfe, bald der Teufel. Sie ziehen hin und her. Gut und Böse weben ihre Fäden von Mensch zu Mensch (...) Sie können nicht heraus. (...) Wenn diese Gedanken in mir sind und ein Mensch wird vor mich gebracht, dem ich sagen soll, er sei schlecht und werde bestraft werden, drückt mich ein Zweifel, und das, was ich sage, dünkt mich eine Lüge. Das hat mich dazu geführt, den Betreffenden auf die Stimme seines Herzens zu prüfen und mich häufig über das geschriebene Recht hinwegzusetzen. Denn ich glaube, wenn das Herz rein ist, kann auch bei den Farbigen ein Verbrechen berechtigt, eine gute Handlung ein Vergehen sein.*[158]

---

155 Tagebucheintrag 21.03.1911 (Rückblick)

156 vgl. Tagebucheintrag 17.05.1918: *In Holyport werde ich Sport treiben u. arbeiten, um die im ersten Buch fertige Kameruner Erzählung "Madjo, der Soldat" zu beenden. Freilich, dazu gehört Stimmung u. passende Umgebung; ob beides in Holyport vorhanden ist, ist noch die Frage, wird sich aber finden. Der zweite Teil ist wohl schwieriger im Aufbau, aber ich habe ja die Tatsachen in der Hauptsache im Feldzug erlebt; denn Madjo ist eine Vereinigung von dem Hausjungen u. Jäger Musa, dem Soldaten Landumo, der Sept. 1914 fiel, u. vielleicht noch dem Maka Rekruten Njem, der mich bis Fernando Po begleitete.* - Bisher konnte die Erzählung "Madjo, der Soldat" nicht nachgewiesen werden, das im Tagebuch angesprochene Manuskript ist nicht im bisher bekannten Nachlass enthalten.

157 Koch: Das Lied des Landes

158 a.a.O.

In diesen wenigen Worten liegt eine wesentliche Erklärung für Kochs ständiges Anecken bei Zeitgenossen, Untergebenen wie Vorgesetzten.

Nach nur einem Jahr verlässt Koch die Station Molundu:

> (Ich) *trat schließlich am 21/2/1911 den Abmarsch an. Der Abschied fiel mir recht schwer, ich konnte kaum Tränen unterdrücken. Missanga- u. Pupo-Häuptlinge waren anwesend, ihre Leute u. Hptg. Samba gingen noch mit, noch einen Blick auf den Dschah u. Station, der Weg zur Faktorei, ein Glas bei dem sehr befreundeten Herrn Höpfner u. Molundu lag hinter mir - u. vor mir ein schwerer Gang nach Lomie u. Küste, dessen Resultat so unabsehbar ist, wie der Himmel weit. -*[159]

Aus Sicht seiner Vorgesetzten hat Koch als Stationsleiter auf der ganzen Linie versagt. Er selbst sieht sich als Opfer von Intrigen und sucht die Gründe seines Scheiterns ausnahmslos bei anderen.

Ablenkung findet Koch wieder einmal auf der Jagd:

> *Nach erfolgloser Jagd ließen wir Nachmittags unsere Zelte jenseits des Bumba hinter dem ca. 15 M. langen Buschstreifen aufschlagen u. jagten Nchm. weiter. Schon nach 20 Min. sahen wir Büffel: nach kurzem Anschleichen stand eine Kuh 25m vor mir auf Blatt, drehte sich aber, als ich abdrückte, so daß mein S Geschoß durch Blatt u. Körper ging u. am Hinterleib heraustrat. Ich hatte gerade repetiert, als ein mächtiger, tiefdunkler Bulle aufsprang, auf mich zuwendete, ankam u. 20m vor mir stillstand. Ich hatte schon Druckpunkt, - da schoß mein Soldat seinen Karabiner, Mündung an meinem Ohr, ab, so daß nicht nur mein Schuß los u. vorbeiging, sondern durch den Luftdruck auch mein Monocle meterweit weggeschleudert wurde. Bevor ich wieder repetieren konnte, war der tadellose Bulle abgegangen. Die Kuh lag 15m hinter der Stelle, auf der sie stand; ich war mit S Geschoß sehr zufrieden; mein Soldat bekam aber einige hinter die Ohren, daß es krachte, denn er hatte mir den schönen Bullen vertrieben. -*[160]

In den "Jagdbildern aus Südostkamerun" verwendet Koch 1913 fast die gleichen Formulierungen wie im Tagebuch:

> *Während ich repetierte, brach links ein mächtiger, tiefdunkler Bulle hervor, wendete scharf auf mich zu und machte 15 m vor mir Halt. Wild peitschte der "Schweif" die Luft, das Weiße der Lichter blitzte auf, dann senkte er die kurzen, breiten Hörner, klar zu Attacke. (...) von dem Schuß hing alles ab.*

---

[159] Tagebucheintrag 21.03.1911 (Rückblick)

[160] Tagebucheintrag 14.03.1910 (Faktorei der Gesellschaft Süd-Kamerun am Bumba)

Aude

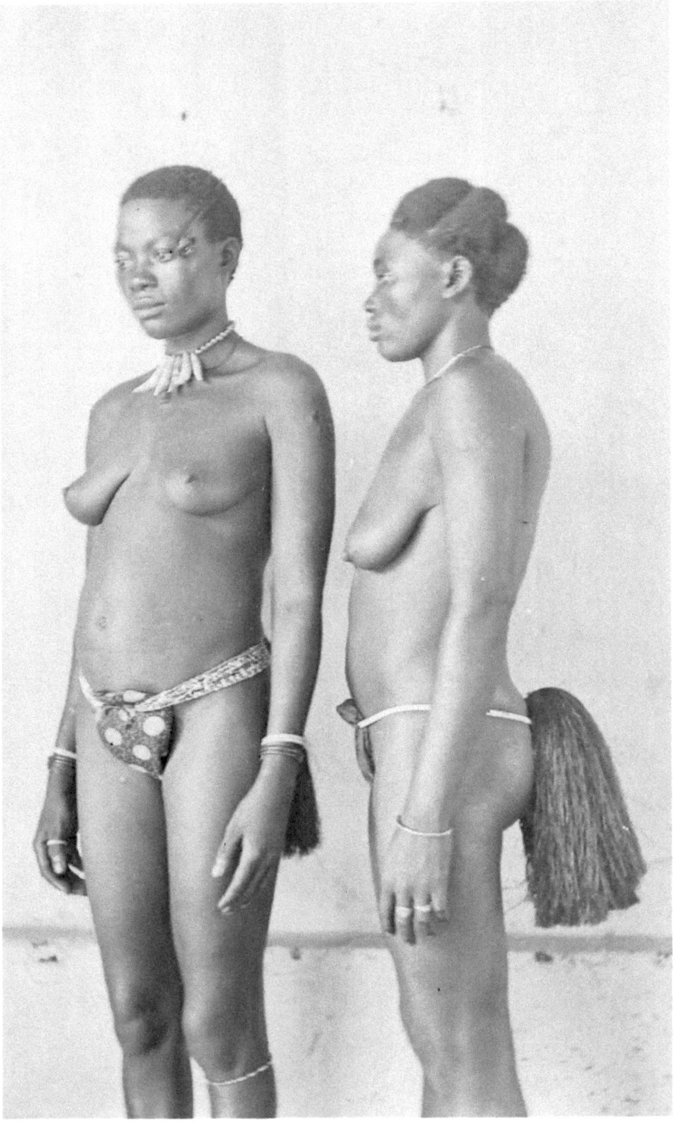

Jaunde-Frauen mit Ebui

Missanga-Frauen

Bangandu-"Eingeborene" mit Boman-Sklaven

Französische Senegal-Schützen

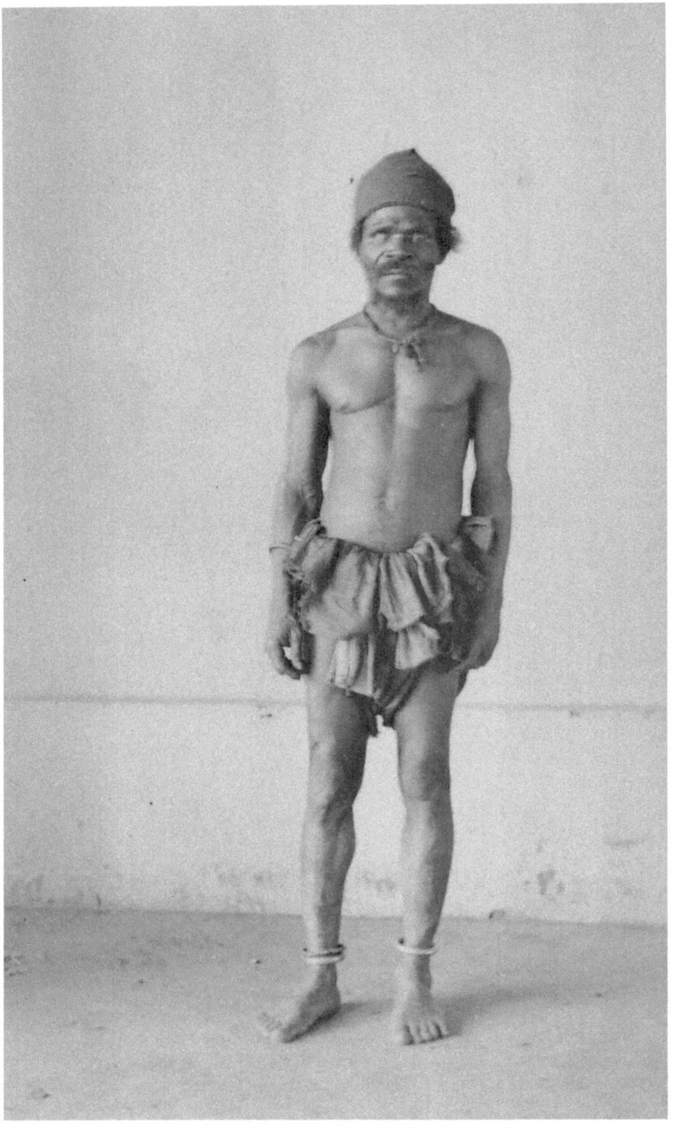

Bangandu-Häuptling

Boman-"Eingeborene"

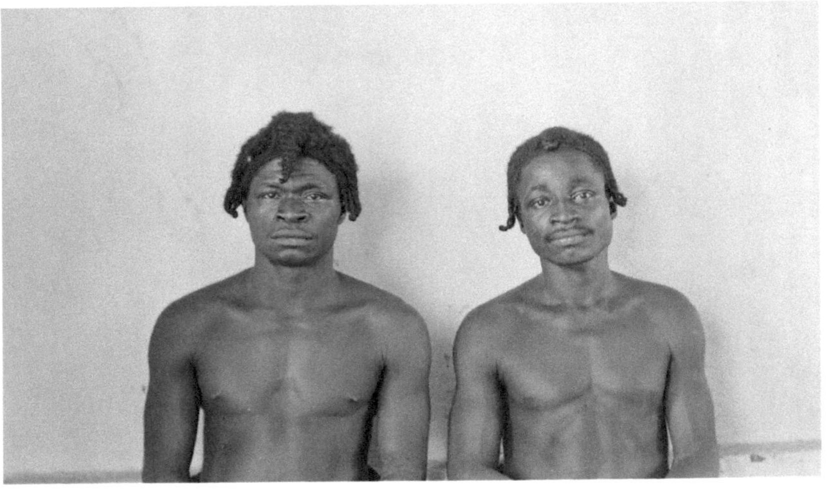

Lissel-Krieger

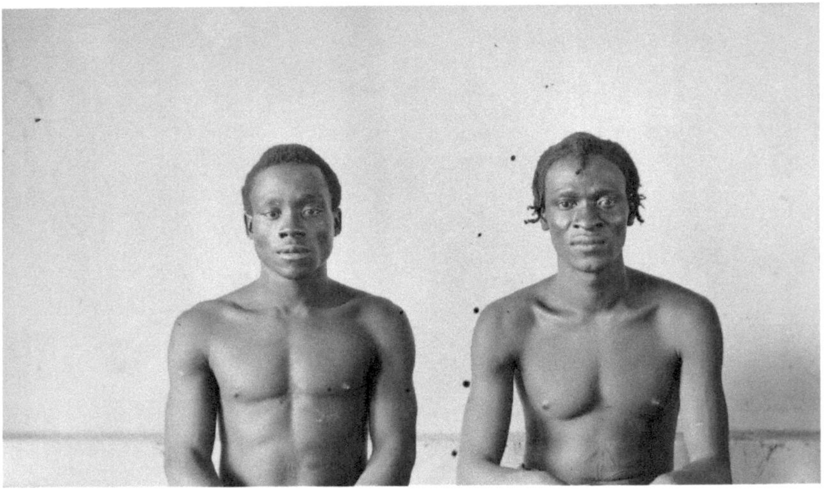

Lissel-Häuptlinge

Yangere-Krieger

In diesem kritischen Augenblick geschah etwas Unerwartetes: Meine Ordonnanz konnte ihren Jagdeifer nicht länger zügeln und riß durch, die Mündung des 88er Karabiners dicht an meinem Ohr! Mein Kopf flog zur Seite, der Schuß ging ab, natürlich vorbei und mein Monokel, das ich verschiedener Sehstärke halber links trage, war verschwunden. Der Luftdruck hatte es mitgenommen, ich habe es trotz eifrigen Suchens nicht mehr gefunden. Und auch dem Staatskerl von Bullen hatte dieses sonderbare Geschoß nicht behagt, denn er machte Kehrt und verschwand.[161]

Der Rückmarsch zur Küste zieht sich in die Länge. Koch macht Besuche, knüpft an seinem Netzwerk, vervollständigt die ethnografischen Aufzeichnungen, arbeitet an einer umfangreichen Verteidigungsschrift für seinen Ehrenrat und reicht selbst Beschwerden über Professor Haberer beim Gouvernement ein.

Bemerkenswert ist folgender Tagebucheintrag aus dieser Zeit:

Die Bevölkerung könnte ohne die Segnungen der Kultur (Arbeiter, Träger) recht glücklich u. idyllisch leben: Der fruchtbare Boden ist leicht zu bearbeiten, die Nahrung ist reichhaltig u. Öl u. Früchte massenhaft vorhanden. Das Gute unserer Kolonisation liegt im Wegebau u. der Beförderung, sowie der Gesundheitspflege u. dem Kampf gegen religiöse Mißhandlungen u. andere Gebräuche. Alle anderen Gründe sind rein egoistisch u. das sollte offen anerkannt werden. Tatsache ist nun einmal, daß wir Gummi, Elfenbein, Öl, Kerne, Cacao brauchen u. ferner Absatzgebiete für unsere Waren u. Beschäftigung für Kaufleute, Beamte u. Pflanzer. Dieser Grund muß maßgebend sein u. sollte offen anerkannt werden. Moralisch u. ethisch haben wir zu Hause gerade genügend zu tun. - Die Mission ist hier draußen direkt verderblich, solange sie nicht ausschließlich zur Arbeit erzieht. -[162]

Je näher Koch der Küste kommt, desto detaillierter werden die Beschreibungen von Land und Leuten im Tagebuch:

Nun folgt Bakoko-Bevölkerung, die bei ihren Hütten Rück u. Seitenwände aus Lehm bauen u. die ganze Hütte auf einem Lehmpostament erreichten, oft auch nur mit einem engen Einstiegsloch der niederen Wohnungen. Bei den Bakoko kommen Bein- u. Armspiralen vor, ferner kürzere Spiralen unter den Knieen u. auch blaue Perlketten. Der Ebúi[163] *wird kleiner u. unansehnlicher. Die Eingeborenen sind kleiner u. gedrungener als die Jaunde u. Etum u. schmutziger.*[164]

Ich mußte mich tragen lassen, da mich infolge einer Blase der rechte Fuß zu sehr schmerzte. Nie habe ich eine Reise mit derartigen Hindernissen

---

[161] Koch: Jagdbilder aus Südostkamerun

[162] Tagebucheintrag 11.05.1911 (Dorf Smetschang)

[163] Indigenes Kleidungsstück vornehmlich der Jaunde-Frauen, vgl. Abb. S. 72

[164] Tagebucheintrag 17.05.1911 (dicht hinter Dschalamangga)

gemacht! Affanda, den früheren Soldaten, habe ich heute weggejagt; er ist so beschränkt geworden, daß ich nicht weiß, ob er noch normal ist. Der Mann machte mich direkt nervös. -

Heute passierte ich sowohl Urwald, als auch leichten Sekundärbusch, in dem ich an einer Stelle Raphia, Öl- u. Kokospalmen zusammentraf. Sümpfe waren verschiedentlich vorhanden, die Hitze nimmt zu. -[165]

Am 21. Mai 1911 - es ist ein Sonntag - brütet Koch im Matúm-Dorf Ndungga voll dunkler Gedanken über dem Tagebuch:

Meine Füße wollen nicht besser werden. Es ist wie zum Verzweifeln damit. Ich möchte auch das mit dem Mißmut in Verbindung bringen, der mich erfüllt. Es ist selbstverständlich, daß mich die Erwartung der telgr. Nachricht in Edea, ferner die wenig angenehme Zeit an der Küste in einem Zustand der Beunruhigung hält. Viele, wichtige Punkte sind noch offen u. ich weiß nicht, wie sich das Gouvernement dazu stellt. Der Ehrhardt'sche Fehlbetrag in der Kasse, seine Aussagen in der Angelegenheit Haberer, Nachrichten von Hause u. Shanghai, all das sind Punkte, über die ich im Dunkeln schwebe. Ich wünsche, es wäre erst Alles vorüber. Aber für mich muß es heißen: Die Zähne zusammengebissen unter allen Umständen. Ich fühle, ein Wendepunkt meines Lebens steht vor mir.

Gustav ist zu Hause u. wohl noch ohne Stellung, er konnte sich, was ich nicht anders erwartete, in Tientsin nach Papa's Nachrichten nicht halten.[166] *Alles sieht düster u. wenig befriedigend aus; über E*(milie)*'s erhoffte Verlobung hörte ich seit langem nichts, bin überhaupt seit 3 Monaten ohne nähere Nachrichten, mit Ausnahme des inhaltslosen Briefes von Papa, den ich 1 Tagemarsch von Jaunde entfernt erhielt.*

Papa u. Mama alt u. durchs Leben gebrochen, Emilie krank u. unglücklich, Gustav verkommen, hauptsächlich durch seine unglückliche Veranlagung[167]*, meine Zukunft ungewiß. Soll da ein Mensch nicht verzweifeln? Wie habe ich den amerikanisch-japanischen Krieg herbeigewünscht, um als Freiwilliger mitzumachen u. damit aus alledem herauszutreten, an dem ich kranke. Wie hoffnungsvoll war ich vor einem guten Jahr u. jetzt? Da fällt mir urplötzlich die Tragik des 13. Mai in meinem Leben ein: 1900 Annemarie, 1910 nahm meine Beamtenlaufbahn*

---

[165] Tagebucheintrag 20.05.1911 (Dorf Pumó)

[166] CWHK hatte - wohl über den ihm vom SVC her bekannten und in Tientsin wohnenden Hauptmann Schellhoss (www.tsingtau.info) - seinen Bruder Gustav als Assistent an die Haiho Conservancy Commission nach Tientsin vermittelt, vgl. Directory & Chronicle of China, 1910. Der Haiho Conservancy Commission waren Ausbau und Aufrechterhaltung des für die Handelsschifffahrt wichtigen Haiho-Flusssystems anvertraut, vgl. Wilhelm Teubert, Die Welt im Querschnitt des Verkehrs

[167] CWHK meint mit "Veranlagung" die uneheliche Herkunft seiner Mutter

ihre entscheidende Wendung. Was wird dann 1920 bringen, wenn ich dann noch lebe! Wir sind in der Familie nicht lebensberechtigt, das ist sicher.

Mama hatte die gesunde Ader von ihrem wirklichen Vater, dem Forstrat, Papa hat den kleinlichen Sinn der Dorfschulmeistersfamilie. Können daraus brauchbare Kinder, Menschen entstehen, die in unsere heutigen Zeiten passen? Das ist das einzige Wort der Bibel, das ich praktisch anerkenne: bis ins vierte Glied[168]*. Der Urgroßvater mit seiner wechselnden Vergangenheit u. seinen vielen Frauen. Wie grausam ist das Gesetz der Bibel u. wie wahr! -*[169]

Die letzten Wochen vor seiner vorläufig endgültigen Abreise aus Kamerun verbringt Koch mit *Kuliarbeit auf dem Bureau*[170] in Edea, Buea und Duala.

Ich fühle nur noch Ekel in mir u. wäre froh, erst draußen zu sein. Ich bin müde u. abgespannt, fühle meine Energien erloschen u. bin körperlich u. seelisch krank. Mein Magen ist in Unordnung u. ich brauche Alkohol zur Anregung.[171]

Eine Unterredung mit dem neuen Gouverneur Dr. Gleim[172] führt zu keinem befriedigenden Ergebnis, Schuld daran tragen wie immer die anderen:

Gleim empfing mich sehr höflich; er machte einen absolut nichtssagenden Eindruck u. so ist denn auch das allgemeine Urteil über ihn das, daß er das Leben leicht u. bequem nimmt u. daß jedermann ihn genau so schlau verläßt, als er ihn aufgesucht hatte. So ging es mir auch; Interesse zeigte er keinerlei, weder für Bezirksfragen, noch für andere Angelegenheiten. Es ist empörend, daß sich Niemand um das kümmert, was ich als Stationsleiter an Erfahrungen gesammelt habe. Und dann soll die Kolonie sich entwickeln. -

Ich schlug Gleim (...) vor, bis zum Zwischendampfer in Buea arbeiten zu dürfen, da ich ja mancherlei Aufschlüsse über die Verhältnisse in Molundu geben könne. Er wollte mich partout für die 10 Tage zurück nach Edea haben; (...) Es geht aus alledem hervor, daß mich die Leute nicht in Buea haben wollen, da sie eine Judenjungenangst haben! Die Interessen des Schutzgebiets spielen dann keine Rolle vor.

---

[168] Anspielung auf das erste der Zehn Gebote (2. Mose 20, 5: Denn ich, der HERR, dein Gott, bin ein eifriger Gott, der da heimsucht der Väter Missetat an den Kindern bis in das dritte und vierte Glied, die mich hassen); CWHK führt die Schicksalsschläge in seiner Familie auf die uneheliche Herkunft seiner Mutter zurück.

[169] Tagebucheintrag 21.05.1911 (Dorf Ndungga)

[170] Tagebucheintrag 07.06.1911 (Edea)

[171] a.a.O.

[172] Otto Gleim (1866-1929), deutscher Gouverneur von Kamerun und Unterstaatssekretär im Reichskolonialamt

(...) Der Assessorismus u. Oberbeamtendünkel blüht mehr als je zuvor u. wird zweifelsohne in aller Kürze zu Kolonialskandalen führen, die die früheren bei Weitem übertreffen. (...)

Es ist mir ebenso klar, daß unter diesen Umständen die Entwicklung des Schutzgebietes leidet, als es mir unverständlich ist, was die Regierung mit ihrem Verhalten bezweckt. Jedes Kind kann das größte Fiasko voraussehen. Man braucht nur Duala anzusehen, das in jeder Hinsicht verbaut ist; ich fand ½ St. von Duala entfernt zerfallene Knüppeldämme u. eine eingestürzte Brücke, als ich in der Dunkelheit von einem Spazierritt zurückkam.

Im Übrigen ist das Leben in Duala versumpft; es wird sehr viel getrunken, mehr, als vielen förderlich ist. Schön ist der Park hinter dem Bezirksamt mit dem "Palast" u. ferner das Gebäude der Schutztruppe u. Stammkompanie; abgesehen davon bildet die Stadt ein Chaos von europäischen u. farbigen Wohnungen. -[173]

Die Rückfahrt nach Hamburg mit Aufenthalten in Accra, Konakry, Las Palmas und Madeira verläuft ruhig. Überall sind Erinnerungen. Koch denkt an Annemarie und vergleicht Funchal mit Hongkong, das er während seiner Zeit in Asien gesehen hat.

Auch die längste Reise geht zu Ende. Nach einem kurzen Zwischenstopp in Berlin kommt Koch am Vorabend seines 29. Geburtstags in Nieder-Walluf bei Wiesbaden an, wo die Familie seit der Pensionierung des Vaters wohnt.

Koch ist ohne Beschäftigung, er hat kein Einkommen und befürchtet das Schlimmste auf Grund der ungeklärten Vorwürfe und anhängigen Beschwerden beim Reichskolonialamt. Ab und zu besucht er Bekannte und verlebt Stunden oder Tage in *forcierter Lustigkeit*[174]. Seine depressiven Gedanken vertraut er allein dem Tagebuch an, echte Freunde hat er nicht.

Ich bin verzweifelt, wie nie zuvor. Bleierne Müdigkeit in Seele u. Körper, kein Lichtblick in irgend einer Richtung; Alles scheint dunkel u. tot. Ein Jahr währt jetzt der Kampf u. das Warten hat mich aufgerieben. Ich möchte mich verkriechen u. sterben. Wie soll das enden? Ich irre durch die Straßen, laß mich treiben, wohin die Menge geht. - -[175]

Ich sehne mich heraus aus diesen Verhältnissen zu Hause; meine Barmittel sind erschöpft, aus dem Verkauf meiner Sammlung wurde bisher nichts. Es ist ein fürchterlicher Zustand. Ich mache weite Ausflüge mit Jack, der seine helle Freude im Wald hat.[176]

---

173 Tagebucheintrag 15.07.1911 (Rückblick)
174 Mehrfach im Tagebuch verwendete Formulierung
175 Tagebucheintrag 08.09.1911 (Berlin)
176 Tagebucheintrag 31.10.1911 (Wiesbaden)

Als die Familie nach Wiesbaden in die Emser Straße 33 umzieht, richtet sich Koch das Dachzimmer ganz nach seinem Geschmack ein.

> *Das Haus ist alt, sonst hätten wir die Wohnung nicht für 1200 Mk. haben können. Unten haben wir 4 Zimmer, Küche u. Badezimmer, oben 2 Mansarden u. einen Bodenraum. Die eine Mansarde habe ich mir eingerichtet, die Wände nett mit Waffen, Photographien u. Bildern dekoriert u. fühle mich wohl in meinem kleinen Zimmer.*[177]

Am 15. Oktober 1911 bringt "Kolonie und Heimat", *Organ des Frauenbundes der Deutschen Kolonialgesellschaft* und *Unabhängige koloniale Wochenschrift* in großer Aufmachung mehrere Beiträge über *Die Kongo-Kompensationen*, *Das Zwergvolk der Bagielli in Kamerun* und einen Bericht *Aus dem deutsch-französischen Grenzgebiet im Kongobecken*. Illustriert werden die anonymen Texte durch mindestens fünfzehn Fotografien aus Molundu, die eindeutig Koch zuzordnen sind.

Koch arbeitet in dieser Zeit verbissen an einer ethnologischen Studie über Molundu, er koloriert Abzüge seiner zahlreichen Kamerun-Fotografien und bereitet einen Lichtbildervortrag für die Deutsche Kolonialgesellschaft vor, deren Mitglied er ist.

Am 20. Januar 1912 spricht Koch zum ersten Mal öffentlich über Neu-Kamerun. Sein Vortrag erscheint im gleichen Jahr als gedrucktes Manuskript und wird noch 1932 im Werbemittelkatalog der Deutschen Kolonialgesellschaft geführt[178]:

> *Ich war vom 18 - 28/I. in Berlin. Am 20/I. Vortrag im Kol. Verein über Neukamerun, eröffnet durch Exz. Öhnhausen (?). Von Schutztr. Offzn. waren anwesend Mjr. Zimmermann*[179]*, Oberltt. Wegelin, Kirch, Schipper, ferner Hptm. v. Ramsay*[180]*. Von Bekannten* (Bruder) *Gustav, Petermann, Geh. Rat Lesser*[181] *u. Frau. u. Frau Dr. Harms. Es war gemütlich u. nett. Ich machte einige Schnitzer, ließ mich jedoch dadurch nicht stören. Es war mein Debut.*[182]

Der Vortrag hat trotz der *Schnitzer* einigen Erfolg und Koch wird ihn mehrmals wiederholen - nachgewiesen sind Berlin, Wiesbaden, Hagenau und Frankfurt am Main.

---

[177] a.a.O.

[178] Mitteilungen der DKG, 09.1932

[179] Carl Heinrich Zimmermann (1864-1949), Generalmajor, 1914-1919 Kommandeur der Schutztruppe für Kamerun

[180] Hans Gustav Ferdinand von Ramsay (1862-1938), deutscher Offizier und Forschungsreisender, zeitweise Angestellter der Gesellschaft Süd-Kamerun

[181] Edmund Lesser (1852-1918), Dermatologe und künftiger Schwiegervater Richard von Stettens

[182] Tagebucheintrag 08.02.1912 (Rückblick)

In der Abteilung Wiesbaden der Deutschen Kolonialgesellschaft hielt hier am Donnerstag Herr Koch, Leutnant d. Res. der Marineinfanterie, einen sehr interessanten Vortrag, der auch für weitere Kreise erwünschte Aufklärung bringt über das viel umstrittene Gebiet. Im Nachstehenden geben wir die Hauptpunkte des Vortrags wieder:

Neu-Kamerun läßt sich in vier Abschnitte einteilen: der Abschnitt an der bisherigen Südgrenze von Kamerun, der von der spanischen Muni-Kolonie bis zum Sanga reicht, ist ein Buschwaldgebiet, von dem die dichtbevölkerte westliche Hälfte gebirgig ist, während die dünnbevölkerte östliche Hälfte weite Überschwemmungsgebiete aufweist, in denen ausgedehnte Sümpfe mit Raphiapalmen vorhanden sind. Wertvolle Gummibestände findet man ebenfalls in diesem östlichen Teile, auch Kola und Copalbäume und wilder Kaffee kommen vor. Der Wildreichtum ist teilweise noch bedeutend, die Eingeborenen gehören zu den Pangwe oder Fang, sie sind hinterlistig, kriegerisch und arbeitsscheu.

Der zweite Abschnitt umfasst das Gebiet am Sanga von seiner Einmündung in den Kongo bis zur Einmündung des Kadeï in den Sanga und ähnelt dem vorher beschriebenen, abgesehen davon, daß es, besonders nach dem Kongo zu, noch mehr Sumpf- und Überschwemmungsgebiet sowie eine nur ganz geringe Bevölkerung aufweist. Gummi und Elfenbein sind zweifellos auch in diesem, an sich wenig bekannten Buschwaldgebiet vorhanden. (...) Auch die Eingeborenen dieses Gebietes sind träge; hierbei spielt die Tätigkeit des zwerghaften Jägervolkes der Bagielli oder Bomanjoko eine gewisse Rolle, da es die Eingeborenen mit Fleischnahrung versieht, also auch der Anstrengung der Jagd enthebt. Dem Elefantenreichtum fügen die Bagielli großen Schaden zu. (...)

In Neu-Kamerun, das uns nach fünfundzwanzigjähriger Kolonialerfahrung zufällt, können wir dadurch zeigen, was wir gelernt haben, daß wir die Fehler vermeiden, die uns in unseren Kolonien viel Blut, Zeit und Geld gekostet haben, und die bis vor wenigen Jahren auch das Interesse an unseren Kolonialgebieten im Hintergrunde hielten.

Die zahlreich erschienen Mitglieder der Kolonialgesellschaft dankten Herrn Koch, der die Gebiete unserer neuen Erwerbungen aus eigener Anschauung kennt, in lebhaftester Weise für seinen interessanten Vortrag.[183]

Wie entsetzlich nutzlos muss sich Koch gefühlt haben angesichts der allgegenwärtigen überschwänglichen Zeitungsberichte über Neu-Kamerun. Im so genannten Marokko-Kongo-Abkommen vom 4. November 1911 hatte Frankreich beträchtliche Gebiete seines Kolonialbesitzes in Westafrika an das Deutsche Reich abgetreten. Und während Station für Station in Neu-Kamerun von Frankreich an deutsche Amtsträger übergeben wird, sitzt der knapp Dreißigjährige in Deutschland fest!

---

183 Undatierter Ausschnitt Wiesbadener Zeitung mit handschriftlichem Vermerk 22.2.1912 (Nachlass)

In der Nachrichtenbeilage von "Kolonie und Heimat" meldet sich Koch am 4. Februar 1911 erstmals mit einem namentlich gekennzeichneten Beitrag zu Wort: *Unsere Verbindungen nach dem Hinterland von Kamerun und Neu-Kamerun.*

Verzweifelt aktiviert er sein umfangreiches Netzwerk, um eine Anstellung zu erhalten, er schreibt Bewerbungen und schaltet teure Zeitungsannoncen - vergeblich. Es hat sich wohl herumgesprochen, dass der junge Mann nicht ganz einfach zu nehmen ist, obwohl das Stellengesuch im "Wiesbadener Tagblatt" allerhand verspricht:

> *Vielgereister jg. Mann aus gut. Fam., mit höherer Schul- u. kaufm. Bildung (Stenogr. u. Schreibmaschine), der span., engl. Sprache mächtig, auch etwas franz., sucht Stellung als Reisebegl., Sekretär od. dergl., am liebsten sofort.*[184]

Dem Tagebuch vertraut er seine depressiven Gedanken an:

> *Was soll nun werden? Keinerlei Aussicht mehr vorhanden. Lebenswende kann man auch sagen; alles verloren, was ich in 15 langen Jahren erreicht hatte. Ich habe Angst vor dem "Weiter". Nur arbeiten in Deutschland unter kleinen Verhältnissen kann ich nicht mehr u. draußen finde ich nichts Passendes. Die beste Zeit der Neugründungen in Neu-Kamerun verstreicht u. ich sitze hier. Arme Eltern!*
>
> *Es ist hart, sich sagen zu müssen, daß ein Leben verfehlt ist. Ich glaube, Mama fühlt das auch u. sorgt sich darüber. Oder hat sie von meiner Angelegenheit mehr Kenntnis, als ich weiß, u. daher die Gedanken, die ihr hinter der Stirn stehen. Ich möchte sie zufrieden sehen u. kann doch nichts dafür tun.*
>
> *Wenn ich still in meiner Kammer sitze, lastet ein schwerer Druck auf Herz u. Hirn. Ich könnte niedersinken. Dann gehe ich zu Bett u. die Gedanken, dieselben nagenden, wühlenden Gedanken steigen empor u. rauben mir den Schlaf, Abend für Abend, Nacht für Nacht! -*[185]

In diese tiefe Verzweiflung hinein platzt der Befehl zu einer einmonatigen Reserveübung:

> *Woher das Geld nehmen? Gott, es ist zum verrücktwerden. Ich brauche einige Tage, bevor ich all' das überwinde, was ich im Kopf habe. Ich weiß nicht mehr ein noch aus u. sehe keine Rettung aus der Misere. Meine Nerven sind herunter wie noch nie u. trotzdem bin ich den Eltern gegenüber lustig. Galgenhumor! -*[186]

---

[184] Wiesbadener Tagblatt, 24.04.1912, Morgenausgabe, Stellen-Gesuche
[185] Tagebucheintrag 22.02.1912 (Wiesbaden)
[186] Tagebucheintrag 04.03.1912 (Wiesbaden)

Koch erneuert eine alte Liebschaft und trifft sich in Wiesbaden mit dem Flieger Plüschow [187], den er aus Shanghai kennt. Auf Nachfrage erhält Koch deprimierende Aussagen aus dem Reichskolonialamt:

> *Exz. Seitz habe mir keinen Dienst mit der Versetzung nach Molundu erwiesen, denn daran sei ich gescheitert.*[188]

> *Major Langheld*[189] *(...) erwähnte, man bedaure im Amt den Verlauf meiner Tätigkeit in Kamerun.*[190]

Hinzu kommt die Furcht, dass seine Amtsführung in Molundu in den Kolonialdebatten im Reichstag thematisiert werden könnte:

> *Wie soll das auf Mama u. Papa wirken! Es ist fürchterlich. Ich wünschte, ich könnte den Mann*[191] *zum Schweigen bringen; aber hinter ihm steckt sicherlich Haberer u. der ist zu Allem fähig. - Ich habe Angst vor meinem Zustand; muß ich noch leben, um all' das Elend mit anzusehen? Wie bedaure ich, nicht nach Tripolis gegangen zu sein! Es wäre besser gewesen. Dazu kommt der Befehl zu Übung, der mich hier fesselt. Ich bin in einem Zustand, der mir Angst macht. Die Gedanken wollen mir den Schädel sprengen u. dann wieder sinke ich kraftlos zusammen. Jede Spannkraft ist dahin u. mir fehlt es an Energie, der trostlosen Zukunft entgegenzusehen u. dagegen anzukämpfen. -*

> *Die christliche Religion spricht von gütiger Vorsehung. Ist es nicht heller Hohn? Womit haben wir das verdient; Schlag auf Schlag u. noch kein Ende. Noch keine Hoffnung auf einen Wechsel. Immer wieder ein drohendes, erbarmungsloses Schicksal, das blind daherschreitet.*[192]

Die Reserveübung rückt unerbittlich näher, und noch immer gibt es keine Aussicht auf Wiederbeschäftigung:

> *Über 8 Monate sitze ich jetzt beschäftigungslos in Deutschland. Ich habe, hauptsächlich in dieser Zeit vor Aufregung u. Gedanken eine große Glatze bekommen, die nur ein dünner Schein von Haaren überzieht. Auch graue Haare hinter den Schläfen. - Mama sieht schlechter u. schlechter aus. Selbst ihr Lebensmut versagt bei all' dem Pech, das uns verfolgt. G(ustav)'s Kamerunstellung ist immer noch nicht entschieden. Ich habe mich an Major Langheld, Exz. v. Puttkamer*[193]*, Hptm von Ramsay, Supf*[194]*, Vors. d.*

---

[187] Gunther Plüschow, der "Flieger von Tsingtau" (1886-1931)

[188] Tagebucheintrag 26.3.1912

[189] Hans Langheld (1867-1917), bis 1908 stellvertretender Kommandeur der Schutztruppe in Kamerun, nach dem Ausscheiden für die AEG tätig

[190] a.a.O.

[191] Gemeint ist Zollaufseher Ehrhardt wegen der Kassendifferenz von 1910

[192] a.a.O.

[193] Jesko von Puttkamer (1855-1917), von 1895-1908 Gouverneur von Kamerun

Kol(onial) *W*(irtschaftlichen) *Kommitees u. Geheimrat Lenz*[195] *gewandt, doch alles ohne Erfolg. Das Amt, bzw. einzelne Vertreter haben sich Major Langheld gegenüber günstig über mich ausgesprochen. Was nützt mich das! - Heute traf ich Oberltt. von Wiese u. Kaiserswaldau, (Adjutant des Hzg Adolf Friedrich*[196] *) nachdem ich ihn kürzlich besucht hatte. Er ist interesselos, was mir besonders heute auffiel. Das ist auch der Dank für die Unterstützung der herzoglichen Expedition. Auch Dr. Schultze läßt nichts von sich hören. Tempora mutantur! In Molundu war es anders. Nanon* (eine Freundin aus besseren Tagen) *schweigt. Das ist der Abschluß. Ist besser so. Ich kann in all' dem Druck des Schicksals für Niemanden mehr empfinden. Alles ist tot.*[197]

Am Himmelfahrtstag nach ausgedehnter Wanderung mit Emilie und einer Freundin versinkt Koch noch tiefer in Selbstmitleid und Depression:

> *Ich bin seelisch krank vor weher Aufregung über meine Lage. Es ist fürchterlich, Alles in sich hineinfressen zu müssen, nie klagen zu dürfen. Manchmal fürchte ich, mein Geisteszustand leidet; ich merke, daß Gedächtnis u. Wille versagen. Oh Gott, wohin soll das führen? -*
>
> *Abends. Immer, wenn ich schreiben will, stockt die Feder. Und wenn ich beginne, kann sie den Gedanken nicht folgen. So kommt es, daß das was ich schreibe, nur Bruchstücke meiner Gedanken sind, denn während ich Worte präge, kommt die Feder in Rückstand.*
>
> *Als ich aus dem Kol*(onial) *Verein nach Hause kam, war nur Papa da u. verdarb sich die Augen mit seinem Tagebuch. Ich habe ihn nie so fleißig gesehen, als in seinen Erinnerungen. Das ist ein Kampf mit dem Ende, die Angst vor Abschluß der - übrigens recht kleinlichen - Aufzeichnungen vor dem Entfliehen des Geistes. Ich habe seine Hefte gelesen. In den letzten Seiten finden sich mehr u. mehr Fehler, weil seine Gedanken schwinden. Das Alter, Schwäche u. Not dämpfen u. zerstören sie. Es ist etwas tieftrauriges, den Verfall zu beobachten. -*
>
> *Weshalb schreibe ich diese Seiten voller Not u. Sorge? Wer sollte sie lesen? Ich kennen Niemanden, der sie verstehen könnte, denn jedermann liest eigene Kritik. Für mich selbst? Ich ahne ein Ende u. ich freue mich darauf. Der Glaube an eine Wendung zum Besseren ist dahin. Manchmal ergriff mich eine wilde Sehnsucht, zu leben u. zu genießen. Und mit dieser Sehnsucht im Herzen gehe ich starren Blickes durch die Straßen, sehe*

---

[194] Karl Supf (1855-1915), Unternehmer und Vorsitzender des Kolonialwirtschaftlichen Kommitees

[195] Friedrich Lenz (1846-1930), Eisenbahn-Unternehmer, u.a. Beteiligung am Bau der Kameruner Nordbahn ab 1907

[196] Adolf Friedrich zu Mecklenburg (1873-1969), Afrikareisender, Gouverneur von Togo und Kolonialpolitiker

[197] Tagebucheintrag 05.04.1912

Liebespärchen u. Andere, die zufrieden scheinen. Dann beschleicht mich Todeseinsamkeit, wie ich von Jugend auf im Innern spüre. - [198]

Am 29. Mai 1912 besteigt Koch früh morgens um 1.15 Uhr am Lehrter Bahnhof den Zug nach Hamburg, um pünktlich die befohlene Reserveübung anzutreten.

> *(...) im Zug* (lernte ich) *eine reizende Engländerin Netta Clark, 25 High Street, Hawick (Schottland) kennen, mit der ich im Speisewagen ein Glas Wein trank. In Hbg besorgte ich ihr Billet, dann aßen wir bei Kempinski u. gingen um 9 Uhr an Bord des Grimsby Dampfers Bury. Ich küßte sie zum Abschied. Sie scheint Tänzerin oder dergl zu sein, spricht etwas Dialekt, abgesehen vom schottischen Akzent. Ich bedauerte sehr, daß ich nicht etwas mehr Zeit hatte, um mit ihr einige Tage verleben zu können. Aber so geht es ja immer u. ich bin daran gewöhnt, zu entbehren. Sie gab sich frei u. wäre gerne mit mir zusammen geblieben.*[199] -

Die Reserveübung im Lockstedter Lager bei Itzehoe in Holstein hinterlässt einen faden Nachgeschmack, den Koch Anfang August im Tagebuch rekapituliert:

> *Wenn ich über die Übungszeit nachdenke, so erschienen mir als auffallendste die folgenden Momente:*
>
> *Die Mehrzahl der Res. Offiziere hält es für ihre Pflicht, so zu tun, als ob es eine Gefälligkeit ihrerseits wäre, Offizier zu sein. Es fehlt entschieden an Verständnis dafür, daß wir während der Übung nur Offizier sind u. dem militärischen Dienstalter nach rangieren. Es ist bei der Qualität unserer Aktiven abgesehen von Schnöseln, wie Ltt. Meyer in Lockstedt. - selbstverständlich, daß eine gewisse Rücksicht auf unser Alter u. Civilberuf genommen wird. In der Praxis wird im Dienst sogar sehr viel Rücksicht genommen, denn wenn wir ehrlich sind, müssen wir zugeben, daß wir militärisch häufig eine recht kümmerliche Rolle spielen, die eine schärfere Kritik herausfordert, als meistens geübt wird. Der Res. Offizier neigt viel zu sehr dazu, eine dienstliche Schärfe eines Vorgesetzten auf den Privatverkehr zu übertragen. - Diejenigen dagegen, die Interesse haben, zeigen dies gewöhnlich in allzu biereifriger Weise u. wirken dadurch oft direkt lächerlich, wie wir es in Lockstedt besonders an Elsing erlebten, auch an Jander. - Der Erfolg dieser Umstände ist der, daß fast allgemein das Verhältnis zu den Aktiven nicht gerade nett, viel weniger herzlich ist. Ich persönlich stand mich durchweg recht gut mit den Aktiven, was mir die Res. Offiziere verübelten u. mit "Schufterei" erklärten. Es wurde mir von Aktiven wiederholt gesagt, ich sei der Einzige, der Soldat wäre u. entsprechend auftrat. Ich nehme diese "Äußerung" als Beweis dafür, daß meine Anschauungen die richtigen sind.*

---

[198] Tagebucheintrag 16.05.1912

[199] Tagebucheintrag 01.06.1912 (Rückblick)

In W'haven fiel mir besonders die Interesselosigkeit u. Mißachtung auf, die fast allgemein herrscht u. die recht bedauerlich ist. Das Seebataillon erweckte wenig Vertrauen in mir u. enttäuschte mich sehr. -[200]

Zweimal wäre es während der Übung fast zum Eklat gekommen, Koch beschreibt die Ereignisse ausführlich und in wörtlicher Rede. Die beiden Erlebnisse zeigen deutlich, wie blank die Nerven liegen - aber auch welch großen Wert Koch auf Äußerlichkeiten wie Form und Etikette legt:

(...) beim Musik-Abend sonderte ich mich von den Res. Offizieren ab, da es mir verübelt worden war, daß ich der Einladung Hetschko's zu seinem Junggesellendinner am 20/7. Folge geleistet hatte. Am 19/7. hatte er eine Differenz mit Wollenberg, dem ich empfahl, entweder die Sache offiziell zu nehmen, oder sie als völlig harmlos ad actas zu legen.

Stattdessen sagte er die Einladung zum 20/7. ab; Kramer erklärte sich solidarisch, zumal er sich durch eine Bemerkung Hetschko's "ich kann doch nicht 1000 Res. Offiziere" - an sich eine Taktlosigkeit! - "einladen" verletzt fühlte. Ich hatte keinen Grund, abzusagen, denn die Aktiven standen mir so nahe, wie die Reserve. (...)

Nach dem Musik-Abend, den ich größtenteils mit dem netten Kapitänleutnant Walter verbrachte, saß ich früh Morgens mit Tettenborn u. Kramer im Leutnantszimmer. Wieder kam die Rede auf die Differenz Wollenberg-Hetschko. Kramer nahm die Partei des Ersteren, ich versuchte sachliche Gegenrede. Kramer gebrauchte schließlich in seiner Erregung mir gegenüber den Ausdruck stellenloser Kaufmann u. verschwand. Tettenborn erbot sich sofort, um das zu regeln, während ich meine Cigarette zu Ende rauchte; dann folgte ich u. fand Beide im Gespräch. Ich wandte mich an Kramer:

	"Ich verlange eine Erklärung, ob Sie Ihre Bemerkung "stellungsloser Kaufmann" in einer beleidigenden Form sagten"
Kramer:	*"Ich kann darüber keine Erklärung abgeben"*

folgt wörtliche Wiederholung

Ich:	*"dann betrachten Sie sich als geohrfeigt; ich bedaure, daß Sie mir zu schmutzig sind."*

(...) Mittwochs 12 Uhr gingen wir, d.h. Tettenborn, Wollenberg u. ich zur Kaserne, ich mit der Absicht, Bergerée um Vermittlung zu bitten. T. u. W. baten um Aufschub, um die Sache zu unterdrücken. Ich sagte, gut, um ½ 2 Uhr im Leutnantszimmer Entschuldigung, sonst Forderung an Kramer

---

[200] Tagebucheintrag 04.08.1912 (Rückblick)

wegen Beleidigung. Endlich wurde der hitzköpfige Stänker gefügig. Punkt ½ 2 Uhr Leutnantszimmer i/Kasino:

Tettenborn u. ich umgeschnallt, Handschuhe, Mütze in der Hand, dann erschienen Kramer u. Wollenberg desgl. Kramer war recht klein u. häßlich geworden, die Sache ging ihm verflucht nahe:

Kramer: *"Ich nehme meine Ausdruck der letzten Nacht mit Bedauern zurück*

ich: *"dann bedaure ich den Ausdruck, den ich im Anschluß an Ihre Bemerkung gebrauchte."*

Händedruck, Schluß. Tettenborn erklärte, er wundere sich, wie ich es fertig brachte, mich in der Nacht derart korrekt zu benehmen.[201]

Kurz darauf geraten die beiden Reserve-Leutnants Kramer und Koch noch einmal aneinander:

> *Mit Kramer im Beisein von Dörpinghaus war ein Zwist schon in Lockstedt entstanden: Ich hatte 1 Uhr Nachts bei einem der üblichen Rechtstemata unsere Gatt'sche Sache*[202] *erzählt u. schließlich mit Bezug auf Schoeler den Ausdruck "so ein lumpiger Amtsrichter" gebraucht. Darauf Kramer: es gibt auch lumpige Kaufleute" ich: "ditto Rechtanwälte". Kramer stand auf, kam dann auf Zureden von Dörpinghaus wieder, doch wurde die Sache nicht beigelegt. Am andern Tage schickte ich Wollenberg zu Kramer, der sich Nachmittags entschuldigte. Das unangenehme Gefühl, das ich bei der Ankunft von Kramer am 30/5. empfand, hatte mich also nicht getäuscht! Er ist derselbe Prolet, als der er sich schon in Tsingtau aufspielte, obwohl er mitunter kein übler Kerl ist. Aber Kinderstube fehlt!*[203]

Am 13. August 1912 feiert Koch zu Hause in Wiesbaden seinen 30. Geburtstag. Feiern ist nicht der richtige Ausdruck, nach der kurzen Abwechslung im Lockstedter Lager bedrückt ihn die Ausweglosigkeit seiner Situation umso mehr:

> *Heute bin ich 30 Jahre geworden. Es ist ein Trauertag für mich u. ich bin in entsprechender Stimmung. Ohne Stellung, ohne Mittel, ein noch nicht abgeschlossenes Verfahren schwebend, dessen Ausgang immer noch ungewiß, u. ohne innere Energie; Gustav mit geringem Gehalt ohne Aussicht auf mehr angestellt, Papa krank oder so geschwächt, daß er es nicht mehr lange machen wird, Mama innerlich niedergebrochen u. fast ohne Hoffnung, Emilie unversorgt u. schrullenhaft. So befindet sich die ganze Familie im tiefsten Niedergang, die so viele Hoffnungen in sich trug.*

---

[201] Tagebucheintrag 31.07.1912 (Rückblick)

[202] Gemeint ist ein Rechtsstreit mit dem Wiesbadener Vermieter der Familie Koch

[203] Tagebucheintrag 04.08.1912 (Rückblick)

Was soll daraus werden? Ich habe nochmals an alle einflußreichen Leute geschrieben, die ich kenne; an die eine Hälfte vor 8 Tagen, ohne überhaupt eine Antwort erhalten zu haben. Jetzt werde ich nochmals an's Amt schreiben; es ist gleichgültig, wenn ich scharf schreibe u. Beleidigungsklage riskiere, denn was kann viel mehr passieren? (...)

Weder Liebe noch Sonne im Leben; tötlich still u. dumpfer Druck im Hirn, stumme Verzweiflung. Vor 30 Jahren bin ich geboren, bin gesund geworden u. habe gelebt; habe körperliche u. geistige Gefahren überwunden, um all' das Elend mitanzusehen u. zu erleiden. Wo bleibt dabei die höhere Bestimmung des Menschen? Wie kann man dem blinden Geschick einer unerforschlichen Gewalt Vertrauen entgegen bringen, wenn mit kalter Hand jeder Hoffnungsschimmer geknickt wird, sobald er schüchtern zu erglänzen wagt? Gewiß, wir Kinder sind noch jung, aber warum fällt die Leidensperiode in die jetzige Zeit, in der Mama u. Papa von des Leben's Mühen u. Sorgen ausruhend sich auf den Abgang vorbereiten sollten, warum werden sie betroffen? Das beugt mich nieder, denn ich bin für meine Person an Kampf gewöhnt u. bin stark genug, um ihn durchzufechten. Aber sie sollten nicht leiden! Was nutzt eine bessere Zeit, wenn die Eltern dahin sind u. mit dem Bewußtsein schieden, daß ihre Söhne nichts erreichten u. nichts taten, nichts tun konnten, um ihre letzte Zeit zu verschönern. Was nützt es, wenn wir dann im Überfluß haben, was wir jetzt entbehren, ohne die davon mitgenießen lassen zu können, denen wir unsere Existenz schulden? - Draußen nicken Cedern mit ihren schwanken Wipfeln hin u. her, als schüttelten sie bestätigend u. höhnisch die Köpfe u. drüben im Diakonissenheim ist Alles ruhig u. abgeschlossen wie immer. Kinder schreien auf der Straße u. im Haus kein Laut hörbar; nur meine Taschenuhr mahnt tickend an die eilende, verlorene Zeit, die nie mehr einzuholen sein wird. Wie soll das Ende von alledem sein? Mich schaudert im Gedanken daran. Das Herbstwetter, das seit 8 Tagen herrscht, erhöht die deprimerte Stimmung - Ich bin über ein Jahr hier, ohne was erreicht zu haben. -[204]

In dieser Stimmung stolpert Koch in ein amouröses Abenteuer mit einer verheirateten Frau, das sich im Tagebuch wie ein Groschenroman liest. Die Geschichte beginnt damit, dass Koch amüsiert das Liebesleben des in Teheran geborenen Leutnants Walter Weth beobachtet:

W. neckt sich mit Frau (Elsa) *v. O*[205]*. in kindisch verliebter Weise. Ich prophezeie ihm eine kurze militärische Karriere!*[206]

W. ist in Frau Elsa verliebt, ich werde als Anstandswauwau mitgenommen. Frau Elsa koketiert, vielleicht unbewußt, mit uns Beiden. W. ist kindisch u. beherrscht sich wenig. Benutzt jede Gelegenheit um Frau v. O. irgendwie zu

---

[204] Tagebucheintrag 13.08.1912

[205] Der Nachname der Elsa von O. wird mit Rücksicht auf lebende Verwandte hier abgekürzt, obwohl Koch ihn im Tagebuch mehrfach ausschreibt.

[206] Tagebucheintrag 03.09.1912

berühren, geht Arm in Arm, neckt sie durch Stoßen u. dgl. Liebesdürstige Frau! Zu was soll das führen mit dem jungen Leutnant, der übrigens in Persien geboren ist. Ihr Mann geht seiner Wege, Radeltour durchs Wispertal. So ist's überall! - [207]

Gestern Walther Weth's (Ltt. i/3. Fuß Art Reg. General Feldzeugmeister) Abschied in Mainz, da er zur Art. Schießschule nach Jüterbog kommandiert ist. (...) (ich hielt) *die Stimmung für bedenklich, in der Frau Elsa und Weth waren. Beider Benehmen war reichlich frei geworden.* [208]

Gestern war ich bei Frau Elsa v. O. Sie war zerfahren u. niedergeschlagen u. hatte mich deshalb am Abend vorher durch ihren Mann bestellt, d.h. sie ließ mir sagen, sie sei mir böse, was ich richtig auffaßte. Wir sprachen über dies u. jenes. Sie ist eine merkwürdige Frau u. liebt es mit dem Feuer zu spielen. Ich glaube, ihre Sinnlichkeit wird allzu leicht angeregt, zumal es ihr an Arbeit fehlt. Ich sagte ihr gestern, sie müsse mehr Arbeit haben, dann fühle sie sich auch wohler. Heute sollen wir spazieren gehen; ob er mitkommt oder nicht, ist noch unbestimmt. - Jetzt, nachdem Weth weg ist, braucht sie mich mehr als je. -[209]

Gestern Abend im Kol(onial) *Verein hatte v. O. mich gebeten, bei ihnen zu essen, sich dann anders besonnen u. vorgeschlagen, wir wollten in den Mainzer Bierhallen essen, wohin er seine Frau gebeten hatte. Wir gingen von da in den Kientopp u. tranken nachher in ihrer Wohnung (...) einige Flaschen Wein. C'e'tait tout.*

Und sonst? Ich habe mich zu sehr an Frau v. O. gewöhnt, da unsere Wohnung mir zu Hölle geworden ist. Denn was soll ich im Familienkreis anfangen? Heute traf ich sie ohne Wissen ihres Mannes u. ging mit ihr zum Arzt, da sie sich derart in den Finger geschnitten hatte, daß er genäht werden mußte. Dann begleitete sie mich u. ich sie bei Besorgungen. Ich sagte ihr, wir seien auf dem besten Wege, uns in einander zu verlieben. Sie meinte, wir seien ja stark u., - scherzhaft - ich sollte nicht so eingebildet sein. Ich erklärte ihr, die Liebe zu Weth sei Unsinn, denn sie dürfe auch nicht vergessen, daß sie viel älter u. damit verblüht sei, wenn er im besten Alter stehe. Ferner, ihre Liebe sei Einbildung, ich möchte sie davon kurieren. Sie sieht das ja ein, spricht jedoch von dem Recht jedes Menschen, sich selbst zu leben; ist eben in einem gefährlichen Alter. Gott, wohin soll das führen. Ich liebe sie nicht, bin aber an sie gewöhnt; denn wo finde ich eine derartige Unterhaltung, deren Reiz durch das persönliche Gepräge erhöht wird? Finde ich heute ein Mädchen, das ich gern hätte, so wäre morgen Frau v. O. vergessen. -[210]

---

[207] Tagebucheintrag 13.09.1912
[208] Tagebucheintrag 27.09.1912
[209] Tagebucheintrag 12.10.1912
[210] Tagebucheintrag 25.10.1912

Dienstag Abends nach Spaziergang mit Frau Elsa in Mainzer Bierhalle, dann zum Abendessen bei ihnen. Mittwoch sahen wir uns nicht. Donnerstag Mittag war ich bei ihr, sah auch noch ihn. Wie üblich reichlich verfänglich.[211]

Gestern Nachm. Spaziergang mit v. O. u. Dr. Gerlach nach Waldhäuschen. Rückweg im Regen. Herr v. O. mit Dr. G. voraus, ich mit Frau E. hintennach. Wir waren etwas zärtlich im Arm in Arm gehen u. dergl. Abends Essen bei v. O. Außer uns Dr. G., Frau v. Arnim u. Frl. von Berlin. Frau Elsa's Verband am Finger war mangelhaft, die Wunde offen. Ich legte neuen Verband im Kellerbüro an. Dann streichelte ich beide Wangen, küßte sie jedoch nicht. Erst sagte sie "frech", dann als wir die Treppe hinaufgingen "dumm". Sie hat ja Recht, doch scheue ich davor zurück, ihren Mann zu betrügen, der so anständig ist. Außerdem ist er m.E. immer noch mißtrauisch. Im Übrigen sind Frau Elsa u. ich harmlos wie Kinder u. nur frivol in Worten. Sie sagt, sie hätte sich niemals so interessant unterhalten, als mit mir. -[212]

Nachmittag Spaziergang mit Frau Elsa nach der Bierstädter Warte. Vertrauliche Unterhaltung wie stets. Sie sagt, sie hat mich in erster Linie meines Verstandes halber lieb u. glaubt, wir würden vorzüglich zusammen passen. Was denkt sie wohl dabei? Gewiß ich habe sie gern, denn sie ist eine verständige Frau u. frei von Kleinlichkeit. Außerdem tut sie mir leid. In der Dunkelheit gingen wir zurück. Ich küßte sie u. sie erwiderte. So ging es für 10 Minuten in beiderseitigem Sinnenwunsch. - Und doch tut mir das ihres Mannes halber leid, den ich nachher in der Mzr Bierhalle traf. Aber sie hat recht, geistige Interessen hat er nicht u. so gerät sie auf Abwege, wobei auch die miserablen Verhältnisse mitspielen, in denen sie leben. Ich fühle, sie klammert sich an mich an. Von W. Weth wollte ich sie kurieren u. bringe ihr das Gegenteil. Und doch wird es so besser für sie sein. Freilich, ich ahne Unheil. -[213]

Frau v. O. sagte, sie wisse, daß ein Mann wie ich an eine Frau wie sie mit verächtlichem Nachgeschmack denken müsse. Arme Elsa hat recht. Wir müssen los von einander. Ich sagte das; sie meinte, wenn sie ein Erkalten auf meiner Seite bemerkt, so wisse sie, daß sie um mich kämpfen werde, um mich mit jedem Gedanken zu besitzen. Herr v. O. schien argwöhnig; oder sehe ich Gespenster? Ich bin recht unzufrieden mit mir u. schäme mich, ihn, den harmlosen Menschen zu hintergehen. Also Schluß. Mit einer Elsa fingen diese Aufregungen an, mit einer Elsa hören sie auf. Zufall oder Spiel des Schicksals. Ich ekle mich u. muß heraus! - [214]

Sie klammert sich mehr u. mehr an mich an u. ich folge dem Zauber ihrer Persönlichkeit nur allzugerne. Sonnabend vor dem Abendessen, gestern Nachmittag bis Abend waren wir zusammen, heute machten wir einen

---

[211] Tagebucheintrag 01.11.1912
[212] Tagebucheintrag 09.11.1912
[213] Tagebucheintrag 06.11.1912
[214] Tagebucheintrag 07.11.1912

Bummel ins Nerotal u. tranken dort Kaffee. Gerade heute strömte sie eine Sinnlichkeit u. Hingabe aus, die mich berauschte. Im Garten des Restaurants lag sie in meinen Armen u. wir küßten uns. Vielleicht gut, daß ich keine Junggesellenwohnung habe u. daß der Klatsch in Wsbdn Vorsicht gebietet. Sie liebt mich u. träumt davon, meine Frau zu sein. Sonnabend Abend deutete sie eine Ironie des Schicksals an mit Bezug auf unser Gespräch auf der Bierstädter Warte. Sie sagte, sie wolle von ihrem Mann kein Kind haben, da ihre Verhältnisse zu schlecht seien u. sie nur mit einem Mann zeugen wolle, mit dem sie völlig eins sei. Denn nur so könne ein Pracht- u. Vollmensch geschaffen werden. Kurz darauf küßten wir uns lange. Und nun erzählte sie Sonnabend, sie sei so aufgeregt gewesen an jenem Abend, daß sie sich ihrem Mann mit Gedanken an mich hingegeben habe u., soweit sie ihre Natur kenne, werde sie Mutter werden. Sie deutete das kaum an, ich erriet es jedoch, da mich an jenem Abend Eifersucht erfaßte, als ich still in meiner Stube saß u. da ich in Gedanken bei ihr weilte, so wie sie bei mir. Ich sagte ihr, es wäre vielleicht ein Glück für sie u. würde ihre Unruhe bannen, denn nun habe sie Pflichten dem werdenden Kind gegenüber. Und doch waren wir uns seitdem körperlich näher, als je u. das ganze Verhältnis wird gefährlich. Arme Elsa mit deiner Unruhe! Du hättest ein Prachtmensch werden können, wenn der Richtige gekommen wäre. So sinkst du u. wirst noch tiefer sinken. -[215]

Wir wollten die Nachmittag zusammen verbringen, doch sagte ich Herrn v. O., ich habe Besuch aus Berlin, ließ durchblicken, es handle sich um ein kleines Mädel. Das soll ihn sicher machen; außerdem kann ich heute u. morgen nicht mit v. O.'s zusammen sein, da ich kein Geld habe. Ich rauche jetzt Pfeife, da billiger. - Wie wird Elsa leiden, weil wir uns heute nicht sahen? Sie erbebt, wenn ich sie ansehe oder wenn wir nebeneinander gehen, möchte sich mir hingeben u. so fühle ich, denn von ihr geht ein gefährlicher Reiz aus, der stark auf mich einwirkt. Erst sprechen wir frivol, voller Galgenhumor, um über unser Weh hinwegzukommen, dann war das verflogen u. wir gingen langsam dahin, voller Sehnsucht nach dem Besitz des Anderen. Sie liebt ihren Mann nicht. - Sprach auch von ihrer ersten Ehe, die ein Greuel für sie war, von der Rohheit ihres Mannes (Lindemann) der sie als 18 jähr. Mädchen heimführte u. in der Hochzeitsnacht brutal behandelte. Erwähnte all' das Elend, das so entstand. - Und doch heiratet sie nochmals den Falschen. Ich glaube, sie kann nie zufrieden sein, denn sie ist zu kompliziert. Wie wir Beide uns verstehen, ist fabelhaft; wir denken miteinander u. was ich gedacht, spricht sie aus u. umgekehrt. Sie meinte, ich müsse sie verachten u. tatsächlich, etwas verächtlichen Beigeschmack hat die Überlegung, daß sie 2x verheiratet war u. auch W. Weth zu lieben glaubte. Das hält mich von Dummheiten zurück. -[216]

Elsa telefonierte heute Nachmittag u. duzte mich; war ärgerlich, daß ich nicht kann, gestern wie heute. Ich lehnte ihre wiederholte Aufforderung zu heute Nachmittag ab, denn es geht nicht so weiter u. Schluß muß sein.

---

[215] Tagebucheintrag 11.11.1912
[216] Tagebucheintrag 17.11.1912

Morgen werde ich sie besuchen. Sie klammert sich an mich an u. so gerne ich sie habe, so müssen meine sonstigen Pflichten vorgehen. Der Verkehr mit ihr ist ja doch zwecklos u. auch geistig weniger anregend als zuvor, als wir noch unpersönlich waren, denn jetzt verlangen wir körperlich nacheinander. Wir hätten uns nie so nahe treten dürfen, denn wir haben zu schweres Blut. Und doch die Sehnsucht nach einem Menschen, der Verständnis hat! Wir Beide in unseren elenden Verhältnissen gaben erklärlicherweise nach, da, wo wir nicht durften. -[217]

In diese bereits reichlich verfahrene Situation hinein platzt das Stellenangebot der Firma L. Pagenstecher & Co., Hamburg, einer renommierten Export-Import-Handelsgesellschaft mit zahlreichen Faktoreien und Pflanzungen in Kamerun.

Auch die schweren Anschuldigungen gegen Koch aus seiner Kameruner Zeit lösen sich plötzlich nahezu in Luft auf. Es bleibt zwar bei der Entlassung aus dem Kolonialdienst, doch werden alle Verfahren gegen ihn niedergeschlagen. Schließlich legt Pagenstecher in Hamburg noch einmal nach, 200 Mark monatlich zuzüglich 10% Kommission lautet das letzte - man muss sagen lukrative - Angebot. Doch Koch schwankt:

Ich sehe, ich muß das doch annehmen, obwohl es mich nicht hinauszieht. Ich bin etwas Afrikamüde, wenigstens was ein Engagement als Faktoreileiter anbelangt. Wenn ich ein reiches Mädchen fände, möchte ich heiraten u. mich in Ost [218] *anbauen. Das erscheint mir noch erstrebenswert.*[219]

Mit Frau Elsa gestern den Weihnachtsbaum geputzt. Es war reizend im kleinen Zimmer, wir Beide in Leinwandkitteln, sie sah hervorragend aus im langen, weißen Hemd. Frl. v. Berlin, Dr. Gerlach u. Schwester Hertha von Boltenstein besuchte uns, Rudolph ebenfalls u. schließlich Ernst, der immer noch schmollte u. launisch ist. Elsa sprach sich darüber offen aus u. sagte, sie ließe ihn ruhig schmollen, er sei eben unerzogen. -[220]

Meine Gefühle für Frau Elsa sind tiefer, als ich dachte. Ich bin traurig, daß ich sie heute nicht sehen kann. Und doch ist Alles zwecklos. -[221]

Die letzten Worte des Tagebuchs klingen bitter:

Das Leben ekelt mich an u. wenn nicht bald eine Änderung eintritt, dann - ich kann nicht anders. Weihnachtsfest! Ich möchte heulen. Frau Elsa verstand meine Stimmung richtig u. wurde selbst weich. Kommt dann immer noch kein Ausweg? Ich bin zerfallen mit mir selbst u. Allem, was

---

[217] Tagebucheintrag 18.11.1912

[218] Hier ist nicht klar, ob Koch die deutsche Kolonie Ostafrika oder den Osten des Deutschen Reiches meint

[219] Tagebucheintrag 24.11.1912

[220] Tagebucheintrag 18.12.1912

[221] Tagebucheintrag 19.12.1912

existiert. Fühle nichts, als dumpfen Haß gegen das blinde, höhnische Schicksal. -[222]

Kochs Bekannter Richard von Stetten hat Ende 1912 überraschend seine Stellung als Inspektor der Produktionsstätten bei der Gesellschaft Süd-Kamerun (GSK) in Molundu gekündigt und ist zurück nach Deutschland gereist. Er hatte sich vergeblich Hoffnungen auf die Stelle des leitenden Direktors der GSK in Kamerun gemacht[223], und das obwohl sein Vater Oberst a.D. Baron von Stetten-Buchenbach seit Jahren als Privatier im Direktorium der GSK sitzt. Diese 1898 von Hamburger Kaufleuten gegründete Gesellschaft hielt Konzessionen zur Ausbeutung der umfangreichen wilden Kautschukbestände in Neu-Kamerun.

Koch mag im Sommer 1911 ähnliche Ambitionen gehabt haben, als er den Baron in seinem Schloss Stetten bei Künzelsau auf einige Tage besuchte. Und auch auf Richard von Stettens Hochzeit mit Anna Lesser - Tochter des Geheimen Medizinalrats Dr. Edmund Lesser - am 28. Dezember 1911 in Berlin wird Koch als Hochzeitsgast an seinem Netzwerk gearbeitet haben.

Und dann kommt endlich das so dringend ersehnte Stellenangebot. Die mehrfache lobende Erwähnung im frisch erschienenen zweiten Band der Expeditionsberichte "Vom Kongo zum Niger und Nil" des Herzogs Adolf Friedrich zu Mecklenburg wird ihr Teil dazu beigetragen haben.

Koch schließt nach über einjähriger Arbeitslosigkeit am 1. April 1913 einen zunächst auf zwei Jahre befristeten *Süd=Kamerun=Kontrakt*[224] mit der GSK.

> *Die Gesellschaft engagiert Herrn Koch als Revisor für Süd-Kamerun unter den nachstehenden Bedingungen: (...) Der Angestellte ist nicht für Kontorarbeiten in Faktoreien und auf Plantagen engagiert; er hat vielmehr für die Gesellschaft Reisen und Expeditionen zu Fuß in das Innere, besonders nach den verschiedenen Niederlassungen derselben, zu unternehmen, sowie alle sonstigen vorkommenden, im Interesse der Gesellschaft liegenden Arbeiten zu verrichten. Der Angestellte hat seine gesamte Arbeitszeit und Arbeitskraft dem Interesse der Gesellschaft zu widmen (...) Die Ausübung von Glücksspielen und der Jagd ist ihm verboten.*[225]

Die jährliche Vergütung von 4.800,- Mark ist angesichts des durchschnittlichen Jahresverdienstes eines Angestellten von 1.182,- Mark im Jahr 1913 [226] ausgesprochen großzügig. Zu dem Gehalt hinzu kommen *freie Unterkunft,*

---

[222] Tagebucheintrag 24.12.1912

[223] Hinweis Tristan Oestermann

[224] Datierter Vertragsdurchschlag (Nachlass)

[225] a.a.O.

[226] Anlage 1 Durchschnittsentgelt in Euro/DM/RM zum Sozialgesetzbuch vom 18.12.1989

Bedienung und Wäsche nach Landesgebrauch - jedoch keine Kleidung - sowie bei nicht selbstverschuldeter Krankheit Arzt, Pflege und Medikamente.[227]

In Afrika wird Koch monatlich 75,- Mark in Bar erhalten, weitere 85,- Mark sollen zur Deckung einer vereinbarten Kaution in Höhe von 2.000,- Mark verwendet werden.

> *Im Übrigen erfolgt die Auszahlung (...) an der Kasse der Gesellschaft in Hamburg.*

Als Dienstsitz wird Koch Molundu angewiesen, das unter der Leitung des Oberleutnants von der Marwitz seit Januar 1911 eine selbständige Station ist[228].

Die letzten Wochen und Monate in Deutschland bleiben ein stetiges Auf und Ab.

Die früher so wichtig erscheinenden Zeitungsbeiträge rücken angesichts des immer schlechter werdenden Gesundheitszustands des Vaters in den Hintergrund, werden abgelegt und vergessen. Dabei ist ist der reich bebilderte Beitrag *Gerätschaften der Eingeborenen von Südost-Kamerun* im Februar-Heft von "Kolonie und Heimat" durchaus lesenswert. Schade nur, dass der Autor Koch namentlich wie schon 1911 nicht genannt wird:

> *Als Hausgeräte* (der Bantu im Waldgebiet zwischen Sanga, Dschah, Kadeï und Dume) *finden wir Töpfe, Körbe primitiver Art, Kürbiskalebassen, große hölzerne Mörser zum Zerstampfen von Planten und Maniok, hölzerne Löffel und Schemel oder Hocker mit vertieftem Sitz und kleine Messer verschiedenster Form. Bei der Töpferei arbeiten gewöhnlich zwei Frauen zusammen, und zwar formt die eine Lehmwürstchen, die die andere spiralförmig aufeinander klebt; eine Herstellungsart, die in ganz Süd-Kamerun verbreitet ist und sich z.B. auch im ostafrikanischen Seengebiet und anderen Teilen Afrikas wiederfindet. (...)*
>
> *Die Tabakspfeifen sind recht interessant und weisen die Formen auf, die sich durch das ganze Urwaldgebiet hindurchziehen und an denen unförmige Dimensionen besonders auffallen. Wir finden Pfeifen aus Elfenbein, aus dem Horn der Kuduantilope und aus Holz, letztere häufig mit Messing- und Eisendraht umwickelt. Der Pfeifenkopf ist entweder aus Ton oder aus Blech; aus letzterem muß der Tabak besonders gut schmecken.(...)*
>
> *Die Form der Ruder ist vom Kongobecken übernommen, auch die Ruderart im Stehen mit starkem Vorneigen des Oberkörpers und Aufrichten beim Durchziehen; einige Stämme, die im Waldgebiet lebten und Wasserarbeiten nicht kannten, führten Ruder mit ovalem Blatt.*

---

[227] Datierter Vertragsdurchschlag (Nachlass)
[228] Amtsblatt für das Schutzgebiet Kamerun, 15.01.1911

Die Armbrust ist die bekannte Jagdwaffe aus Südkamerun, wird jedoch in größeren und schöneren Exemplaren angefertigt als näher der Küste. Die Speere sind ganz verschiedenartig, teils Wurf- teils Stoßspeere, mit einfachen und doppelten Widerhaken, so daß sich ein ausgesprochener Typ nicht feststellen läßt. (...)

Ein außerordentlich wichtiges Gerät bildet der Spaten, der zwar weniger beim Farmbau, aber sehr viel als Zahlungsmittel gilt, denn zum Gebrauch im Felde dient fast ausschließlich die bekannte afrikanische Hacke mit kurzem Holzstiel und winziger Klinge. Der Spaten wird, wie erwähnt, "Dubba" genannt und gilt als Einheit bei der Berechnung des Heiratsguts, die von Europa eingeführten Spaten sind weniger wertvoll als die von den Eingeborenen geschmiedeten; letztere sind an der rohen Arbeit und Art der Rippe leicht kenntlich. (...)

Der faule Eingeborene zieht es außerdem vor, einige Gummibäume anzuschneiden und für den Erlös europäische Erzeugnisse zu kaufen, denn die eigene Anfertigung macht viel Arbeit. Und so werden über kurz oder lang die schönen Haumesser und Messinghalsringe verschwunden sein, ebenso wie die großen Basttücher und Bettladen. Das ist vom völkerkundlichen Standpunkt zwar schade, vom kolonialen aber wäre es kein allzu großes Unglück, wenn die Eingeborenen die viele schöne Zeit und Sorgfalt, die sie früher an die Herstellung von allerlei Gerät und Schmuck verschwendeten, jetzt zur Erzeugung exportfähiger Produkte verwenden würden. Das ist aber leider bis jetzt in geringem Maße der Fall. Ueber etwas Gummischneiden geht ihre Tätigkeit nicht hinaus, denn das bringt genug ein, um die kleinen europäischen Herrlichkeiten kaufen zu können.[229]

Der Vater wird immer schwächer und stirbt am 5. März 1913. Mitten in den Reisevorbereitungen kümmert sich der Sohn um die Beerdigung. Eine schlichte Todesanzeige im "Wiesbadener Tagblatt" erinnert an die militärische Vergangenheit des Verstorbenen:

Allen Nahestehenden die traurige Mitteilung, daß mein lieber Gatte, unser Vater, Bruder und Onkel, Herr Oberleutnant a.D. Carl Koch, vormals im 2. Nassauischen Inf.-Reg. Nr. 88, gestern morgen sanft entschlafen ist. (...) Die Einäscherung findet in Mainz in aller Stille statt. Kondolenzbesuche und Blumenspenden dankend verbeten.[230]

Einen guten Monat später verabschiedet sich Carl W.H. Koch von seinen Angehörigen - ohne zu ahnen, dass er sie erst nach über fünf Jahren wiedersehen wird.

[229] Kolonie und Heimat Nr. 20, 09.02.1913, der Beitrag wird im Tagebuch erwähnt und ist daher Koch trotz anonymer Veröffentlichung zuzuordnen
[230] Wiesbadener Tagblatt, 06.03.1913, Abendausgabe

Am 12. April 1913[231] verlässt das elegante Paketboot S.S. "Elisabethville" der Compagnie belge maritime du Congo den Hafen von Antwerpen mit Kurs Westafrika. Die GSK hat für ihren neuen Mitarbeiter unter Nr. 5460 eine 1.-Klasse-Kabine gebucht und Koch genießt den Luxus an Bord in vollen Zügen.

In der 1938 erschienen Erzählung "Der Tag von Djembe" beschreibt er seine damaligen Gedanken:

> *Dann kam, gewissermaßen aus dem Nichts heraus, jene dumme Geschichte, wie sie mitunter zu kommen pflegt. Es war nichts mehr mit dem Beruf, den er liebte. Gewiß, er ging in Ehren, aber er mußte gehen und fand sich plötzlich, ohne recht zu begreifen, wie er dazu kommen war, in einer völlig veränderten Lage. Der schimmernde Weg, den er gegangen war, war jäh zu Ende. Mit einem Male war da nichts mehr von all den Dingen, die ihm Leben bedeuteten, sie waren ausgelöscht, als ob sie nie bestanden hätten.*
>
> *Daß sie doch noch bestanden, das wurde ihm erst viel später klar, man kann wohl sagen, eigentlich zu spät. Zunächst schwamm er dahin, ohne eine rechte Vorstellung von dem Eingriff zu haben, den ein ihm unverständliches, aber doch wohl folgerichtigtes Geschick als notwendig betrachtet hatte.*
>
> *Er war zu jung, zu einfach und zu lebensbejahend, um Verlorenem nachzutrauern.*
>
> *Daher konnte er die Ausreise auf dem Afrika-Dampfer einer fremden Linie[232] genießen.[233]*

Während Koch bereits in Kamerun ist, erscheinen weitere Zeitungsbeiträge[234] sowie der lang ersehnte Molundu-Beitrag im renommierten Baessler-Archiv.

> *Die Stämme des Bezirks Molundu in sprachlicher, geschichtlicher und völkerkundlicher Beziehung". Von Carl W.H. Koch.*
>
> *Im Baeslerarchiv (...) ist (...) die vorstehende Arbeit erschienen, die zum Verfasser einen Herrn hat, der längere Zeit im Verwaltungsdienst tätig und Stationschef von Molundu gewesen ist. Mit großem Geschick hat er es verstanden, die Eingeborenen seines Gebiets zu studieren und auf ihre Eigenheiten zu achten.*
>
> *Es ist ein sehr interessantes Gebiet, in dem der Verfasser seine Studien betrieben hat. Die innerafrikanische Völkerwanderung hat hier Sudan- und Bantustämme wild durcheinander gewürfelt, und es ist mit Dank*

---

[231] Datum im Vertragsdurchschlag (Nachlass)
[232] Koch reiste sonst mit der deutschen Woermann-Linie
[233] Koch, Der Tag von Djembe, in: Hans Ernst Pfeiffer, Heiß war der Tag,
[234] Nachgewiesen sind Reclams Universum Nr. 29 "Unter Kannibalen" und Wild und Hund Nr. 30/31 "Jagdbilder aus Südostkamerun"

anzuerkennen, daß der Verfasser neben seiner dienstlichen Tätigkeit sich mit diesen ethnographischen Studien befassen konnte und seine Ausbeute mit nach Hause brachte, ehe es zu spät ist, und ehe die eindringende Zivilisation die Stammesunterschiede vollständig verwischt.

Die Arbeit kann als mustergültig bezeichnet werden, die Illustrationen sind sehr gut, die Tabellen sehr lehrreich.

Geradezu erschreckend ist in letzteren die Erkenntnis, wie gering die Fortpflanzung der Neger ist, und wie wir alles tun müssen, um diese schwere Schädigung zu beseitigen. Der Verfasser weist nach, daß in dem von ihm behandelten Bezirk 3331 Männer mit 4097 Weibern leben, die nur 4207 Kinder haben. Die Regierung wird auf diese Zustände ein wachsames Auge haben und eventuell energisch durchgreifen müssen, um Aenderungen hervorzurufen.

Besonders interessant macht die Arbeit, daß es sich um ein Gebiet handelt, das ganz vom bisherigen französischen Gebiet umgeben ist, welches jetzt zu Neukamerun gehört und in welchem die Verhältnisse wohl nicht wesentlich anders liegen.

Ich kann das Heft allen Kolonialfreunden zur Lektüre wärmstens empfehlen. [235]

Es ist auch heute noch nach über 100 Jahren erstaunlich, welche Fülle an Informationen Koch auf rund fünfzig Seiten zusammengestellt hat. Nach allgemeinen Bemerkungen zum Bezirk Molundu stellt er die unterschiedlichen Stämme und Völker vor und charakterisiert sie in sprachlicher und kultureller Hinsicht. Er erläutert regionale Rechtsbegriffe ebenso wie die Lebensgewohnheiten, Gebräuche und religiösen Eigenheiten im südöstlichsten Zipfel Kameruns. Sprachvergleiche, umfangreiche Bevölkerungsstatistiken und nicht zuletzt einige von Kochs brillanten Fotografien runden das lesenswerte Werk ab. Die folgenden Auszüge belegen die Qualität der wissenschaftlichen Arbeit, die das Berliner Tageblatt als *kostbare Publikation*[236] bezeichnet:

Rechtsbegriffe und -Gebräuche der Bantu im Bezirk Molundu.

1. Jagdrecht.

Das Wild gehört dem Jäger, in dessen Gebiet oder unter dessen Schuß, Stoß oder Wurf es fällt, auch wenn diese letzte Wunde nicht tödlich ist. Vorhergehende schwere Verletzungen oder Verletzungen in anderen Jagdgebieten werden durch Anteile an der Beute geregelt. Der Eigentümer der Waffe hat Anrecht auf ungefähr ¼ - ½ der Beute, auch wenn er an der Jagd selbst nicht teilnahm. Dasselbe gilt übrigens auch bei Kriegs- und Raubzügen für die Beute an Gegenständen oder Sklaven.

---

[235] Deutsche Kolonialzeitung Nr. 29 vom 19.07.1913
[236] Berliner Tageblatt, 30.07.1913

2. Erbrecht.

Das Erbe geht an den ältesten Sohn, ist kein Sohn vorhanden, an den ältesten Sohn des ältesten Bruders des Verstorbenen, ist kein Neffe vorhanden, an den ältesten Bruder. (...)

Weiber und Töchter werden als sächliche Objekte in die Hinterlassenschaft eingerechnet und ihrem Wert nach verteilt.

Hinterläßt der Verstorbene nur unmündige, d.h. nicht erwachsene Söhne, so gehen sie mit der Mutter zum ältesten Bruder des Verstorbenen, falls dieser nicht vorhanden, zu dem Schwiegersohn und demnächst zu dem Vater der Mutter; existiert keiner dieser Verwandten, so lebt die Mutter mit ihren Kindern selbständig; es ist dies der einzige Fall, daß ein Weib eigenen Haushalt führen kann, also vorübergehend frei ist.

3. Geschlechtsverkehr.

Als größtes Verbrechen gilt der außereheliche Beischlaf mit einer schwangeren Frau oder mit einer Frau kurze Zeit nach der Geburt, da als Folge davon das Kind sterben soll. Der betreffende wurde Sklave des Eigentümers der Frau bzw. mußte ein Menschenleben bezahlen und zwar ohne Rücksicht auf den Tod oder das Leben des Kindes.

Bei außerehelichem Beischlaf durfte der Eigentümer des Weibes den Täter, falls in flagranti erwischt, töten, mußte dann jedoch das Leben des Getöteten an dessen Erben in Waren bezahlen. Wehrte sich der Täter und tötete den Eigentümer des Weibes, so mußte er nur für den Tod nicht für den Beischlaf, d.h. Ehebruch als solchen bezahlen. Heute kommt Mord aus derartigen Gründen nicht mehr vor, sondern der außereheliche Beischlaf wird durch hohe, oft durch Gewalt erpreßte Zahlungen gesühnt.

Fehlende Jungfernschaft ist kein Grund zur Klage gegen den Verkäufer des Weibes, im Gegenteil ist erwünscht, daß das Mädchen nicht als Jungfrau in die Ehe tritt.

Das Kind eines Weibes gehört stets dem Eigentümer, nicht dem Erzeuger; letzterem nur, wenn die Mutter ihrem Eigentümer entlief und bei dem Erzeuger lebte, doch mußte dieser dann Sühne für den Verkehr mit dem Weibe bezahlen.

Auch bei dem zeitweisen Weibertausch, der unter guten Freunden vorkommt, gehört das gezeugte Kind dem Eigentümer, nicht dem zeitweiligen Besitzer des Weibes.

Wird ein Mädchen, das bereits verkauft ist, während es sich noch im Hause ihres Vater befindet, schwanger, so gehört das Kind nicht dem Käufer, d.h. dem künftigen Gatten, sondern dem Vater, ohne Rücksicht darauf, wer das Kind erzeugte.

Bei durch den Gatten veranlaßter, erwerbsmäßiger Unzucht hat der Vater, d.h. der frühere Eigentümer auf die Beschwerde des betreffenden Weibes hin das Recht, es gegen Rückgabe des Kaufpreises vom Gatten zurückzunehmen, der seinerseits den Erlös für die Unzucht an den Vater abführen muß.

Ganz allgemein gilt die Regel, daß das Weib keine Person, sondern eine Sache ist und demgemäß keine Stimme, noch irgendwelche Wünsche zu äußern hat.

4. Weiberkauf.

Ist ein Ehebund besprochen, so erfolgt vollständige oder teilweise Zahlung des festgesetzten Preises, auch wenn, wie gewöhnlich, das Mädchen erst 6-10 Jahre alt ist. Beim Eingehen der Ehe wird die eventuelle Restzahlung geleistet, auch tauschen die beiderseitigen Mütter Geschenke aus. Gebärt das Weib, so muß der Gatte an den früheren Eigentümer für das Kind bezahlen und so fort bei jeder Geburt. Ist das Weib andauernd unfruchtbar, so hat der Gatte das Recht gegen Rückgabe ein anderes Weib zu verlangen. Stirbt das Weib, so muß der frühere Eigentümer dem Gatten ein anderes Weib geben, ist er nicht in der Lage dazu, den Kaufpreis zurückzugeben.

Gegen den eigentlichen Kaufpreis übernimmt der Verkäufer also die Verpflichtung, den Käufer dauernd mit einem fruchtbaren Weib versorgt zu halten, so daß es sich weniger um eine Kaufsumme, als um eine Kapitalsanlage handelt. Bezahlt werden nur die geborenen Kinder.[237]

Auch die zweite Reise nach Molundu hat Koch in zahlreichen Fotografien dokumentiert. Der GSK-Kollege Erich Robert Petersen liefert in seinem Buch "Die weißen Häuser am Gummibusch"[238] die zugehörigen Beschreibungen:

Weit breitet der Riese Kongo seine Arme aus, wo er sich der blauen See vermählt, und strömt unter dem Neigen der Kokospalmen sanft hinüber in die Unendlichkeit.

Der Dampfer (...) suchte an der palmenbestandenen Landzunge von Banana (in Belgisch-Kongo[239]) *vorbei seinen Weg stromaufwärts nach den belgischen Städten Boma und Matadi. Hier verließen die letzten Fahrgäste das ihnen lieb gewordene Schiff (...) Sie mußten zur Weiterfahrt die Kongoeisenbahn nutzen, die den gesamten Verkehr nach dem mittleren und oberen Kongo an den zweiunddreißig Livingstonefällen vorüberleitet. Matadi stellte sich als ein in die Felsen hineingehauenes heißes Nest vor.*[240]

---

[237] Koch: Die Stämme des Bezirks Molundu
[238] Erschienen 1936 im Franz Schneider Verlag, Berlin
[239] Heute Demokratische Republik Kongo
[240] Erich Robert Petersen: Die weißen Häuser am Gummibusch

Hafen von Matadi

Heckraddampfer in Kinschassa am Stanleypool

Heckraddampfer Bumba

Carl W.H. Koch mit Zwergantilope
(Zentralfarm Südkamerun 1913)

Am anderen Morgen fanden sich einige Dutzend Reisende, zumeist Belgier, zeitig am Bahnhof ein. Jeder brachte sich seine "Freßkiste" mit und verstaute sie in dem Salonwagen neben seinem Sessel. (...) (Sie) *standen erwartungsfroh vor der zweitägigen Bahnfahrt wie vor einem Erlebnis.*

Und sie wurde zu einem Erlebnis! Gleich hinter Matadi verschwand der Zug in einer Felsenschlucht und kletterte in vielen Windungen die Wand hinan. Bald donnerte er auf schwankender Eisenbrücke über gähnende Abgründe, bald kroch er mit fauchender Lokomotive direkt an der Felswand entlang, - auf der einen Seite tief unten das braune Wasser des gewaltigen Stromes, der sich über die Jellala-Fälle stürzt, und auf der anderen die schroffe Wand. (...)

Der Zug rollte mit jener Gemächlichkeit, die einer Schmalspurbahn zusteht, durch die grüne Landschaft. Die Sonne schien, und die Lokomotive pfiff alle paar Minuten, als wollte ihr farbiger Führer seine Freude über die fröhliche Fahrt durch das Land, das seine Väter noch mühevoll als Träger durchwandert hatten, Ausdruck geben. Auf den Stationen, die zumeist aus Eingeborenen-Dörfern bestanden, wurde der Zug von buntgekleideten Schwarzen als guter Freund begrüßt. Aufgeweckte Negerjungen liefen an den Wagen entlang und boten den Fahrgästen Früchte an, Apfelsinen, Bananen und Ananas. [241]

Ehe der Kongo sich über die Linvingstone-Fälle hinabstürzt, erweitert er sich zu einem seeartigen Becken, dem Stanley-Pool, an dem die belgischen Städte Leopoldsville und Kinschassa und ihnen gegenüber das französische Brazzaville liegen. In diesen drei Orten beginnt die Schiffahrt nach dem mittleren Kongo und seinen großen Nebenflüssen.[242]

(...) Kinschassa am Stanley Pool! (...) Da tönte vom Flusse her ein langer Sirenenruf - einlaufender Dampfer. In dem Speditionsbüro wurde die Tür geöffnet und jemand rief schmetternd über den Platz: "Vapeur allemand!" Deutscher Dampfer! Endlich! (...)

Zischend, schnaubend und das Wasser mit seinem Heckrad schaufelnd kam der Dampfer heran und machte fest. Wohl an die zwanzig Schwarze waren an Bord und tauschten unter Mordsspektakel Grüße mit ihren sich am Ufer ansammelnden Freunden. Dann balancierte der Schiffsführer an Land (...). Sein kleiner Raddampfer, die Holzposten und Faktoreien am Kongo, Sanga und Dscha waren seine Welt. (...)

Abends traf man sich an Bord des Dampfers, der nach einem Kameruner Fluß den Namen "Bumba" führte. Er hatte zwischen Bug und Schornstein ein Oberdeck, das dem Kapitän und seinen weißen Fahrgästen als Aufenthaltsort diente. Die Farbigen hatten unten zu bleiben; sie mußten

---

241 a.a.O.

242 a.a.O.

sehen, zwischen dem aufgestapelten Feuerholz und der Maschine ein Plätzchen zu erwischen.[243]

Der Kapitän erzählt von Molundu, das inzwischen zu einem wichtigen Handelsort für Südkamerun geworden ist:

> *"Wir sind noch ganz im Anfang der Entwicklung; so schöne Häuser, wie sie hier stehen, finden sie oben in der Kameruner Ecke nicht. Da ist noch viel zu tun, Sie können tüchtig helfen. (...) denn das Geld für die Bauten, die Wege, die Brücken und für alles, was dazu gehört, eine Wildnis wohnlich zu machen, soll auch verdient werden. Sie werden ja selbst sehen, wie alles zusammenhängt - so in vierzehn Tagen bis drei Wochen - , vorausgesetzt, daß wir unterwegs nicht sitzen bleiben, was bei dem gegenwärtig sehr niedrigen Wasserstande möglich und sogar wahrscheinlich ist."*[244]
>
> *Die "Bumba" legte ab. Zischend, schnaubend und rauschend setzte das Heckrad sich in Bewegung und schob das Schiff in den zum See erweiterten Strom, der sich wenig weiter unten über die erste Barre der Livingstone-Fälle stürzt. Wenn die Maschine versagte, wurde das Schiff vom Strome gepackt und in den Abgrund gerissen. (...) Der Weg nach Molundu führte durch französisches Gebiet. Um Zoll zu sparen, mußte die Ladung plombiert werden, und zwar jedes Kollo einzeln. (...)*
>
> *Überraschungen blieben aber auch dem besten Kongofahrer nicht erspart. Deshalb saßen auf jedem Dampfer zwei sogenannte Pundamänner am Bug, beobachteten das Wasser und maßen, wenn sie verdächtige Anzeichen bemerkten, mit Bambusstangen die Wassertiefe. - Gleich hinter Brazzaville warfen die Pundamänner der "Bumba" mit einem Schwung des Armes die leichte Stange voraus und tasteten den Grund ab. Eintönig klingen ihre Ansagen an das Ohr des Kapitäns und des neben ihm stehenden Steuermannes. "Tief! Tief!" (Gutes Fahrwasser.) Und dann alarmierend der Ruf "Mai mockee!" (Wenig Wasser.)*
>
> *Aufpassen! Hand am Maschinentelegraphen, - halbe Kraft.*
>
> *"Jello mockee!" (Wenig Sand.) "Jello, Jello!" Der Kapitän legte den Hebel des Maschinentelegraphen herum auf Halt. Die Maschine lief aus, das Schaufelrad blieb stehen.*[245]

Hinter Bonga verlässt der kleine Heckraddampfer "Bumba" den Kongo. Auf dem Sanga geht es weiter bis Wesso, dann sind es noch rund 100 Kilometer auf dem Dscha bis Molundu. Unterwegs treffen die Reisenden auf Flusspferde, "Eingeborene" und einmal begegnet ihnen sogar das Schwesterschiff "Kamerun".

---

[243] a.a.O.

[244] a.a.O.

[245] a.a.O.

Gleich oberhalb eines langen Reihendorfes der Missango, hart am Steilufer des Dscha, lag der Stationshof mit zwei weißen Lehmhäusern. An einem Mast wehte die schwarzweißrote Dienstflagge.

"Das ist Molundu, - Kaiserlicher Polizei-, Post- und Zollposten." (...)

Der Dampfer wurde auf der Station freudig begrüßt. Die Beamten kamen an Bord und ließen sich vom Kapitän zu einem Glase Bier einladen. Derweilen wurde die Post ausgesucht und die Zollabfertigung erledigt. Nach kurzem Aufenthalt dampfte die "Bumba" weiter. -

Die Niederlassung der Gesellschaft lag auf einer Landzunge, die von den beiden dicht nebeneinander in den Dscha mündenden Nebenflüssen Bumba und Lupi gebildet wurde. Der Urwald war hier gerodet; das von den beiden Nebenflüssen umschlossene Gebiet war bedeckt mit Häusern, Schuppen und Hütten, alle landesüblich aus Palmrippen und Matten hergestellt. An den weitläufig bebauten Faktoreihof schlossen sich Farmen an.

Das Tuten der "Bumba" wurde von den Faktoreiarbeitern mit einem langgezogenen "Hallalee - Bumbee!" beantwortet. Die Ankunft des Dampfers bedeutete für sie eine Abwechslung in der langen Reihe eintöniger Tage. (...) Der Dampfer brachte Reis, Palmöl, Fleisch und Fische, - Dinge, die sie mehr schätzten als die langweiligen Lebensmittel des Landes wie Kassada (Maniok) oder Planten (Mehlbananen). (...)

Die weißen Herren von Molundu standen am Steilufer des Bumba unmittelbar oberhalb seiner Einmündung in den Dscha, wo der Dampfer an der Anlegestelle, einem geschickt ausgebauten ehemaligen Flußpferdwechsel, festmachte.[246]

Was mag Koch empfunden haben, als er nach zwei ereignisreichen Jahren wieder in Molundu ankommt? Mancher "Eingeborene" wird sich die Augen gerieben haben, als plötzlich *small brother Dominik*[247] vor ihm steht. Ganz selbstverständlich kommt Aude abends in Kochs Zimmer und nimmt ihren Platz als *Frau Govenor*[248] wieder ein. Es ist, als wäre ihr weißer Mann nie fort gewesen.

Koch findet sich schnell ein in die neuen Aufgaben.

Die Farm (der GSK) *war so weit entwickelt, daß sie genügend Verpflegung für hundert Arbeiter bot. Es galt auf die Buschposten zu ziehen, die durch Schneisen mit der Produktionsstelle verbunden waren, und im gesamten Umkreis die Gummibäume anzuzapfen.*

---

[246] a.a.O.

[247] vgl. Tagebucheintrag 06.-09.03.1911 (Jukaduma)

[248] vgl. Tagebucheintrag 21.03.1911

Dort lebte man in einer Hütte nahe einem Gewässer. Neben der Hütte stand die Gummiküche, ein flüchtiger Bau von vier oder sechs Pfosten mit einem Mattendach.

Die Gummischneider zogen mit ihren Schnittmessern, mit Kletterschlingen und mit großen Kannen in den Wald. Sie sammelten die Milch der Bäume, die sie sechs oder acht oder zehn Meter hoch anzapften, und kehrten am Nachmittag zurück. Die Menge der Milch wurde festgestellt und notiert, denn die Zapfer wurden nach ihrer Leistung bezahlt.

Währenddessen wurde die tagszuvor gesammelte Milch in kochendem Wasser zum Gerinnen gebracht, gepresst und gewässert, um dann als fertiges Produkt auf Darren getrocknet zu werden.[249]

Koch lässt Trassen schlagen für die Kautschuk-Karawanen, überwacht die Arbeit auf den Faktoreien der GSK, veranlasst den Bau von Verpflegungsstationen, unternimmt Inspektionsreisen und frischt alte Bekanntschaften auf.

Sein direkter Vorgesetzter ist Curt Pfützner, der bereits seit 1904 der GSK angehört und 1912 die Leitung in Molundu übernommen hat. An ihn richtet Koch seine ausführlichen Berichte über Besuche auf den GSK-Produktionsstätten. Daneben tauschen die beiden Herren auch private Briefe aus:

Sehr geehrter Herr Pfützner!

Es war heute am Spätnachmittag eine ebenso unerwartete, als angenehme Überraschung für mich, dass der Bote Bockey mit Post & Cigaretten mich erreichte; aber auch eine gute Leistung des Mannes, dass er den Fussspuren meiner Karawane folgte. (...)

Inzwischen habe ich meine Expedition so begonnen, wie ich Ihnen bereits schrieb & glaube nach dem bisherigen Verlauf, Ihnen für Ihre Beschwerde über die andauernden Gummidiebstähle einiges Material in aller Kürze zugehen lassen zu können. Tatsächlich sieht es hier übel aus & überall & in allen Richtungen sind Pfade der eingeborenen Gummidiebe festzustellen, die ich aufgenommen habe (...)

Ich erlaube mir, Ihnen diese Einzelheiten anzugeben, da ich selbst ja nicht befugt bin, auch nur die Bestrafung der Gummidiebe anhängig zu machen. Andrerseits auch, weil ich die Überzeugung gewonnen habe, dass in dem von mir durchzogenen Gebiet vielleicht zu wenig geschehen ist, um einer Schädigung der Gesellschaft vorzubeugen. Denn es hätte im Norden der Region 1 kaum soweit kommen dürfen, dass ein Kakahäuptling zu Pferde, wovon ich die Spuren selbst gesehen habe, einige Stunden weit in unser Gebiet reitet, um Gummibestände auszubeuten. Und tatsächlich ist das ganze Gebiet hier von Buschpfaden in einer Weise durchzogen, die einer

[249] Koch, Der Tag von Djembe, in: Hans Ernst Pfeiffer, Heiß war der Tag

regelrechten Schneisenanlage entsprechen. Vernichtung von Bäumen ist vielfach vorhanden, zwei- & dreifaches Anschneiden bis zu Krone, mitunter 15-20 m hoch massenhaft; ich habe hiervon, wie auch von einem Teil der Buschniederlassungen photographische Aufnahmen angefertigt, die hoffentlich soweit gelungen sind dass sie gewissermassen Belege bilden. -

Verzeihen Sie gütigst meine formlose Schreibweise mit den Umständen & besonders der Eile; ich bin die ganzen Tage hindurch von Tagesanbruch bis zum Dunkelwerden unterwegs gewesen, dazu fast täglich merkwürdigerweise Regen & - last but not least - die Schwierigkeiten mit meinem recht wenig brauchbaren Personal, das mehr oder weniger gänzlich versagt. Sie werden ja selbst wissen, was das unter nicht ganz leichten Umständen für Mühe macht.[250]

Pfützner antwortet auf diesen Privatbrief in ganz ähnlicher Tonart:

Jedenfalls hat Ihre Reise den Erfolg, den ich mir versprach, gehabt. ein Beweis geliefert, dass meine Pläne in der Nähe v. Punkt 20 am Durchhau Ramsay eine Prod(uktions)*stelle zu eröffnen, nicht falsch ist* (sic!). *Der Hauptagent Menzel u. m*(ein) *Vorgänger hielten das für Unsinn. Da sich natürlich so eine Sache nicht über das Knie brechen lässt, liess ich zunächst die große Farm bei P.St. 6* [251] *herstellen, damit bei Eröffnung der Niederlassung sofort Chop*[252] *vorhanden ist, ich habe die Nase von wegen Chopschwierigkeiten auf Produktionsstellen x voll*[253]*! Keine Neueröffnung, bevor die Verpflegungsfrage geregelt ist, das Prinzip hätte man vor ca. 4 Jahren befolgen sollen. - Na, nun sind wir ja über den Berg!*[254]

Im Januar 1914 liegt Koch für einige Wochen mit Schwarzwasserfieber im Lazarett von Jukaduma[255]. Bei ihm ist in diesen schweren Tagen Lottchen,

die mir 1910 der französ. Hauptmann Curault geschenkt hatte, u. von ihr durch Jack's Sohn einen Wurf von 5 Rüden (...). Es waren reizende Tierchen, Jack, Mekundji, Kukuma - dem seine Brüder ein Auge ausgebissen hatten -, Jolly u. Outer der fünfte und hübscheste, der mir im Ndongobusch vergiftet wurde, damals, als ich die Trasse von den Dongoschnellen nach Ngato schlug.[256]

---

250 CWHK an Pfützner, Ramsay-Durchhau, 15. 07.1913 (Nachlass)
251 Produktionsstelle 6
252 Lebensmittel für die afrikanischen Arbeiter
253 gemeint ist "gestrichen voll"
254 Pfützner an CWHK, Molundu, 25.07.1913 (Nachlass)
255 Tagebucheintrag 28.05.1918 (Rückblick)
256 a.a.O.

Der Krieg kommt überraschend.

Am 11. August 1914 erreicht ein Telegramm des Gouverneurs Ebermaier[257] die Station Molundu:

> *Gesamte Polizeitruppe, einschliesslich etwa herangezogener Verstärkungen untersteht dem Kommandeur Schutztruppe. Kommandeur ist berechtigt, an allen Orten des Schutzgebietes Europäerabteilungen zu bilden.*[258]

Niemand in Molundu hat es für möglich gehalten, dass einmal in Afrika Weiße auf Weiße schießen könnten. Zu groß erscheint die Gefahr, dadurch den Respekt der indigenen Bevölkerung vor der weißen Allgewalt zu verlieren. Man verlässt sich allgemein auf die Bestimmungen der 1885 geschlossenen Kongo-Akte, nach der für den Fall bewaffneter Konflikte zwischen den vierzehn Vertragsstaaten - darunter Belgien, Frankreich und Deutschland - *die Neutralität der in dem konventionellen Kongobecken einbegriffenen Gebiete*[259] vorgesehen ist.

Koch beschreibt seine Arbeit in den letzten Wochen vor dem unerwarteten Kriegsausbruch ausgesprochen lebendig in dem 1931 erschienenen Erinnerungsbuch "Im Tropenhelm".

Er beginnt mit einem Rückblick auf seinen 32. Geburtstag:

> *13. August 1914. Über zwei Monate lang war ich unterwegs, ohne eine Zeitung oder irgendeine Nachricht zu erhalten. Ich war für Boten unerreichbar, nachdem ich damals den Erkundungsmarsch in das Gebiet der Gesellschaft Moyen Congo angetreten hatte. In dem riesigen Gebiet befinden sich nur etliche Posten und Dörfer, da, wo ein schiffbarer Fluß läuft oder ein seltener Karawanenweg besteht. Der Abschnitt, den ich auf seine natürlichen Werte hin erforschen sollte, weist nichts auf. Aber auch gar nichts, was in Beziehung zu Menschen steht.*
>
> *Meilenweite, von Weißen nie betretene Wälder und Sümpfe. Scheu, heimlich und abweisend. Von seßhaften Eingeborenen keine Spur. Nur einmal ein zerfallenes, flüchtiges Lager streifender Zwergjäger, die hier vor Jahren Elefanten jagten. Ein gebleichter, rissiger Schädel als stumme Mahnung. Aber immer über uns die drückende Kruste des Waldes. Er ist gewissermaßen die weitporige Haut des Landes.*
>
> *Es war eine gottverdammte Schweinerei, sich dadurchzuwühlen. Die Träger und die persönlichen Diener hatten ständig ein verhaltenes*

---

[257] Karl Ebermaier (1862-1943), letzter Gouvereur von Kamerun

[258] Gesiegelte Abschrift (Nachlass)

[259] Kapitel III der General-Akte der Berliner Konferenz, Deutsches Reichsgesetzblatt vom 20.06.1885

Entsetzen in den Augen. Ihre Seelen vegetierten in der grauenhaften Angst vor bösen Geistern oder waren völlig tot.

Jeden Abend war ich hundemüde. Oft erschöpft in der letzten Faser. Dann stieg mitunter eine böse Gereiztheit hoch. Ich hätte alles erwürgen können, die Menschen, Tiere und Gott. Kautschuk massenhaft. Immer leuchteten die silbergrauen Stämme der Kickxien durch die Dämmerung, in unglaublichen Beständen. Sie reizten mich und ich haßte sie.

Es war ganz einfach so, daß den ganzen Tag hindurch ohne größere Pause Trasse geschlagen wurde. Kaum mehr als anderthalb Kilometer in der Stunde. Drei Vegetationsformen gab es. Unten der weite, verfilzte, bösartige, stinkende Stumpf. Dann eine Stufe mit wahnsinnigem Gewirr von Unterholz, Lianen und Rotang. Verknotet und verstrickt. Hierauf die Triplochiten mit ihren ehernen Säulen, mit Orchideen und Bartflechten, mit Farnen und raschelnden Phryniumblättern. Am schlimmsten war Kategorie zwei. Ich fluchte wie ein Landsknecht. Frundsberg[260] hätte gegrölt vor Vergnügen.

Ich marschierte, sah den Kompaß nach, schimpfte, aß und trank. Der Tag war der wütende Wald. Dazu die schwarzen, schweißtriefenden Körper in ihrem Dunst von Fremdheit um mich.

Abends, wenn die Zeltklappe zugefallen war - nach dem Baden und Rasieren -, wurde ich wieder frisch. Das schwere Blei wich aus den Gliedern. Aber mit der körperlichen Befreiung warf sich die Wucht des einsamen Waldes in meine Seele, seine ausgestoßene Wildheit war in dumpfer, peinigender Erkenntnis für mich das Reich der toten Abende, an denen die Gespräche der müden Träger in vorsichtigem Geflüster rieselten.

Dann der Austritt aus dem Wald. Der Fluß und die Sonne und das Licht. Schon während der Fahrt in schwanken Einbäumen verschwanden die langen Wochen der blaugrünen Finsternis in einem nebensächlichen Seitenstollen des Bewußtseins. Wir lebten erneut auf glatter Bahn, in Freude und Heiterkeit. Ich lehnte die gespensterhaften Waldungen bestimmt ab. Sie hatte es in dieser Form nur in einer lügnerischen Erinnerung gegeben. Ich pfiff darauf. Lachte über sie und über mich.[261]

Krieg!... (...)

Ich muß ganz ehrlich sein. In dieser Zeit ist jede Lüge Sünde. Jeder Deutsche muß ein wahres Herz haben. Er muß auch das Herz zur Wahrheit haben.

In mir loderte etwas auf. Primär, wild und in einem unbekannten Instinkt, der eine vage Befriedigung sieht. In unserer Abwehr ist die Jagd auf das Leben freigegeben, auf das Leben der Mitkreatur. Es ist eine andere Jagd,

---

[260] Georg von Frundsberg (1473-1528), Landsknechtsführer
[261] Koch: Im Tropenhelm

als die auf Büffel, Elefanten und Leoparden oder bösartige Gorillas. Man muß dazu sehr hart und sehr ruhig sein.

Ja, der feindliche Mensch ist heute das Wild. Wir sind ja doch Raubtiere. Mit Einschränkungen, die für Europa gelten mögen, aber nicht für uns hier im friedlosen Hinterland, neben denen der ständige Tod im Gleichschritt einhergeht. Was soll die Heuchelei? (...)

Hier in Afrikas Urwäldern wird es grausam und einfach heißen: Einer weniger.

Vielleicht ist dieses Gefühl häßlich, verwerflich und durchaus minderwertig. (...)

Ich, meine Herren, bin jetzt nur Soldat. Es gibt nur eine harte Pflicht, die Sie mit sich und Ihrem Gott ausmachen müssen. Sonst gibt es nichts.[262]

Der Stationsleiter - hier ist Zivilverwaltung - bat mich als einzigem Offizier um Übernahme der Verteidigung der Station und Umgebung. Dann entstand ein Zweifel, ob er berechtigt sei, mir eine Einberufung zu geben. Es ist ein Affenstall, die Mobilmachung ist überhaupt nicht im geringsten vorbereitet. Und von flußabwärts, vom französischen Bezirksamt her, schwirren Nachrichten über Überfälle zu uns herauf.[263]

Für einige Tage geht das Leben in Molundu seinen gewohnten Gang weiter. Koch findet am 23. August 1914 sogar Zeit für einen letzten Bericht an die GSK, in dem der Kriegszustand mit keinem Wort thematisiert wird. Vielmehr berichtet er als *Revisor des Eigengebiets* in nüchternen Worten über Fortschritte beim Wegebau sowie der Anlage von Farmen und Depotplätzen[264].

Schenkt man Petersens Bericht Glauben, dann überfällt ein französischer Schaufelraddampfer mitten im tiefsten Frieden ohne jede Vorwarnung die deutsche Polizeistation Bonga am Kongo[265]:

Nun war also Krieg! Wenig später stieß der Dampfer auf einige Kanus, die mit Polizeisoldaten von Molundu herunterkamen. Leutnant Koch war der Führer. Er lächelte zu dem Bericht des Polizeimeisters von Bonga und sagte kurz und militärisch: "Krieg mit Frankreich, England und Belgien, den drei Nachbarn von Kamerun. Nette Aussichten! Aber nur Mut. Der Busch ist groß. Vorläufig werden wir den Franzosen den Weg verlegen."

---

[262] a.a.O.

[263] a.a.O.

[264] Durchschlag, Molundu, 23.08.1914 (Nachlass)

[265] Erich Robert Petersen: Durch Busch und Blockade

Kautschuk-Produktion

Trägerkolonnen

Kittlaß (Schiffseigner und Chef der einzigen Handelsfirma in Ikelmba) *fuhr nach Tibundi, seiner zweiten großen Faktorei, und machte sich daran, seinen Dampfer als "Panzerschiff" herzurichten. Den Panzer stellte er her, indem er rings über die Reeling Decken hängte, viele hundert, immer eine über die andere, so daß ein dickes Polster entstand. So ausgerüstet stellte er die "Bonga" als Patrouillenboot in Dienst. Leutnant Koch, eigentlich kaufmännischer Inspektor, aber jetzt als Reserveoffizier militärischer Führer, beschlagnahmte Schiff und Kapitän für seine verwegenen Vorstöße, die ihn bald in Berührung mit dem Gegner brachte.*[266]

Die Schutztruppe nimmt den ungleichen Kampf gegen britische, französische und belgische Einheiten auf, die aus allen vier Himmelsrichtungen gegen Kamerun vorgehen. Auch wenn einzelne Achtungserfolge immer wieder die Hoffnung auf einen militärischen Sieg der deutschen Truppen nähren, ist die Lage aussichtslos.

Fast zwei Jahre lang liefert die zahlenmäßig hoffnungslos unterlegene und bunt zusammengewürfelte deutsche Truppe dem technisch und materiell weit überlegenen Gegner einen zähen Buschkrieg. Als Anfang 1916 Munition, Arzneimittel und Salz ausgehen, führt Kommandeur Carl Zimmermann seine abgekämpften Soldaten - es sind noch rund 6.000 Mann mit einem fast unüberschaubaren Tross - geordnet nach Spanisch-Muni auf neutrales Gebiet in die Internierung.

Kochs Weg lässt sich in Erich Students 1937 erschienenem Werk "Kameruns Kampf 1914/16" sowie anhand zahlreicher detaillierter Gefechtsberichte und Lageskizzen im Nachlass gut nachvollziehen.

Zunächst führt Koch einen Zug in der eilig gebildeten Kompanie von der Marwitz und wird Anfang Oktober 1914 zur 9. Kompanie überstellt. Es dauert nicht lange, bis es mit seinem militärischen Vorgesetzten Hauptmann von der Marwitz, den Koch noch vom ersten Kamerun-Aufenthalt her kennt und nicht gerade schätzt, zum Streit kommt:

Der staksige Hauptmann (von der Marwitz) *ist tapfer und töricht. Er ist sehr groß und knochig und, wenn es knallt, stakt er im Gelände herum wie der Storch im Salat. Bei nächtlichem Alarm kommt er im dunkelgrünen Schlafanzug und Pantoffeln, die Feldbinde mit der schußfertigen Mauser um den Bauch geschnallt, den Tropenhelm auf dem Kopf. (...)*

Wir kennen uns schon lange. Der Hauptmann kann mich nicht leiden, obwohl wir uns außerdienstlich beim Namen nennen. (...)

Kürzlich haben wir uns vor dem Feinde gestritten, richtig gezankt. Es war lächerlich und in unnötiger Weise gefährlich. Man schoß mal wieder wild und rasend durcheinander, ohne daß man etwas sah. Freund und Feind feuerten wie verrückt. In der Mitte der dreißig Meter, die die Entfernung

---

[266] a.a.O.

zwischen den Linien bildeten, standen wir beide und sahen uns böse an. Es gab sehr harte Worte. Drohung mit Kriegsgericht und was dergleichen mehr ist. Dann gab er mir die Hand und sagte etwas Versöhnliches. Wie deutsch war das! Ein Glück, daß da ein solches Gewirr von Unterholz war, daß wir nicht gesehen wurden. Schwamm drüber. - - - - - - [267]

Kochs militärische Berichte sind wie immer ausführlich, häufig durch detaillierte Lageskizzen ergänzt und um äußerste Objektivität bemüht. Ein Beispiel:

Bericht No. 3 *Tibundi, d. 15. Sept. 1914*

An die Kompagnie Marwitz Tibundi

Gewaltsame Aufklärung am 11/9.

Lage:	*Anmarsch des Gegners auf nördlichem Flußufer durch Wey-Patrouille bekannt, Entfernung ca. 2 ½ Km.* *Patrouille von 5 Mann ab Tibundi 8.45 Vorm.*
Stärke:	*Spitze 1 Offizier, 6 Mann* *ca. 50 m Abstand: Rest des 2. Zuges u. 3. Zug*
Abmarsch:	*9 Uhr Vorm.*

Um 9.30 Vorm. starkes Feuer zwischen Patrouille u. dem sie umfassenden Gegner. Das Feuer wurde von der ausgeschwärmten Spitze aufgenommen u. die Patrouille zum Rückzug in die Schützenlinie veranlaßt. Der Gegner konzentrierte sich in eine engliegende, senkrecht zum Flußufer laufende Schützenlinie (...). Die vereinigte Spitze u. Patrouille erhielt auf 15 m Entfernung (nachträglich abgeschritten) starkes Feuer, wurde auch zeitweise von den rückwärts liegenden eigenen Truppen beschossen. 9.45 zog sich, wie aus französischen Kommandos hervorging, ein Teil des Feindes zurück. Sofort darauf wurde auf Befehl der Rückmarsch (...) auf Tibundi angetreten.

Verluste:	*Soldat Matta durch Revolver- u. Gewehrschuß verwundet.*
Verlust des Feindes:	*(später festgestellt) 3 Mann tot, darunter farbiger Feldwebel, Verwundete unbekannt, anscheinend zahlreich, da vielfach, anscheinend zu Verbandszwecken abgerissene Zeugfetzen östlich des Gefechtsplatzes, sowie Blutspuren.*

---

[267] a.a.O.

Stärke des Feindes: *schätzungsweise 30-35 Mann u. 2 Europäer.*

Koch,
Leutnant.[268]

Bei den mehrtägigen Gefechten beim Dorf Putu am Sanga zeichnet er sich durch Umsicht und Tapferkeit aus.

So entstand in Putu in wenigen Tagen eine ausgezeichnete Stellung. An ihrem zweckmäßigen Ausbau hat besonders Leutnant d. Res. Koch mitgearbeitet, er besaß eine hervorragende Geschicklichkeit, Stellungen anzulegen, die vorzüglich getarnt waren und doch gutes Schußfeld besaßen.[269]

Am frühen Morgen des 29. Oktober (1914) *begann der große Angriff. (...) Das Feuer steigerte sich zur Raserei. Behielt die Stärke etwa 4 Stunden lang.*

Da Lage von Putu war insofern ungünstig, als Dorf und Befestigungen auf der äußeren Seite des Bogens lagen, den der Sanga dort bildet. Infolgedessen befanden wir uns im Kreuzfeuer. Trotzdem sprangen immer wieder einzelne unserer Farbigen aus dem Graben auf die Deckung, stimmten ihre Kriegslieder an und schossen wie auf dem Scheibenstand. Fiel einer tot herunter, sprang der nächste hoch. Aufregung und Blutrausch entflammte sie.

Die Feldwache war nachts zurückgenommen worden, von da aus erfolgten nun die Sturmangriffe des Gegners. In dichten Wellen brach er vor. Unter dem Feuer unseres Maschinengewehrs - den Namen des tapferen Schützen habe ich leider vergessen - fielen sie wie Kartenhäuser. Immer neue Truppen warf (der französische) *General Aymerich an Land. Wenn sie zögerten, traten die dünnen Linien der Weißen hinter ihnen in Aktion. Mit Peitschen und Pistolenschüssen jagten sie die angetrunkenen Senegalesen vor. Der Dorfplatz war mit Toten bedeckt. Von jeder Welle kamen etliche durch, sie lagen, meist erstarrt von Entsetzen, unmittelbar vor unserer Befestigung, an der Ecke kam es zum Handgemenge, die irrsinnigen und betrunkenen Senegalesen versuchten die Zeltlasten herunterzureißen, auf denen der Lauf des Maschinengewehrs lag. Der Fuß war längst zerschossen. Senegalesen steckten ihre Gewehre in unsere Schießscharten, manchmal gleichzeitig mit unsern Farbigen. (...)*

Gewiß, die Kämpfe jener Tage waren blutig, darin hat General Aymerich recht. Sie waren so blutig und verlustreich, daß er seinen Truppen zwei volle Monate Ruhezeit geben mußte und erst dann, um Weihnachten 1914, zum Angriff auf Molundu schreiten konnte. In diesem Zeitgewinn lag der Erfolg der überragenden Tapferkeit und Opferwilligkeit der 9.

[268] Handschriftlicher Bericht (Nachlass)
[269] Oberstleutnant (E) Hermann Harttmann: Putu

Feldkompanie, der selbst mit den Verlusten von Weißen und Farbigen, sowie den zerschossenen Maschinengewehren nicht zu teuer erkauft war.[270]

Die Soldaten der 9. Kompanie führen einen verbissenen Kampf im unwegsamen Busch, und mehr als einmal wissen die militärischen Führer nicht, wo genau sie sich eigentlich aufhalten.

> *Wir sind alle nur Bestien. Wir wollen töten und nicht getötet werden. Ein wilder Rausch von Blut und Mord und, hie und da, jähe Angst. Sie kann plötzlich nach dem Herzen greifen. Tapferkeit? Gibt es nicht. Pflicht? Ja. Und Selbstzucht.*
>
> *Mitunter ein Überfall. Wir liegen heimlich, regungslos im niedrigen Gestrüpp des ragenden Waldes. Ohne ein Wort und ohne einen Laut. Die Spitze des Gegners schleicht heran. Wenn das Weiße ihrer Augen sichtbar ist, knallen unsere sicheren Schüsse aus harten Händen.*
>
> *Dazu Märsche, Regen, Wasser in gurgelndem Braun. Der Wald ist immer noch meilenweit überschwemmt, an Flußmündungen stehen ganze Seen. Wir sind Amphibien. Die Knochen werden von den ewig nassen Kleider steif. Mittags, in der Sonne, trocknen wir. Nachmittags, wenn der Himmel sich öffnet, sind wir in einer Minute durchgeweicht, durchschlagen. Zelt und Bett längst verloren, wieder erbeutet und wieder verloren. Frontleben mit ständiger Malaria.*[271]

Am 9. Januar 1915 unterbreitet Koch der Ostabteilung in Dume mit Durchschlag an die 9. Feldkompanie insgesamt neun *Ordensvorschläge für Europäer u. Farbige.*[272] Bemerkenswert sind die einzelnen Begründungen, die verdeutlichen, wie stark sich Koch als militärischer Vorgesetzter für seine Abteilung verantwortlich fühlt.

> *zu 1). Gefr*(eiter)*. Fischer. Er hat sich bei Vorpostengefechten bei Batanga 17/12. dadurch ausgezeichnet, daß er gegen den überlegenen, energisch vorstoßenden Gegner immer wieder Stellung machen ließ u. dessen Vormarsch erheblich verzögerte. Im Gefecht bei Mombi am 27.12.14 hielt er die Feuerdisziplin der ihm zugewiesenen Soldaten musterhaft u. wies die auf seine Stellung erfolgenden Angriffe des Gegners unter Zufügung von Verlusten ab. -*
>
> *zu 2). Res*(ervist)*. Schmeisser nahm am Gefecht Bia 16/12.14 teil u. führte dann eine Patrouille zur Sicherung des Dumemündung-Mendsime-Weges unter recht schwierigen Verhältnissen nach den Mogbe-Dörfern. Vom 22.-26. Dez. bestand er eine Reihe von Patrouillengefechten mit überlegenem Gegner u. wurde 26. Dez. am rechten Unter- u. Oberarm verwundet. Durch*

---

270 Koch: Die Kämpfe um Putu am Sanga" in "Kamerun-Post" Nr. 4, 01.01.1931

271 Koch: Im Tropenhelm

272 Handschriftlicher Bericht (Nachlass)

Diensteifer u. Unerschrockenheit zeichnete er sich stets aus u. gab damit ein glänzendes Beispiel.

zu 3). K(riegs).Fr(eiwilliger) Leschner machte Gefechte Bua 16/12. 14, Molambi 18/12.14, Mombi 27/12.14, Bokinja 30/12. u. mehrere Vorpostengefechte am 27/12.14 mit u. bewies auch in schwieriger Lage u. im starken Feuer absolute Unerschrockenheit u. Ruhe. In Bokinja ließ er die feindliche Spitze bis auf 30 m herankommen u. fügte dem Gegner einen Verlust von 5 Toten bei. Durch sein soldatisches Empfinden verstand er es, obwohl er nicht gedient hat, sich das Vertrauen der Farbigen zu erwerben u. zeichnete sich ferner während der anstrengenden Rückzugsgefechte von Bua bis Bokinja durch Unermüdlichkeit u. Pflichttreue aus. -

zu 4). K(riegs).Fr(eiwilliger) Quandt (Österr.) nahm an den Gefechten Mombi 27/12.14 u. 28/12.14 u. Bokinja 30/12.14 teil u. ersetzte das, was ihm an Ausbildung fehlte, durch Ruhe u. Tapferkeit. In Bokinja wies er den Hauptangriff des überlegenen Gegners erfolgreich ab u. zeichnete sich durch Kaltblütigkeit aus, sowie durch verständnisvolles Eingehen auf die Absichten des Führers. -

Farbige.
zu 5). Feldw(ebel). Freeman. Seine Zuverlässigkeit, Mut u. Kaltblütigkeit bewies er besonders wieder im Gefecht bei Mombi am 27/12.14, wo er mit wenigen Gewehren dem Hauptstoß des Gegners ausgesetzt war. Freeman hat seit Beginn des Feldzuges im 1. Zug der 9. F(eld).-K(ompanie) die meisten Gefechte mitgemacht u. zeigt auch heute noch denselben unermüdlichen Diensteifer, der ihn von jeher auszeichnete u. der für die farbigen Soldaten ein seltenes Beispiel ist.

zu 6). Unt(ero)ff(i)z(ie)r Samjoko. Er zeichnete sich besonders bei Bátanga am 17/12. aus, wo er mit 6 Mann aus eigener Initiative dem nachdrängenden Gegner Verluste zufügte. Auch in Mombi 27/12. u. Bokinja 30/12.14 zeigte er sich als tapferer u. kaltblütiger Soldat.

zu 7). Gefr(eiter). Jimmy I (Jaunde). Während des Gefechtes bei Molambi 18/12.14 brachte Jimmy unsere Rekruten, die den Kopf verloren hatten, im starken Kugelregen einzeln in Stellung u. bewies auch besonders in Bokinja (30/12.14) Kaltblütigkeit u. bemerkenswerte Feuerdisziplin.

zu 8) u. 9). S(oldaten). Takang u. Tsi zeichneten sich bei Vorpostengefechten am Mogbe-Weg u. in Mombi 27/12. u. Bokinja 30/12. dadurch aus, daß sie dem Gegner durch ruhiges Schießen Verluste beibrachten u. daß sie dadurch anfeuernd wirkten. -[273]

Am 18. Juli 1915 - von Koch zwei Tage später quittiert - schickt der Führer der Ostabteilung, Hauptmann Hugo Eymael eine Ermahnung an seine Offiziere, die

[273] Handschriftlicher Bericht, Sakul, 09.01.1915 (Nachlass)

deutlich macht, dass Kochs Ordensvorschläge für *farbige* Soldaten keineswegs die Regel waren:

> *Ich fühle mich veranlasst, die Herren Unter-Führer darauf hinzuweisen, dass wir uns der grössten Fürsorge für unsere Untergebenen befleissigen müssen.*
>
> *Dazu gehört nicht nur die Sorge für das leibliche Wohl derselben, sondern auch die Pflicht, dass jeder Führer dafür sorgt, dass ein Untergebener, der sich vor dem Feinde besonders auszeichnet, auch Sr. Majestät zu einer Auszeichnung in Vorschlag gebracht wird.*
>
> *Bei einzelnen Führern muss anerkannt weden, dass sie in geradezu vorbildlicher Weise für ihre Untergebenen eintreten, andrerseits ist aber leider auch ein bedenklicher und bedauerlicher Mangel an Fürsorge in dieser Beziehung festzustellen.*
>
> *In wieweit die Vorschläge an entscheidender Stelle Erfolg haben werden, kann hier natürlich nicht beurteilt werden, dass aber wirklich hervorragende Leistungen ihre Anerkennung finden werden, ist sicher.*[274]

Die GSK hat ganz eigene Ansichten zu den militärischen Amibitionen ihres Mitarbeiters. Am 15. Februar 1915 erhält Koch zu seiner großen Verwunderung per Einschreibebrief die Kündigung.

> *Nachdem Sie durch eine Zeit von acht Wochen übersteigende militärische Dienstverpflichtung (Einberufung für Verstärkung der Schutztruppe) an der Verrichtung Ihrer Dienste verhindert sind, machen wir von unserem aus § 72 H.G.B.* [275] *zustehenden Recht, Sie ohne Einhaltung einer Kündigungsfrist zu entlassen, Gebrauch.*
>
> *Ihr Vertragsverhältnis zur Gesellschaft ist somit erloschen. -*
>
> *Falls unsere Centralverwaltung die Fortführung des Betriebes beschliessen sollte, werden wir, bezw. unser Aufsichtsrath, mit Ihnen wegen Erneuerung des Vertrags eventuell verhandeln.*[276]

Unterzeichnet hat den Brief im Namen der GSK Curt Pfützner, der in einem beigelegten Privatschreiben die Kündigung als Formsache herunterspielt.

---

[274] Abschrift mit handschriftlicher Quittung, Dume, 18.07.1915 (Nachlass)

[275] § 72 HGB (1897): *Als ein wichtiger Grund, der den Prinzipal zur Kündigung ohne Einhaltung einer Kündigungsfrist berechtigt, ist es, sofern nicht besondere Umstände eine andere Beurtheilung rechtfertigen, namentlich anzusehen: (...)2. wenn er seinen Dienst während einer den Umständen nach erheblichen Zeit unbefugt verläßt oder sich beharrlich weigert, seinen Dienstverpflichtungen nachzukommen; (...)*

[276] Brief GSK (Pfützner) an Koch, Lomie, 10.02.1915 mit handschriftlicher Quittung 15.02.1915 (Nachlass)

Anbei ein geschäftliches Schreiben, das nur Formsache ist, d.h. gesetzlich erforderlich. -

Die G.S.K. ist nun fast fertig, die Niederlassungen bis auf Lomie & Akonolinga sind teils von den Franzosen, teils von den Eingeborenen ausgeraubt & niedergebrannt.

Wir werden mindestens 12 Monate Ruhepause eintreten lassen müssen. Näheres mündlich.[277]

Koch bemüht sich um Rücknahme der Kündigung und führt juristische Gründe ins Feld - für ihn sei die Centralverwaltung in Hamburg zuständig und nicht der Leiter von Molundu. Curt Pfützner wird schließlich deutlich:

Um Missverständnissen vorzubeugen, bemerken wir höfl., dass unter "sofort entlassen" der Tag es Eintritts in die Kaiserl. Schutztruppe zu verstehen ist & Ihr Gehaltsanspruch demnach am 26. August 1914 erloschen ist. Heimreisekosten hat der Fiskus zu tragen.[278]

Erst wenige Tage zuvor hat Pfützner mitgeteilt, dass

bei Besetzung von Molundu durch die Franzosen & Belgier Ihre Privatlasten in die Hände des Feindes gefallen (sind).

Infolge Mangel an Trägern war ein Abtransport der auf Ihr eigenes Risiko, ohne Verbindlichkeit für die Gesellschaft Süd-Kamerun eingelagerten Sachen nicht möglich. -[279]

Der Krieg wird für Koch immer mehr zur wirtschaftlichen Katastrophe. Trotz geschäftlicher Differenzen reißt der Kontakt zu Curt Pfützner übrigens nicht ab, der sich im Mai 1915 süffisant nach Kochs Gesundheitszustand erkundigt:

Wie bekommt Ihnen das Leben ohne Sprit?[280]

Im Juli 1915 übernimmt Leutnant Koch die 5. aktive Feldkompanie, *deren Trümmer sich bei Benge, halbwegs zwischen Bertua und Dume sammelten*[281].

Harte Kämpfe um Benge, Akoafim und Akonolinga folgen, dann ist der Krieg in Kamerun zu Ende. Am 15. Februar 1916 überschreitet Kochs Kompanie als Nachhut der Abteilung Dickmann auf der Straße über Lolodorf die Grenze[282].

---

277 Pfützner an CWHK, Lomie, 10.02.1915 (Nachlass)
278 GSK (Pfützner) an CWHK, Lomie, 23.02.1915 (Nachlass)
279 GSK (Pfützner) an CWHK, Lomie, 20.02.1915 (Nachlass)
280 Pfützner an CWHK, Lomie, 06.05.1915 (Nachlass)
281 Erich Student: Kameruns Kampf
282 a.a.O.

Aude teilt die Internierung ihres Mannes auf der Insel Fernando Po, wie sie die Strapazen des Feldzugs mit ihm geteilt hat. Die endgültige Abschiedsstunde schlägt, als bekannt wird, dass die Deutschen von wenigen Ausnahmen abgesehen auf dem spanischen Festland interniert werden sollen.

> *"Das war das letzte Stückchen Kamerun. Merkt euch den Tag, wir schreiben den 15. April 1916," sagte der blonde Kittlaß, der am Heck der "Cataluna" an der Reling lehnte.*
>
> *"Das letzte Stück?" Feldwebel Schauf sah ihn an, blickte noch einmal zurück - - "Wir holen uns das Ganze wieder! Später! Noch liegt die Front vor uns. Nicht zurückblicken. Daheim wird weitergekämpft. Nach dem Siege können wir dann wieder von Afrika reden."*[283]

---

[283] Erich Robert Petersen: Durch Busch und Blockade

> *Als Internierungsorte für die Angehörigen der Schutztruppe waren die Städte Alcalá bei Madrid, Zaragoza und Pamplona vorgesehen; nun konnte jeder selbst bestimmen, wohin der wollte. Leutnant Koch, Schauf, Lohrmann und Petersen entschieden sich für Pamplona, das am Fuße der Pyrenäen liegt (...)*[284]

Nach den langen Monaten des Kameruner Feldzugs tut die Ruhe gut. Endlich haben die Männer wieder saubere Kleider auf dem Leib, sie genießen das bunte Treiben in den Straßen und das reichhaltige Essen der spanischen Küche. Das Verhältnis zur einheimischen Bevölkerung ist ausgezeichnet, schon bald kommt es zu näheren Kontakten und einige Offiziere finden sogar die Liebe ihres Lebens. Wenn nur die Sehnsucht nach der Heimat nicht wäre.

> *An einem jener Sommertage 1916, da Pamplona sein großes Fest San Fermin feierte, (...) saßen in einer kleinen, unscheinbaren Kneipe die beiden Kongolöwen Schauf und Petersen beim Whisky und ließen sich von Leutnant Koch einen Plan entwickeln, der so recht zu ihnen paßte. Koch wollte mit einem Segelschiff zwischen Island und Färöer die englische Blockade durchbrechen und über Norwegen Deutschland erreichen. Die Idee stammte von einem aus französischer Gefangenschaft entkommenen Fahnenjunker namens Reupke, dem bisher Freunde gefehlt hatten, die neben Tollkühnheit auch die zur Finanzierung des Planes erforderlichen Mittel besaßen. (...)*[285]

In aller Heimlichkeit werden Vorbereitungen zur Flucht getroffen. Nach und nach finden sich zwanzig Männer, die alles auf eine Karte setzen wollen. Sie sammeln Geld, kaufen ein winziges Segelschiff, das erst noch von Santander nach Vigo geschleppt werden muss und rüsten es aus für eine abenteuerliche Reise.

> *El jefe y organizador de la expedición es Koch.*[286]

Die Wochen vergehen wie im Flug, Koch hat einen Malaria-Schub und entschließt sich dennoch zum Aufbruch. Zuviel steht auf dem Spiel, und die gefürchteten Herbststürme über der Biskaya warten nicht. Am 7. Oktober 1916 sticht die "Virgen del Socorro", die "Rettende Jungfrau", eine bei weitem nicht

[284] Erich Robert Petersen: Durch Busch und Blockade
[285] a.a.O.
[286] Zeitung El Liberal vom 03.01.1917 in einem Bericht über die Flucht

hochseetüchtige Nussschale mit gerade einmal anderthalb Meter Tiefgang von Vigo aus in See.

Steinschleife im Baskenland

Koch kümmert sich in der ihm eigenen Art um das Wohlergehen der Crew:

> *Leutnant Koch war dagegen wieder auf den Beinen. Das erste, was er unternahm, war, einen - Abort zu bauen. Es war in seinen Augen ein unmöglicher Zustand, daß sich überhaupt gar keine derartige Einrichtung an Bord befand. Mit Hilfe des geschickten Niemeyer brachte er auch ein nettes Kabinettchen mit Eimersystem zustande und betrachtete sein Werk immer wieder liebevoll.*[287]

Dann erwacht der Jagdtrieb:

> *Es geschah, daß die "Virgen" mitten in eine Herde Tümmler hineingeriet. (...) Koch war bei dieser Begegnung noch von Jagdträumen umfangen. Nun*

[287] Erich Robert Petersen: Durch Busch und Blockade

sprang er, aufmerksam geworden, auf und rief lebhaft: "Schweinsfische schießen! Das ist einmal etwas Neues!"

Mit der Harpune hätte er vielleicht einen der großen Schweinsfische erlegen können, aber er lag nur mit der Browning-Pistole bewaffnet am Steven und brannte einem der Tümmler, der sich dicht neben dem Schiff aus dem Wasser hob, eine Kugel in das Fettpolster. Nur diesen einen Schuß gab Koch ab. Dann stand er auf, legte seine Pistole weg und sagte: " Nein, das ist noch viel alberner als mit der Schrotspritze auf Elefanten zu schießen. Wissen Sie, einmal - - -" Und dann kam Jägerlatein, - der kleine Leutnant war ein ausgezeichneter Geschichtenerzähler![288]

Die ersten 8 Tage auf See waren sehr gut. Wir hatten schönes Wetter und es war noch recht warm. Unser Koch, ein Matrose vom Lloyd-Dampfer "Göben" sorgte für das leibliche Wohl. Am Kartoffelschälen beteiligten wir uns alle. Mit der Verpflegung, die für 60 Tage berechnet war, wurde sparsam umgegangen. Am Tage wurde im Ozean gebadet. Das klingt unwahrscheinlich, war aber ungefährlich. Wer ins Wasser wollte, wurde an ein Seil gebunden und sprang über die niedrige Bordwand. Wir steuerten weit in den Ozean und möglichst weit ab von den Fahrstraßen der großen Schiffe. Trotzdem begegneten uns häufig Dampfer. Nach 8 Tagen wurde es ungemütlich, es setzten Stürme ein, die nicht abflauten, sondern sich dauernd verstärkten und ununterbrochen anhielten. Alle Segel wurden gerefft, nur noch mit dem Focksegel konnten wir fahren. Gleich am ersten Sturmtage ging die Kombüse über Bord. Wie und womit nun kochen? Fahnenjunker Reupke hatte für diesen Fall 5 Tin Petroleum an Bord genommen. Statt Petroleumkocher hatte er aber Spirituskocher bekommen. Es war fast unmöglich, auch nur eine Tasse Kaffee zu brühen. Jetzt war unsere einzige Rettung ein Faß spanischer Rotwein, Rum und Kognak, sonst nur trockene kalte Speisen. Oft gingen schwere Brecher über Deck, so daß der Kahn in allen Fugen zitterte und knackte. Er zog auch viel Wasser, das sich im Kiel des Schiffes unter unserem Lager hin und her bewegte. Sehr oft am Tage mußte die Handpumpe in Tätigkeit treten. Wir selbst waren nur selten trocken. Die Steuerleute am Ruder wurden festgebunden, damit sie nicht über Bord gespült wurden. (...) So ging es Tag für Tag und Nacht für Nacht immer in der Hoffnung, der Sturm werde sich legen. An einem Tage zerschlug uns ein schwerer Brecher das Steuer. Nun wurde es ernst! Doch es gelang uns mit den an Bord befindlichen Hilfsmitteln ein Behelfssteuer anzubringen, das gut arbeitete und bis ans Ende hielt. Der Kahn hatte dadurch ein recht zerhacktes Aussehen. (...) Unsere Lage war sehr ernst und manchmal wanderten die Gedanken an den schönen Internierungsort in Spanien zurück.[289]

Seit drei Wochen sind die zwanzig Männer nun unterwegs. Der Sturm will einfach nicht abflauen, keiner hat mehr einen trockenen Faden am Leib.

---

[288] a.a.O.

[289] Max Jütersonke: Das Ende in Kamerun und meine Flucht aus Spanien, in: Kamerun-Post, 01.04.1931

Angesichts der Wetterverhältnisse und nur mit einem Behelfsruder ausgerüstet, ist an ein glückliches Ende der Flucht kaum noch zu denken. Die irische Küste ansteuern und aufgeben, schlagen die Seeleute vor.

Petersen beschreibt die folgenreiche Besprechung vom 27. Oktober:

> *"Kittlaß, Lohrmann und ich* (Petersen) *schlagen vor, daß wir den Seeleuten auftragen, uns durch den Kanal nach Holland zu fahren, wenn sie sich weigern, den alten Kurs beizubehalten."*
>
> *Koch lachte. "Das ist mal wieder echt. Die drei Getreuen müssen immer etwas Besonderes haben. Der Kanal ist doch gesperrt!"*
>
> *"Man sagt es, aber vielleicht gibt es doch ein Loch, durch das wir nachts hindurchschlüpfen können." Petersen kroch zurück. Debatte war seine Sache nicht.*
>
> *"Und die Minenfelder?" fragte Koch hinter ihm her. (...)*[290]

Zur allgemeinen Überraschung rät nun sogar Kapitän Zuppe zur Kanaldurchfahrt. Immerhin besteht die Möglichkeit, dass die "Virgen del Socorro" mit ihrem geringen Tiefgang und einer gehörigen Portion Glück über die Minenfelder hinwegfahren könnte.

> *(...) in der Nordsee hatten wir herrlichen Wind und machten sehr gute Fahrt. Nach etwa einer Stunde tauchten im Meere schwarze Punkte vor unserer Fahrtrichtung auf. Bald stellten wir fest, daß es Bojen waren, die in Abständen von zirka 3-400 Meter vor der Kanaleinfahrt verankert waren. Die Bojen waren mit Stahltrossen verbunden und an diesen Stahltrossen hinten Stahlnetze, in denen sich die U-Boote verfangen sollten. Vor und hinter der Sperre lagen Minenfelder. Diese mußten passiert werden. Der beste Steuermann ans Ruder, Steuerbord und Backbord gute Beobachter, so fuhren wir mit 8 Meilen Geschwindigkeit über die Minenfelder. Da die Minen auf 3-4 Meter tief lagen, war die Gefahr geringer, als wie sie sich das Gehirn vorstellte. Als auch dieses Hindernis überwunden war, entspannten sich die Nerven und eine ausgelassene Fröhlichkeit griff um sich. Nachmittag konnten wir in Zeebrügge sein. Am Gelingen der Fahrt wurde nunmehr nicht mehr gezweifelt.*[291]
>
> *Ich kann es heute noch nicht verstehen, dass es nicht gelang, u. wenn ich an die Einzelheiten denke, erfasst mich dumpfer Hass gegen das Geschick, das damals um 9.00 vorm. die Sonne durch die Wolken brechen liess - nachdem wir sie 4 Wochen nicht gesehen hatten! - , gerade so rechtzeitig, dass engl. Patrouillenboote uns ausmachten. Wäre das diesige Wetter geblieben - wenn auch nur eine elende Viertel- oder halbe Stunde! - hätten uns die*

---

[290] Erich Robert Petersen: Durch Busch und Blockade

[291] Max Jütersonke: Das Ende in Kamerun und meine Flucht aus Spanien, in: Kolonial-Post, 01.07.1931

Engländer nicht mehr erwischen können. Aber so wird das glänzende Ziel vor die Augen gehalten u. in letzter Minute entrissen. - Warum ist das damals nicht geglückt? R. (Dr. Rautenberg) *meint, wir hätten nicht mehr die moralische Berechtigung gehabt; mag sein, aber das ist ja alles Unsinn. Ich persönlich stellte die Forderung an das Schicksal, die Sache gelingen zu lassen, u. glaubte dazu berechtigt zu sein. Bin auch heute noch der Ansicht, dass ich nach Kamerun - so, wie es verlief - ganz einfach den Anspruch auf Gelingen hatte. Dass das Gegenteil eintrat, begreife ich heute so wenig, wie damals; aber mein ganzer Fatalismus lehnt sich bei der Erinnerung dagegen auf, dass ich so unvernünftig bin, mich in etwas Unabänderliches nicht finden zu wollen, dass ich es noch empfinde, wenn irgend eine Ungerechtigkeit das uns anerzogene Prinzip des Guten in der Schöpfung verneint. Denn dieses Prinzip ist nicht vorhanden. -*[292]

Wir waren mit unserem Gaffelschooner "Virgen del Socorro" bei Sandetty Lightship[293] *durch das Patrouillenboot "Paramount" durch einige Schüsse zum Segeleinziehen gezwungen u. in 7 Stunden auf die Rheede von Ramsgate geschleppt worden. Dort stiegen wir an Bord des Wohnschiffes "City of Belfast" über, wo wir sehr anständig behandelt wurde. Dr. Rautenberg, Kpt. Zuppe u. ich wurden in die Offiziersmesse geführt, die übrigen erhielten einen Raum unten im Schiff zugewiesen u. reichliches Essen. Am folgenden Tag, d. 9. Nov.* (1916) *brachte uns eine Barkasse nach Ramsgate, wo wir im Hafen den ganzen Tag hindurch verhört wurden. Abends hatten wir uns in einem Gebäude im Hafen bereits zur Ruhe eingerichtet, als plötzlich um 10.00 mit knappem Abendessen der Befehl kam, wir würden 10.20 nach London überführt. Unter schärfster militärischer Bewachung marschierten wir zur Bahn u. erhielten dort jeder ein Abteil für sich, nur Rautenberg u. ich hatten zusammen mit einem Hauptmann, einem Leutnant u. vier Mann mit aufgepflanztem Seitengewehr ein Doppelabteil. Sprechen durften wir nicht, Rauchen war erlaubt.*

In London standen zwanzig Autos bereit, für jeden ein Wagen. Zwei Offiziere, ein Sergeant u. zwei Mann waren mit mir im Auto, das uns nach Wandsworth[294] *brachte. Die Fahrt durch das abgeblendete, totenstille London war mir interessant. Was aus uns werden sollte, wussten wir nicht. Ich befand mich plötzlich am Eingang einer Zelle, hörte ein rohes "get in", dann wurde krachend die Tür zugeschlagen u. ich befand mich - es war kurz nach 1.00 Uhr nachts - in dunkler Zelle. Kurz darauf kam derselbe Gefängniswärter, befahl mir, mich auszuziehen u. erschien wenige Minuten später zur Durchsuchung. Da er die genähten Zweihundert Peseten u. spanischen Urlaubspass fand, wurde er wütend. Stiefel u.s.w. nahm er mit hinaus. Als Schlafgelegenheit hatte ich eine Holzpritsche, etwa 10-12 cm*

---

[292] Tagebucheintrag 08.07.1918 (Rückblick)

[293] Sandettie Lightship (nahe Dover)

[294] Größte Haftanstalt Großbritanniens in London; die letzte Hinrichtung in Wandsworth fand 1961 statt, der Galgen wurde erst 1998 abgebaut

über dem Steinboden, als einziges Bettzeug zwei wollene Decken, Heizung nicht vorhanden.

Als Frühstück wurde über einen völlig verstaubten Zinnbecher, der in ebensolchem Emailteller stand, ein Schlag Porridge gegossen. Besteck gab es nicht, ich schleckte den mit Staub vermischten Brei - ohne es zu wissen, da es noch dunkel war - wie ein junger Hund mit dem Mund u. erkannte erst später, dass es Staub u. Schmutz war, was dem Porridge den eigenartigen Geschmack gegeben hatte. Uhr, Geld, Augenglas, sämtliche Habseligkeiten einschliesslich Gürtel u. Schnürbänder waren mir abgenommen worden. Bedürfnisse sollte ich in der Zelle verrichten, die ich unter keinen Umständen verlassen durfte. Dazu andauernd hämische Bemerkungen des Sergeanten Fitzroy (Ort.?), die ich mir natürlich nicht gefallen liess. Es war eine unerquickliche Zeit mit knappster, stets kalter Verpflegung. Besser wurde es, als ich ausführliche Beschwerde, an die amerikanische Botschaft gerichtet, an den Gefängniskommandanten abgegeben hatte. Meine Kameraden, die kein oder wenig englisch sprachen, hatten, wie ich später hörte, viel zu leiden, bevor sie schliesslich am 24. o. 25. Nov. nach Stops, bezw. die Zivilisten nach der Isle of Man in Lager überführt wurden. -[295]

Zwischenzeitlich sieht es schlecht aus für die Gefangenen. Keiner will so recht an die abenteuerliche Fluchtgeschichte glauben, man hält die Männer für Spione und potenzielle Attentäter. Koch soll gar ein verkappter deutscher U-Boot-Kommandant sein.[296] Es fehlt nicht viel, und mindestens die zwölf Soldaten unter den 20 Flüchtlingen hätten am Galgen von Wandsworth geendet.

Endlich sind alle Vorwürfe geklärt - die Kriegsgefangenschaft beginnt. Ab sofort wird *Koch, Carl Wilhelm Heinrich* unter der *Serial Number 13423*[297] in den Akten des Internationalen Roten Kreuzes geführt.

Als ich Ende November 16 von Wandsworth nach Kegworth[298] *reiste, lobten die Begleitmannschaften das Lagerleben. "You will be alright there, smoking big cigars" war die ständige Redensart! Die Leute ausserhalb der Lager wissen nicht, wie es drinnen aussieht u. glauben, dass die deutschen Offiziere ein Leben in Luxus u. Bequemlichkeit führen. Immerhin, ich war damals froh, in ein Offizierslager zu kommen u. habe mich kaum einmal über ein weisses Tischtuch so gefreut, wie zu jener Zeit, als ich mit Rautenberg u. dem damaligen deutschen Adjutanten, Lt. d.R. Leissing zum Abendessen im Speisesaal sass; die fünf Wochen auf See u. dann die 15 Tage Wandsworth waren eine gute Schule, um für die bescheidenen Genüsse des Lagerlebens Verständnis zu haben. -*

---

[295] Tagebucheintrag 13.05.1918 (Rückblick)
[296] True Stories of the Great War, New York 1917
[297] Quelle: http://grandeguerre.icrc.org
[298] Das POW-Camp Kegworth befand sich in Sutton Bonington ca. 3 km von Kegworth entfernt und beherbergte bis zu 500 als gefährlich eingestufte Offiziere

Damals war Kegworth ein neu eingerichtetes Lager, Ältester Major Frhrr. von Lindelof - Pasewalker Kürassier, - dem Major Tauscher folgte. Es fehlte noch an vielem, aber allmählich wurde es. Anfang Februar (1917), nach verschiedenen Unannehmlichkeiten, übernahm ein junger Stabsoffizier, Major Nau, 76 I.R.[299] *die Geschäfte des Lagerältesten u. bat mich, die Adjutantengeschäfte zu übernehmen; was ich gerne tat, um Beschäftigung zu haben.*

Im Laufe der Zeit haben wir dann organisiert u. zuletzt - Septbr. trat ich von meinen Geschäften zurück, da ich einen Fluchtversuch unternehmen wollte - war alles ziemlich gut im Schwung. Wir hatten ein gut eingerichtetes Büro, Post, Zeitungsverkehr, u.s.w. klappten leidlich u. es machte mir Freude zu arbeiten. - Seit Ende Mai hatte übrigens Kaptn. von Müller/Emden den Posten des Lagerältesten übernommen u. damit war der Verkehr mit der engl. Lagerleitung erleichtert worden. -

In der Nacht vom 24.-25. Sept. 1917 erfolgte der grosse Ausbruch von 22 Offizieren, darunter Kptn. von Müller; 18 davon wurden während der nächsten Tage wieder geschnappt, meine Gruppe, - Dr. Rautenberg, Lt. z.S. d.R. Mallmann, Lt. Seeberger u. ich - am 30. Sept. nördlich von Brimington (Chesterfield). Wir waren leichtsinnig geworden u. hatten uns am Rand eines Gehölzes offen in die Sonne gelegt, anstatt uns zu verbergen. Es war ganz einfache, dumme Sorglosigkeit, die uns das Spiel verdarb, u. ich habe mir später oft Vorwürfe deshalb gehabt (sic!)*, denn der Plan war gut u. ich hatte die Gegenmassnahmen der Engländer richtig eingeschätzt. -*[300]

Die Tageszeitung Nottingham Evening Post berichtet in großer Aufmachung über die Massenflucht unter der Leitung des berühmt-berüchtigten Kapitäns der Emden, Karl von Müller[301]:

It is stated that the prisoners had tunnelled their way out in marvellous fashion, and the wonder is that a great many more did not escape. Only a month ago two prisoners were, it is said, discovered making a similiar attempt.

Two cables connected with the alarm were found to be cut. A farmhand on passing through a turnip field witch adjoined the huts at the Sutton Bonington end of the camp when he saw a hole in the ground, which lies lower than the ground of the camp. He reported this to the headquarters and the alarm was given. The Kegworth Volunteers were called out and sent to scour the district between that village and Loughborough. They searched all the bungalows along the River Soar and the fields but without avail.

---

299 Infanterie-Regiment „Hamburg" (2. Hanseatisches) Nr. 76

300 Tagebucheintrag 13.05.1918 (Rückblick)

301 Karl von Müller (1873-1923), Marineoffizier und letzer Kommandant des Kleinen Kreuzers SMS Emden

The tunnel extended for about 40 yards[302]*, starting at one of the huts where privates are interned, and passed under the barbed wire and also under a private road. Later in the day a bodyguard was despatched from Nottingham to escort the eight prisoners back to camp.*

A great number of people visited the scene today, the tunnel in the turnip field being guarded by a sentry.

Some of the men are in plain clothes and others in uniform. (...)

The camp at Sutton Bonnington, which was originally constructed as an extension of the Kingston Dairy College, houses about 500 German officers. It is surrounded by barbed wire, electric live wire, and is stated to be adequately guarded, elevated sentry boxes giving a view of the camp. (...)

Several of the (kept) *Huns were wearing oilskins, and all of them had as much food as they could carry, principally tinned stuff and biscuits. Each had a map, with the routes leading to the East Coast clearly indicated. (...)*

The most astonishing aspect of the whole affair was the quantity of stuff the fugitives had managed to take away with them. One was carrying a portmanteau which weighted fully a hundredweight, and others had bundles almost as heavy. In addition to tinned fish, tinned cheese, bottles of tea, bread, cigarettes, and tobacco, they had mackintoshes, sweaters, an airman's cap, and a number of other things likely to be useful on a long tramp. One had even provided himselb with a travelling rug, and another had a pair of hand-made compasses.

Several of the maps were the work of the prisoners themselves, and were beautifully done, the name of the smallest hamlet and of everey road in this part of the country being accurately placed.[303]

Die Ausbrecher werden bald sogar steckbrieflich gesucht:

Koch, 5ft. 6in.[304]*, 145lb*[305]*., fresh complexion, dark brown hair, khaki twill suit*[306] heißt es da und weiter *speaking english well (...) a dangerous man*[307].

Am 1. Oktober war alles vorbei. Gerade einmal eine Woche nachdem 22 verzweifelte Männer sich auf den Weg gemacht hatten, wurde die letzte

---

[302] ca. 36,6 m

[303] Nottingham Evening Post, 25.09.1917

[304] 1,67m

[305] 65,8kg

[306] Nottingham Evening Post, 25.09.1917 ("frisches Aussehen, dunkelbraunes Haar, khakifarbener Drillich")

[307] a.a.O., 01.10.1917

Vierer-Gruppe in Haft genommen. Sie hatten Brimington bei Chesterfield[308] erreicht, wo sie aufgegriffen wurden. Polizeioffiziere fanden die Männer, die immer noch reichlich Verpflegung mit sich herumschleppten, darunter Ölsardinenbüchsen, Milchdosen, Schinken, Käse, Pflaumen und Biskuit-Pakete; sie litten unter Durst und waren mehr als bereit zur Aufgabe.[309]

Koch sitzt seine Strafe in den Chelmsford Detention Barracks[310] ab und wird danach ins POW-Camp Dyffryn Aled in Wales verlegt.

Es ist eigentümlich, wie das Essen in den Lagern verschieden war: In Kegworth setzte die ernste Rationierung 1. Febr. 1917 ein, gleichzeitig wurde der Küchenbetrieb, den bis dahin die Army and Navy Stores hatten, von uns übernommen. Damals hatten wir monatelang keine Kartoffeln u. anstelle von Zucker nur schmutzig-braune Melasse, die noch den Gährungsgeschmack hatte. Porridge gab es auch nur knapp u. in mangelhafter Qualität. Konserven (Fisch) hörten auf, sodass eine Verbesserung des Speisezettels nicht möglich war. Abends gab es Gries mit Backpflaumen, Reisbrei, sogen. Käsereis u. dgl., einmal in der Woche Sülze, später auch einmal gek. oder ger. Fisch (Kippers). In Dyffryn Aled war - als ich Ende Dezember ankam - das Mittagessen besser, als in Kegworth, Abendessen schlechter, u. die Brodportion kleiner, auch war das Brod nicht so gut.

Ab 1. März (1918) *wurde verschärfte Rationierung eingeführt, besonders die Fleischration beruntergesetzt u. dadurch wurde das Essen recht knapp, so dass viele hungrig aufstanden. Viermal in der Woche gab es Bohnensuppe oder Zusammengekochtes - teilweise nur Rüben u. Kartoffeln -, wozu man sich das Fleisch denken musste, denn nur wenn man Glück hatte, erschienen im Teller einige winzige Stückchen. Die Rationierung ist - wie auch im Parlament erwähnt wurde - so berechnet, dass man gerade noch damit auskommt!*[311]

Freilich sind wir durch die Kost in Dyffryn Aled an Befriedigung des Hungers durch Menge, nicht durch Nährwert oder Qualität gewohnt, denn die Rationierung der Gefangenen entspricht etwa der Fütterung eines Pferdes mit Kleie. Man bekommt einen Hänge- oder Spitzbauch - je nach Neigung u. Veranlagung - u. ist doch nicht satt.

Nun waren allerdings die Verhältnisse in Dyffryn Aled ausnahmsweise: Im Winter waren wir mit 4 St. Ausnahme den ganzen Tag im vergitterten Hause eingesperrt. Allmählich wurde die Ausgangszeit verlängert, bis sie sich vom 1. Mai (1918) *an auf folgende Stunden erstreckte: 9.45 - 12.30, 2-6 u. 7-9, also fast 9 Stunden, davon allerdings die beiden letzten auf den*

---

308 Rund 60 km nördlich von Sutton Bonington

309 "Germans dug deep in foiled attempt to stage their great escape", in: Nottingham Post, 17. April 2014 (Auszugsweise Übersetzung)

310 75 km nordöstlich von London

311 Tagebucheintrag 16.05.1918 (Rückblick)

Platz hinter dem Haus beschränkt, d.i. etwa 30:10m! Dass die englische Lagerleitung deutsche Offiziere hinter vergitterten Fenstern, fast ständig eingeschlossen, ohne Badeeinrichtung brauchbarer Art, ohne ausreichende Gesellschaftsräume u.s.w. eingesperrt hält, wundert mich nicht; dass dagegen deutsche Offiziere sich das jahrelang gefallen lassen, dass ihnen das Verständnis für das Unwürdige einer derartigen Lage nicht mehr zu Bewusstsein kommt, das ist mir unfassbar. -[312]

Koch entschließt sich ein weiteres Mal zur Flucht:

Bei meinem Ausreissen von Dyffryn Aled hatte ich nicht so hübsches Wetter; in den Bergen von Wales, auf dem Plateau zwischen Penmachlo u. Festiniog[313] *herrschte unter 0, die stehenden Gewässer waren sämtlich gefroren, dazu Schnee u. eiskalter Wind. Ich fror jämmerlich, da das Feuer aus Mangel an Material nicht lange anhielt; doch taten drei Becher Fleischbrühe, die ich mir gekocht hatte, Wunder. Als ich dann mit einbrechender Dunkelheit weitermarschiert war u. kurz darauf das 5fache Blinkfeuer westlich von Port Madoc*[314] *sah, verging freilich die Müdigkeit bald. Wie seltsam anziehend lag dann die See unter dunkler Nacht! Ein Trawler lief von Port Madoc aus u. blieb die ganze Nacht draussen. Im Norden, hinter der Snowdengruppe ging die schwache Mondsichel unter. Am Eingang zur Madoc-Bucht lagen Segelboote, aber kein Leben auf der See, absehen vom Trawler u. Blinkfeuer.*

Mit das Schönste war dann das Schloss Harlech, das aus Cromwell's Zeit stammt u. gut erhalten ist. Die Küste ist dort eigentümlich; hinter schmalen Dünen oder Sandstreifen folgt eine schwache Stufe, die die Ortschaften u. Städtchen trägt, dann schliessen sich kahle Felsberge beträchtlicher Höhe an, deren Risse u. Schluchten auf der sonnbeschienene Südwestseite mit gelbblühender Stechginster ausgefüllt waren; denn das Klima des eigentlichen Küstenstreifens ist viel milder, als das von Dyffryn Aled, u. wenn man aus den Bergen heruntersteigt, merkt man mit jeder Stunde, dass es wärmer wird.

Interessant sind auch die als Schutz gegen die Römischen Einfälle angelegten, uralten keltischen Ringbauten; während die vom Taunus, am Altkönig u. Feldberg aus kleinen Blöcken u. Steinen bestehen, wurden hier in Wales riesige, unförmige Felsen geschichtet; wie sie transportiert wurden, ist mir nicht klar. Dass mehrere Verteidigungsringe angelegt wurden, ist hier in Wales ähnlich, wie im Taunus. -

Nachdem ich nicht lange vor dem in der Nacht vom 10.-11. April bewerkstelligten Ausreissen erwähnt hatte, mir fehle noch die Erfahrung, wie Handschellen seien, ich möchte das gerne einmal mitmachen, um meine Kenntnisse zu vervollkommnen, hatte ich prompt am 17.4. morgens das

---

[312] Tagebucheintrag 11.05.1918 (Rückblick)

[313] Richtig: Penmachno und Ffestiniog

[314] Richtig: Porthmadog

zweifelhafte Vergnügen, mit diesen Stahlringen belastet zu werden. Dass es nur eine halbe Stunde dauerte, oder höchstens dreiviertel, war mir nicht unangenehm. Es ist doch ein gemeines Bewusstsein, völlig hilflos zu sein. Nun, ich betrachtete es von der humoristischen Seite aus, zumal es nur ganz einfache, gottesjämmerliche Angst war, die den braven Polizeibeamten dazu veranlasst haben mag, nicht etwa der Wunsch, zu chikanieren. Es war eine köstliche Nacht, deren Einzelheiten leider nicht dazu geeignet sind, jetzt schon ins Tagebuch zu kommen; das u. die übrigen Erlebnisse an der Walesküste muss ich mir für später aufheben. Aber, - trotzdem der Zweck des ganzen Unternehmens völlig misslang - schön war die Woche Freiheit doch! -[315]

Wieder verbringt Koch einige Tage Haft in den Chelmsford Detention Barracks, die er schon vom letzten Jahr her kennt. Er nutzt die Zeit und beginnt ein neues Tagebuch:

Die Ruhe im Gefängnis ist in gewisser Hinsicht eine Wohltat u. über das Gefühl der Befriedigung darüber, endlich wieder einmal einen Raum für mich allein zu haben, vergesse ich momentan das an sich Würdelose der Lage. Man ist halt so sehr Gewohnheitstier, dass man die Tatsache, Gefangener zu sein, nur selten am Tage direkt empfindet; sie kommt einem nicht bewusst in die Vorstellung - sonst wären wir Kriegsgefangene sämtlich schon nach wenigen Monaten verrückt! - sondern zerrt im allgemeinen nur unbewusst an Nerven u. Energie.[316]

In meiner Zelle fühle ich mich heimisch; sie liegt im ersten Stock neben derjenigen, welche ich Nov.-Dez. letzten Jahres innehatte. Das vergitterte Fenster geht nach Norden, der Blick schräg auf die von Südwesten nach Nordosten laufende Front - Umfassungsmauer mit dem Eingangsportal in der Mitte u. irgend einem Gebäude rechts davon. Das Gegenstück zu unserem mehrstöckigen Gefängnis ist ein langgestreckter niedriger Bau zu ebener Erde, der auf der anderen Seite des Weges im rechten Winkel zu uns steht, den Hängeraum enthält u. mit unserem Gebäude u. der Nordwestseite der Anlage ein Dreieck bildet, durch dessen Senkrechte die gepflasterten Wege vom Portal zum Zentralgebäude mit Büros u.s.w. führen. Durch diese Teilung des Dreiecks entstehen zwei kleinere, die mit Rasen bepflanzt u. Blumen, Goldlack, gelbe Lilien, Vergissmeinnicht, blassgelbe Primeln, Gänseblümchen eingerahmt sind; auch zwischen den vom Portal ausgehenden Fuss- u. Fahrwegen blühen in schmalen Streifen Blumen. In jeder Hälfte des erwähnten Dreiecks steht auf kurzer, dicker Säule eine flache, mit Erde gefüllte Steinschale, deren Pflege der Gärtner offenbar vergessen hat; eine schwarze Katze sonnt sich jetzt am Spätnachmittag in der einen Schale u. blinzelt faul durch fast ganz geschlossene Augen. Nur wenn ein Vogel vorbeifliegt, hebt sie den Kopf u. verfolgt ihn mit den Augen. Kommt er näher, schlägt sie mit dem Schwanz

[315] Tagebucheintrag 11.05.1918 (Rückblick)
[316] Tagebucheintrag 08.05.1918

hin u. her u. wird unruhig. Aber wirklich in ihrer Behaglichkeit stören, lässt sie sich nicht.

Die Blumen erfreuen das Auge nach dem farblosen, wenn auch an sich hübschen Landschaftsbild vom Lager Dyffryn Aled. Nur überwiegt das Gelb der Lilien, das zum roten Backsteinbau des Gefängnishospitals nicht passt, allzusehr; abgesehen vom niedrigen Bau, der den Hängeraum enthält, mit dunklem Efeu teilweise überwuchert ist u. in dessen Nähe der Gartenkünstler dunklere Farben allgemein bevorzugt hat, wie tieflila Schwertlilien u. dergl. Dabei hat seit 4.11.14 eine Hinrichtung hier nicht mehr stattgefunden; wenigstens ist das das jüngste Datum der weissen, bezw. weiss gewesenen rechteckigen, in die östliche Gefängnismauer eingelassenen Steinschilder, die als Grabdenkmale dienen.[317]

Der Tagesablauf im Gefängnis ist eintönig:

Das Tagewerk ist einfach: Um 6.00 stehe ich zum Baden auf, dann wird gemüllert, rasiert u. langsam angezogen, bis zum Frühstück um 8.00. Um 9.00 ist Ausgang für eine Stunde, die wir durch Auf- u. Abgehen längs der östlichen Gefängnismauer verbringen. Während dieser Stunde, wie beim zweiten Ausgang von 2-3.00 dürfen wir rauchen; Rauchzeug wird nach dem Ausgang vom Wachsergeanten in Aufbewahrung genommen u. in einem Pult verschlossen, da das Rauchen in den Zellen streng verboten ist. - Mittagessen kommt um etwa 1 Uhr, alles zusammen auf einem Teller. Ich verschönere mir die Mahlzeit durch eine Serviette, die als Tischtuch dient. Gestern gab es gebackenen Schinken, Erbsen u. Kartoffeln. Abends zwischen 5 u. ½ 6 kommt das Abendbrod; dazu 2 Tassen Tee. Dann wird endgültig zugeschlossen u. man kann treiben, was man will.[318]

In der Stille der Gefängnismauern zieht Koch - inzwischen ist er fast 36 Jahre alt ist - wieder einmal eine bittere Bilanz:

Überhaupt ist das Facit der Kriegsjahre für mich ein geradezu Klägliches: Befördert wurde ich nicht, weil in Kamerun, ausser Eis. Kreuz II. Kl. erhielt ich keine Auszeichnung, mein gesamtes Eigentum, das ich zu Beginn des Feldzuges in Kamerun hatte, habe ich verloren, ebenso die Tausende, die ich beim Versuch, von Spanien nach der Heimat zu kommen, aufwandte; und mit alledem habe ich meine besten Lebensjahre verloren u. bin alt geworden! Andrerseits habe ich das Bewusstsein, mir selbst getreu geblieben zu sein u. das getan zu haben, was ich für das richtige hielt. Und diese Überzeugung ist mehr wert, als der andere Kram. -[319]

Die Sorge um Auszeichnung und Beförderung zieht sich durch das gesamte Tagebuch. Erst nach Kriegsende und Rückkehr in die Heimat wird er seine

---

[317] Tagebucheintrag 10.05.1918
[318] Tagebucheintrag 11.05.1918
[319] a.a.O.

Ernennung zum Hauptmann der Reserve durchsetzen und auch das begehrte Eiserne Kreuz I. Klasse erhalten.

Koch vertreibt sich die Zeit in der Gefangenschaft hauptsächlich mit Lesen und Schreiben. Und er lernt Sprachen. Englisch, Französisch und Spanisch spricht er seit der Schulzeit, hinzu kommen Grundkenntnisse in Chinesisch und einigen afrikanischen Dialekten. Nun macht er sich über Arabisch, Türkisch und Holländisch her. Immerhin besteht die Möglichkeit eines Austauschs ins neutrale Holland. Diese Hoffnung rettet die gefangenen Offiziere über manchen trüben Tag, in Kochs Fall ist sie jedoch vergeblich.

Ende Mai wird Koch nach verbüßter Haft und einem kurzen Aufenthalt in Holyport [320] ins Offizierslager Donington Hall [321] verlegt, wo er Dr. Hans Rautenberg, einen Fluchtkameraden von der "Virgen del Socorro", wiedersieht. Kaum angekommen erreicht ihn ein Brief von zu Hause. Die Art, wie er den Tod seines geliebten Foxterriers im Tagebuch verarbeitet, erlaubt einen tiefen Blick in die einsame Seele Carl W.H. Kochs:

> *Soeben Brief von Mama vom 5. März. - Jack, mein lieber, alter Kamerad ist - offenbar schon vor geraumer Zeit - von einem Auto überfahren u. tot; er war fast erblindet. Mama wollte mir die Nachricht nicht schreiben; in ihrer Sorge! -*
>
> *So bröckelt Stück für Stück ab. Ich hatte mich auf das treue Tier mehr gefreut, als auf viele Menschen. Auf diesen alten Begleiter, der mich kannte u. liebte. Wie hat er mich nach langer Trennung begrüsst, als ich 1909 nachhause kam! Wie gewissenhaft hat er in tropischen, einsamen Nächten gewacht, lange, lange Jahre hindurch! Wie hat er mit seltenem Verständnis in der Heimat, in China u. Afrika Leid u. Freud mit mir geteilt! Er hat Jahre des Erlebens mitgelebt, hat mehr gesehen, als die meisten Menschen; aber nach Europa passte er nicht mehr; genau wie ich. Denn er war Freiheit gewohnt u. vertrug Enge nicht. Stiess überall an, weil er unbezähmt in seinem Temperament war. Wie verächtlich lehnte er Leckerbissen aus fremder Hand ab, da nur an meine Hand gewohnt; er liess Kissen oder warmen Ofenplatz liegen u. lehnte sich an mich an. Wie dankbar war er, wenn ich ihn mit in die Taunusberge nahm u. er umherstreifen konnte, wie er wollte. Wie scharf ging er gegen grosse Hunde vor u. wie ritterlich u. anständig benahm er sich gegen Schwächere! - Jack war ein Charakter. Aber vielleicht war es so am besten für ihn. allâh akbar! -*[322]
>
> *Ich dachte gestern viel an Jack. Auch an den Feldzug in Kamerun. Als er ausbrach, hatte ich die Hündin Lottchen, die mir 1910 der französ. Hauptmann Curault geschenkt hatte, u. von ihr durch Jack's Sohn einen*

---

[320] 50 km westlich von London bei Maidenhead

[321] Das Offizierslager Donington Hall ist in einem schlossähnlichen Komplex in der Nähe von Derby (North West Leicestershire) untergebracht; von hier aus gelang 1915 Kochs Bekanntem Gunther Plüschow die Flucht nach Deutschland

[322] Tagebucheintrag 27.05.1918

Wurf von 5 Rüden, die Januar 1914 - als ich mit Schwarzwasserfieber in Jukaduma lag - zur Welt gekommen waren. Es waren reizende Tierchen, Jack, Mekundji, Kukuma - dem seine Brüder ein Auge ausgebissen hatten -, Jolly u. Outer der fünfte und hübscheste, der mir im Ndongobusch vergiftet wurde, damals, als ich die Trasse von den Dongoschnellen nach Ngato schlug. Sie sind alle tot, Lottchen u. ihr Wurf, mit Ausnahme von Mekundji, den Aude in Fdo Po als Geschenk erhielt. Ebenso, wie das Pferd, der Faulpelz, bei Dume plötzlich eingegangen war; es starb, wie ein Mensch, nachdem es in langem Todeskampf in den Augen die vergebliche Bitte um Hilfe gehabt hatte. So zerstört der Krieg auch alle die Lebewesen, die drüben ja viel mehr für den einsamen Weissen bedeuten. -[323]

Stundenlang sitzen Rautenberg und Koch beieinander, tauschen Erinnerungen an Kamerun aus, erzählen, rauchen, trinken Rotwein, schmieden Pläne für eine Ansiedlung in Ostafrika, wenn nur erst der Krieg siegreich zu Ende ist. Manchmal kochen die beiden sogar zusammen:

Gestern habe ich ein Pfund gemischte Erdnüsse, Mandeln u. Wallnüsse (sic!) *zu 2/6 (!) gekauft, von beiden Ersteren haben wir, Rautenberg u. ich Country-Chop gekocht u. zwar wie folgt: Erdnüsse u. Mandeln wurden geröstet, dann - da Reibeisen fehlte - im Marmeladentopf mit dem Griffende eines Kohlenpokers gestampft, mit etwas Schmalz gebunden u. dann mit Pfefferschoten aufgekocht. Dazu, als - ziemlich kümmerlicher - Ersatz für Palmöl 1 Dose Sardinen. Anstelle von Fufu wurde mit Wasser angerührtes Mehl in Klösse geformt gekocht, doch zergingen sie fast völlig; wenigstens wurden wir wieder einmal satt, was seit längerer Zeit nicht vorgekommen ist. -*[324]

An einem Abend kommt ein Mitgefangener aufgeregt zu Koch und legt eine fünf Jahre alte Zeitung auf den Tisch:

(Wiedemann) *zeigte mir ein Reclam Universum aus April 1913 mit einem Artikel u. Photografien*[325] *von mir. Ich freute mich, den alten Jerima, Godjo u. Mendum, die tüchtige Okondogwai u. mich selbst im Kreise der Missanga-Eingeborenen zu sehen. So deuten viele Einzelheiten auf Afrika u. wecken liebe Erinnerungen; aber auch die Sehnsucht. - Wann werden wir wieder hinauskönnen!? Es kann noch Jahre dauern, denn wenn der Krieg auch in 1 ½ Jahren zu Ende ist, so wird noch viel Zeit vergehen, bevor die Verhandlungen zum Abschluss gekommen sind. -*[326]

---

[323] Tagebucheintrag 28.05.1918
[324] Tagebucheintrag 09.06.1918
[325] Koch: Unter Kannibalen
[326] Tagebucheintrag 22.06.1918

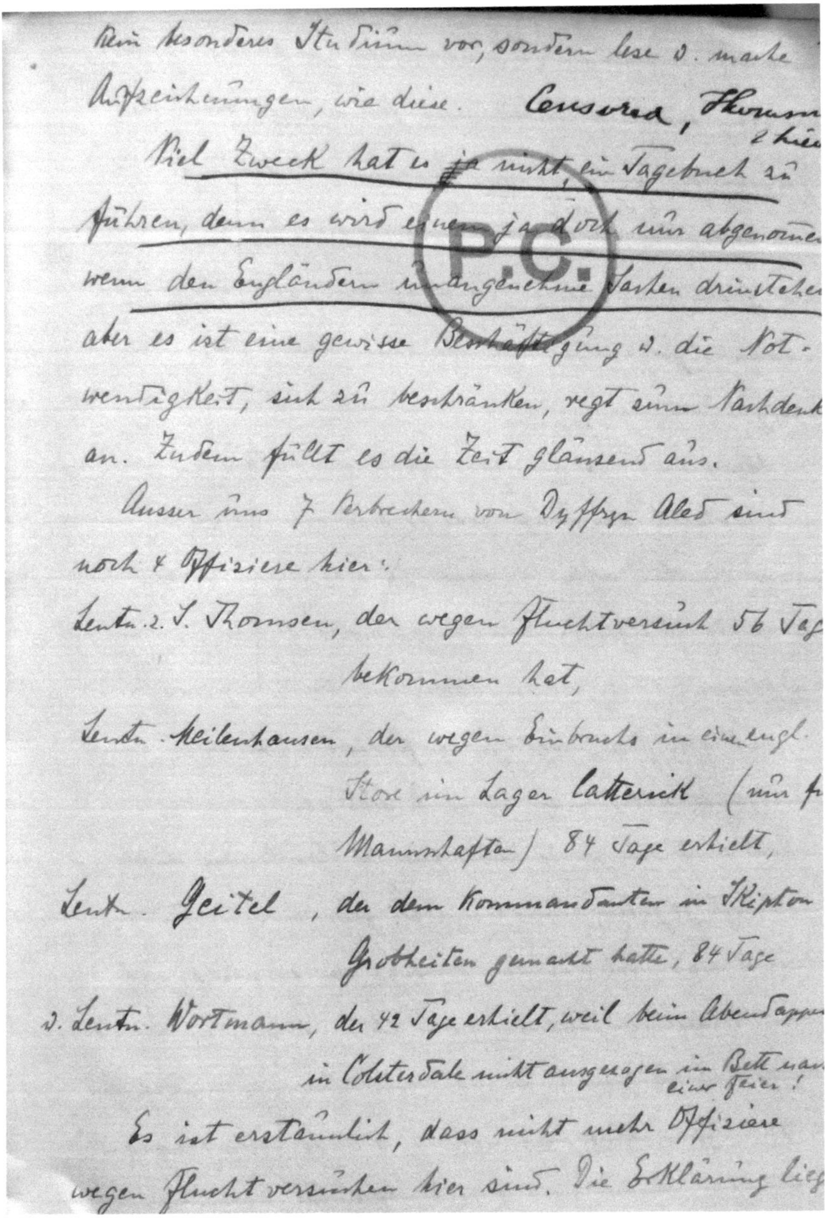
kein besonderes Studium vor, sondern lese u. mache
Aufzeichnungen, wie diese. Censored, Thomsen
Viel Zweck hat es ja nicht, ein Tagebuch zu
führen, denn es wird einem ja doch nur abgenommen,
wenn den Engländern unangenehme Sachen drinstehen,
aber es ist eine gewisse Beschäftigung u. die Not-
wendigkeit, sich zu beschränken, regt zum Nachdenk
an. Zudem füllt es die Zeit glänzend aus.
Ausser uns 7 Verbrechern von Dyffryn Aled sind
noch 4 Offiziere hier:
Leutn. z. S. Thomsen, der wegen Fluchtversuch 56 Tag
bekommen hat,
Leutn. Heilenhausen, der wegen Einbruchs in einen engl.
Store im Lager Catterick (nur f
Mannschaften) 84 Tage erhielt,
Leutn. Geitel, der dem Kommandanten in Skipton
Grobheiten gemacht hatte, 84 Tage
u. Leutn. Wortmann, der 42 Tage erhielt, weil beim Abendapp
in Colsterdale nicht angezogen im Bett war
einer Feier!
Es ist erstaunlich, dass nicht mehr Offiziere
wegen Fluchtversuchen hier sind. Die Erklärung lieg
P.C.

Tagebuch-Seite

Am 16. Juli 1918 werden die Repressalien gegen die gefangenen Offiziere nach elf langen Wochen endlich aufgehoben. Durch Zeitungssperre, Sport- und Musikverbot sowie verschärfte Appelle sollten die Mittelmächte zur besseren Behandlung der eigenen Kriegsgefangenen gezwungen werden. Wie ausgehungert stürzen sich die Männer auf jede nur erreichbare Tageszeitung. In Gruppen diskutieren sie die Siegesaussichten.

> *Wir sind alle sehr gespannt auf die Zeitung, denn die gestrigen, d.h. Sonntagsausgaben sind unzuverlässig, brachten auch offenbar übertriebene u. irreführende Berichte über glänzende Erfolge von Foch's*[327] *Offensive. Dass wir bei Soissons eine Schlappe erlitten haben, ist ja leider sicher. Man scheint dort reineweg gebummelt zu haben, sonst hätte das nie möglich sein dürfen, am wenigsten in der jetzigen Zeit, in der soviel auf dem Spiel steht! Und an jenem Frontabschnitt, der Paris am nächsten ist u. infolgedessen vom Gegner am stärksten besetzt sein muss! Foch ist doch französischer General, d.h. er versteht etwas. Mir ist die ganze Sache unverständlich. Ich möchte annehmen, dass wir zu sicher geworden waren u. dass nur hierdurch Fochs Erfolg möglich gemacht wurde. - Im übrigen hoffe ich stark auf eine energische Gegenoffensive, die den Schaden ausgleicht; vielleicht hören wir morgen davon; leider wird das Wetter schlechter und schlechter für eine Offensive im Westen. -*[328]

> *Nach den gestrigen Nachrichten hat der Gegner 21 500 Gef. + 400 Kanonen genommen u. geht noch langsam vor. Von unseren Gegenmassnahmen verlautet noch nichts, sie erfordern freilich mehr Zeit, als wir in unserer Ungeduld erwarten. Mir ist die Lage nicht ganz verständlich. Wenn man mit anderen spricht, sieht man nur, dass auch sie davon nichts verstehen u. ihre Unwissenheit hinter Phrasen zu verbergen versuchen. Ich sage mir halt, Ludendorff*[329] *muss wissen, was er tut, u. muss stark genug sein, etwas ordentliches zu unternehmen. Es ist derzeit eine Frage von allerhöchster Strategie, die Gelegenheit zum Beweis für unseren Generalstab u. unsere Generäle, dass sie etwas können u. für uns, das erforderliche Vertrauen zu haben, damit wir die moralische Berechtigung zum Sieg nicht verlieren. -*[330]

Koch erkrankt, er leidet schwer unter Husten und Fieber. Es könnte ein erneuter Malaria-Anfall sein, aber auch die immer weiter um sich greifende spanische Grippe. In diesen Wochen beobachtet mancher Kriegsgefangene das Wetter noch aufmerksamer als sonst.

> *Gestern Spaziergang, Ernte steht gut, wenn auch nicht hervorragend. Es muss noch viel regnen, wenn die englische Ernte verderben soll! Aber ich weiss nicht, was wichtiger ist, schlechtes Wetter in England oder gutes*

---

[327] Ferdinand Foch (1851-1929), französischer Marschall und 1918 Oberbefehlshaber der gesamten Westfront
[328] Tagebucheintrag 22.07.1918
[329] Erich Ludendorff (1865-1937), deutscher General und Politiker
[330] Tagebucheintrag 24.08.1918

Wetter an der Front. Ich glaube fast, letzteres, denn wir müssen mit unseren Angriffen an der Westfront vorankommen. -[331]

Als es Koch wieder besser geht, beginnt er mit umfangreichen Aufzeichnungen über den Buschkrieg. Fast scheint es, als wolle er ein Handbuch für die Schutztruppe verfassen, doch bald wird klar, dass es ihm hauptsächlich um eine Dokumentation der Fehler seiner Vorgesetzten geht.

Wenn der Weisse bei der Komp. sein Ansehen rasch verlieren will, so muss er sich mit den Soldatenweibern einlassen. Wenn er geachtet sein will, muss er beim Angriff vorne sein, sobald es ins Gefecht geht, u. in seinem Privatleben vorsichtig sein: Im Alkoholgenuss mässig, besonders, solange die Farbigen nichts haben, als Mammi ein Mädchen aus guter Familie, das sich anständig benimmt, dem Hauspersonal gegenüber ehrlich u. gleichbleibend; u. im übrigen muss jeder Farbige das Gefühl haben, dass der Weisse ihn schätzt u. achtet, dass er Interesse u. Liebe u. Verständnis für ihn u. seine - uns geringfügig erscheinenden - Leiden besitzt. Wenn alle diese Vorbedingungen erfüllt sind, nimmt der Farbige Schärfe u. Strenge an u. geht für seinen Massa durchs Feuer. -[332]

Man hat im Kameruner Feldzug viel über den Tross von Weibern u. Kindern u. Jungen geschimpft. Gewiss, sie waren schwer in Ordnung zu halten u. sind ein Übel. Aber wer hätte sonst für die Verpflegung sorgen sollen? Wer hätte all' die Fettstoffe beschaffen u. verarbeiten sollen, die der Soldat braucht? Wer übernimmt die Beutestücke, die der Mann macht u. die ihn in seinem Beruf halten? Wer gibt dem feschesten Landsknecht den Mut zur Standhaftigkeit? Alle diese Fragen lassen sich mit denselben Worten beantworten: Weib u. Last. Ohne Weiber hätten die Leute niemals solange ausgehalten. Aber die Oberbonzen, die hinten sassen, konnten das natürlich nicht wissen, weil ihnen Liebe u. Verständnis für die Psyche des Farbigen fehlt. Es wird freilich bei Schaffung einer Kolonialtruppe eine schwierige Frage sein, die Verpflegung zu regeln; denn Feldküchen lassen sich nicht mitführen u. so wird man doch auf beschränkten Tross angewiesen sein. -

Wenn ich über die Fehler nachdenke, die in Kamerun gemacht wurden, so finde ich zwei Hauptpunkte: erstens wurden die Hilfsmittel des Landes nicht ausgenutzt, zweitens nicht die Beziehungen der Europäer zu den Farbigen; dass es ausserdem an Initiative fehlte, gehört vielleicht in ein anderes Kapitel, denn das ist ein Mangel an Begabung, also - ich möchte fast sagen - force majeure![333]

Kein Wort von Hunger, Munitionsmangel und Erschöpfung. Koch hat wie meist einen sehr eigenen Blick auf die Dinge.

---

331 Tagebucheintrag 03.08.1918
332 Tagebucheintrag 04.08.1918
333 Höhere Gewalt / Tagebucheintrag 05.08.1918

Die Kriegslage auf dem Kontinent macht ihm Sorgen, doch er glaubt noch immer an das Wunder:

> *Gemäss gestriger Zeitungen haben die Alliierten ausser erheblichem Geländegewinn 2-300 Geschütze u. 17000 Gefangene gemacht. Das ist zuviel für die zweite Überraschung nach derselben neuen Methode: Tanks u. Panzerwagenlinien, durch Nebelbomben verschleiert, dazu Kavallerie. Gegen diese Neuerung, die einen weiteren Sieg der Technik bedeutet, muss die Gegenmassnahme rasch gefunden werden. Denn Foch darf die Initiative nicht lange behalten. Oder haben wir etwas ganz besonderes vor, das unsere, ich möchte fast sagen, Untätigkeit erklärt? Ich verstehe das Alles nicht mehr, vertraue aber auf unsere Führung u. unseren Generalstab, der immer musterhaft ist u. der trotz aller Fehler der Diplomatie so Grosses geleistet hat. -*[334]

Am 36. Geburtstag zieht Koch eine mehr als pessimistische Zwischenbilanz seines bisherigen Lebens:

> *Frühjahr 1913 fuhr ich als 30 jähriger, also als junger Mensch von zuhause ab; als alter werde ich wieder ankommen. Die Jahre, die dazwischenliegen, sind einfach aus dem Leben herausgerissen, die wertvollsten Jahre nutzlos vergangen; u. ich muss nach dem Krieg völlig von vorne anfangen. Es ist garnicht auszudenken, was einzelne, wie ich unter dem Krieg zu leiden haben. Ein frischer Soldatentod ist ein Glücksfall im Vergleich damit; denn was ist das Leben ohne seine schönsten Jahre? Man ist schlapp u. energielos geworden u. Nerven u. Arbeitskraft sind gestört. -*
>
> *Wenn ich an das vergangene Jahr zurückdenke, so finde ich nicht einen Lichtblick. Das Fehlschlagen der Ausreissversuche hat auch sein Teil getan. Irgendwelche erfreulichen Nachrichten habe ich nicht erhalten. Das Leben ist stumpfsinnig u. einförmig in der Gefangenschaft verflossen, nur der Lagerwechsel durch vier Lager, die Aufenthalte in Chelmsford u. das zweimal je eine Woche lange Unterwegssein in der Freiheit boten Abwechslung; schliesslich war das mehr, als andere Gefangene hatten u. damit muss ich mich trösten.*
>
> *Von dem kommenden Jahr erwarte ich mehr. Es bringt hoffentlich Austausch u. Repatriation u. damit Entscheidung meiner schwebenden Angelegenheiten* (Auszeichnung und Beförderung), *die mich am meisten bewegen. Wann u. wie, weiss der Himmel allein. Damit wird wohl auch die Entscheidung für den Verlauf meines Lebens fallen. -*[335]

Die Nachrichten vom Krieg werden immer schlechter, die letzte Hoffnung auf einen Sieg schwindet in den Herbstwochen. Prinz Max von Baden wird Reichskanzler, macht ein Friedensangebot an den amerikanischen Präsidenten Woodrow Wilson, dann kommt Anfang November der Waffenstillstand mit

---

[334] Tagebucheintrag 11.08.1918
[335] Tagebucheintrag 13.08.1918

Österreich. Es kann nur noch eine Frage von Tagen, vielleicht Stunden sein, bis der Krieg zu Ende ist:

> Sonntag, 10.11.18. - *Wie ich erwartet hatte, hat der Kaiser abgedankt; gestern. Auch der Kronprinz verzichtet erklärlicherweise. Prinz Max*[336] *will Nationalversammlung einberufen, um über die Zukunft zu entscheiden. Vielleicht wird er Regent; Ebert, der Sozialistenführer soll Kanzler werden. - Die Unruhen breiten sich aus; vielleicht kommt allgemeiner Ausbruch, sobald die Härte der Waffenstillstandsbedingungen zu Bewusstsein kommt. - Darüber werden wir morgen hören. -*[337]
>
> Montag, 11.11.18. - *Um 11-11 ¼ Vormittags läuteten die Glocken u. ertönten Sirenen, auch geschossen wurde. Die Posten brachten ihre Seitengewehre an Ort, verhielten sich jedoch ruhig. Kurze Zeit später hörten wir, der Waffenstillstand sei 5.30 mgs. abgeschlossen u. um 11 Uhr Vorm. seien die Feindseligkeiten eingestellt worden. So ist die Tragödie zum Abschluss gekommen. Jedoch das bitterste steht uns noch bevor: Bedingungen des Waffenstillstands u. Friedens. Aber wir müssen stark sein u. den Mut nicht verlieren; unser Volk wird sich aufraffen u. erholen. -*
>
> *Kaiser u. Kronprinz sind in Holland, angeblich im Schloss Middachten b/Arnhem, das Bentinck (Graf?) gehören soll. Ebert ist im Einverständnis mit sämtlichen Staatssekretären Kanzler geworden u. hat Manifest erlassen; worin er zur Ruhe ermahnt. Es scheint auch fast überall geordnet zuzugehen. Ll. George*[338] *hat eine seiner üblichen Reden gehalten, die seine Gesinnung kennzeichnet. -*
>
> *Wir sind so niedergeschlagen, dass uns jede Ausdrucksfähigkeit fehlt.*[339]

Noch ist keine Heimkehr in Sicht - Weihnachten und auch Neujahr verbringt Koch in Donington Hall:

> *Weihnachten! Es ist kein Fest, sondern Täuschung. Beim Essen denke ich an meine Mutter u. möchte ihr abgeben können! Was nutzt mich der momentane Überfluss? Habe ich Kaffee u. Zigarette, so bin ich mit jeder Kost zufrieden. -*[340]
>
> *(...) als wir nach dem Appell scharweise die Plätze einer Kneipgesellschaft in irgend einem Zimmer um den Ofen besetzt hatten u. so taten, als ob wir dahingehörten, empfand ich in der Freude der Anderen ganz plötzlich, dass ich nicht mehr lustig u. vergnügt sein kann. Die ganzen Verhältnisse lasten zu schwer; auf schwarzem Untergrund verschwinden die Rosafarben des Lebens vollkommen, das ist nun einmal so. Mitunter, wenn ich auch mit*

---

[336] Prinz Max von Baden (1867-1929), letzter Reichskanzler im Kaiserreich
[337] Tagebucheintrag 10.11.1918
[338] Lloyd George (1863-1945), britischer Premierminister
[339] Tagebucheintrag 11.11.1918
[340] Tagebucheintrag 25.12.1918

einem sympathischen Menschen zusammensitze, kommt mir zu Bewusstsein, dass ich allen fremd bin u. eine absolute Einsamkeit steigt in mir hoch. Wie selten liegt mir ein Mensch! Sie sind mir, ich ihnen fremd. Ich muss durch irgend etwas für die Meisten unsympathisch wirken; aber ich weiss nicht, weshalb. Im übrigen beruht es auf Gegenseitigkeit. Selten, dass mir jemand gefällt. Immer sehe ich die Schwächen in den Menschen oder ihre abstossenden Eigenschaften. -[341]

Wir sind ins neue Jahr eingetreten. Nach ruhiger Feier mit Killmann u. Dr. Rautenberg mit etwas Kater, mit viel guten Vorsätzen u. wenig Hoffnung. Aber das ist natürlich, denn ich bin alt geworden in der Gefangenschaft; u. die hinterm Stacheldraht verbrachte Zeit schlaucht mehr, als Kriegs- oder Tropenzeit. Das Facit des vergangenen Jahres ist in jeder Hinsicht ein übles: Ich sehe ein volles Soll u. ein leeres Haben. Das Jahr hat mir nicht einen Lichtblick gebracht, nicht ein kleines Ereignis, das Freude auslöst. Genau wie dem Vaterland. Als Volk haben wir zum mindesten das Recht zum Stolz auf die Kriegszeit u. die Taten der Wehrmacht; aber das ist ein rein moralischer Faktor, der den Frieden höchstens härter machen wird, weil die Welt gesehen hat, wie stark wir sind, u. die Entente, die triumphierende! deshalb den Willen stärker als je hat, uns für Jahrzehnte zu vernichten. Das neue Jahr kann nicht gut schlimmer werden als das verflossene; aber dass es besser wird, glaube ich nicht. Die siegreichen Eroberer-Emporkömmlinge der Entente werden uns geknechtet halten, weil sie Furcht vor dem freien Deutschland haben. Und doch, einmal, in der Zukunft, werden wir wieder obenauf sein. Dafür zu arbeiten, ist unsere Pflicht. (...)

Ich frage mich, was mir das neue Jahr bringen kann: Die Freiheit; aber wann? Beförderung, jedoch wie u. zu welcher Zeit? E.K. I., das Eymael wieder beantragt hat, ja, gibt's das noch, jetzt nach dem Krieg? (...) Beruf u. Anstellung, wo, wie u. unter welchen Bedingungen? Regelung meiner Gehalts- und sonstigen Ansprüche, wer soll das Alles bezahlen, jetzt, da wir kaum eine Regierung haben? Das sind einige Fragen, die mir gerade einfallen. Wenn sie ganz oder teilweise gelöst werden, kann ich froh sein. Praktisch genommen, bin ich jetzt so weit, wie vor 15 Jahren, nur dass ich älter u. nicht mehr frisch bin. Ich muss vollkommen neu beginnen, mir mein Leben, - d.h. den Rest davon! - aufzubauen.[342]

Am 6. Februar 1919 bekommt Koch Post aus dem fernen Afrika. Es ist ein Gruß seines ehemaligen Vorgesetzten Hermann Harttmann, der noch immer in Fernando Poo interniert ist. Geschrieben hat er ihn am 1. November 1918, als das Ende des Krieges noch in weiter Ferne schien.

Herzlichen Dank für Ihre drei Briefe vom Juni, Juli und August, die richtig in meine Hände gelangten. Ich habe mich sehr gefreut zu hören, daß es Ihnen gut geht, und um die Aussicht, nach Holland ausgetauscht zu werden, beneide ich Sie. Wer hätte das gedacht, als wir vor 2 ½ Jahren hier

---

341 Tagebucheintrag 26.12.1918
342 Tagebucheintrag 01.01.1919

eintrafen, daß wir hier noch so lange sitzen würden! - und ein Ende ist noch nicht abzusehen (...).

Ihren alten Freunden, Freeman und Genossen geht es gut; Aude befindet sich in Lieberts[343] *Obhut und hat ihren alten Massa noch nicht vergessen.*[344]

BACK TO A NEW GERMANY.

A sorry welcome awaits the German prisoners who are returning home to find their country torn by revolution, but doubtless many are looking forward eagerly to seeing the Fatherland again. The picture shows a group of officers at an Essex station about to leave for Germany. ("Daily Graphic" photograph.)

Pfeil (re.) von Koch eingezeichnet[345]

---

[343] Feldwebel a.D. Liebert, Stationsleiter in Akonolinga; CWHK im Tagebuch (03.05.1911): *Liebert zeichnet sich durch ruhiges, anständiges Benehmen vorteilhaft gegenüber dem üblichen Typ der aus dem Unteroffziersstand hervorgegangenen aus, doch scheint ihn ein Kummer zu drücken. Anscheinend bedrückt ihn der tragische Tod der übrigen alten Afrikaner wie Dominik, Biernatzki; u. er befürchtet ein ähnliches Schicksal.*

[344] Herrmann Harttmann an CWHK, Santa Isabel auf Fernando Poo, 01.11.1918 (Nachlass)

[345] Undatierter Zeitungsausschnitt (Nachlass)

Deutschland - Angola

Am 30. April 1919 kehrt Koch fast auf den Tag genau nach sechsjähriger Abwesenheit nach Deutschland zurück:

Ich kann es noch nicht fassen u. doch ist es Tatsache!

Marschierten Gestern 5.00 ab D. Hall, fuhren 6.00 ab, warteten ½ St. an der Trent Junktion, dann 8.40 -9.00 in Leicester, u. von 11.00 nachts bis 7.00 morgens in Peterboro, von da über Cambridge-Colchester (...) nach Parkerton, der Station von Harwick, nehme ich an. Tee heute früh in Cambridge, dazu Gebäck u. etwas Chokolade. (...) Passierten auf der letzten Strecke der Bahnfahrt ca. 17-20 Deutsche U-Boote, die völlig verwahrlost im Hafen liegen, ferner Hebeschiff. Ein Jammer! - [346]

Mit diesen Worten endet nach 286 Seiten Kochs Kriegsgefangenen-Tagebuch.

In Deutschland erwartet ihn wenig Gutes. Das Land leidet schwer unter Hungerblockade, Revolution und Parteienstreit. Koch bleibt noch einige Monate lang Soldat und wird am 1. September 1919 als Hauptmann d.R. entlassen. Fast ein Jahr nach Ende des Weltkrieges erhält er neben der Beförderung das heiß ersehnte Eiserne Kreuz I. Klasse als Auszeichnung für die in Kamerun bewiesene Tapferkeit. Die gleichzeitig verliehene Landwehrdienstauszeichnung sei nur der Vollständigkeit halber erwähnt[347].

Er schließt sich der Eisernen Division an, einem deutschen Freiwilligen-Verband, der sich am lettischen Unabhängigkeitskrieg gegen die Truppen Sowjet-Russlands beteiligt. Zeitweise verfügt die militärisch geführte Einheit über bis zu 16.000 Mann[348]. Nach blutigen, von beiden Seiten erbarmungslos geführten Kämpfen beginnt im Juli 1919 offiziell die Räumung des Baltikums. In dieser Situation entschließt sich der Kommandeur zur Befehlsverweigerung und die Eiserne Division tritt geschlossen zur Westrussischen Befreiungsarmee über. Wenige Monate später bricht im Dezember 1919 der letzte Widerstand zusammen, die Division wird aufgelöst.

In einem bemerkenswerten Brief vom 12. Dezember 1934, von dem noch zu sprechen sein wird, erzählt Koch der Frau seines Flucht-Kameraden Dr. Hans Reupke von der damaligen Tätigkeit:

---

[346] Tagebucheintrag 30.04.1919

[347] Lebenslauf zur Bewerbung als Direktor der Deutschen Kolonialschule (Abschrift / DB-Archiv)

[348] Quelle: Wikipedia

Später, nach Rückkehr aus englischer Gefangenschaft, traf ich Ihren Mann wieder in Berlin, wo er bei der Kriegsgefangenenhilfe tätig war. Ich war damals Hauptmann beim Stab der eisernen Division im Baltikum und hatte den Auftrag, unter allen Umständen Verstärkungen nach Kurland zu bringen. Ihr Mann unterstützte mich dadurch, dass er mich genau unterrichtete, wann Transporte von ausgetauschten deutschen Offizieren zu erwarten waren. Mit seiner Hilfe gelang es mir, rund 600 Offiziere, die mindestens die 20fache Zahl von Unteroffizieren und Mannschaften mitbringen wollten, für die Freikorps in Kurland zu gewinnen. Dass diese in der Folge nicht mehr eingesetzt werden konnten, lag an den verschärften Massnahmen der roten Regierung, an der Sperrung der Grenze und daran, dass Engländer und Letten gemeinsam gegen uns im Baltikum vorgingen.[349]

Wann genau Koch die Eiserne Division verlässt und ins Truppenamt der Reichswehr wechselt, ist nicht belegt. Es mag schon im Oktober 1919 gewesen sein, als Oberst Wilhelm Heye, bis dahin als Chef des Generalstabes des Armeeoberkommandos Grenzschutz Nord in Ostpreußen Koordinator der militärischen Operationen gegen die Rote Armee im Baltikum, zum Chef des Stabes des Truppenamtes im Reichswehrministerium ernannt wird. Die beiden müssen sich gut gekannt haben, denn Koch ruft 1930 Generalleutnant Heye - inzwischen Chef der Heeresleitung - angesichts massiver Vorwürfe zum Leumundszeugen auf.[350]

Nach der Genesung von einem Blinddarmdurchbruch[351] wird Koch am 1. Juli 1920 zum Begleitoffizier bei der neu geschaffenen Heeresfriedenskommission ernannt und zur Verbindungsstelle Köln kommandiert. Die Kommission ist als deutsches Gegenstück zur Interalliierten Militär-Kontrollkommission (IMKK) eingerichtet worden, deren Aufgabe wiederum die Überwachung der Einhaltung der Bestimmungen des Versailler Friedensvertrags durch das Deutsche Reich war.

Koch erlebt in seiner neuen Funktion hautnah die Zerstörung der preußischen Befestigungsanlagen auf beiden Seiten des Rheins, aber auch den rheinischen Frohsinn in der Domstadt, den so leicht nichts erschüttern kann. Im Nachlass sind nur wenige Dokumente zur Arbeit für die Deutsche Verbindungsstelle (D.V.S.) erhalten. Sie belegen eher untergeordnete, administrative Dienstleistungen für die Offiziere des Cologne District Committee bzw. des Trier Detachment der IMKK.

Dear Captain Koch: I understand that you have kindly made all arrangements for paying for rooms for the detachment, at the various hotels at which we are quartered.[352]

---

[349] CWHK an Alma Reupke, 12.12.1934 (BArch)
[350] Brief vom 07.02.1930 (Archiv AA)
[351] CWHK an Peter Koch, 06.12.1966 (Nachlass)
[352] Brief Cologne District Committee an CWHK, 03.09.1920 (Nachlass)

To the D.V.S 190 Oberlander Ufer

Will you please ensure that your officer who accompanies the Trier Party next week, takes a book of Gutscheins with him for the use of the officers & men of the Detachment.[353]

The day Major McGuiness was brought from Munchen-Gladbach to Cologne after the accident, he was placed in the car and covered over with two blankets which were the property of, and which were lent by, the hotel in Rheydt.

Can you inform me what became of these blankets, as I believe you accompanied Major McGuiness and Major Robertson to Cologne (...).[354]

Hotelbuchungen, Spesenrechnungen und Auskünfte, das sind die militärischen Aufgaben von Hauptmann d.R. Carl W.H. Koch in diesen Tagen. Er wird nicht böse darüber gewesen sein, denn seit seinem letzten Geburtstag am 13. August 1920 hat sich manches im Lebens des 38jährigen verändert.

Er hatte sich für das Wochenende frei genommen und war ins Eifelstädtchen Nideggen bei Düren gefahren. In einer kleinen Gaststätte am Fuß der Burg lernt der schlanke Offizier eine junge Frau kennen. Maria Hübotter ist 23 Jahre alt, arbeitet als Referentin beim Deutschen Roten Kreuz und wohnt im ländlich geprägten Lichtenrade, dem südlichsten Stadtteil Berlins. Maria stammt aus dem winzigen Dorf Neulingen in der Altmark, wo ihr Vater seit 1895 als evangelischer Pfarrer wirkt. In den letzten beiden Jahren hat sie an der renommierten Frauenschule der Alice Salomon in Berlin studiert und ihre Prüfung in Allgemeiner Wohlfahrtspflege abgelegt.

Der fünfzehn Jahre ältere Koch beeindruckt Maria, die er schon bald "Mieze" nennen darf. Er sieht elegant aus in der feldgrauen Uniform, man kann sich mit ihm sehen lassen, obwohl er nicht gerade ein Riese ist. Seine Umgangsformen sind tadellos, in jeder Situation weiß er sich zu behaupten. Und er erzählt so schön von fremden Ländern, von Afrika, von China, Spanien und England. Er hat Pläne, große Pläne, spricht von Auswanderung, kolonialer Weltgeltung, eine Farm will er gründen in den Kolonien. Und Bücher wird er schreiben, die Menschen aufklären über das harte Leben drüben in Kamerun.

Was kann Maria dem entgegnen?

Ihre bisher einzige große Reise hat sie im Sommer 1916 nach Rügen geführt, wo sie gemeinsam mit Freundinnen unbeschwerte Tage verleben durfte. In den letzten Kriegsmonaten hat sie *als junges Ding (...) im Krankenhaus gearbeitet*[355].

---

353 Brief Cologne District Committee an D.V.S., 11.11.1920 mit handschriftlichem Vermerk *Koch.* (Nachlass)

354 Brief Cologne District Committee an CWHK c/o D.V.S., 08.06.1921 (Nachlass)

355 Typoskript "Der Farmer geht heute in den Urwald" (Nachlass)

Maria erzählt von Selim Rauf, einem jungen Türken, den sie über eine Mitschülerin aus der Frauenschule kennengelernt hat. Auch er darf sie "Mieze"[356] nennen - und niemand ahnt im Sommer 1920, dass aus ihm einmal ein bekannter Diplomat und Politiker werden wird.[357]

Viele Jahre später, als Maria auf den Tod krank ist, beschwört Carl die Erinnerungen an Nideggen:

> *Ja, Nideggen hat sie gesagt. Fast mit Hass sah* (er) *aus seiner Not heraus auf das sonnige Bild der Burg in ihrem alten Bau und mit ihrem klimmenden, wissenden Efeu der Jahrhunderte, er sah das Glück von* (ihren) *jungen Augen und die Unfasslichkeit, die ihr die Liebe war. Ja, Nideggen. Immer stand das Bild in der marternden Nacht in vernichtendem Hohn.*[358]

Maria ist bis über beide Ohren verliebt, der große Altersunterschied stört sie nicht und am 7. November 1920 werden die beiden in Neulingen von Vater Hübotter kirchlich getraut, nachdem sie sich eine Woche zuvor in Lichtenrade das Ja-Wort gegeben haben.

Ende April 1921 endet Kochs Beschäftigung bei der Heeresfriedenskommission *als der Geist von Weimar ihn gezwungen hatte, den bunten Rock auszuziehen.*[359]

Auch die Arbeit für den *Nachrichtendienst im besetzten Gebiet*[360] - Synonym für konspirative Tätigkeit während des so genannten Ruhrkampfs - dauert nur kurz.

Bis spät in die Nacht hinein sitzt er an seinem Kamerun-Buch. Die Bilder sind fast schon unwirklich, die vor seinem geistigen Auge erscheinen. Ist das alles wirklich erst zwei Jahre her?

> *Ein enger Kreis von Afrikanern verschiedener Berufe im englischen Gefangenenlager während des letzten Kriegsjahres; etliche Kameruner und einer aus Ost. Beschränkter Raum für viele, Vergeltungsmaßnahmen, wie Verbot von Sport und Spiel, von Zeitungen und Musik, entwürdigendes Antreten zum Abzählen und die übliche knappe Kost schufen das Elend, das Hunderttausende kennen und manchen ernst gemacht hat.*

---

[356] Widmung auf einer Portraitpostkarte: *Berlin, d. 17. Januar 1919 Meiner lieben Mieze zum Andenken an meine Tätigkeit in der Zeit der Revolution. Selim Rauf.* (Nachlass)
[357] Selim Rauf Sarper (1899-1968), Türkischer Außenminister von 1960-1962
[358] Typoskript "Der Farmer geht heute in den Urwald" (Nachlass)
[359] a.a.O.
[360] Lebenslauf zur Bewerbung als Direktor der Deutschen Kolonialschule (Abschrift / DB-Archiv)

In der Ecke des Drahtverhaus aber, vor dem Postenhäuschen und zwischen den gepflegten Gartenbeeten der Kameraden ein hoher, schattiger Baum und rohgezimmert Tisch und Bank.

Da saßen wir und erzählten, oft dieselben Geschichten wieder und wieder. Und in der Ferne, hinter den eichenbewachsenen Hügeln des stillen, verschlossenen Parkes stieg leuchtend das Land auf, das wenige kennen, das wir jedoch als Heimat ansahen und nach dem unsere Herzen verlangten. Die Erinnerung ließ die kleinen Sorgen eines unfreien und erbärmlichen Lebens schwinden, die enge Umgebung sank mit der sinkenden Sonne, und wir glaubten uns wieder dort, wo wir gearbeitet, gehungert und geschwelgt hatten, wo wir friedlicher Beschäftigung nachgegangen waren und gefochten hatten, wo einfache Menschen einfach lebten, und wo es uns vergönnt gewesen war, in ihre Seelen zu blicken und in die unfaßliche Pracht einer fremdartigen, liebgewonnenen Schöpfung.

So entstanden diese Erzählungen aus dem Wunsch, etliche farbige und weiße Menschen festzuhalten, die mir aus einem wechselreichen Leben in jenem Land bekannt waren.[361]

1922 erscheint "Im toten Busch" bei R. Voigtländer in Leipzig. Entstanden ist es *im Wartesaal des Hauptbahnhofs von Leipzig, wo der Autor auf den ständig überfüllten Zug nach Berlin warten musste.*[362] Maria ist stolz auf ihren Mann. Immer wieder nimmt sie das schmale Buch zur Hand und bekommt rote Flecken im Gesicht, wenn sie auf eindeutige Textstellen stößt:

Im Schein der Nachtlampe überblickte (Bala) *den Raum, sie sah die breite Ruhestatt, sah zwischen den zurückgeschlagenen Vorhängen des Moskitonetzes den Weißen und sah, wie er die Augen öffnete, als sie auf der Matte niederkniete und die scheuen Hände auf den Bettrand legte. Und sie sah wieder die heißen, hochmütigen Herrenaugen, die es ihr angetan. Sie sahen sich an. Endlich sagte er: "kuja na ngai", komm zu mir - - - - -.*[363]

Auf 156 Seiten verarbeitet Koch eigene und fremde Erlebnisse gekonnt zu neun spannenden Geschichten. Er hat seinen Schreibstil gefunden, blumiger, bunter, als in den eher trockenen Zeitungsbeiträgen aus der Zeit vor dem Krieg.

Obwohl im Untertitel ausdrücklich "Kameruner Erzählungen" angekündigt werden, mischt Koch die Abschiedsgeschichte aus seiner Zeit an der Goldküste darunter, die lange in der Schublade lag. "Brandung" erzählt vom Mord am ungeliebten Bezirksamtmann durch einen geschickt inszenierten Bootsunfall.[364]

Danach setzt Koch dem heldenhaften Soldaten Ndeke ein literarisches Denkmal:

---

361 Koch: Im toten Busch, Zum Geleit
362 Dippold, Max F., Kameruner Lesestücke
363 Koch: Im toten Busch
364 vgl. Pusztai, Gábor, An der Grenze - Das Fremde und das Eigene

Ndeke wollte immer etwas Besonderes haben, und das Geschick hat ihm diesen Wunsch erfüllt, wenn auch anders, als er dachte. Er war der erste der farbigen Soldaten, der in der Sanga-Dschah-Ecke fiel.[365]

Auch der Soldat Abenama, der zuvor häufig bestraft werden musste, bewährt sich während des Krieges am "Tag von Eta[366]":

"...ich, Abenama, werde euch fangen und als Sklaven ins Baneland bringen; dort müßt ihr mit den Weibern Holz schleppen und Wasser tragen, und wenn ihr nicht arbeitet, erhaltet ihr Schläge! Ihr seid keine freien Männer, ihr seid stinkendes Aas!"

So ertönte seine Rede zwischen den Schüssen; bis ihn gerade bei der Ladebewegung ein Geschoß mitten durch die Stirn traf und lautlos zu Boden warf. Die Senegalesen stürzten jubelnd aus der Stellung hervor, aber gegen den Grimm der erbitterten Kameraden Abenamas kamen sie nicht an, sie wurden nach wütendem Handgemenge um die Leiche zurückgeworfen und diese geborgen. -

Einen Tagesmarsch weit entfernt wurde Abenama begraben, auf einem halbkreisförmigen Freischlag kühlen Busches, am Wege unweit eines Dorfes, wie es einem tapferen Manne gebürt. Auf den Hügel legten ihm Kameraden und Weiber nach der Art der Farbigen Teile seiner Habseligkeiten, und lange erklang durch den staunenden Wald das Klagegeschrei der Frauen. -

Sein Tod war der harmonische Ausgang, die plötzlich logisch gewordene Lösung eines primitiven Lebens, das sorglos begann und im Abschluß unvermutet Bedeutung und Klarheit erhielt. -[367]

Den Hausangestellten Akono lässt er mit wenigen einfachen Worten die Sicht der "Farbigen" auf die weißen Kolonialherren erklären:

Es war ihm klar geworden, daß der Weiße als solcher immer etwas anderes tut, als der Farbige erwartet; daß man ihn genau beobachten und auf jede Frage das antworten muß, was er gerne hört; versteht man ihn nicht, so sagt man "Ja, Massa" und bespricht dann hinterher mit dem Vormann, was der Weiße wohl wollte. Kommt er in Sicht, muß man immer arbeiten, oder wenn er ruft, muß man laufen. Ist der Weiße schlecht gelaunt oder betrunken, so läßt man sich nicht blicken und geht am sichersten weit weg in die Farm. Man muß sich immer so stellen, als ob man Angst habe, dann meint der Weiße, er genieße Achtung. Prügelt er, so sagt man danke schön, prügelt er trotzdem weiter, so läßt man sich auf den Boden fallen und tut, als ob man tot sei, genau wie die Käfer es machen; keinesfalls darf man

[365] Koch: Im toten Busch
[366] Posten Eta im Bezirk Lomie/Kamerun
[367] Koch: Im toten Busch

weglaufen, denn dann wird der Weiße ganz wild, und es setzt ernsthafte Hiebe.[368]

Schließlich charakterisiert sich Koch in der Erzählung "Buschkrieg" ganz beiläufig so, wie er seine Rolle im Weltkrieg sah:

> *Morgens setzte sich aus dem bunten Lagerknäuel von etlichen tausend Menschen eine dünne Schlange in Bewegung; sieben khakifarbene Soldaten und Dila, der kleine weiße Leutnant. (...)*
>
> *Dila, der Schakal, war von Hausasoldaten der Flinkheit seiner Bewegungen und Schärfe seiner Sinne wegen so benannt worden. (...)*
>
> *Dila sah, dachte und empfand. Die Waldmenschen dauerten ihn ebenso wie die eigenen Soldaten. (...)*
>
> *(...) der Zwang des Waldes trieb die schlanken Gestalten seiner Kinder von neuem stumpf und grausam gegen die Eindringenden vor; weil er sich dagegen wehren wollte, daß die weißen Führer in einem Lande Herren werden, das ihnen nicht gehört, das ihnen fremd ist und bleiben wird. Vielleicht wollte er (der Wald) sie nur warnen und vor falschen Vorstellungen und Hoffnungen bewahren; so wenigstens dachte Dila, der mehr Erkenntnis besaß als die anderen.*[369]

An dieser kurzen Geschichte muss Koch lange gefeilt haben. Er treibt den Spannungsbogen mit brillanten Formulierungen zum Höhepunkt und versteht es meisterhaft, lebendige, bunte Bilder im Kopf des Lesers entstehen zu lassen:

> *Vom Waldrand aus überblickte Dila das tote Dorf. Zwei Hüttenreihen streckten sich links und rechts vom sonnenflimmernden Platz und folgten der Geländewelle auf den Hügel, der im wirkungsvollen Abschluß ein offenes Palaverhaus als Querriegel trug. Farmstreifen mit üppigen Mehlbananen und dunkelgrünblätterigen Kassadastauden rankten die Hütten ein, hie und da erhob sich in verdrehtem Geästel eine Rizinusstaude, mitunter einige Tabakpflanzen, und dazwischen hockten staunend und verlassen einige Hühnerhäuschen auf schwanken, hellrindigen Pfählen.*[370]

Am Ende des Buches führt Koch den Leser zurück in die Wirklichkeit des besiegten Deutschlands. Nachdem der weiße Ich-Erzähler den "Farbigen" Modäb zweimal vor dem sicheren Tod gerettet hat, bleibt dieser bis zum Übertritt der deutschen Schutztruppe nach Spanisch-Muni bei seinem "Massa".

> *An Modäb trat die Frage heran, mitzumarschieren oder den Versuch zu machen, in seine Heimat zu gelangen. Die war über 800 Kilometer entfernt und durch weite Gebiete feindlicher Eingeborenen und gegnerischer*

---

[368] a.a.O.
[369] a.a.O.
[370] a.a.O.

Truppen getrennt. Aber Modäb entschied sich doch dafür und ging mit Buschgewehr und Speer bewaffnet. -

Immer hatte ich das sichere und frohe Gefühl, Modäb noch einmal zu sehen.

Ich sah ihn auch: Als französischen Posten auf der Landstraße am Main; und der bittere Gedanke kam mir, wie sehr das zu der freudlosen Zeit paßt, die nur deshalb Hoffnungen, Lichtblicke oder schöne Erinnerungen zu belassen scheint, damit schmerzende Enttäuschungen möglich sind. -[371]

An Pfingsten 1922 schreibt Koch folgende Widmung in ein Exemplar des neu erschienenen Buches:

Frau Dr. med. Alice Gottschalk in Verehrung zugeeignet.[372]

Diese wenigen Zeilen sind bemerkenswert.

Alice Gottschalk (1892-1944) ist zu dieser Zeit eine angesehene Kinderärztin und Gynäkologin. Gemeinsam mit ihrem Mann, dem Zahnarzt Dr. Fritz Gottschalk, praktiziert sie am Kölner Hohenzollernring. Die Umstände der Widmung sind nicht bekannt, möglicherweise arbeitet Maria Koch bei Alice Gottschalk.

1929 wird Alice Gottschalk in zweiter Ehe den Rechtsanwalt und weit über die Kölner Szene hinaus bekannten Kunstsammler Josef Haubrich heiraten. 1938 entzieht das Deutsche Reich der Jüdin die Approbation, 1944 setzt sie ihrem Leben aus Angst vor Gestapo-Verhören und Deportation mit einer Zyankali-Kapsel ein Ende.

Es ist fraglich, ob Koch davon jemals etwas gehört hat.

Ebenfalls 1922 erscheint im Freiburger Verlag Herder & Co. GmbH *Der Fährmann, Ein Buch für werdende Männer*[373], zu dem Koch die spannende Erzählung "Der Wald von Mokwabut" beigesteuert hat. Ein mutiger Gefangener vom *Stamm der Bekuelli* spricht:

"Herr, der Wald von Mokwabut - ein unbewohntes Regenwaldgebiet nahe Molundu - *war unser Jagdgebiet seit den Zeiten meiner Vorväter. Mokwabut hieß unser größter Häuptling, der sein Dorf am Weg im Norden hatte, bevor wir abwanderten. Konnten wir den Wald, der uns gehörte, kampflos aufgeben? Sieh, wir kannten dich nicht, und die wenigen Weißen vom andern Flußufer sind nicht von deinem Stamm*[374]*. Ich habe von euren Gesetzen reden hören und weiß, daß du mich töten wirst. Aber, was macht das? Mein Leben wird bald zu Ende sein und damit verschwinden auch*

---

[371] a.a.O.

[372] Eigene Sammlung

[373] Herausgeber Dr. Gustav Keckeis

[374] Gemeint sind die Franzosen

meine Sorgen. Ihr, die ihr Sieger seid, habt die Mühen des Daseins vor euch und wißt nicht, was es euch bringen wird. Deshalb habe ich keine Angst vor dem Tode und beneide euch nicht, die ihr leben werdet."

Der Weiße blickte nachdenklich in den Raum zwischen den strebenden Pfeilern des Waldes. Eine tiefe Trauer, über die er sich Rechenschaft nicht abzulegen vermochte, war mit unlösbarem Druck in ihm. Still standen die geduldigen Farbigen und warteten. Der Weiße erhob sich.

"Bringt die Gewehre der Gefangenen, löst ihre Fesseln und gebt ihnen Verpflegung." Es geschah. "Nehmt", wendete er sich an die drei Männer, die mit fassungslosen Händen zugriffen, "ich will euer Leben nicht haben."

(...) Der Weiße aber, der den düstern Zauber des Waldes gewaltsam gebrochen hatte, fand in der Freilassung der Bekuelli den innerlichen Ausgleich eines Zwiespalts, der ihn niedergedrückt hatte.[375]

Mit seiner Schriftstellerei verdient Koch kaum das Nötigste zum Leben. Wenn Maria nicht als Krankenschwester Arbeit gefunden hätte, sähe es trübe aus in der Haushaltskasse, nicht nur wegen der immer rasanter werdenden Inflation. Die *Vorarbeiten für eine Gesellschaft im besetzten Gebiet*[376] werden durch die Ruhrbesetzung zunichte gemacht.

Begleitet von guten Wünschen und einer Fotografie seiner jungen Frau reist Koch im Frühjahr 1923 zu einer Vortragsreise ins benachbarte Österreich.

Brucker Urania[377]*. Am 25. April* (1923) *fand im Turnsaal der Mädchenschule um 3 Uhr für Schulkinder und um 8 Uhr für Erwachsene ein Lichtbildervortrag statt, wobei Herr Karl Koch aus Bonn über "Kamerun, Land und Leute" sprach. Er brachte 80 farbige Bilder als eigene Aufnahmen während seines Aufenthaltes als Offizier der deutschen Schutztruppe in Süd-Kamerun und verstand es, in freier Rede das Interesse der Zuhörer durch 2 Stunden zu fesseln. (...) Der zahlreiche Besuch und der Beifall erwies das Verlangen nach öfteren Aufführungen.*[378]

Zwar sind weitere Vorträge Kochs nicht belegt, doch scheint er einen nachhaltigen Eindruck hinterlassen zu haben. Kurz hintereinander befassen sich im Sommer 1923 das Neue Wiener Journal[379], die Illustrierte Kronen-Zeitung[380], der Arbeiterwille[381] und der Tiroler Anzeiger[382] mit einer *Plauderei*

---

[375] CWHK in Dr. Gustav Keckeis, Der Fährmann, Herder & Co. GmbH, Freiburg i.Br., 1922
[376] Lebenslauf zur Bewerbung als Direktor der Deutschen Kolonialschule (Abschrift / DB-Archiv)
[377] Bruck an der Leitha
[378] Niederösterreichischer Grenzbote, Hainburg, 14.05.1923
[379] Wien, 25.07.1923
[380] Wien, 30.07.1923
[381] Graz, 07.08.1923

Kochs in *Reclams Universum.*[383] *Mit vier Originalaufnahmen des Verfassers* illustriert erzählt er darin "Allerhand von Kameruner Menschenaffen".

Maria Koch
Meinem Geliebten
Als Talisman gegen andere Frauen!
25.2.1923.

Bei Voigtländer erscheint im gleichen Jahr Kochs zweites Buch "Das Lied des Landes" und wird von der Kritik wohlwollend aufgenommen:

> *(...) so deutlich im Rückblick geschrieben, daß der Leser das Gefühl hat, er sitze am stillen Abend mit dem Verfasser zusammen, der langsam und leise beginnt, seine Erlebnisse aus ferner, glühender oder drohend düsterer Welt zu erzählen. Und im Sprechen erst wird es ihm klar, was eigentlich er damals empfunden hat, er versucht, dem Zuhörer die Vorgänge seiner Seele zu erklären und zu deuten, und kommt selber jenem Land erst wirklich*

---

[382] Innsbruck, 21.09.1923

[383] Reclams Universum, Moderne illustrierte Wochenschrift, 39. Jahrgang, Heft 40/41, Verlag Philipp Reclam jun., Leipzig 1923

nahe, nachdem er es lange verlassen hat, dem Land, in dem er doch viele Jahre seines Lebens zubrachte. Und so beschauen wir sinnend mit ihm die stillen Sümpfe, die dem stolpernden schwarzen Wandergenossen unheimliches Grab werden, stehen mit Grauen vor dem erlegten vorweltlichen Gorilla, der einen Träger jammervoll zerfetzt und verstümmelt hat, fühlen das namenlose Entsetzen beim Todesschrei des kindlichen Menschenopfers oder beim Anblick der Überreste einer Kannibalenmahlzeit. Aber wir erleben auch die reulos glückliche Hingabe an die naive, dienende Liebe jugendlicher dunkelhäutiger Frauen, von der ganz offen und zugleich ganz rein erzählt wird, das warme Glücksgefühl, das das unbedingte Vertrauen der schwarzen Begleiter hevorruft, das Fieber, den Eifer der Jagd, das innere Verantwortungsgefühl für Leben und Schicksal fremdartiger und fremdrassiger Menschen, das dem Weißen plötzlich aufgebürdet wird, die Überlegungen über Recht oder Unrecht unsrer Herrschaft über die andre Rasse. Vor allem und am tiefsten aber empfinden wir die gewaltige Natur, ihre erhabene und heitere Schönheit, die beglückt, ihre drohende Macht, die ängstigt, ihre strahlende Üppigkeit, die uns armselig vor uns selber macht. Und zum Schluß der langen, reichen und leidenschaftlich erlebten Reise die erschütterende Erkenntnis, daß der Europäer, der Sohn kühlerer Himmel und anders entwickelter Kultur, niemals der heißen, geliebten Fremde ganz zugehören kann. Auch das ist deutsch; neben dem Helden der Tat steht mit gleichem Recht der empfindende und sinnende Mensch.[384]

Kein Geringerer als der Geograph Franz Thorbecke hat diese Buchbesprechung verfasst. Thorbecke hat 1907/08 und 1911-1913 an zwei großen Expeditionen in Kamerun teilgenommen, letztere im Auftrag der Deutschen Kolonialgesellschaft geleitet.

Zum dritten Jahrestag ihres Kennenlernens - seinem 41. Geburtstag - schenkt Carl seiner geliebten Frau ein Gedicht:

Nideggen.

Leis schwebt ein Klang einher von blauen Höhen,
Von Sommersonne, Luginsland und Burgverliess,
Von Efeuranken, sanftem Windeswehen,
Von hochgetürmter Felsen jähem Riss.

Leis schwebt ein Klang einher von müden Bäumen,
Von Brombeersträuchern, vieler Früchte schwer,
Von frohem Gang im Walde, da in stillen Träumen
Die Bergeskuppen uns geleitet, stumm und hehr.

---

[384] Undatierter Ausschnitt aus der Kölnischen Zeitung (Nachlass); rückseitig handschriftlicher Vermerk "Professor Uni Köln"

Leis schwebt ein Klang einher von schwerem Abendsehnen,
Da milde Lichter flammten auf im Tal am Fluss,
Da über uns der Himmel sich gespannt in weitem Dehnen,
Und jeder Stern in seinem Funkeln ward zum Gruss.

Leis schwebt ein Klang einher von Minne süss und Treue
Und zieht sich sanft durch alle Zeiten hin,
Er steigt in meiner Seele jährlich hoch aufs Neue
Und ruht, verankert tief, in meinem Herzen drin.[385]

Noch im Jahr 1923 beendet Koch sein drittes Buch. Doch dafür wird er keinen Verleger finden, obwohl "Das Illustrierte Blatt" des Frankfurter Societätsverlags zunächst Interesse signalisiert:

> *Der Roman ist nunmehr vollständig in unserem Besitz. Sie werden in den nächsten Tagen Nachricht erhalten. Es besteht die Möglichkeit, ihn bei uns zum Abdruck zu bringen. Allerdings müssen wir die Arbeit wegen ihrer politischen Tendenz noch von einigen Seiten lesen lassen. Es wäre uns lieb, zu wissen, ob sie Aenderungen vornehmen würden, eventuell auch einige Kürzungen und Zusammenstreichungen namentlich in den Vorspielen. Auch hätten wir gerne eine ungefähre Forderung Ihrer Honoraransprüche in der Hand.*[386]

Im Roman "Der schwarze Sieg"[387] erzählt Koch die Geschichte des deutschen Schutztruppenoffiziers Düke Sönningsen, der unter dem Namen "Njoku na pembe" - der weiße Elefant - zusammen mit seiner afrikanischen Frau Hadjah, der tapferen Maria ter Meulen und dem unerschrockenen Unteroffizier Samjoko die afrikanische Nation eint und zum Sieg über die europäischen Kolonialmächte führt.

Es ist Kochs bis dahin persönlichstes Werk. In Düke Sönningsen beschreibt er den Helden, der er selbst gern geworden wäre. Wir treffen im Landwehrunteroffizier Leschner, in Colonel Curault, Samjoko und dem Häuptlingssohn Mbundu alte Bekannte aus Kamerun, eine Nebenhandlung führt sogar ins ferne Shanghai zu Tsching Schui Li.

Einige Zitate aus dem bis heute unveröffentlichten Roman belegen einmal mehr Kochs exzellenten Schreibstil, verdeutlichen aber auch, warum er damals kaum auf nennenswertes Interesse stoßen konnte[388]:

Kochs Deutschland-Analyse aus dem "Schwarzen Sieg" für das Jahr 1923 - geschrieben im Jahr 1923:

---

385 Datiertes Gedicht, 13.08.1923 (Nachlass)

386 Brief vom 12.12.1923 (Nachlass)

387 Typoskript "Der schwarze Sieg" mit handschriftlichen Korrekturen (Nachlass)

Deutschland war zerfallen. Die französische Industrie arbeitete im Ruhrgebiet und war damit im Besitz der massgebenden Vorbedingungen zur unbestreitbaren, wirtschaftlichen Vormachtstellung in Europa. Nur ihre Unfähigkeit der Organisation verhinderte die tatsächliche Diktatur der französischen Kohlen- und Eisenindustrie. Polen und Tschechen hatten sich auf dem Wege der Pfänderpolitik der letzten oberschlesischen Gruben bemächtigt, Ostpreussen war so gut wie eine hilflose, polnische Provinz. In Deutschland selbst war nach heftigen Bürgerkriegen eine völlige Lähmung eingetreten, feindlich und stumpf standen sich Nord und Süd, Osten und Westen gegenüber. Die fürchterliche Zeit des Niedergangs hatte nicht einen Mann an massgebende Stelle berufen, der dem Volk Führer sein konnte. Das Gute und Wertvolle einer arbeitssamen Nation war zersplittert und ohne Einfluss auf die Geschichte des Staates. Der unselige Kampf der Parteien, der Egoismus der Industrie und des Kapitals, die schwunglose Selbstsucht des Bürgertums und die enge Einstellung der Arbeiterführer hatten die Reste einer ruhmreichen Vergangenheit vernichtet.[389]

Das Versteck Njoku na pembes:

Das Lager wurde auf der Halbinsel eingerichtet. Hütten aus Gerten und Phryniumblättern wurden erbaut, die in der Umgebung verschwanden. In den Nischen von Unterholz und dem Gewirr von Zweigen war die Anlage verdeckt. Ein schmaler Pfad wurde zum Fluss hin geschlagen und fiel an einer Stelle das Ufer hinunter, wo hängende Laubmassen den Wasserspiegel berührten.

Im Laufe der nächsten Tage wurde das Lager weiter ausgebaut. Auf der Landzunge war eine Gruppe von Bäumen so gefällt worden, dass die liegenden Riesen mit ihren wahllosen Massen von Astwerk und Schmarotzern einem Windbruch glichen. Von einem verkleideten Hochsitz übersah ein Posten die künstliche und sperrende Lichtung, und ein geschickt maskierter Verhau sicherte die Halbinsel. Dem erhöhten Ufer entlang lief ein Patrouillengang, und das Kanu wurde nach zahlreichen Verpflegungsfahrten so versenkt, dass es mühelos wieder flottgemacht werden konnte.

Dies alles erforderte Zeit. Ganz überraschend war es Düke Sönningsen, dass ein halber Monat vergangen war, als das Lager wohnlich stand, als Berge getrockneter Nährfrüchte und Darren mit geräuchertem Fleisch und zahllosen Fischen aufgestapelt waren. In dem nahen Raphiasumpf hingen ständig Kalebassen und sammelten den anregenden und erfrischenden Saft angezapfter Palmen. Herzen der Palmen lieferten mit ihrem elfenbeinfarbenen nussähnlichem Fleisch das notwendige Gemüse. Fett wurde von erlegten Flusspferden gewonnen und diente der Bereitung der Speisen und der Pflege der Waffen. Schwieriger war die Salzfrage, ein mangelhafter Ersatz ergab sich durch Auslaugen gebrannter Sumpfpflanzen. Pfefferschoten barg die Farm im Walde auf der anderen

---

389 a.a.O.

Flussseite in ausreichender Menge. Kaffeeersatz boten die ebenda wuchernden Sojabohnen, die im Deckel eines Kochgeschirrs geröstet worden waren.[390]

Düke Sönningsens Versprechen an seine Männer:

Ihr habt mir Euer Leben versprochen, ich verspreche Euch das meine. Ich werde Euch nie verlassen, ich werde für Euch sorgen wie der Vater für seine Kinder, aber ich verlange von Euch Gehorsam. Ich weiss mehr Dinge als Ihr, und mein Herz ist stärker. Was ich will, müsst ihr wollen. (...) wenn Ihr mit mir kämpft, gibt es Übergabe nicht. Ich sage Euch, nie werdet Ihr in meiner Hand das weisse Tuch sehen, das zum Sklaven macht.[391]

Düke Sönningsens Hoffnung und Ziel - im Roman formuliert für das Jahr 1915:

Ich fühle, es wächst etwas Grosses heran in dieser Welt, das ich noch immer nicht begreife. Ich empfinde, ein primäres Gesetz der Schöpfung, das den Menschen längst verloren ging, muss zur Auswirkung kommen. (...)Ich ahne, das Gesetz bringt Freiheit und Tod oder Tod und Freiheit. Ob der Erde, den Menschen, Völkern oder uns einzelnen, wer weiss? Es ist das Gesetz, das erfüllen wird, mit uns, ohne uns oder über uns hinweg.

Mir sagt es, bleibe! Bleibe, bis das ganze Land frei ist von Eindringlingen und Bedrückten, frei von allen jenen, die Herren sein wollen und nicht das Anrecht auf Herrentum im fremden Erdteil haben. Bleibe, bis jedem einzelnen seine Würde, sein Recht als Mensch zuerkannt ist, bleibe, bis diesem Erdteil mit seinen vielen Völkern und Rassen die Freiheit nach eigener Wahl gegeben ist, bis sie selbst das anmassende Vorurteil der Weissen zerbrochen haben. In dem Kampf, der gekämpft werden muss, stehe ich als Weisser auf der Seite der farbigen Landesbewohner. Ich hoffe, dass unser Heimatland, wenn es keine Scholle afrikanischer Erde mehr besitzt, das erkennt, was mich erfüllt. Dass es, zerschlagen, wie es einst sein wird, soviel Größe besitzt, fremden Völkern, auch wenn sie dunkelhäutig sind, zum Siege zu verhelfen. Denn, es steht fest, die Feinde afrikanischer Freiheit sind auch unsere Feinde. Zerbricht der Afrikaner seine Fesseln, so löst er die, welche uns bedrücken werden, wie niemals ein Volk in der Geschichte der Menschheit. Es ist der missachtete dunkle Erdteil, der die undankbare Erde aus der Knechtschaft lösen wird.[392]

Düke Sönningsens Botschaft an den weißen Oberbefehlshaber:

Mundele (Weißer Mann), *njoku na pembe sendet mich und bietet Dir seinen Gruss. Er befiehlt Dir, räume sofort das Land, das ihm allein gehört. Gehst Du nicht, so wirst Du sterben und alle die Weissen, die mit Dir sind.*[393]

---

390 a.a.O.

391 a.a.O.

392 a.a.O.

393 a.a.O.

Der Dschungel, wie Koch ihn aus Kamerun kennt:

Weite Strecken sumpfigen Überschwemmungswaldes mit meist niederem Baumwuchs waren zu passieren. Auf gespreizten Stelzwurzeln erhoben sich die Stämme, traurig und artenarm dehnte sich die Wildnis. Selten fanden sich verwüstete Dorfplätze oder leere, verwachsene Farmen. Verfault lagen die umgehauenen Pisangstauden im Gewirr des rasch heraufgeschossenen Unkrauts, das ganze Pflanzungen mit würgender Decke überzogen hatte. Das Gebiet war wildarm, scheue Zwergantilopen huschten nur gelegentlich und schattenhaft durch die Dämmerung der niederen Gewächse. Lebhafte Affen trieben nur da ihre Spiele, wo tiefgründiger, trockener Boden den Wuchs hoher Bäume gestattete, deren Kronen Nahrung boten. Inseln von Rotanglianen standen als Hindernisse, die hakigen Wedel griffen tückisch nach Haut und Gewand, und geschlossene Bestände von Aframomumstauden wiesen zu ebener Erde rote Blüten und Früchte auf. Ein widerlicher, modriger Geruch lag ekelerregend im faulenden Wald. Abweisend erstreckte er sich und unterdrückte die Lebensfreude.[394]

Düke Sönningsen, wie er sich selbst nach acht Jahren Kampf sieht - also ungefähr im Jahr 1923:

Er hatte sich merklich verändert. Das leidenschaftliche und wechselvolle Erleben der vielen Jahre sprach aus dem braunen, gegerbten Gesicht, und die fanatische Überzeugung, welche ihn leitete, war zu sengendem Feuer in den blauen Augen geworden. Er war nicht mehr jung, den Gliedern fehlte etwas von der Spannkraft der früheren Jahre und manchmal fiel es ihm schwer, den Rücken aufzurichten oder gerade zu halten, der die ständige Last von Not, Verantwortung und Entschluss zu tragen hatte.

Sein Herz hatte sich geteilt. Hart und grausam wie das ganze Land war es in der Einstellung zu den Erfordernissen des Daseins. Weich wurde es stets, wenn Unrecht geschah, wenn ein Kind weinte oder ein hilfloses Tier in Gefahr war. Es ereignete sich, dass er, der unbewegt töten liess und sterben sah, das kranke Junge eines erlegten Wildes tagelang pflegte. Es war vorgekommen, dass er das schwache Kind eines treuen Farbigen, als eilige Märsche geboten waren und der Kleine nur mühsam sich mitschleppte, auf den Arm nahm, den langen Tag hindurch trug und dann im Lager die wunden Füsse auswusch und verband. Meist, wenn er solche Dinge getan hatte, setzte nachher ein Umschwung ein. Gleichsam aus Bedauern über die eigne Schwäche wurde er masslos und brutal.[395]

Ein elässischer Offizier läuft zu Njoku na pembes Truppen über und formuliert impliziert Kochs Weltsicht:

Ich habe den Feldzug in Afrika und Europa mitgemacht und erkannt, dass es ein Verbrechen war, Farbige zum Kampf gegen Weisse zu führen. Ich

---

[394] a.a.O.

[395] a.a.O.

habe aber auch gesehen, dass der Farbige als Mensch ebenso wertvoll ist als der Weisse und bin der Ansicht, dass er entwicklungsfähig ist. Ich fühle, dass die weisse Rasse ihren Unwert dadurch erwiesen hat, dass sie diesen Weltkrieg über vier Jahre durchführte und dass sie auf Geheiss einiger weniger von Blutbad zu Blutbad schritt.

Das Abendland ist untergegangen als kultureller Begriff. Mich empört das hoffnungslose System von Weltanschauung und Weltordnung, das drüben herrscht. Mich fasste Ekel, als ich sah, was die Nachkriegszeit brachte. Die Moral ist geschwunden, das Christentum eine Farce, das Recht ein Hohn, und die Vergewaltigung Gesetz. Europa ist eine Kloake von Wahnsinn und Hysterie, Verbrechen, Entartung und Heuchelei. Nichts verbindet mich mit ihm.[396]

Der ehemalige Schutztruppen-Unteroffizier Samjoko beschreibt seinen Lehrmeister Düke Sönningsen:

Brüder, der weisse Elefant ist unser Herr. Er führt uns und sorgt für uns, er kennt die Herzen von uns dunkelhäutigen und liebt uns. Hat er nicht seine Weiber und Kinder, Geschwister, Eltern und Sippe verlassen, um uns zu helfen? Hat er mir nicht vor über hundert Monden die Waffe gegeben, die ich jetzt noch trage? Hart kann er sein und streng, nie aber war er ungerecht, nie scheute er die Gefahr, nie sagte er die Unwahrheit, immer teilte er mit uns, hatten wir wenig, so hatte auch er wenig, hatte er viel, so gab er uns reichlich. Gehört er nicht zu uns? (...) Jeder Laut seiner Stimme stand da, wie der Felsen im Strom. Die Bäume im Walde wissen es, und die Tiere der Wildnis, der Mond und die Sonne können zeugen.[397]

Das Manifest Njoku na pembes an die Völker Afrikas:

Zu Unrecht haben sich einzelne weisse Völker zu Herrschern der Erde gemacht, ihre Rassen und Völker unterworfen und ausgebeutet und ihr Land geraubt, ihre Rechtsbegriffe genommen und durch fremde Richter fremdes Recht sprechen lassen.

Zu Unrecht haben sie ihre Kultur und ihre Religionen als die allein richtigen hingestellt und die Farbigen, die sich dagegen auflehnten, mit Waffengewalt und durch Überlegenheit ihrer technischen Erfindungen besiegt.

Die angebliche Kultur der Weissen hat Ströme roten Blutes farbiger Völker fliessen lassen, hat unsagbares Elend über weite Länder gebracht und ganze Völker ausgerottet oder zu Sklaven erniedrigt. (...)

---

[396] a.a.O.
[397] a.a.O.

(Der Weiße) *verhinderte jede Entwicklung, um seine eigne Überlegenheit zu bewahren (...) Er musste Euch unterdrückt halten, um selbst in Wohlleben sein zu können.*

Er brach in eure Palmenhaine ein und sagte, bringt mir die Früchte, er kam in Euren Wald und sagte, gebt mir das Elfenbein der Tiere, er trat mit wertlosen Dingen an Euch heran und sprach, seid fleissig und sammelt Kautschuk, er kam in Eure Berge und verlangte, grabt Gold und wascht Diamanten, er überredete Eure Herrscher und Häuptlinge und liess Eure Männer beim Bahnbau und Wegebau sterben, er schändete Frauen und gewann listig Männer als Soldaten in seinen Sold, um die Brüder gleicher Hautfarbe töten zu lassen. Anmassend verwarf er, was Ihr und Eure klugen Alten als festehende Sitte erkannt hatten. (...)

Farbige! Die Zeit des Weissen ist vorüber, er hat seine Kultur selbst zerbrochen und schändet sie heute noch. (...)

Ihr Alle aber, die Ihr afrikanische Männer seid, erhebt Euch und macht Euch frei. Erschlagt die Weissen und zündet ihre Häuser an, zerstört die Telegrafen, bringt die Dampfer zum Sinken und reisst die Schienen auf, die der Weisse zu Eurer Unterjochung gelegt hat. (...)

Eine neue Zeit hebt an, der Unterschied zwischen den Hautfarben vergeht, jeder Mensch ist gleichwertig dem andern, jedes Land ist die Heimat seiner Bewohner.

Farbige Afrikas! Sammelt Euch und habt Glauben. Fast zehn Jahre führe ich den Kampf für Euer Land, helft, und wir siegen. Seid tapfer und entschlossen!

Euch Weissen jedoch, die Ihr in Afrika herrschen wolltet, sage ich: Geht, verlasst das Land, gebt es zurück an die Eigentümer! Dann habt Ihr Frieden.

Gebt dem dunklen Erdteil Zeit, sich von den Wunden zu erholen, die Ihr ihm geschlagen, dann sei Euch vergeben.

Wollt Ihr nicht, so wird weiterer Kampf durch Eure Schuld sein. Tod jedem, der auf afrikanischer Erde weilt.

(...) gebt Euren dunkelhäutigen Mitbewohnern Gleichberechtigung und Menschenwürde, dann wird ein Weg der Gemeinschaft gefunden. Wollt Ihr aber den Kampf, so werden wir unerbittlich sein. Afrika den Afrikanern!

Der Kampf Weiß gegen Schwarz wird im Roman mit äußerster Härte geführt. Düke Sönningsen stirbt kurz vor dem endgültigen Sieg und wird zusammen mit Hadjah beerdigt, die zuvor einer schweren Verwundung erlegen ist. Afrika ist frei - und Samjoko der gewählte *Präsident der Zentralregierung der vereinigten afrikanischen Reiche*:

Die silberne Scheibe stieg hoch, in unerhörter Klarheit lag die Grabstätte zweier Menschen.

Leschner fühlte einen Griff Samjokos am Oberarm. Er sah und erkannte.

Ein riesiger Elefant, mit schimmernden, gebogenen Zähnen kam aus dem jenseitigen Waldrand. Schwankte, weissleuchtend im Mondschein mit wuchtigem Körper einher, die Säulen stampften mit federnden Kissen auf der gedörrten Erde des Platzes, im Bogen zog er um den ragenden Bau, trompetete jäh und schmetternd durch die fühlbare Stille der Nacht und glitt schwerfällig und behende die steile Böschung hinab in den sacht rinnenden Fluss.

"Njoku na pembe" flüsterten die Männer, die den ewigen Geist der Stätte in tiefem Schauer fühlten. - - - - - - -[398]

Es ist nur schwer vorstellbar, dass ein Mann, der selbst im Kolonialdienst stand und wenige Jahre später Karriere als SA-Führer machen wird, solche Worte geschrieben hat. Es verwundert jedoch nicht, dass Koch mit seinem Roman, der voller Anspielungen auf die erlebte französische Besetzung des Ruhrgebiets ist, keinen Verlag findet.

Die Familie wohnt inzwischen zur Untermiete in einer schmucken Villa bei Sanitätsrat Theo Breuer in Gräfrath, Freiheit 10. Koch nutzt seine Kölner Kontakte zur Automobilindustrie - insbesondere zu dem Großunternehmer Fritz Faudi, den er noch aus den Zeiten bei der Heeresfriedenskommission kennt - und schon bald gehört Direktor Böhm von den Kronprinzwerken im benachbarten Ohligs ebenso zum Bekanntenkreis wie Max Hülder vom Stanz- und Metallwerk F.W. Rauh in Foche, wo Koch ein gutes Jahr lang als Buchhalter angestellt ist[399].

Die gesellschaftlichen Erfolge können nicht über die wirtschaftliche Not der Inflationszeit hinwegtäuschen. Die ohnehin geringen Ersparnisse sind längst aufgebraucht, von der Entschädigung für die Kriegsjahre ist kaum noch etwas übrig und die Erlöse der beiden veröffentlichten Bücher reichen kaum zum täglichen Leben.

Als er so weit gekommen war, packte der Gott des dunklen Erdteils jäh zu. (Er) *fühlte die Lockung und den Griff, verstand nicht mehr, wie die nun lohnenden Gänge von Büro zu Fabrik und umgekehrt jahrelang hatten andauern können, empfand sie als nutzloses Rollen auf totem Geleise, irgendein heller Frühling breitete sich unwiderstehlich in den Resten seiner einst jauchzenden Seele, glückliche, freie Zeiten tanzten gebieterisch aus der Vergangenheit einher, und die Muster und Kataloge von Edelstahl,*

---

398 a.a.O.; Schluss des Romans
399 Meldekartei Stadtarchiv Solingen, 1923

Treibriehmen und nie-rostenden Farben flogen in den Müllkasten, als der Verkauf immerhin allerhand abgeworfen hatte.[400]

Das Thema Auswanderung ist plötzlich aktuell geworden und Koch macht sich mit aller Kraft an die Planung. Anknüpfen kann er an seine konkreten Überlegungen aus der Kriegsgefangenschaft:

Gestern kam mir eine neue Idee für eine Gründung in Ostafrika in grossem Stil:

Eine Ansiedlungsgesellschaft im entsprechenden Stil in geeignetem Gelände am Ngassa. Die Gesellschaft würde es übernehmen, Gelände auszusuchen, Werkzeuge, landw. Geräte zu liefern, auszurüsten u. Häuser zu bauen, Saaten u. Zuchtvieh zu beschaffen u. würde dafür der alleinige Aufkäufer für alle Produkte sein, ebenso der einzige Verkäufer von Bedarfsartikeln. Praktisch genommen also die finanzierende Kraft sein, die es den einzelnen Siedlern gestattet, ihre Arbeitskraft auszunutzen. Es müssten 50-100 Siedler, möglichst verheiratet, sein, die den verschiedensten Handwerken u. sonstigen Berufen entnommen sind. Wie das alles im einzelnen einzurichten wäre, ist mir noch nicht klar, insbesondere nicht, wie die nötigen Sicherheiten zu beschaffen wären u. wie die pekuniäre Seite sich entwickelt; das sind jedoch die wichtigsten Punkte, sonst finden sich keine Teilhaber an dem Unternehmen, das mindestens M. 500000 Kapital haben müsste. Ich muss mir das einmal ausrechnen, um ausfindig zu machen, wie u. wo Rentabilität für Teilhaber u. Siedler einsetzt. Zunächst ist Farmer u. Kaufmann für die Zentralanlage erforderlich, die alles liefert u. übernimmt. Dann folgen Siedler, darunter Gärtner u. Kleinviehzüchter, Schlachter, Schlosser u. Tischler u.s.w., die sämtlich ihre eigne Siedlung haben sollen u. selbständig werden müssen, um unter dem Schutze der Gesellschaft ein abgeschlossenes Gemeinwesen zu bilden. Um die in den Tropen beträchtlichen Ausgaben für Getränke u. Rauchwaren zu vermindern, muss eine Brennerei u. Tabakfabrik gegründet werden, damit von der Heimat nur das Notwendigste bezogen wird. Ob die Siedler dann Baumwolle oder Sisal, Kaffee oder Öl anbauen, muss sich aus den Verhältnissen ergeben, bezw. aus der Art der Verkehrsmittel. Das wichtigste Ziel ist bei der ganzen Anlage die Lieferung von Rohstoffen für die Heimat; nicht durch abhängige Angestellte, sondern durch freie Bauern oder Farmer, dabei gleichzeitig Besiedlung der Kolonie unter deutscher Herrschaft, um Abwanderung unter fremder Flagge zu vermeiden. Denn wenn zunächst 50-100 Familien drüben sind, so können später 500-1000 angebaut u. damit eine Gemeinde geschaffen werden, die Existenzberechtigung u. -möglichkeit besitzt. Gelingt die Gründung in derart grossem Umfang, so ist die Entstehung der noch fehlenden Verkehrsmittel eine Frage der Zeit.

Für mich persönlich wäre die Hauptschwierigkeit, geeignete Persönlichkeiten zu finden, die das Geld geben; bezahlt machen muss sich

---

400 Typoskript "Der Farmer geht heute in den Urwald" (Nachlass); In dem autobiografischen Roman nennt sich CWHK Hannes Müller.

die Sache mit der Zeit. Das Land wird billig u. die Regierung wird mit einem derartigen Plane einverstanden sein. Vielleicht kann ich durch Dr. Schulze u. Adolf Friedrich eine geeignete, finanzkräftige Persönlichkeit finden, die sich an die Spitze stellt. Aber freilich, das ist sehr schwer u. zunächst muss auch der Krieg vorüber sein, bevor etwas daraus wird.[401]

Koch vergleicht die Siedlungsbedingungen in den afrikanischen Kolonien und wird auf Angola aufmerksam. Portugal hatte bereits 1483 mit der Errichtung von Handelsposten in Luanda seinen Anspruch auf diesen Teil Westafrikas angemeldet. Jedoch begann erst am Anfang des 19. Jahrhunderts die systematische Eroberung und Besetzung des riesigen Territoriums. Die Bedingungen für eine Farmgründung im dünn besiedelten nördlichen Hochland von Portugiesisch-Angola klingen verlockend:

1. *Alle Anträge auf Land müssen an das Generalgouvernement gerichtet werden.*
2. *Niemand kann mehr als 5 000 ha. in einem oder mehreren Blocks bekommen, aber 2 oder mehrere Pächter können sich zusammentun und ihre Blocks zusammenlegen.*
3. *Die jährliche Pacht beträgt 0,3 Esk. pro ha. (7 Eskudos = ca. 1 RM).*
4. *Sobald ein Ansiedler Land annimmt, wird ihm ein vorläufiger Titel für höchstens 10 Jahre erteilt.*
5. *Während dieser 10 Jahre hat der Pächter folgende Bedingungen zu erfüllen:*
   a. *In sein Land das 2000-fache* (sic! - es muss richtig "das 20-fache" heißen) *der Summe der Jahrespacht hineinzustecken, also z.B. für 5000 ha 30000 Eskudos. Diese Aufwendungen können erfolgen: In Beschaffung von Vieh, Maschinen, Inventar, Gebäuden, Sachen usw., also alles, was mit der Entwicklung des Landes in Verbindung steht.*
   b. *Das Land ist vermessen zu lassen und die Vermessung dem Gouvernement einzureichen; 1 ha unter Kultur berechtigt zum Besitz von 5 ha; 4 Stück Großvieh berechtigen zu 10 ha, 1 Stück Kleinvieh berechtigt zu 1 ha.*
6. *Sobald diese Bedingungen erfüllt sind, hat der Pächter ein Recht auf den endgültigen Besitztitel, und er wird ihn sofort (?) erhalten.*
7. *(...)*
8. *Sobald ein endgültiger Besitztitel erteilt ist, zahlt der Pächter den 20-fachen Betrag der jährlichen Pacht, also für 5000 ha ca. 30000 Esk.*[402]

Koch rechnet:

Um die vollen 5.000 Hektar Brachland pachten zu können, werden 10.000 Reichsmark Startkapital benötigt - darin enthalten sind die jährlichen Pachtzahlungen, die geforderten Investitionen und die Lebenshaltungskosten bis zur

---

401 Tagebucheintrag 30.05.1918

402 Abschrift (Übersetzung) des Landesgesetzes; zitiert nach Kamerun-Post Nr. 1, April 1929

Rentabilität der eigenen Farm. Möglichst schnell müssten mit den angeschafften Maschinen 1.000 Hektar unter den Pflug genommen werden, um mit weiteren 30.000 Eskudos - also noch einmal rund 5000 Reichsmark - das endgültige Eigentum zu erwerben.

Hinzu kämen die Kosten der Überfahrt - selbstverständlich 1. Klasse - also noch einmal rund 1.000 Mark pro Person, und was man sonst zum Leben braucht.

Schon nach ein oder zwei gut verkauften Kaffee-Ernten sollte das eingesetzte Kapital erwirtschaftet sein. Das Risiko? Das muss eben eingegangen werden, sonst kommt man nie heraus aus der Misere!

Es klingt so einfach und einleuchtend, was Carl erzählt. Nur - wo soll man die ungeheure Summe von 10.000 oder gar 15.000 Reichsmark hernehmen?

Die Einnahmen aus dem gerade bei Voigtländer erschienenen Büchlein "Kamerun - Erlebtes und Empfundenes"[403] - es hat gerade einmal 64 Seiten - sind höchstens ein Tropfen auf dem heißen Stein.

Koch macht sich an die Arbeit, er erstellt Planbilanzen, zeichnet Farmskizzen und würde lieber heute als morgen aufbrechen. Erich Buddeberg aus Essen erinnert sich:

> *Anfangs März 1924 lernten wir in Düsseldorf einen Herrn Carl W.H. Koch nebst Frau kennen. Derselbe hatte die Absicht, mit einigen bekannten Familien nach Afrika überzusiedeln und in Angola (port. Westafrika) eine Farmwirtschaft grösseren Stils aufzuziehen, um dadurch für sich und die betreffenden Familien eine neue Existenz zu gründen.*
>
> *Herr Koch verstand es meisterhaft, durch seine Erzählerkunst, Vorweisen von fotografischen Aufnahmen afrikanischer und europäischer Niederlassung aus Kamerun etc. aus seiner Kameruner Tätigkeit vor dem Kriege, wo er zeitweise Districtskommissar in Neukamerun (Caprovizipfel)* (sic! - der Caprivizipfel gehört zu Namibia) *und Beamter einer Kameruner Pflanzungs-Gesellschaft gewesen war, allgemein grosses Interesse für das von ihm beabsichtigte Unternehmen zu wecken. Die Glaubwürdigkeit seiner Erzählungen aus der kolonialen Vorkriegszeit wurden auch von sehr ernsten und äussert vorsichtigen Herren in keiner Weise angezweifelt. (...)*
>
> *Als auch wir, durch einen Bekannten angeregt, für das Unternehmen Interesse zeigten und mit K. zusammenkamen, um ihm unsere Absicht mitzumachen kundzutun, erklärte K. vorerst, dass er eigentlich die gedachten 5 Familien (10 Köpfe) bereits zusammen hätte, er wolle aber unsere aktive Teilhaberschaft für sofort, d. h. zum ersten Ausreisetermin in Erwägung ziehen, doch sei die erste Voraussetzung, dass wir mit ihm und seiner Frau sympathisierten und für den Ausreisetermin Goldmark 10.000.-- bereitstellten. (...)*

---

[403] Koch: Kamerun, in: Voigtländers Volksbücher

Nach einiger Zeit teilte er uns mit, dass unserer Ausreise im April seinerseits nun nichts mehr im Wege stehe. Es zeigte sich schon jetzt, dass die Mehrzahl der oben genannten fünf Familien angeblich wegen wirtschaftlicher oder persönlicher Verhältnisse nicht mitmachte.[404]

Im März 1924 hat Koch seine Gesellschafter zusammen: Hauptmann a.D. Gert Berendonck, Kaufmann Eumes, Bankdirektor Winkelmann und der Kölner Industrielle Fritz Faudi wollen sich mit insgesamt 42.500 Reichsmark an dem Angola-Unternehmen beteiligen.

Hinzu kommen mit nochmals 28.000 Reichsmark die Auswanderer Erich Buddeberg, ehemaliger Mitarbeiter aus der Korrespondenzabteilung der Deutschen Bank, der angehende Landwirt und Sohn eines Bochumer Sanitätsrats Rolf Becker sowie Theo Breuer, Sohn von Kochs Vermieter Sanitätsrat Breuer.

Alles in allem stehen der eilig gegründeten "Wikobe" [405] rund 70.000 Reichsmark Startkapital zur Verfügung. In heutiger Kaufkraft entspricht der Betrag einer Summe von gut 270.000 Euro, was für eine Farmgründung in großem Stil kaum ausreichen konnte. Ob die Beträge jemals voll eingezahlt worden sind, ist heute nicht mehr feststellbar[406]. Auch Kochs eigener Beitrag dürfte eher gering gewesen sein, er verfügt nach Krieg und Inflation über kein nennenswertes Vermögen. Und auch über keine praktischen landwirtschaftlichen Erfahrungen:

Mit diesen Zahlen (gemeint sind die Planzahlen der Wikobe) *wollte er* (Koch) *gewissermaßen den Geldgebern in Form von goldenen Bergen eine glänzende Verzinsung für das in unbekannte Verhältnisse hingegebene Geld garantieren. Auf alle Fälle hielt er mit diesen Zahlen alle Beteiligten in Bann, und da er von vertrauenswürdiger Seite eingeführt war, glaubte niemand an diesen Propositionen zweifeln zu müssen. Wie sich aber später herausstellte, entstammten diese seine Kenntnisse nicht einer praktischen Farmertätigkeit, da er solche nie ausgeübt hatte, sondern lediglich theoretischen, die er sich aus seiner Tätigkeit als Beamter der Kameruner Pflanzungs-Gesellschaft, die aber lediglich kaufmännischer Art war, erworben hatte. Dazu kommt, dass Kamerun und Angola klimatisch und in Bezug auf die Bodenbeschaffenheit gar nicht mit einander zu vergleichen sind, was er hätte wissen müssen, wenn er praktische Kenntnisse gehabt hätte.*[407]

Maria ist in den letzten Wochen vor der großen Reise ein einziges Nervenbündel. Ständig ist sie auf der Suche nach Kleinigkeiten, die

---

[404] Zeugenaussage Erich und Marga Buddeberg vor dem Amtsgericht Essen, 22.06.1925 (Archiv AA)

[405] Winkelmann, Koch, Berendonck

[406] Laut Buddeberg sollen am Ausreisetag 25.000 RM zur Verfügung gestanden haben.

[407] a.a.O.

wahrscheinlich längst in einem der großen Überseekoffer verstaut sind. Ihre Mutter schreibt aus Magdeburg:

> *Liebe Muschekat! Deinen verzweifelten "Wisch" bekam ich neulich. Ich kann mich in der Tat nicht besinnen, wo die Spitze liegen könnte. Engelbrecht ist nicht hier augenblicklich, kann Dir also Erna's Anschrift nicht mitteilen. Wenn Dir d. Spitze so wertvoll ist, hätte ich in Deiner Stelle auch mehr darauf geachtet beim Einpacken damals. - Wann kommst Du? Ich freue mich sehr auf Dich. Gib bitte rechtzeitig Nachricht. (...) innigste Grüße Mutsche*[408]

Am 5. April 1924 stechen Carl und Maria Koch, Erich Buddeberg, Theo Breuer und Rolf Becker mit dem 1921 in Dienst gestellten Passagierschiff "Ussukuma" der Deutschen Ost-Afrika-Linie in See. Wie vorgesehen fünf Mal 1. Klasse - das Firmenkapital schrumpft um rund 5.000 Reichsmark.

Schon auf dem Schiff kommt es zu ersten Reibereien:

> *An Bord des Schiffes erklärte K*(och) *in den ersten Tagen, dass er infolge Zeitmangels überhaupt noch nicht dazu gekommen sei, über die von ihm vom Gesellschaftskapital für die Ausrüstung etc. gemachten Anschaffungen Rechnung zu machen. In meinem* (i.e. Buddeberg) *Beisein stellte er dann die betr. Positionen zusammen und machte die Entdeckung, dass er anscheinend einen Gesamtverlust von etwa 1700 RM hätte. Da er ausserhalb des Gesellschaftsgeldes an eigenem Gelde etwa 1200 M gehabt hätte, so hätte die Kasse also einen Fehlbetrag von etwa 600 RM. Dieser Betrag wurde buchmässig auf 560 RM festgelegt, indessen weigerte er sich, für den Betrag aufzukommen, da man ihm ja als Führer das Vertrauen schenken müsse, die Beträge richtig verwandt zu haben. Statt aber als ordentlicher Kaufmann den Betrag bis zur Klärung auf eigene Rechnung zu übernehmen, veranlasste er die Verbuchung auf Unkostenkonto.*[409]

Am 30. April 1924 kommen die Auswanderer in Angola an. Koch macht sich sofort auf den Weg ins Hinterland, während seine Mitgesellschafter zunächst in Loanda bleiben. In seinem ab 1928 verfassten autobiografischen Roman "Der Farmer geht heute in den Urwald" beschreibt Koch die Suche nach einem geeignete Farmgelände[410]:

> (Er) *suchte weiter. Er stiess vom Grasland aus in den Urwald vor und sass fest oder fand nur mit Mühe den Weg zurück. Oft war das Gelände unwegsam in seiner zerklüfteten Steilheit und bot keinen Platz für einen geräumigen offenen Hof und freistehende Gebäude, es fehlte an glatten*

---

[408] Postkarte vom 6.2.1924 aus Magdeburg an Mieze Koch bei Herrn Dr. Hans Hübotter in Berlin, umadressiert nach Gräfrath. Dr. Hans Hübotter war ein bekannter Funktionär des Stahlhelm (Bund der Frontsoldaten), (Nachlass)

[409] Zeugenaussage Erich und Marga Buddeberg vor dem Amtsgericht Essen, 22.06.1925 (Archiv AA)

[410] Im Roman verwendet CWHK die Namen Hannes und Hanna Müller

Flächen für geeignetes Pflanzungsland oder Feldkulturen, und die engen, zerrissenen und gewundenen Täler waren meist zu schmal für ausgedehnte Gartenanlagen.

Immer tiefer drang er ein, und dann fiel ihm ein schroffer Wechsel von Bodenform und Vegetation auf. Jenseits eines Tales mit einem ergiebigen Flüsschen und mehreren, sprudelnden Bächen, dort auf der Höhe, begann der geschlossene Urwald mit besinnlich ragenden Stämmen, mit einem verknoteten Gewirr von Lianen, die über tiefeingeschnittene, wasserreiche Schluchten hingen. Langschwanzaffen meckerten erbost in den Kronen und feixten den Eindringling in ihr verschlossenes, unberührtes Reich wütend an. Der verwitterte Roetelboden mit seiner dicken Humusschicht war verheissungsvoll für Kaffee. (...)

Als er mit Manuel einen ausgedehnten Streifzug unternahm, stiessen sie wieder auf den schroffen Wechsel von Bodenform und Vegetation. Sie fanden, einem engen Jagdpfad folgend, eine kühle Quelle in enger Schlucht. Das Bächlein mündete in einen kleinen Fluss, dessen Tal sich rasch verbreiterte und reichen, humösen, grauen Sandboden aufwies. Zwischen Steilschlucht und fruchtbarem Tal stiess eine Steinkuppe mit vereinzelten, dunkelrindigen Bäumen herausfordernd aus dem Urwald hervor, gleich einer trutzigen, selbstbewussten Bastion.

Von da sah (er) *hinab in das Tal und seine Windungen und in die stillen Waldwände.*

Den Wald für den Kaffee, das weite, ebene Tal für Feldkulturen, für Baumwolle, Tabak und Sisal, den breiter werdenden Teil der Schlucht zur rechten für den Gemüsegarten, dachte er bei sich. Dort unten im Tal können Trekker und Pflüge arbeiten, im Wald die schwingenden Äxte und Haumesser und das nützliche Feuer, im Gartenland Hacke und Spaten. Das Wasser der Quelle ist klar und gut und rieselt direkt aus dem Stein. Die Bastian ist gesund für (Maria) *und Haus und Hof. Das Flüsschen im Tal hat genug Wasser selbst für Bewässerung und eine Kraftstation.*

"Wie heißt das Flüsschen und das Tal?" fragte er Manuel.

"Cangolungo, benannt nach dem Buschbock, der hier häufig ist."

"Und wie nennt sich der Platz?"

"Muanha, die Sonne," antwortete der Farbige. "Der Platz heißt so, weil die Sonne hier herrscht und hell durch den Urwald bricht. (...)"[411]

Erste Holzhütten entstehen, doch das Unternehmen der Wikobe steht unter keinem guten Stern. Zwar können die Auswanderer von der portugiesischen Kolonialverwaltung vorläufige Landlizenzen für zunächst rund 3.000 Hektar -

[411] Typoskript "Der Farmer geht heute in den Urwald" (Nachlass)

eine Fläche größer als 1.500 Fußballfelder - erwerben, doch reicht das vorhandene Bargeld vorn und hinten nicht.

Buddeberg berichtet:

> *Es war nach der Landung in Loanda, der Hafenstadt von Angola, vereinbart worden, dass ich die Auflösung und Versendung der Gepäckdepots von der Küste nach dem Innern, die Besorgung von kl. landwirtsch. Geräten etc., Anbahnung von Geschäftsverbindungen etc. erledigen sollte und zu diesem Zweck solange in Loanda bleiben, bis der Landerwerb im Innern soweit fortgeschritten war, dass dort meine Kräfte zum Ausbau von Nöten wären. Ende Juli trat endlich dieser Moment ein. (...) Als ich am 1. August 1924 auf der im Entstehen begriffenen Fazenda ankam, hörte ich durch Herrn Breuer endlich Näheres über die herrschenden Verhältnisse sowohl finanzieller, wie wirtschaftlicher Art, die so trübe waren, dass ich meiner Frau in die Heimat kabelte, dass sie nicht abfahren solle, da ich mich der Absicht trüge, heimzukehren. In einer bald darauf folgenden Unterhaltung mit K. über die Aussichten des Unternehmens erklärte ich K. in Gegenwart seiner Frau, Herrn Becker und Breuer, dass (...) ein erspriesslicher Aufbau des Unternehmens im gedachten Sinne vollkommen unmöglich wäre und forderte ihn deshalb auf (...) die Gesellschaft zu liquidieren, da momentan gerade noch soviel Geld da wäre, dass sämtliche Teilhaber jetzt noch mit einem blauen Augen davon kommen könnten. K. geriet darauf in grosse Erregung und wurde ausfallend. Er erklärte mich für nervenschwach, feige usw. und versuchte, nachdem seine erste Aufregung vorüber war, mir die Fortführung des Unternehmens in günstigstem Lichte zu schildern. Da ich mit meiner Forderung allein blieb (...) verlangte ich, um nicht als Spielverderber dazustehen, von Koch die Garantie, dass die Verpflegung für meine Familie seitens der Gesellschaft sichergestellt würde. Dies wurde mir bereitwilligst zugesagt und K. sagte ausdrücklich, dass dem Kommen meiner Familie nunmehr nichts mehr im Wege stände (...)*
>
> *In dieser Zeit begann K. auch mir gegenüber ostentativ chikanös aufzutreten, auch versuchte er mich sogar vor den Schwarzen herunterzusetzen, verbot Herrn Becker und Breuer meine Hütte zu betreten, da sie von mir ungünstig beeinflusst würden. Meine Hütte nannte er zynisch die Unkenhütte. Letzteres setzte er fort, als meine Familie schon da war und wir getrennt im eigenen Hausbau wohnten.*[412]

Inzwischen hat Buddebergs Frau in der Heimat ihren Bruder Friedrich Wilhelm Klopsch aus Berlin als *zahlungskräftiges Mitglied der Wikobe*[413] geworben. Der beteiligt sich mit 5.000 Mark am Unternehmen. Als Koch davon hört, ist er außer sich. Er fürchtet um seinen Einfluss, beruft sich auf angebliche

---

[412] Zeugenaussage Erich und Marga Buddeberg vor dem Amtsgericht Essen, 22.06.1925 (Archiv AA)

[413] a.a.O.

Vereinbarungen und weigert sich konsequent, Klopsch als Teilhaber anzuerkennen.

Mitte September 1924 kommen Buddebergs Ehefrau Marga mit den dreijährigen Zwillingen Elisabeth und Eberhard auf der Fazenda an. Mit dabei ist auch die 61jährige Schwiegermutter Elisabeth Klopsch, die sich um Kinder und Haushalt kümmern soll. Doch es kommt anders:

> *Am ersten Tage der Anwesenheit meiner Frau auf der Fazenda hatte K. bereits versucht, mich vor meiner Frau in der unglaublichsten Weise herabzusetzen und mich als einen haltlosen, minderwertigen und unzuverlässigen Charakter zu schildern. Die sogenannte garantierte Verpflegung bestand darin, dass seit der Anwesenheit meiner Familie die Ernährung auf Allereinfachste herabgesetzt wurde und im Wesentlichen aus Kartoffeln, Bohnen und Fubba (Negermehl) bestand; (...)*[414]

Die Situation verschärft sich weiter:

> *Koch bereitete Schwierigkeiten über Schwierigkeiten und ging in seinem Machtwahn soweit, dass er den einzelnen Mitarbeitern sogar das auf das Geringste bemessene Wirtschaftsgeld und sämtliche Lebensmittel entzog. Die gesundheitlichen Verhältnisse mussten schon sehr schlechte und die seelische Gebrochenheit schon sehr weit vorgeschritten sein, wenn sich* (Buddeberg) *entschloss, einen Bittgang zu Koch zu unternehmen, um einige Lebensmittel zu erhalten.*[415]

Die Vorwürfe sind aktenkundig und werden nach Kochs Rückkehr nach Deutschland jahrelang die Gerichte beschäftigen. Angeblich verfügt Koch zusammen mit seiner Frau über Unmengen von Lebensmitteln, verspeist heimlich Spanferkel während die Teilhaber am Verhungern sind und hintertreibt sogar deren selbstständige Farmgründungen.

> *Infolge der knappen Lebensweise trat Unterernährung ein, die naturgemäss sehr schwere Malariafälle zur Folge hatte, die oft das Leben meiner Angehörigen gefährdeten. So waren wir gezwungen, unsere Sachen bis auf einen geringen Teil an Neger und Portugiesen zur Geldbeschaffung für den Land- und Seetransport zu verkaufen und als dies schließlich noch nicht ausreicht, Geld in der Heimat telegrafisch anzufordern. Wir mussten Herrn K. das Feld überlassen.*[416]

Die Adventszeit ist hektisch, Koch will seine Farm halten, die eigentlich nur aus einer strohgedeckten Lehmhütte besteht und eher einem Viehstall gleicht als einem Wohnhaus. Seine Gesellschafter hingegen versuchen zu retten, was zu

---

[414] a.a.O.

[415] F.W. Klopsch an NSDAP Gauinspektion I, 30.11.1932 (BArch)

[416] Zeugenaussage Erich und Marga Buddeberg vor dem Amtsgericht Essen, 22.06.1925 Zeugenaussage Erich und Marga Buddeberg vor dem Amtsgericht Essen, 22.06.1925 (Archiv AA)

retten ist. Einen Tag vor Heiligabend 1924 kommt es zum endgültigen Bruch, Buddeberg verlässt mit seiner Familie Muanha, Becker und Breuer schließen sich an.

> *Das Ergebnis auf der Pflanzung war, dass Koch durch die vollkommene Missernte im Gegensatze zu seinen Prophezeihungen und trotz Eintreffen der landwirtsch. Maschinen (...) den Farmerbetrieb einstellen musste.*[417]

Kochs einziger Halt in dieser schweren Zeit ist Maria. Seine Briefe von kurzen Reisen nach Malange oder Loanda sind voller Liebe und haben nicht die geringste Ähnlichkeit mit den zahllosen Schreiben an portugiesische Behörden und die deutsche Botschaft in Loanda.

> *Mein geliebtes Herz! (...) sei brav und halte mit tüchtigen Mohren Wache! Scheue nicht davor zurück, gegen Becker oder Buddeberg mit Gewalt vorzugehen, wenn sie unverschämt werden. (...) lass die Schufte binden, wenn sie Dir zu nahe treten.*
>
> *Viel Liebes und Gutes Dir, mein Herz, (...) Ich küsse Dich tausendmal*
> *Dein Carl*[418]

Maria hingegen beginnt Afrika zu hassen.

> *Sie hatte den Gemüsegarten selbständig übernommen und sorgte für das Kleinvieh. Ein Paar Zuchthühner waren aus Cambonde besorgt worden, und* (Maria) *hob die Eier sorgfältig für das erste Gelege auf. Sie ging dann mit ihrem Körbchen über den Hof, um die Glucke zu setzen. Ohne dass sie stolperte, brach der Boden des Körbchens heraus, und die Eier zerschellten an den Steinen des Hofes. Sie ging zurück ins Haus, warf sich auf das Bett und weinte zerrissen. Der Vorfall war ihr ein Symbol. Er erschütterte sie bis ins tiefste Herz. Ein Hass gegen den Urwald begann jäh in ihr aufzuflackern.*
>
> (Carl) *stand fassungslos. Es sind die Nerven, dachte er. Er täuschte sich. Er hatte sich völlig festgebissen. Denn je mehr* (Maria) *die Fremde zu fühlen begann, desto mehr vertiefte sich bei* (Carl) *die zähe Liebe für den Urwald und das Land. Und je grösser und drückender die Misshelligkeiten und Sorgen sich entwickelten, desto ausgesprochener erschein* (Carl) *der gute Trost des Urwaldes gegenüber den Taten der weissen und farbigen Menschen.*[419]

Kochs Bekannter Mark Albrecht von Roeder erinnert sich 1930 an die damaligen Vorgänge:

---

[417] a.a.O.
[418] CWHK an Maria Koch, Malange, 11.12.24 (Nachlass)
[419] Typoskript "Der Farmer geht heute in den Urwald" (Nachlass)

Infolge des Verhaltens seiner Gesellschafter befand sich Herr Koch im Frühjahr 1925 nahezu mittellos auf dem belegten Land. Die von und für die übrigen Teilhaber belegten Landabschnitte von insgesamt 1500 (fünfzehnhundert) Ha mussten aufgegeben werden, Herr Koch musste seine Konzession und die seiner Frau auf je 300 (dreihundert) Ha reduzieren. Er versuchte dann, die geschaffenen Anlagen mit eigenen geringen Mitteln trotzdem zu halten und auszubauen, doch gelang dies infolge ständiger Geldnöte nur in ganz unbedeutendem Masse, da die übrigen heimischen Teilhaber ihren vertraglichen Zahlungen nicht nachkamen.[420]

Koch ergänzt:

Die Teilhaber Buddeberg und Becker hatten uns verlassen, die heimischen Teilhaber Bankdirektor Winkelmann und Hauptmann a.D. Berendonck hatten ihre vertraglichen Quoten nicht bezahlt, und der dritte heimische Teilhaber, Wilhelm Eumes antwortete nicht mehr. Unter unsäglichen Mühen versuchten meine Frau und ich, das Gelände der Gesellschaft Wikobe zu halten. Ich steckte den Rest meiner Kriegsentschädigung, Mk. 1000 hinein.[421]

Und dann gibt es plötzlich neue Hoffnung.

Versehen mit einem Empfehlungsschreiben des angesehenen Prof. Thorbecke[422] meldet sich ein gewisser Harald Gruber aus Köln zunächst brieflich, dann auch persönlich bei Koch. Seine Schmeicheleien sind kaum erträglich und tun doch so gut:

Meine Reise geht nach Südwest, jedoch habe ich ein reges Interesse daran, (...) dass wir über Ihren Betrieb, über die Aussichten und vieles mehr, persönlich sprechen könnten. (...)

Die traurigen Erfahrungen, welche Sie mit Ihren Begleitern gemacht haben, sind geradezu erschütternd, und eigentlich garnicht zu fassen. Das Übelste ist, dass dieses Vorgehen Sie in die denkbarböseste Situation gebracht hat, die Ihrer vollen Landeserfahrung bedarf, um weiter zu kommen. (...)

Als vollkommener Neuling in der Materie kommt es mir selbst etwas frech vor, dass ich mir herausnehme, Ihnen einen Rat oder einen Vorschlag zu machen (...)[423]

---

420 Eidesstattliche Versicherung Mark Albrecht von Roeder, 1930 (DB-Archiv)
421 Bericht zu den Anschuldigungen des F.W. Klopsch, Anlage zum Brief CWHK an Staatssekretär Pfundtner, 11.12.1934 und Dr. Kurt Weigelt, 13.12.1934 (DB-Archiv)
422 Franz Thorbecke (1875-1945), deutscher Geograph
423 Harald Gruber an CWHK, 03.1925 (Archiv AA)

Das erste Haus

Fotografie zu Kochs Artikel "Deutsche Farmer in Angola" in der Zeitschrift "Deutschland zur See", 1. Juni 1932

Ich auf dem Trekker 1924 in Angola![424]

---

[424] Bildbeschriftung

Angola-Eingeborene vor ihrem Gehöft mit Kürbis-, Rhizinus- und Tabakpflanzen[425]

Maria Koch mit Einheimischen (re.)

425 Bildbeschriftung

Carl und Maria Koch auf dem *Hof der Farm* Maria Muanha (1926)

Maria Muanha (1926)

Drillmaschine.
Im Hintergrund Magazin u. Tabakschuppen (1928)

Carl W.H. Koch

Gruber lockt mit Geld, mit viel Geld und wird herzlich in Muanha empfangen. Schon nach kurzer Zeit sind sich die beiden Männer einig. Ein Neuanfang soll gemacht werden, Maria-Joconde wird die neue Farm heißen:

> 1). *Mit dem heutigen Tage gründen die Unterzeichneten, Herr Carl W.H. Koch und Herr Harald Gruber als gleichberechtigte Gesellschafter und mit gleichen Gewinnanteilen die Fazenda Maria-Joconde. (...)*
>
> 5). *Als Gesellschaftsgelände gilt das bereits belegte oder noch zu belegende Land ohne Rücksicht auf die Art oder Namen der Belegung mit Ausnahme der Wohngrundstücke von 5 ha.*
>
> 6). *Als Gesellschaftereinlage gelten*
>
> a) *bei Herrn Koch die von ihm geschaffenen Anlagen, Farmen und Felder sowie seine afrikanischen Erfahrungen*
>
> b) *bei Herrn Gruber eine Einlage von fünfzehntausend englischen Schillingen, die in vierteljährlichen Raten von dreitausend Schillingen einzuzahlen ist.*[426]

Von Grubers erster Einzahlung lässt Koch dringende Reparaturen vornehmen, dann geht noch vor Beurkundung des Gesellschaftervertrags das gute Einvernehmen der beiden in die Brüche. In einem Brief an Konsul Denner in Loanda stellt Koch den Sachverhalt aus seiner Sicht dar:

> *Wir, meine Frau und ich, haben in der Person des Herrn Harald Gruber eine bittere Enttäuschung erlebt. (...)*
>
> *Jedoch der verursachte Schaden liegt in folgendem:*
>
> 1) *die Einbusse an Ansehen, Namen und Kredit,*
> 2) *die verlorene Zeit,*
> 3) *die Massnahmen für eine Vergrösserung des Betriebs und die infolge der einsetzenden Regenzeit und der damit verbundenen Beschleunigung der Arbeit unverhältnismäßig teure Wirtschaft,*
> 4) *die infolge des plötzlichen Vertragsbruches entstehenden Schäden: Ich rechnete mit dem Vertragskapital, habe mich auf Barmittel nicht eingerichtet und kann infolgedessen das notwendige Baumwollsaatgut nicht kaufen, kann nicht mehr mit den durch Gruber bestellten Maschinen rechnen, die für rationelle Wirtschaft notwendig sind. Erdnussschälmaschine, Windfege, Dreschmaschine, Ölpresse, Backmehlmühle usw. Diese Einrichtungen brauchen wir, teils zur Erntebereitung, teils schon vorher. Jetzt kann ich sie garnicht mehr rechtzeitig beschaffen. Der dadurch entstehende Verlust ist ausserordentlich gross.*

---

[426] Vertragsentwurf vom 29.07.1925 mit Ergänzung vom 31.07.1925 (Archiv AA)

(...) (Gruber) *ist ein ganz gefährlicher Mensch, ein typisches Produkt der Nachkriegszeit und arbeitet mit allen Mitteln. Tränen, moralische Zerknirschung, hysterische Anfälle usw. Er ist auf der einen Seite Künstler und besticht durch sein Geigenspiel alles, denn er kann was. Im übrigen ist er fraglos psycho-kriminell. Was er hier wollte, ist uns erschreckend klar geworden: Er wollte uns den wunderschönen Cangolungo - so heisst unser Schluchtbach - mit Garten und Kaffeesaatbeeten und unsern herrlichen Wohnplatz einfach stehlen und begann deshalb in nächster Nähe mit dem Hausbau grossen Stiles, den ich des lieben Friedens halber duldete (...).*

Doch genug davon. Das Ganze ist wieder ein Beitrag zum Kapitel Deutschtum in Angola![427]

Klopsch hat inzwischen beim Landgericht Elberfeld gegen den *früheren Afrikaschriftsteller Karl W.H. Koch, zurzeit Muanha, bei Malange*[428] Klage wegen Unterschlagung von 3.750 Reichsmark eingereicht. Vor einer Strafverfolgung ist Koch in Angola sicher - doch der umfangreiche Schriftsatz wird ein langes Nachspiel haben. Als Klopsch sich im fernen Deutschland mit seinen Forderungen sogar an Kochs Verwandtschaft wendet, verliert der jegliche Zurückhaltung.

Ihre Schreiben (...) an meinen Schwiegervater sind mir im Original zugegangen, ferner habe ich von Ihrer Zuschrift an meine Mutter (...) inhaltlich Kenntnis erhalten.

Hierzu habe ich Ihnen zu sagen, dass ich Ihr Vorgehen als erpresserischen Betrug ansehe, denn Sie wissen ganz genau, dass meine Anverwandten niemals für eine Forderung rechtmässig herangezogen werden können, die Sie an eine Gesellschaft haben, bezw. zu haben glauben. Aber, abgesehen davon, ist es ein Schurkenstreich, alte, harmlose Menschen mit beispiellosen Lügen und Verdrehungen nicht nur in erhebliche Aufregung zu setzen, sondern sie auch zu schriftlicher Übernahme einer Verpflichtung veranlassen zu wollen, die Sie nicht einmal von mir verlangen können. In der Tat, ich kann nur schriftlich festlegen, dass Ihr Vorgehen sich würdig all den Lügen und Verleumdungen anschliesst, die Ihre Schwester und Ihr Schwager, Frau und Herr Erich Buddeberg hier in die Welt gesetzt haben. Ich erkläre Ihnen, dass Sie ein Lump sind, und bedaure, dieser Verbalinjurie nicht tätlich die Unterstützung und den Nachdruck geben zu können, die Sie nach Ihrem Vorgehen meiner Mutter und meinem Schwiegervater gegenüber verdient haben. Dies persönlich, damit Sie sich keinem Zweifel darüber hingeben, wie ich über Sie denke. (...)

Auf Briefe, Telegramme und sonstige Zuschriften (...) haben Sie eine Antwort nicht mehr zu erwarten. Ich ersuche Sie dringend, sich an die berufenen Organe der Gesellschaft zu wenden, denn nur bei dieser können

[427] Brief vom 30.09.1925 (Archiv AA)
[428] Klageschrift vom 18.04.1925 (Archiv AA)

Sie Ihre Forderungen anhängig machen. Ich lehne es unbedingt ab, als Privatmann irgendetwas mit Ihnen zu tun zu haben. -[429]

Zusammen mit einheimischen Kontraktarbeitern, die pünktliche Bezahlung erwarten, bewirtschaftet Koch seine Farm, die er von nun an Maria Muanha nennt. Er pflanzt Erdnüsse, Kaffee und Tabak an, baut ein größeres Haus und langsam kehrt Ruhe ein.

> *Von der Steinstufe aus sah* (Maria) *die Baumsteppe vor sich liegen, die bestellten Felder und den Streifen der baumbestandenen Schlucht. Im letzten Dunst der Morgennebel lag das Land, unten gingen die Gärtner in die fruchtbare, dem Sumpf abgetrotzte Niederung, weiter oben, unweit des Hofes, hatte der Vormann Barroso seine achtzig Mann in langer Reihe zum Reinigen des Erdnussfeldes angesetzt. Sunga, sungasungenne ertönte sein anfeuernder Ruf. (...)*
>
> *Meist waren nach dem Frühstück Frauen aus den Dörfern gekommen, um Fubamehl oder Kürbisse oder Bohnen zum Kauf zu bringen oder um die Behandlung eines kranken Kindes zu erbitten, wie es sich eingebürgert hatte, nachdem die Heilung eines totkranken Säuglings gelungen war. (...)*
>
> (Sie) *ging hinunter in den Garten und in die Kaffeepflanzung in der Schlucht. Da standen die Gemüsereihen und die Artischocken und die Ananas unter den Bananenbosketten, die Saatbeete mit den Kohlpflanzen und den Kaffeesetzlingen und die Erdbeerbeete. Durch die Bewässerungsgräben floss das Wasser, und die Gärtner leiteten es ab und um, wie es dienlich war. Aus den Kronen hoher Bäume feixten einige freche Meerkatzen herunter, die sich seit langem von der Harmlosigkeit der weissen Frau überzeugt hatten und die genau wussten, dass ein Stock keine Schusswaffe ist.*
>
> *Auf dem Rückweg durch die Schlucht machte sie Halt, setzte sich auf einen gefällten Baumstamm, sie war müde geworden. Ein Buschbock zeigte hinter einigen Kaffeebäumchen kurz seine prangende, leuchtende Decke und ging, kurz erschreckend, unwillig ab. Was wissen wir von diesem Land und seinen Menschen, ging es der Farmersfrau durch den Kopf, und stärker überfiel sie die Empfindung einer ohnmächtigen Trostlosigkeit in ungewissem Druck.*[430]

Die Farm macht viel Arbeit, an manchen Tagen kommt Koch kaum aus den Kleidern. Dazu gibt es fast täglich Reibereien mit den Arbeitern und dem für Muanha zuständigen Polizeiposten in Xissa. Dann kommt der Tiefschlag. Maria wird von Tag zu Tag schwächer, sie ist ernstlich krank. In der Weihnachtszeit scheint es mit ihr zu Ende zu gehen.

---

[429] CWHK an Klopsch, Briefabschrift 27.04.1925 (DB-Archiv)

[430] Typoskript "Mulodj" (Nachlass)

Er hatte Don Firmino die Krankheitssymptome genau geschildert, dieser hatte sich vom alten Apotheker beraten lassen und schickte Medikamente. "O meu amigo," hatte Don Firmino dazu geschrieben, "vielleicht Gift, vielleicht Paratyphus, das ist alles, was wir sagen können. (...)"

Das eine Mittel half vorübergehend. (Er) *glaubte abends das Haus kurz verlassen zu können, um im hellen Mondschein einen Buschbock zu erlegen und Abwechslung in den Speisezettel zu bringen. Als er am Hauptwechsel am Rande des Tales ansass, hörte er* (Maria) *schreien, raste zurück und fand sie völlig aufgelöst. "Du darfst nicht weggehen, ich habe Angst, es war jemand am Schuppen, um einzubrechen."*

Tatsächlich war es so gewesen, Spuren ergaben es. Also steckt doch mehr dahinter, sagte (er) *sich, sollte Firmino mit der Vermutung recht haben, es handele sich um Gift? Und um Feindschaft der Eingeborenen, die unsre Hilfsbereitschaft ausbeuten? Die Mehrzahl der farbigen Arbeiter war entlaufen, nur ein kleiner Stamm geblieben. (...)*

(Maria) *verfiel erneut, es ging schneller abwärts. Das lindernde Mittel wäre in der Apotheke nicht mehr vorhanden, schrieb Don Firmino, er schicke einen Ersatz ähnlicher Zusammensetzung. Der Erfolg dieser Arznei blieb aus. (...)*

Die wenigen Farbigen schlichen nur noch über den Hof, es durfte weder gegongt noch laut gesprochen werden, (Marias) *Zustand verbot jedes Geräusch. Manchmal flüsterte sie vor sich, sie lebte im Unterbewusstsein in lichter Vergangenheit und war sich nicht bewusst, was sie sagte. Sie rückt immer weiter von dir weg und vom Leben weg, empfand (er) quälerisch, und du bist ohnmächtig, seit über zwei Monaten ist der Zerfall da, es geht auf Weihnachten zu, und wie soll alles werden? (...)*

Er haderte mit sich, mit Gott und mit dem Land, in dem (Maria) im Sterben lag. Es war heute Mittag ein letztes Aufflackern, sagte er sich, eine kurze Gnade des Todes, uns nicht zu trennen, ohne dass wir uns ein liebes Wort sagen, uns noch einmal, zum letzten Mal sehen.[431]

Gegenüber den Angestellten lässt Koch seinem Zorn freien Lauf:

Ein Mann aus dem Dorfe Muhé wurde widersetzlich und sagte, er könne Schweinefleisch nicht essen, ohne Fischration werde er nicht arbeiten. (Carl) *versetzte ihm einen Schlag, in dem viel seiner verzweifelten Wut steckte. Der Mann lag blutend auf der Erde, einige Zähne wackelten. Das Beispiel wirkte, die Leute zogen angstvoll und willig zur Arbeit (...).*[432]

---

[431] Typoskript "Im Tal des Buschbocks" (Nachlass); in der Geschichte verwendet Koch die Namen Friedrich und Hanna

[432] Typoskript "Der Farmer geht heute in den Urwald" (Nachlass)

Maria erholt sich, doch bis in den April 1926 hinein kämpft ihr geschwächter Körper mit der Krankheit. Der Farmbetrieb ist fast zum Erliegen gekommen.

> *An kleinere Vergehen schlossen sich in den Monaten der schweren Erkrankung meiner Frau - Januar - April - große Diebstähle an, besonders von ca. 1650 Kg Erdnüssen. Auf meine Bitte hin kam dann endlich der Postenführer José de Castro am 25/5. zu uns zur Untersuchung. Er nahm einige Verdächtige mit, nachdem er mir geantwortet hatte, er werde die Schuldigen zu vollem Schadensersatz zwingen. Ich flechte hier schon ein, daß er den halbwüchsigen Hausjungen Caspar (...) mit Fußtritten u. Faustschlägen traktierte u. ihn mit einem Strick, den er um den Hals hatte legen lassen, beinahe erdrosselte u. daß er andere Eingeborene mit der Pistole in der Hand mit Erschießen drohte. (...)*
>
> *Der Postenführer versprach jede Unterstützung. Wir schieden in bestem Einvernehmen. Er kam dann noch zweimal u. nahm in der Erdnußdiebstahlsangelegenheit meinen verdächtigen Vormann José mit, der seit Beginn meiner Arbeit, Juli 1924 bei mir war. Er stellte dann einige Schuldige fest, bestrafte sie aber nicht wegen des Diebstahls, sondern verurteilte sie zu Schadensersatz, den sie jedoch nur teilweise leisteten. (...) Damit war für den Postenführer die Sache erledigt, wie er schrieb.*
>
> *Er hatte mir 9 Kontraktarbeiter geschickt, die entliefen, erst zwei, dann die übrigen. Ich saß damals wochenlang ohne Personal, teilweise mit 1 Mann. (...)*
>
> *Der Respekt der Eingeborenen ließ völlig nach, die Arbeiter kommen nach Belieben zwischen 6 u. 8 Uhr zur Arbeit, leisten nichts, sind unverschämt, verweigern gewisse Dienste wie Aufsicht aufs Vieh, entlaufen endgültig oder kommen nur 2-3 Tage in der Woche, ganz wie es ihnen paßt. Innerhalb von vier Wochen habe ich 19 Hühner durch Diebstahl verloren u. vor 14 Tagen wurde mir mein Wachhund vergiftet.* [433]

Es kommt noch schlimmer:

> *Abgesehen von den beträchtlichen Verlusten, die ich durch die Diebstähle u.s.w. erlitt, verkommt mir jetzt alles. Ich kann infolge des Personalmangels die vorbereiteten Felder nicht kultivieren u. bestellen, der Garten wächst mir zu, die Saatbeete von Tabak werden nicht gepflegt, die Buschböcke fressen mir die Kaffeebäumchen kahl, Bohnen u. Erdnüsse in den Magazinen werden von Käfern u. Ratten zerstört, Hühner werden dauernd gestohlen, u. für all' dies haben die Behörden kein Verständnis. Ich bin als Deutscher vogelfrei u. rechtlos. Die Eingeborenen verlachen mich, da sie wissen, daß auf meine Anzeigen hin die Verwaltung niemals eingreift. (...) Ich werde in den nächsten Tagen ohne Leute sein. An Hauspersonal habe ich noch einen neunjährigen Jungen, dem die Leute heute schon mit einem Geist Angst machten, der nächtlich hier umherstreift. Das ist alles*

---

[433] CWHK an das Deutsche Konsulat Loanda, 11.10.1926 (Archiv AA)

wohlerwogenes System, um mir die Arbeit unmöglich zu machen. Beispielsweise legen Eingeborene rundherum Farmen an, damit ich eingekreist bin u. mich nicht ausdehnen kann, eine Tatsache, die alleine u. für sich beweist, daß Weiße dahinterstecken!

Es ist all dies eine regelrechte, systemische Verfolgung mit dem bestimmten Ziel, mich zu verdrängen. (...)

Ich bitte Sie nun, sehr geehrter Herr Konsul, anhand meiner Schilderungen entsprechend vorstellig zu werden u. in Loanda zu veranlassen, daß irgendetwas zu meinem Schutz u. zur sofortigen Klärung der Sachlage geschieht.[434]

Kochs Lage ist verzweifelt. Er sitzt mutterseelenallein mit einem verängstigten Neunjährigen auf einer verwahrlosten Farm. Aus allen Ritzen schaut die Not, das Geld ist knapp, selbst wenn Arbeiter kämen, könnte er sie nicht bezahlen. Der größte Schicksalsschlag steht ihm noch bevor: Maria ist schwanger, das Kind stirbt bei der Geburt:

Der Knabe ist tot, die Nabelschnur lag um den Hals und hat ihn erstickt.[435]

Carl zieht die Reißleine. Maria muss nach Hause, hier in Angola wird sie zu Grunde gehen. Ohne finanzielle Unterstützung der Botschaft in Loanda und das Angebot seines Freundes Richard von Stetten, Maria bei sich in Helmscheid aufzunehmen, wäre die dringend notwendige Erholungsreise kaum möglich gewesen. Im Schriftverkehr mit den Behörden erwähnt Koch die Totgeburt seiner Frau übrigens mit keinem Wort.

Es erscheint die preussische Staatsangehörige Frau MARIA KOCH, geb. Huebotter, Ehefrau des frueheren Hauptmanns d.R. der kaiserlichen Schutztruppe von Kamerun (...) und erklärt:

Trotz harter Arbeit auf der meinem Mann gehoerigen Pflanzung bei Malange ist es uns infolge der feindseligen Haltung sowohl seitens der portugiesischen Behoerden, wie auch der zum Widerstand gegen uns beeinflussten Eingeborenen nicht gelungen, voranzukommen, sodass wir nicht mehr wissen, auf welche Weise wir weiter existieren sollen. Unsere Lage wurde auch noch besonders dadurch erschwert, dass wir einen Teil unseres Geldes durch betruegerische Handlungen eines im vergangenen Jahre hier eingewanderten deutschen Pflanzers verloren haben. Zu einer gerichtlichen Klage fehlt es uns an Mitteln. Hinzu kommt, dass meine Gesundheit durch die vielen seelischen Erschuetterungen der letzten Jahre so geschwaecht ist, dass Lebensgefahr besteht, wenn ich meinen Aufenthalt in Angola noch laenger ausdehne. Es besteht daher fuer mich die zwingende Notwendigkeit, nach Deutschland zurueckzukehren, was ohne die Hilfe des Konsulats mangels der noetigen Mittel unmoeglich ist.

---

[434] a.a.O.

[435] Typoskript "Der Farmer geht heute in den Urwald" (Nachlass)

Ich bekenne, der Legationskasse des Auswaertigen Amts in Berlin fuer die durch das Deutsche Konsulat zu Loanda verauslagte Heimpassage III. Klasse auf D(ampfschiff) *USAMBARA von Loanda nach Hamburg den Betrag*

£ 24. - . - (Vierundzwanzig Pfund Sterling[436])

zu schulden und verpflichte mich, den Gegenwert dieses Betrages in Reichsmark an die Legationskasse zurueckzuzahlen, sobald meine Verhaeltnisse es gestatten. (...)[437]

Nach etlichen Erkundigungen und erfolglosen Mahnungen wird das Auswärtige Amt in Berlin am 6. März 1928 - über ein Jahr nach Marias Rückkehr auf die Farm - *mit Rücksicht auf die wirtschaftliche Notlage der Familie KOCH* das Deutsche Konsulat in Loanda bitten, *nunmehr von weiteren Einziehungsversuchen abzusehen; die Frau Koch seinerzeit vorgestreckten Reisekosten sind auf amtliche Mittel übernommen worden.*[438]

Koch hatte sich zuvor an das Konsulat gewandt und die verzweifelte Situation vom Herbst 1926 geschildert:

Die Heimreise meiner Frau war damals erforderlich, da ihr Gesundheitszustand ein Hierbleiben ausschloss. Sie hatte monatelang mit Paratyphus gelegen, was aber erst in der Heimat festgestellt wurde. Infolgedessen - ich war zur Pflege Tag und Nacht ans Haus gefesselt - verloren wir die gesamte Tabakernte und einen Teil der Erdnussernte. (ca. Mk. 4000,-) In derselben Zeit hatten wir Schwierigkeiten mit dem portugiesischen Postenführer, die sich über Monate hinzogen (...). Wir waren ohne Personal und konnten nicht arbeiten. Damals fuhr meine Frau nachhause, denn wir hätten uns ohne Hilfe nicht mehr halten können, und sie konnte hier unter derartigen Umständen naturgemäss nicht die unbedingt erforderliche Pflege finden, da wir infolge der geschilderten Verhältnisse aus andern Gründen völlig mittellos waren.[439]

Maria findet in Deutschland Zeit zur Erholung, sie macht Besuche bei Eltern und Freunden in Magdeburg, während es auf der Farm in Angola drunter und drüber geht.

Koch hat in seiner Einsamkeit viel Zeit zum Nachdenken.

Ja, du musst dich wandeln, erkannte er. Du musst die scheinheiligen Gesetze des heutigen Afrika benutzen. Der weisse Mann herrscht im dunklen Erdteil aufgrund der Waffenüberlegenheit. Letzten Endes bestimmen die Bombengeschwader und die farbigen Soldaten und Polizisten als Helfer gegen die eigene Rasse. (...)

---

436 ca. 500 RM

437 Schuldanerkenntnis Maria Koch vom 13.09.1926 (Archiv AA)

438 Auswärtiges Amt, 06.03.1928 (Archiv AA)

439 Schreiben vom 25.01.1928 (Archiv AA)

Als wir durch geistige und moralische Kraft die Herren waren, die hochstehenden, unnahbaren Herren kraft unsrer Rasse (...) war das Verhältnis zu den Farbigen besser für sie und für uns. Damals galten andre Gesetze für sie und für uns. Heute gelten die gleichen Gesetze. Der Erfolg ist, dass sie nicht mehr wirken und den Menschen beider Rassen schlecht machen müssen, um bestehen zu können.[440]

Maria ist schon zur Rückreise eingeschifft, da stürzt sie schwer, Armbruch und Riss der Gelenkkapsel, sie muss in Bremen ins Hospital und kann erst mit dem nächsten Dampfer zu ihrem Mann fahren. Neue Kosten, neue Sorgen - es hört einfach nicht auf.

(...) da seit einem Jahre in Angola eine wirtschaftliche Krise schlimmster Art einsetzte, ist heute meine Lage nicht besser als damals. Denn es fehlt mir an Betriebskapital, die Produkte des Landes sind entwertet, Gelegenheit zum Decken der Unkosten durch Handel besteht nicht mehr, und es herrscht eine allgemeine Geldknappheit, sodass es auch nicht möglich ist, landwirtschaftliche Einrichtungen wie Pflüge u. dgl. zu verkaufen.[441]

1927 ist ein Jahr zum Durchatmen. Maria ist zurück in Muanha, es geht ihr gesundheitlich einigermaßen, und die Farm erwirtschaftet, was die beiden zum Leben brauchen. Voller Zuversicht machen sie sich an ein lange aufgeschobenes Neubauvorhaben.

Die Frontseiten von Wohnhaus und Tabakschuppen wurden gemauert. Baroso entwickelte Geschicklichkeit, er hatte im Gegensatz zu den Massongos ausgesprochenen Sinn für die Vertikale und Horizontale. (Carl) *prüfte, ob die Steine richtig gesetzt seien, und verbesserte da, wo es fehlte. Der Tischler Santos, der im ersten Jahre ständig in Muanha gearbeitet hatte, erschien wieder und setzte Türen und Fenster ein. Auch im Schweinestall und Hühnerhaus gab es allerhand zu tun. Die Schweine neigten stets dazu, die Wände von Haus und Koben zu unterwühlen. Die Löcher mussten mit Steinen und zähem Lehm ausgefüllt und festgestampft werden.*

Im Wohnhaus wirkte (Maria). *Der Boden der Essveranda wurde mit einer Mischung von Lehm und Ochsenmist versehen und nach dem ersten Austrocknen gestampft. Frühmorgens bei Arbeitsanfang und abends als Abschluss tanzte das ganze Personal mit klatschenden Füssen nach den Klängen einer Trommel bis die Auflage fest und haltbar war. Dann wurde das Wohnzimmer vorgenommen.* (Maria) *liebäugelte mit dem Gedanken, Baderaum und Schlafzimmer zu zementieren. Ein Überschlag über die Mittel verbot die Ausgabe für Zement. (...)*

---

440 Typoskript "Der Farmer geht heute in den Urwald" (Nachlass)
441 Schreiben vom 25.01.1928 (Archiv AA)

Die Arbeiten schritten trotz der Widerspenstigkeit der Massongos voran. Die Niederlassung sah besser aus. Die Zimmer waren mit einer Mischung von Kalk und feinem Sand verputzt und weiss gestrichen.[442]

Ein Jahr später eskaliert die Situation erneut. Es sind nicht nur die Spionagevorwürfe portugiesischer Behörden und der Verdacht politischer und militärischer Umtriebe, die Koch um sein Leben fürchten lassen:

> (Ich hatte) *im vergangenen Jahr wieder gute Beziehungen zu den Eingeborenen der Nachbardörfer (...) - es meldeten sich im Sommer und Herbst rd. 80 Mann als freiwillige Arbeiter auf 6 Monate - bis dann nach Weihnachten 1927 ein Umschwung eintrat.*
>
> *Wenige Tage vor dem Fest war im Dorfe Cégo - 30 Minuten von hier entfernt - das anderthalbjährige Kind Casua, Neffe meines Hausjungen Quisanga, zu Fetischzwecken geraubt worden. Ich machte dem Postenführer da Silva Pinto d'Almeide am 23/12. persönlich Mitteilung hiervor, woraufhin der Häuptling Cégo verhaftet wurde. Er gestand nichts. Das Kind Casua wurde einige Tage später mit gebundenen Händen, mit einem Einschnitt im Genick und mit verbranntem Rücken, Kopf und Beinen 200 m vom Dorf entfernt aufgefunden und starb im Hospital in Malange, wohin ich es geschickt hatte. Als mutmasslicher Täter hatte ich den Zauberer Cassanje aus demselben Dorfe genannt, was von Eingeborenen bestätigt wurde. Cassanje hatte schon vielfach auch Leute von mir mit dem Tod durch Zauberei bedroht - was dem Bezirksamt Malange seit 1926 bekannt ist, - und trieb sein Wesen seit Jahren. Der Postenführer gab den Häuptling Cégo an das Bezirksamt Malange ab und damit die Verfolgung der Angelegenheit.*
>
> *Am 27. Dezember 27 boten mir Cégo-Leute ein gutes Mutterschwein dafür an, dass ich die Entlassung des Häuptling Cégo aus dem Gefängnis in Malange erwirke, was ich ablehnte. In der Nacht desselben Tages wurde mir eine Muttersau im Schweinestall erschlagen. Es ergab sich, dass der Racheakt von den Arbeitern Umba und Correa verübt worden war. Die beiden Arbeiter schickte ich zur Bestrafung nach Malange.*
>
> *Hier setzt nun wieder der Sekretär* (mit dem Koch seit Jahren in Privatfehde liegt) *ein: Den Häuptling Cégo liess er in sein Dorf zurückgehen. Gegen den Zauberer Cassanje unternahm er nichts. Die beiden Arbeiter Umba und Correa bestrafte er nicht etwa, sondern gab sie mit dem Bemerken an einen schwarzen Pflanzer in Arbeit, meine Anklage sei falsch, sie seien schuldlos und sollten nicht zu mir in den Dienst zurückkehren. Ich wurde überhaupt nicht befragt!*
>
> *Der Sekretär erreichte hiermit folgendes: Arbeiter entliefen mir. Es wurde, offenbar von dem Zauberer Cassanje ausgehend, ein Feldzug zur Vernichtung meines Viehs organisiert: Es verschwanden 14 europäische*

---

[442] Typoskript "Der Farmer geht heute in den Urwald" (Nachlass)

oder aufgekreuzte Legehühner, 7 Tauben, 2 Würfe (10) Ferkel, 24 meist tragende Kaninchen, und mehrfach wurde der Raub meiner Zugochsen versucht. Am 30. Januar (1928) wurde ich im Dorfe Cabingano, wie auch meine Leute, mit Gewehren mit dem Tode bedroht. Kurzum, ich war nach Ansicht der Eingeborenen vogelfrei. An einen regelmäßigen Arbeitsgang war nicht mehr zu denken. Freiwillige Kontraktarbeiter erschienen nicht mehr oder nur ganz unregelmäßig zum Dienst (...). Hausjungen wurden von Cassanje mit dem Tod durch Zauberei bedroht, ums sie zum Entlaufen zu veranlassen.

(...) der Zauberer Cassanje, der ganz offensichtlich die Triebfeder war, wurde auf meine erneuten Beschwerden hin endlich Ende Februar (1928) festgenommen. Was er angezettelt hatte, war inzwischen für andere Eingeborene Tradition geworden. Sie alle wussten, dass ich völlig rechtlos und dass Diebstähle und Widersetzlichkeiten von Amtswegen erlaubt seien. Um mir die Viehhaltung zu erschweren bezw. unmöglich zu machen, wurde der Ochsenjunge Figueira solange bearbeitet, bis er sich schliesslich am 26. März erhängte[443]. Es war dann nur mit grosser Mühe möglich, Ersatz zu finden. (...)

Infolgedessen ist auch heute eine regelrechte Arbeit unmöglich, sodass ich den Entschluss fassen musste, den Cangulungo und damit meine gesamte Arbeit aufzugeben, wenn nicht bald eine entscheidende Wendung eintritt. Die direkten und indirekten Verluste, die mir durch das völlige Versagen der Behörden früher schon entstanden sind und jetzt wieder entstanden sind, bezw. entstehen, sind untragbar. Ich habe nur wenige Leute, und trotz aller Versprechungen denkt die Verwaltung garnicht daran, mir zu helfen, es ist vielmehr ihre klare Absicht mich unter dem Vorwand von politischen Gründen zu verdrängen. (...)

Die Gesamtlage ist für mich eine völlig unhaltbare. Infolge von schweren Verletzungen am linken Bein kann ich sei 1 Monat nicht von hier weg, und auf Beschwerden und Briefe erhalte ich keine oder nur befriedigende Antwort. (...) Portugiesische Händler in Cambonde und Umgebung nutzen - anscheinend im Auftrage des Sekretärs - die Lage aus und beeinflussen die Eingeborenen gegen mich, hetzen sie auf und nehmen mir Leute weg, die sich bei mir verpflichtet hatten und die ich in den vorgeschriebenen Listen als angeworben gemeldet hatte. Dauernde kleinere Diebstähle sind an der Tagesordnung. Meine Stiere werden zum Decken von Eingeborenenvieh heimlich dahingetrieben, u.s.w. Wenn Arbeitern ein bestimmter Dienst nicht passt, verweigern sie ihn nach Belieben. Wenn ich ihnen drohe, laufen sie davon. (...)[444]

Dem offiziellen Brief an die Botschaft fügt Koch ein persönliches Schreiben an Geheimrat Dr. Seeger *Konsul des Deutschen Reiches* bei, in dem er noch deutlicher wird:

---

443 CWHK verwendet diesen Suizid im Typoskript "Mulodj" (Nachlass)
444 CWHK an das Deutsche Konsulat, Loanda, 24.04.1928 (Archiv AA)

Wir können infolge der uns böswillig bereiteten Schwierigkeiten einfach nicht weiterarbeiten und haben eigentlich den Entschluss gefasst, den Cangulungo aufzugeben. Meine Frau ist mit ihren Nerven völlig herunter und leidet infolge der aufregenden Vorfälle und dauernden Schwierigkeiten an bedenklichen Angstzuständen. Hierzu besteht auch bei kühlster Überlegung Grund, denn wir müssen von seiten der Eingeborenen in der Tat mit weiteren Gewalttätigkeiten rechnen. Wenn das Gras trocken wäre, würde uns sehr wahrscheinlich alles in Flammen aufgehen. (...)

Darf ich Sie nun bitten, gegebenenfalls deutsche Interessenten, die sich auf dem Malange-Plateau niederlassen wollen, an mich zu verweisen. Vielleicht könnte sich hieraus ein Verkauf meines Anwesens ergeben (...). Ein anderer Deutscher an dieser Stelle hätte ja nicht mit Schwierigkeiten zu rechnen, denn sie richten sich nur gegen meine Person.[445]

Koch hat sich diesen Entschluss nicht leicht gemacht. Sorgfältig hat er die Anschrift Dr. Seegers in schwungvollen Buchstaben auf den Umschlag des Einschreibebriefs gemalt und ihn auf der Rückseite mit seinem kleinen chinesischen Siegelring verschlossen.

Die Schwierigkeiten mit örtlichen Behörden sind keineswegs nur auf deren Böswilligkeit und den persönlichen Zwist mit dem Postenführer in Xissa zurückzuführen, das ist spätestens nach dem sehr ausführlichen Bericht an den Kabinettschef des portugiesischen Generalgouverneurs zu Loanda auch Dr. Seeger klar, der in einem Bericht an das Auswärtige Amt in Berlin deutliche Worte findet:

Koch (scheint) *seine Arbeiter nicht richtig behandelt zu haben. Insbesondere wird ihm nachgesagt, daß er seine Leute nicht auszahlt und sie teilweise in erheblicher Weise verprügelt. Dies (...) erklärt jedoch das Verhalten der portugiesischen Stellen zu Koch.*[446]

Der bereits erwähnte Bericht der *Direktion der einheimischen Angelegenheiten*[447] an den Kabinettschef des Generalgouverneurs zeigt deutlich die Verärgerung über den Farmer Koch:

Es handelt sich um einen Mann namens Carl Wilhelm Kemrick (sic!) *Koch, angeblich Offizier des deutschen Heeres, was eine Eigenschaft ist, die alle in Angola wohnenden Deutschen, wenn sie sie besitzen, aus mir unbekannten Gründen sorgsam verbergen; er ist mit einer kleinen Landwirtschaft in der Nähe von Malange ansässig und tut sich durch sein inkorrektes Verhalten in seinen Beziehungen zu den Eingeborenen und sogar den Behörden gegenüber hervor.*

---

445 CWHK an Geheimrat Dr. Seeger, Loanda, 27.04.1928 (Archiv AA)

446 Dr. Seeger an AA, 27.07.1928 (Archiv AA)

447 Übersetzung des Berichts vom 27.06.1928 durch den Sprachendienst des AA vom 29.09.1928 (beide Archiv AA)

Nach den Auskünften der Inspektion der Eingeborenen-Arbeit im Nordbezirk beruhen seine Klagen über die Eingeborenen darauf, daß er diejenigen, die ihm Dienste leisten, mißhandelt und nicht bezahlt und die in der Nachbarschaft seiner Besitzungen schädigt, indem er roh das Vieh tötet, - unter dem Vorwande, daß es in seine Kulturen eindringt, - und die Nachbarn so hartnäckig belästigt, daß sie das Land, auf dem sie wohnten, verlassen mußten. Die Klagen, die er gegen die Behörden führt, sind nichts anderes als eine Ausgeburt seines Widerwillens, sich den Gesetzen des Landes zu fügen, das ihm Gastfreundschaft gewährt.

Das Auswärtige Amt teilt diese Einschätzung:

Koch ist auch hier (in Berlin) als schwieriger Mensch bekannt. Er hat schon in Kamerun, wo er früher ansässig war, Schwierigkeiten gehabt, sodaß die Vermutung nicht unberechtigt erscheint, daß auch in diesem Falle die Schuld an ihm selbst liegt.[448]

In diesen Tagen erscheint im fernen Deutschland eine Anzeige in der Deutschen Übersee- und Kolonial-Zeitung "Der Kolonialdeutsche", einer Halbmonatsschrift der Deutschen Kolonialgesellschaft:

Die Wiederaufbau-Gesellschaft für Ost- und Westafrika G.m.b.H., Berlin W9, Lennéstr. 8, hat in Angola (Portugies. Westafrika), verschiedene Farmen abzugeben und zwar (...):

Ferner in Malange Hochland (Nord-Angola) im Betrieb befindliche Pflanzung 1200£.

Für Interessenten mit Kapital von 30-50 000 RM. sind diese Objekte sehr zu empfehlen. Die Portugiesischen Behörden machen keinerlei Schwierigkeiten. Die Arbeitsverhältnisse sind gut, desgl. die Absatzverhältnisse.[449]

Koch hat aufgegeben, das ist offensichtlich.

Vor allem gibt ihm Marias Zustand zu denken. Nein, diesmal ist sie nicht krank, seine Frau erwartet erneut ein Kind. Mit 32 Jahren ist sie nicht mehr die jüngste, selbst zu Hause in Deutschland wäre das Risiko einer Schwangerschaft nicht unerheblich. Hier in Muanha - weit weg von ärztlicher Versorgung - könnte die Geburt lebensbedrohlich sein.

Mit dem Juli-Dampfer verlässt die schwangere Maria 1928 den schwarzen Kontinent für immer, sie wird das Kind daheim in Deutschland zur Welt bringen. Carl hat ihr versprechen müssen, so schnell wie möglich nachzukommen.

---

448 AA an das Deutsche Konsulat Loanda, 12.12.1928 in Beantwortung der Berichte vom 25. und 27.07.1928 8 (Archiv AA)

449 Zeitung Der Kolonialdeutsche, 8. Jg., Nr. 14 vom 15.07.1928

Koch bemüht sich weiter, einen Käufer für die Farm zu finden. Einmal hofft er auf einen seiner ehemaligen Unteroffiziere, dann auf einen Geldgeber aus Hamburg. Alles vergebens. Abends sitzt er im kargen Wohnzimmer und schreibt über seine Träume vom Farmleben in Angola:

> *Dies Buch ist kein Roman spannender Handlung mit irgendeiner zweckvollen Tendenz, sondern eine ganz schlichte Erzählung.*
>
> *Es enthält keine künstlichen Sensationen, die die Nerven zu kitzeln bestimmt sind, keine klingenden Abenteuer und kaum einen Schimmer jener glühenden Romantik, die man in der Heimat mit fernen Ländern zu verbinden geneigt ist. Es soll durchaus natürlich und simpel sein, es soll von viel Arbeit, von zahlreichen Enttäuschungen und Verlusten und wenigen und seltenen Erfolgen im Schatten einer reichlich altmodischen Liebe erzählen, und es soll - im allgemeinen - seine Menschen so enthalten, wie sie in ihren Taten, nicht etwa in ihren Worten sind, also selten gut, meist nicht ausgesprochen schlecht, aber oft gleichgültig und selbstsüchtig bis zu fühlloser Grausamkeit. (...)*
>
> *Ich habe dazu nichts zu erfinden oder zu erdichten. Ich ziehe nur den grauen Vorhang hoch, der die enge, misshandelte Heimat von den Bildern scheidet, die sichtbar werden sollen.*[450]

Als Koch fertig ist, liegen 176 vielfach korrigierte Schreibmaschinenseiten vor ihm. Das letzte Kapitel - *Ausklang* - ist voller Hoffnung auf eine bessere Zukunft.

> *Sie leben ihrer Arbeit und schreiten in leidlichem, aber doch auf jeden Fall gesicherten Stile durch die Jahre. Der schnelle, weitere Preissturz auf dem Kaffeemarkt hatte bewirkt, dass aus den Ernten der Wildbestände nur ein mässiger Gewinn blieb. Daher baut (Maria) nach wie vor ihr Gemüse an und liefert es nach Cambonde oder an die Küste, und (Carl) bearbeitet seine Felder, pflügt mit den neuen Ochsengespannen und geht unverdrossen mit der Drillmaschine, wenn das Land saatfertig ist. (...)*
>
> *(Maria) und (Carl) leben noch im Urwald. Sie finden ihr Glück und ihre Zufriedenheit in sich und in ihrem Kinde (...).*[451]

Sorgfältig heftet Koch die Seiten in einen Schnellhefter. Das Buch soll den sperrigen Titel "Der Farmer geht heute in den Urwald" tragen, irgendwann, wenn es vielleicht einmal gedruckt wird.

Maria schickt dicke Briefe an ihren Mann. Die Nachrichten sind traurig, seine Mutter in Wiesbaden ist krank, wird immer schwächer und stirbt am 24. September 1928. Carl kann kaum noch einen klaren Gedanken fassen. Seine Mutter, *das Arbeitstier der Familie*[452], ist tot. Wie lange hat er sie nicht gesehen,

---

[450] Typoskript "Der Farmer geht heute in den Urwald" (Nachlass)
[451] a.a.O.
[452] häufige Bezeichnung im Tagebuch

fünf Jahre sind es schon seit dem Abschied. Nie wieder wird er ihre liebe Stimme hören, der Schädel dröhnt, er presst ihn zusammen und weiß keinen Ausweg. Es ist das traurigste Weihnachtsfest seines Lebens.

Maria hat bei ihrer Freundin Heide Gobbin Unterschlupf gefunden, die in der stillen Albrechtstraße 15b in Berlin-Steglitz bei ihren Eltern wohnt. Ihr Vater Paul Gobbin war Offizier im Magdeburger Feldartillerie-Regiment Nr. 4, wurde als Generalmajor pensioniert und führt als Präsident den Preußischen Landes-Kriegerverbandes. Die beiden fast gleichaltrigen Frauen haben gemeinsam den Vollkurs 1918-1920 an der Sozialen Frauenschule bei Alice Salomon besucht[453], beide haben sich danach zunächst für soziale Berufe entschieden. Heide ist nach den bitteren Erfahrungen der Kriegs- und Nachkriegszeit in die SPD eingetreten und trägt seit 1926 stolz eine Polizeimarke in der Tasche. Sie ist eine der ersten weiblichen Kriminalbeamtinnen in Berlin[454].

Am 13. Januar 1929 kommt Karlhans auf die Welt. Maria ist überglücklich und kann es kaum erwarten, die ersten Fotos ins ferne Angola zu schicken. Wenn doch Carl nur endlich einen Käufer für die Farm finden würde!

In einer unveröffentlichten Kurzgeschichte verarbeitet Koch die Geburt seines Sohnes im fernen Deutschland:

> *Die ziehenden Schmerzen kamen wieder, jedoch in Pausen, darüber verging der Vormittag, gegen Mittag wurden sie fast unerträglich, die Begleiterscheinungen deuteten auf baldige Geburt, das war auch die Ansicht der Hebammenschwester und des Arztes, dann aber hörten die Wehen ganz plötzlich auf. Es war wie eine Lähmung des Körpers, der Muskeln, die das neue Leben hervorbringen sollten und sich zu weigern schienen, die ganz einfach ihren Dienst aufkündigten und nicht mehr mitmachten. (...) In den späten Abendstunden erwies sich, dass eine Operation erforderlich sei, es war kein anderer Ausweg vorhanden, um die beiden Leben zu retten oder doch den Versuch zu machen.*
>
> *„Machen Sie mit mir, was Sie wollen, wenn nur das Kind lebt," sagte* (sie) *zum Arzt, nachdem er sie nochmals untersucht hatte. Es war nach den ohnmächtigen und quälerischen Stunden des Nachmittags und des Abends eine Erlösung für sie, in Bewusstlosigkeit zu versinken, als die Maske*

---

453 Auskunft Alice-Salomon-Archiv

454 Adelheid Gobbin (1896-1963), 1932 Kriminalkommissarin im Reichskriminalpolizeiamt (RKPA), zeitweise liiert mit Arthur Nebe (Direktor des RKPA, 1941 Chef der SD- und SS-Einsatzgruppe B, 1945 als Mitwisser am Hitler-Attentat hingerichtet), 1937 Leiterin der Dienststelle für Sittlichkeitsverbrechen. 1944 versteckt sie den flüchtigen Nebe, verrät ihn dann aber an die Gestapo. 1945-1950 Haft in verschiedenen Lagern, 1950-1957 Dienst in der West-Berliner Kriminalpolizei. Vgl. die Spiegel-Serie "Das Spiel ist aus - Arthur Nebe / Glanz und Elend der deutschen Kriminalpolizei" von 1950 und Andreas Weigelt: Umschulungslager existieren nicht. Es ist nicht bekannt, wie lange der Kontakt zwischen Heide Gobbin und Maria Koch bestand.

vorgelegt war, sie hatte noch einmal ihren ganzen Willen aufgeboten, um das Kommende durchzustehen, nein, sie wollte sich keineswegs geschlagen geben, ihr Bauernblut wehrte sich dagegen, an einer Geburt zugrunde zu gehen.

Der Arzt arbeitete wie verzweifelt mit allen möglichen Instrumenten, die Geburtsschwester half tüchtig mit, tatsächlich, traditionsgemäß lag das Kind nicht nur umgekehrt, sondern, man muss schon sagen, kreuz und quer, und richtig hatte es die Nabelschnur um den Hals und war fast erstickt. Die Schwester musste den kleinen blauroten Körper fest klopfen und schütteln, bis sich schliesslich aus dem, von Zange und anderen Hilfsmitteln reichlich mitgenommenen Geschöpfchen doch noch das erste piepsige Stimmchen löste.

Seit einer Weile schon hatte die Uhr im Gange leise Mitternacht geschlagen, gedämpft, wie sich das in einer Klinik gehört, der Arzt hatte noch reichlich mit dem Nähen und allem Drum und dran zu tun, die Narkoseschwester atmete auf, bei dem durch Malaria geschwächten Herz war die Operierte mehrfach am Exitus vorbeibalanziert, es war sehr nahe am Ende gewesen, und das mehrere Male.

„Ältere Leute sollten keine Kinder kriegen, sie sind dann meist riesengross entwickelt mit dicken Köpfen, und liegen sie dann noch anormal, dann ist der Teufel los," sagte der Arzt, er war schweissgebadet von den Anstrengungen, sah noch kurz nach dem krähenden Bübchen, wusch sich die Hände und nahm sich vor, einen ordentlichen Kognak zu trinken.

Das Weitere ging routinemäßig, wie einexerziert, die Klinik war gut im Schuss, die Nachtschwester passte auf, und (Maria) *war schon nach Ablauf der ersten Stunde des neuen Tages wieder so weit wach, dass sie fast völlig klar zu denken vermochte. Sie fragte gleich nach dem Kind, und die Nachtschwester sagte, „es ist ein Bub, er ist gesund, hat nur ein paar Druckstellen, die wir schon wegkriegen, er kam um 0,30 zur Welt, ausserdem ist heute Sonntag und der Dreizehnte."*

„Das ist genau wie bei meinem Mann, auch er ist ein Sonntagskind von einem Dreizehnten." (...)

Damit sind die damaligen Begebenheiten (...) zu Ende und meine Aufgabe als Chronist ist erfüllt. Ich überlasse es kundigeren und klügeren Leuten, die eigenartigen Wechselbeziehungen zu zeitlich fast dramatischen Zusammenwirkungen zu ergründen und zu erklären, die ich zu schildern versucht habe. ---------- Karl W.H. Koch[455]

Köhlers illustrierter deutscher Kolonial-Kalender bringt in seiner Ausgabe für das Jahr 1930 die bereits 1923 veröffentlichte Erzählung "Der Wald von

[455] Typoskript "Begebenheiten um Renate, ein euro-afrikanisches Erlebnis" (Nachlass)

Mokwabut". Es gibt keinen Beleg dafür, dass Koch in Angola darüber informiert ist, möglicherweise hat Maria die Autorisierung zum Nachdruck gegeben. Bewusst oder unbewusst wird hier erstmals ein "K" bei Kochs erstem Vornamen verwendet, eine Schreibweise, die er bis zu seinem Lebensende beibehalten wird.

Das ganze Jahr 1929 geht vorüber ohne dass der Verkauf der Fazenda Maria Muanha gelingt. Koch ist verzweifelt. Er will nach Hause, zu seiner Frau und dem Sohn, den er nur von Bildern kennt. Er hat ein neues Buch begonnen, diesmal schreibt er sich die Erinnerungen an den Weltkrieg von der Seele. Mit diesem Werk soll, nein muss der Neuanfang in Deutschland gelingen.

Es kommen neue Tiefschläge.

> *Es ist mir bekannt geworden, dass zuhause - verursacht anscheinend durch die Auskunftei Schimmelpfeng und als Unterlage dafür vermutlich durch die Machenschaften eines gewissen F.W. Klopsch (...) - die Ansicht besteht, ich werde wegen Unterschlagung von Geldern gesucht. (...)*
>
> *Daher wende ich mich an die Staatsanwaltschaft I, Berlin mit der Bitte um Feststellung, ob ich tatsächlich "gesucht" werde, und erkläre dazu, dass ich mich selbstverständlich jederzeit zur Verfügung stelle.*[456]

Die Mühlen der Gerichte mahlen langsam, aber sie mahlen. Anfang Juni 1930 erreicht ein Schreiben des Oberstaatsanwalts aus Wuppertal das Deutsche Konsulat in Loanda:

> *In der Anlage übersende ich (...) eine Abschrift des wesentlichen Inhalts der Akten über ein hier gegen Koch anhängiges Ermittlungsverfahren. Dem Beschuldigten Koch, von dem ich annehme, dass er noch die Preussische Staatsangehörigkeit besitzt, bitte ich seinem Wunsche entsprechend, Gelegenheit zu geben, zu den gegen ihn erhobenen Beschuldigen Stellung zu nehmen.*[457]

Die Schatten der Vergangenheit erheben sich. Koch liest im umfangreichen Schriftsatz die längst verdrängten Namen Klopsch und Buddeberg. Er liest, was seine ehemaligen Gefährten über ihn geschrieben haben, wie sie ihn als geldgierigen Nichtsnutz hinstellen und kein gutes Haar an ihm lassen. Nein, die Rückkehr nach Deutschland hat sich Koch anders vorgestellt.

Der Kampfgeist erwacht, und jetzt kann es gar nicht schnell genug gehen. Beim Packen wird versehentlich der Reisepass verbrannt, Ersatz muss beschafft werden. Dann bricht die Katastrophe herein.

---

456 Schreiben an die Staatsanwaltschaft Berlin vom 07.02.1930 (Archiv AA)

457 Schreiben des Oberstaatsanwalts Wuppertal an Deutsches Konsulat Loanda vom 28.04.1930 (Archiv AA)

Der Donner war nicht stark. Ein feiner Regen begann langsam zu fallen. Merkwürdig kühl wurde es gleichzeitig. (...) Die Tropfen wurden stärker und sprangen platzend.

Mitten im Regen kam Hagel in Erbsengrösse. Wenn er nur nicht stärker wird, dachte (Carl) *misstrauisch. Und freute sich kurz in der natürlichen Gedankenverbindung zwischen den weissen Eisstückchen und der Kälte der fernen Heimat.*

Neben den erbsengrossen Stücken kamen dicke Schloßen, rund wie Kirschen. Prasselnd und schmetternd stürzten sie in schrägen, kalten und zielbewussten Geschossbahnen hernieder. (...) Das Laub des Baumes sank herunter, die Bananenblätter bewegten sich hilflos und zerfetzt. Die nahen Kohlbeete waren kahl und gerupft. Matt starrten Herzblätter aus der zerschlagenen Umrahmung und zwischen stehen gebliebenen Rippen, bis sie ein direkter Schlag einer Schloße zermalmte. Die zarteren Pflänzchen der jungen Saatbeete legten sich um und wurden in die Erde gestampft. Tomaten und Pfefferschoten kollerten von den Stauden, rollten in die Gräben und wurden weggeschwemmt.

Dann kamen die schweren Geschosse. Taubeneigrosse, ovale Eisstücke jagten in hartem Geprassel hernieder, zersprangen an den Stämmen der Bäume, dröhnten auf den hölzernen Brücken der Gräben, klirrten auf den Gerätschaften und zerfetzten die Pflanzen, wo sie sie trafen. (...)

Der Regen nahm zu. Er war eine völlige Auflösung des Himmels. Der Hof war ein See, die Hütten und Bauten standen im Wasser. Eine Glucke lag erschlagen samt ihren Küken, einer der wirbelnden Bäche fasste sie und schwemmte sie samt ihren gelben Küken hinweg. Es war völlig windstill geworden. (...)

Kisten trieben wir schwankende Fahrzeuge aus den offenen Schuppen heraus und segelten irgendwohin. (...)

Die Ferkel im Schweinestall lagen ersoffen, die letzten Tiere standen bis zum Bauch im Wasser (...). (Carl) *ging über den Hof zum Tabakschuppen. Er sah nur kurz hinein, sah Wasser und Nässe und das Triefen durch das Grasdach hindurch.*[458]

In wenigen Minuten hat die Farm Maria Muanha aufgehört zu existieren. An einen Verkauf ist nicht mehr zu denken, alles ist vernichtet, die Häuser, der Stall, die Vorräte und Maschinen.

Koch bittet vor dem Hintergrund der gegen ihn in Deutschland erhobenen Anschuldigungen den portugiesischen Gouverneur in Malange um Ausstellung eines Führungszeugnisses, *das nie ausgestellt worden wäre, wenn auch nur das*

---

[458] Typoskript "Der Farmer geht heute in den Urwald", 2. Fassung (Nachlass)

Geringste zu meinen Ungunsten bekannt gewesen wäre. Gerade mit Rücksicht auf die Affäre Klopsch hatte ich darum gebeten.[459]

Danach besteigt er am 17. Juni 1930 in Lobito das Dampfschiff nach Deutschland. Wie seine Frau wird auch er nie wieder nach Afrika zurückkehren.

---

459 CWHK an Vorsitzenden des Untersuchungs- und Schlichtungsausschusses Kreis Spandau Max Harrer, 21.09.1932 (DB-Archiv); der Auszug aus dem Vorstrafenregister vom 09.05.1930 bescheinigt, dass nichts gegen den verheirateten Bauer CWHK bekannt sei *(...nada conata contra Carl Wilkelm (sic!) Heinrich Koch, casado, agricultor...*) (Nachlass)

Der Afrikaner kam nach Hause, nach langen Jahren harter Arbeit und geringen Erfolges. Er hat sich als alter Kolonialdeutscher im fremden Land herumgeschlagen, er hatte etwas aufgebaut, aber dann kam die Seuche ins Vieh und der Eishagel in rasenden, schrägen Schlägen in das Feld und die Kaffeepflanzung, in den blühenden Garten und über die mit eignen Händen errichteten Gebäude. Die Arbeit von sechs Jahren war binnen einer Viertelstunde zerstört.

Er kommt in ein unbekanntes Europa und ein Deutschland, für das er an der Front und nachher im Baltikum gekämpft hat. Er meint, der große Kampf der Frontsoldaten und der Freikorps sei ebenso vergeblich gewesen wie seine eigne Arbeit auf afrikanischer Scholle. Er hat Frau und Kind, und die Frau, die vorher nach Hause fuhr, ist beruflich tätig, hat sich mit dem Kinde zähe durchgeschlagen, während er, der Mann, drüben noch versuchte, das Anwesen zu retten.[460]

Familie Koch übernimmt zur Untermiete die Wohnung Schrammstr. 7/II in Berlin-Wilmersdorf, in die eigentlich die frisch verheiratete Heide Gobbin mit ihrem Mann einziehen wollte. Doch die Ehe *mit dem eheuntauglichen Siegfried Römer, dem Vorsitzenden der Fachschaft der Schriftsachverständigen*[461], hat gerade eine Nacht lang gehalten.

Noch ist nicht klar, ob Koch in Deutschland bleiben wird. Insgeheim träumt er von einer Rückkehr in sein geliebtes Afrika. Vieles wird von dem Ergebnis der gerichtlichen Auseinandersetzungen abhängen. Und davon, wie sein neues Buch aufgenommen wird.

Koch frischt alte Bekanntschaften auf, er meldet sich zurück beim Verein der Offiziere der ehemaligen Kaiserlichen Schutztruppe für Kamerun[462] und natürlich in der Deutschen Kolonialgesellschaft:

Farmer Karl W.H. Koch, der unseren Mitgliedern aus früheren Vorträgen und Artikeln in der "Kolonialzeitung" sowie als Verfasser der Bücher "Im toten Busch" und "Das Lied des Landes" bekannt sein dürfte, der erste deutsche Farmer in Nordangola und seit 1924 wieder in Angola tätig, befindet sich z. Zt. auf einem Erholungsurlaub in Deutschland und hat sich

---

[460] Koch: Das Ehrenbuch der SA

[461] DER SPIEGEL, Nr. 14/1950 ("Das Spiel ist aus - Arthur Nebe. Glanz und Elend der deutschen Kriminalpolizei")

[462] Kamerun-Post, 01.10.1930

bereit erklärt, in den Abteilungen unserer Gesellschaft Vorträge aus der Praxis zu halten.

Er schildet das Entstehen einer Farm, berichtet über die Bestimmungen betr. Landerwerb in Nordangola und über das Verhältnis zu den portugiesischen Behörden, über Möglichkeiten und Aussichten der anzubauenden Produkte, klimatische Verhältnisse und alle Fragen der Praxis, die dem Nichtkenner eine anschauliche Vorstellung von deutscher Farmerei in Angola zu geben vermögen.

Abteilungen, die für diesen Vortrag Interesse haben, bitten wir, sich mit der Zentrale in Verbindung zu setzen.[463]

Koch entfaltet in den kommenden Monaten eine rege publizistische Tätigkeit. Kaum ein koloniales Blatt, für das er nicht schreibt. Auftakt bildet ein Beitrag in der Übersee- und Kolonialzeitung am 1. November 1930. Koch schreibt nicht über seine jüngsten Erfahrungen in Angola, er bearbeitet angesichts des schwebenden Ermittlungsverfahrens ein unverfänglicheres Thema, das er mit fast zwanzig Jahre alten Fotografien illustriert: *Das Zwergvolk der Bagielli / von ..ch.*

Am 15. November bringen die Afrika-Nachrichten - ein unter der Schriftleitung von Hans Reepen[464] erscheinendes *Blatt der Kolonial- und Auslandsdeutschen*, das sich selbst als *Koloniales Zentralorgan*[465] sieht und regelmäßig in Opposition zur Deutschen Kolonialgesellschaft steht[466] anonym einen Beitrag über "Wirtschaftliche Möglichkeiten in Angola", der aus Kochs Feder stammen könnte.

Angola ist darnach auch heute noch eines der Länder, die für eine deutsche Auswanderung ganz besonders in Frage kommen. Voraussetzung für die Auswanderung dahin ist aber neben dem Vorhandensein des notwendigen Kapitals die persönliche Eignung des Auswanderes und seine Fähigkeit, sich in die neuen Verhältnisse einzupassen.[467]

Ein Vierteljahr später schreibt ein gewisser *..ch*[468] im gleichen Blatt über "Kolonien und Kleinsiedler":

---

463 Mitteilungen der DKG, 15.09.1930

464 Hans Reepen (1887- n.b.), Chefredakteur und Schriftsteller, bis Ende 1933 Hauptschriftleiter der Afrika-Nachrichten

465 Afrika-Nachrichten, 15.11.1930

466 vgl. Hildebrand, Vom Reich zum Weltreich

467 Afrika-Nachrichten, 15.11.1930

468 Pseudonym, Afrika-Nachrichten, 15.02.1931 (vlg. Übersee- und Kolonialzeitung, 01.11.1930), Koch schreibt nur ein einziges Mal am 01.08.1933 unter eigenem Namen in den Afrika-Nachrichten ("Deutsche Farmer in Angola")

Die praktische Kolonialfrage ist heute in erster Linie eine Siedlungsfrage.

Nie dürfen wir unsern Anspruch auf unsere Kolonien als solchen aufgeben. Ideell, weil wir es unsern Toten schuldig sind, die in Urwald und Steppe, in Sand und Sumpf begraben liegen, in Gräbern, die längst überwuchert und verweht sind, und deren Stätten niemand mehr kennt, materiell, weil wir unsrer Kolonien und damit eines Wertes beraubt wurden, der die gesamten Kriegsentschädigungen übersteigt. (...)

Wer offenen Auges durch westeuropäische Länder fährt, den Wohlstand sieht und besonders das satte Frankreich, und dann unsre Grenzpfähle passiert, nimmt damit ein Bild des Schreckens in sich auf, das erschütternd ist und das verstärkt wird, wenn er die engen, vernachlässigten Wohnungen sieht, den Jammer um das Dasein und die Zahl derjenigen, die der Fürsorge anheimfallen.

Und wer von draußen kommt und die weiten, brachen Flächen überseeischer Länder kennt, die auf Pflug und Ochsengespann, auf Hacke und Trekker, auf Egge und Drillmaschine und auf die Arbeit fleißiger Hände warten, der fragt sich vergeblich, was diese Einteilung der Erde soll, die dem einen ungenützten Reichtum an Land gibt und den andern in Enge und Armut zwingt. (...)

Was wir aber (...) tun können, ist die tätige Erörterung der Frage, inwieweit und in welchen Ländern die Unterbringung von überseeischen Kleinsiedlern eine Entlastung des Mutterlandes bedeuten kann. Sie, die Selbstversorger sind, können dort gut leben und gesundes Deutschtum wahren, hier landen sie, soweit sie bäurischen Ursprungs sind, aber keinen eigenen Hof besitzen, meist in der Schar der Erwerbslosen.

Wir können diese wenig bemittelten Kreise nicht hindern, hinauszuziehen und damit vielfach einem harten Schicksal entgegenzutreiben. Sie zusammenzufassen, für sie geeignete Siedlungsgebiete zu erstreben und sie in deutschen Siedlungen zu vereinigen, scheint ein Gebot der Stunde. Und ist es auch, denn nur auf diesem Wege vermeiden wir das, was die Beispiele von Hunderttausenden bereits gezeigt haben: Das Aufgeben des auswandernden deutschen Menschen in anderen Nationen und damit seinen Verlust für das Vaterland. -[469]

Während das Angola-Buch in der Schublade bleibt, interessiert sich Friedrich Floeder, ein vergleichsweise unbedeutender Verleger aus Düsseldorf und Essen mit Kontakten nach Wien für die Kriegserinnerungen aus Kamerun. Neben kleineren Werken über Landwirtschaft, Bauhandwerk und Bergmannsleben[470] hat er 1928 mit "Der Kampf um unsere Schutzgebiete" ein gewichtiges Werk

---

[469] Afrika-Nachrichten, 15.02.1931

[470] Rudolf Arnold, Fortschritte und Neuerungen in der Landwirtschaft, 1927; Franz Heese, Bauhandwerk in Praxis und Schule, 1928; Rudolf Wartusch u.a., Glück auf! - Allerlei vom Bergmannsleben, 1927

über Deutschlands einstige Kolonien herausgebracht. Koch hat bis zu seinem Lebensende eine in Halbleder gebundene Prachtausgabe dieses Buches besessen.

Am 2. Mai 1931 bestätigt Floeder, dem Koch auch menschlich näher gekommen ist - beide sind passionierte Jäger - die Eckpunkte des Autorenvertrages.

> *Das von Ihnen erhaltene Manuskript soll in Buchform Oktav-Format broschiert und in Leinen gebunden in unserem Verlage erscheinen. Ueber den Titel bestand noch Unklarheit und werde ich Ihnen in den nächsten Tagen Vorschläge unterbreiten.*
>
> *Der Verkauf soll für das broschierte Exemplar ca. Mk. 4.00 für das in Leinen gebundene ca. Mk. 6.00 betragen.*
>
> *Als Honorar erhalten Sie pro Buch Mk. 0.40 aus der Erstauflage von 2000 Exemplare, ab 2000-5000 Mk. 0.50, ab 5000-10000 Mk. 0.55. Bei einer Auflage über 10000 Exemplaren sollen noch abzuschliessende besondere Vereinbarungen über die Höhe des Honorars getroffen werden.*
>
> *Mit gleicher Post erhalten Sie Mk. 400.00 ein halb Honorar für die erste Auflage von 2000 Exemplaren, die restlichen Mk. 400.00 sollen am 1./6.1931 zahlbar sein.*[471]

800 Reichsmark sind angesichts des durchschnittlichen Jahresverdienstes eines Angestellten von 1.924,- Reichsmark im Jahr 1931[472] - Tendenz fallend - kein schlechter Verdienst. Für eine gesicherte Existenz reicht das Geld jedoch nicht.

Im Sommer erscheint Kochs neues Buch "Im Tropenhelm", für das der Friedrich Floeder-Verlag in Düsseldorf eine umfangreiche Werbekampagne in allen wichtigen kolonialpolitischen Medien startet.

> *"Im Tropenhelm" Kriegstagebuch eines Kamerunkämpfers.*
>
> *Unter diesem Titel erscheint demnächst (...) ein Buch von Hauptmann d. Res. a.D. Koch, der durch seine früheren Veröffentlichungen (...) bekannt ist. Die neue Arbeit von Koch führt in jene Zeit zurück, da die Schutztruppe unsere unvorbereitete Kolonie vor dem Ansturm übermächtiger Feinde verteidigte.*
>
> *Kochs Absicht war es nicht, eine militärgeschichtliche Darstellung des Feldzuges zu geben, er wollte vielmehr - wie es der Natur des Tagebuchs entspricht - zwanglos, kritisch und derb die Stimmungen, die Empfindungen und das Schicksal der weißen und farbigen Frontsoldaten wiedergeben, die kämpften und litten und schließlich unbesiegt, mit tiefem*

---

[471] Friedrich Floeder an CWHK, 02.05.1931 (Nachlass)

[472] Anlage 1 Durchschnittsentgelt in Euro/DM/RM zum Sozialgesetzbuch vom 18.12.1989

Schmerz im Herzen, als gewappnete Schar über die Grenze von Spanisch Muni traten. (...)

Eine Leseprobe folgt . . .

"Fritz und die alten Leute feuerten sehr sparsam. Der neue Unteroffizier war nervös geworden, steckte die Leute an, die bei ihm waren.

Ich hüpfte zu ihm hinüber, mußte dazu aus dem Graben heraus und hinter eine aufgebaute, mit Erde gefüllte Rindenwand. Der französische Gewehrschütze - oder war es ein Belgier - hatte mich ausgemacht. Hämmerte auf die aufrechte Rindenwand. Fünfundzwanzig Schuß. Nochmals fünfundzwanzig Schuß. Mit zwei Sätzen war ich im Graben. Hinter mir tackte es durch die Rindenwand durch. Wo war das ähnlich gewesen?

Ujem wies mit der Pfeife den Durchhau hinunter. Siehst du die gelben und blauen Tupfen, Herr Leutnant? Da liegen die Schweine, die die Kanus stehlen wollten. Er rauchte mit hellen und scharfen Augen weiter. Weiber kamen und brachten Essen. Ich gab der einen einen Klaps auf den Hintern, und sie und die andern Soldaten lachten herzhaft. Hast du keine Angst? Aekeeee, Herr Leutnant, du hast uns in den Krieg geführt, du bringst uns auch wieder heraus. Geht das mich etwas an? (...)

Um die Mittagszeit war es stechend heiß. Wahnsinnig. Unsere Schädel dröhnten. Wir soffen dreckiges Flußwasser, in bauchigen Kalebassen brachten es Weiber herauf. Wir reichten unsere paar Dosen Büchsenfleisch und Räucherheringe herum. Jeder langte hinein und steckte sich einen Brocken oder den Fisch in die nach oben gestülpte Schnauze. Die guten Weiber sahen andächtig zu. Sie leckten die Dosen aus. Man zerpflückte Tabakblätter, stopfte die Pfeifen und trank den Rauch tief in sich hinein."[473]

Ganz ähnlich äußert sich Hans Reepen in den Afrika-Nachrichten, die unter dem Titel "Aus dem Kriegstagebuch eines Kamerunkämpfers" Auszüge aus dem "Tropenhelm" abdrucken[474].

Wir wollen nicht prophezeien, haben aber auch keinen Anlaß, mit unserem Urteil zurückzuhalten, wenn wir behaupten, daß diese Erinnerungen an den Krieg in Kamerun das Beste ist, was das Jahr uns an Kolonialbüchern beschert hat und bringen wird. Koch ist ein alter und bewährter Kolonialdeutscher, einer von jenen, die in jeder Beziehung Persönlichkeit und Charakter sind, ein Mann mit seltenem Blick in die Tiefe. (...)

Koch ist als Schriftsteller bestimmt kein Mann der vielen Worte. Sein Ausdruck ist kurz und präzis, drei Worte sind ein Satz, was zu sagen war, ist damit gesagt. Alles Drum und Dran fehlt. Er schreibt nicht den Stil des

---

473 Kamerun-Post, 01.07.1931

474 Afrika-Nachrichten, 01.09.1931, 15.09.1931, 01.10.1931, 15.10.1931

Ästheten, weil er keiner ist, weil er der Öffentlichkeit das Tagebuch des Kolonialsoldaten übergibt, des Kolonialsoldaten, wie er schlechthin ist. Hier gibt es keine Vieldeutigkeit des Ausdrucks, keine Schönmalerei, nur Wahrhaftigkeit und harte Notwendigkeit des Krieges, die aus der Erinnerung neu ersteht. (...)

Kochs neuestes Werk wird in der Kolonialliteratur wie in der Literatur der Kriegsromane immer einen eigenen Platz einnehmen, weil es anders ist als die anderen. Er ist das Beste, was ich seit langem in dieser Richtung gelesen habe (...).

Wir haben nun das Buch vom Kolonialsoldaten. Und sind dem Verfasser Dank schuldig.

Wie man ihm danken soll? - Indem man das Buch kauft. -[475]

"Im Tropenhelm" fehlt auch nicht unter den weihnachtlichen Buchempfehlungen und Werbeanzeigen der Afrika-Nachrichten. Für 6,- Mark ist die Ganzleinenausgabe beispielsweise beim *Buchversand Walther Dachsel, Leipzig C.1, Salomonstr. 19*[476] zu beziehen.

Koch, ein bewährter Mann der Feder, der mit seinem neuen Buch nicht zum ersten Mal vor die Öffentlichkeit tritt, hat mit seinem Kriegstagebuch sachlich und literarisch ein Werk geschaffen, das zu den besten der Kamerunliteratur gehört und das Erlebnis des Krieges in wundervoll anschaulicher, die Sprache beherrschender Art dargestellt hat. Es ist ehrlich zu erhoffen, daß er mit seinem neuen Buche den Erfolg hat, der den Farmern und Pflanzern unter den gegenwärtigen Verhältnissen leider nicht vergönnt ist, trotz aller Tüchtigkeit.[477]

Das Buch ist in einer derben Sprache geschrieben, es hebt sich deutlich ab von den übrigen Kriegsbüchern, die in diesen Jahren veröffentlicht werden. Und nicht jedem gefällt, was und wie Koch seine Erinnerungen einem breiten Publikum offenbart. Das wird deutlich an der Rezension der Kamerun-Post, dem Vereinsblatt der *früheren Kameruner Offiziere, Unteroffiziere und Beamten*[478]:

Seinen Büchern "Im toten Busch" und "Das Lied des Landes" hat Carl Koch ein drittes hinzugefügt. Während jene aber Kameruner Skizzen enthalten, schildert er jetzt tagebuchartig, also in fortlaufender Handlung, jedoch nicht in zeitlicher und räumlicher Folge, die Kämpfe im Osten, Südosten und Süden des Schutzgebietes und den Marsch nach und durch Muni.

---

[475] Afrika-Nachrichten, 01.09.1931
[476] Afrika-Nachrichten, 15.12.1931, Werbeanzeige "Schenkt koloniale Bücher zu Weihnachten"
[477] Afrika-Nachrichten, 15.12.1931
[478] Klappentext der Kamerun-Post

Wie er aus der Fülle der Ereignisse herausgreift und willkürlich wieder zusammenfügt, was ihm bedeutsam erscheint, verschiebt er auch, wo er es für geboten hält, die Gestalten. Er nennt ihre Namen nicht, aber zeichnet sie so lebenswahr, daß sie wenigstens dem, der inmitten der Ereignisse stand, erkennbar sind. Er schildert also den Krieg in Kamerun oder einen Abschnitt daraus, in seiner wahren Gestalt, schreibt aber doch keine Kriegsgeschichte, zumal er den Schluß dichterisch ausgestaltet.

Auch dieses Buch Kochs zeichnet sich durch farbenprächtige und doch stimmungsvolle Schilderungen, plastische Darstellung, lebenswahre Zeichnung der Charaktere und knappe, klangreiche Sprache aus. Sehr fein spiegelt es die wechselvollen Stimmungen wider, die Weiße und Schwarze, "die armen Dreckschweine von der Front" beseelen: die Liebe zum Lande; der Wille zum Durchhalten; der Blutrausch der erbarmungslosen, in seiner Wildheit grausigem Kämpfe gegen vertierte Senegalesen und nach Menschenfleisch dürstenden Maka; die heiße Lebensgier nach Wochen und Monden körperlicher und seelischer Anstrengungen, nach Entbehrung und Entsagung in der Einsamkeit menschenleeren Urwalds; und . . . die Wut gegen die Besserwisser am grünen Tisch, die immer wieder durchkreuzen, was da vorne der Lage entspricht, die den Arm lähmen, der gerade zum Streiche ausholt . . .

So erklärlich diese Verärgerung der "armen Dreckschweine an der Front" über die oberste Befehlsstelle ist, Enge der Verhältnisse und Mangel an Ueberblick trüben nur allzu oft das Urteil, machen ungerecht und lassen manchen Befehl, manchen Entschluß der Führung unverständlich erscheinen, der durch die Kriegslage in ihrer Gesamtheit bedingt ist.

Das weiß auch der Verfasser. Er wollte aber die Stimmung widerspiegeln, wie sie damals an der Front herrschte und auch ihn durchdrang. Sonst hätte er vielleicht doch hier und da ein Urteil abgeschwächt, das vor unbefangener Kritik nicht standhält; hätte er auch vielleicht vor dem oder jenem, was besser vergessen bleibt, den Schleier nicht gelüftet, hätte er schließlich ein oder das andere allzudrastische Wort ausgemerzt. -

Trotzdem aber, das Buch, das er schrieb, dies Kameruner Kriegsbuch, packt und hält in seinem Bann. Keiner wird es zur Seite legen, der nicht ergriffen ist von dem Heldentum, das sich in den Urwäldern, Steppen und Sümpfen Kameruns offenbarte, als es auch dort galt, deutsches Land gegen übermächtige Feinde zu verteidigen.[479]

Koch meldet sich mit verschiedenen Zeitungsbeiträgen zu Wort. In der "Kamerun-Post" schreibt er über *Die Kämpfe um Putu am Sanga*[480] und erzählt *Allerlei von der Ostabteilung im Kameruner Feldzug*[481]. Im "Kolonialfreund" - der Vereinszeitschrift des Bundes für koloniale Erneuerung e.V. - macht sich Koch

479 Kamerun-Post, 01.10.1931
480 Kamerun-Post, 01.01.1931
481 Kamerun-Post, 01.04.1931

Gedanken eines Ueberseedeutschen zur Kolonialfrage[482] und berichtet in der Düsseldorfer Tageszeitung "Der Mittag" von seinen Erfahrungen *Auf den Cap Verdeschen Inseln*[483].

Für die "Übersee- und Kolonial-Zeitung"[484], in der Konrad Adenauer - Kölner Oberbürgermeister und Vizepräsident der Deutschen Kolonialgesellschaft - 1931 fordert: *Das deutsche Volk braucht Kolonien.*[485] schreibt Koch im gleichen Jahr:

> *Kolonialpolitik ist Sozialpolitik.*
>
> *Jedem, der nach langjährigem Aufenthalt in überseeischen Ländern nach Deutschland zurückkehrt, fällt auf, daß man in der Heimat von den Dingen der weiteren Welt nur wenig weiß. In der Not der Zeit und dem Hader der Parteien trübt sich der Blick. (...)*
>
> *Wir können allen Erwerbslosen keine Arbeit im Lande geben, weil das, was sie produzieren würden, unverkäuflich wäre, da es keine Abnehmer gibt. (...) Die sinngemäße, enge Verknüpfung von Arbeitslosenproblem und Kolonialfragen ist in anderen Ländern längst erkannt. (...)*
>
> *So lassen sich gewichtige Stimmen dafür anführen, daß dem kolonialen Raum heute wesentlich andere Aufgaben zukommen als früher. Es handelt sich nicht mehr so sehr um kapitalistische Pflanzungsgesellschaften als vielmehr um Raum für den Menschen, um Siedlungsland für Erwerbslose.*
>
> *Hätten wir unsere früheren Kolonien, so wäre eine Lösung leicht. Die weiten, gesunden Hochländer in Ostafrika in Verbindung mit geeigneten Landstrichen in Kamerun und Südwest - Togo und Südsee scheiden fast völlig aus - könnten Kleinsiedler aufnehmen. (...) Nehmen wir an, nur ein zwanzigstel der Gesamtfläche wäre für Besiedlung brauchbar, so könnten Millionen von Menschen untergebracht werden.*[486]

Koch äußert hier genau die Gedanken, die das Gründungsmitglied des Deutschen Kolonialvereins Hans Grimm[487] in seinem erfolgreichen Roman "Volk ohne Raum" 1926 vertreten hat.

Am 13. November 1931 hält *der Farmer Carl W.H. Koch* im Orientalischen Seminar in Berlin auf dem Sprechabend der Jungkolonialen Arbeitsgemeinschaft - einer Unterorganisation der Deutschen Kolonialgesellschaft (DKG) - einen Vortrag *über das Problem des deutschen Siedlungsraumes*[488]. Drei

---

[482] Der Kolonialfreund, 05.01.1931
[483] Der Mittag, 22.07.1931
[484] Monatsschrift der Deutschen Kolonialgesellschaft, Berlin
[485] Übersee- und Kolonialzeitung, 01.07.1931
[486] Übersee- und Kolonialzeitung, 01.10.1931
[487] Hans Grimm (1875-1959), deutscher Schriftsteller und Publizist
[488] Mitteilungen der DKG, 15.10.1931

Tage später spricht er vor Mitgliedern der DKG über *Selbsterlebtes als Farmer in der portugiesischen Kolonie Angola*[489]. Die Vossische Zeitung berichtet:

> *Auswanderung aus unserem verarmten Vaterland und Ansiedlung in den Kolonien ist heut Zukunftstraum vieler Deutscher. Der Vortrag des Farmers Carl W. H. Koch (...) war darum besonders zeitgemäß und belehrend.*[490]

Karl W.H. Koch hat sein Medium gefunden. Er wird den Angola-Vortrag - häufig ergänzt um dezent kolorierte Lichtbilder - als Gastredner unterschiedlichster Gruppierungen unzählige Male wiederholen. Allein im Frühjahr 1932 spricht Koch im Volksbildungsamt Wilmersdorf (26.01.), vor dem Deutschen Jagdclub (03.02.), beim Gewerkverein Deutscher Bäcker und Konditoren (02.03.), vor dem Verband der Post- und Telegrafenbeamtinnen (ebenfalls 02.03) und dem Verband der Prokuristen und Bevollmächtigten von Versicherungsunternehmen (17.03.). Hinzu kommen Einladungen zu Krieger-, Marine- und Landwehrvereinen.

Am 19. April 1932 unterschreibt der Farmer Carl W.H. Koch, noch immer *wohnhaft in Muanha b/Malange, z. Zt. Berlin-Charlottenburg* die Aufnahme-Erklärung in die NSDAP. Seine Mitgliedsnummer lautet 1096646[491].

Knapp einen Monat später, am 12. Mai 1932 hält er seinen Angola-Vortrag zum ersten Mal auf einem Sprechabend der Charlottenburger NSDAP[492].

Im "Ehrenbuch der SA" erzählt Koch ausführlich von seinen Weg zur NSDAP und in Hitlers Sturmabteilung[493]:

> (Der Afrikaner) *sieht zuerst am Rhein auf Lastwagen die flatternden Hakenkreuzfahnen vor der Weiterfahrt nach Berlin. Er kauft sich nationalsozialistische Zeitungen und erkennt, daß hier das ausgesprochen und verfochten wird, was ihm längst als die einzig mögliche Lösung erschien.*
>
> *Er frettet sich durch, versucht Fuß zu fassen, hält ein paar Vorträge und schreibt von seinen Erlebnissen. Dabei kommt wenig heraus. Er bemerkt überall Widerstände und erkennt, daß reaktionäre Kreise in der Presse und im Vortragswesen ihn trotz seiner vielseitigen Erfahrungen deshalb ablehnen, weil sein nationalsozialistisches Gedankengut unleugbar ist. Politisch anders eingestellte Kreise wollen von kolonialen Fragen überhaupt nichts wissen, man will keine Kolonien, man predigt das Dogma der internationalen Wirtschaft liberalistischer Richtung.*

---

[489] Mitteilungen der DKG, 15.12.1931
[490] Vossische Zeitung, 20.11.1931
[491] Aufnahmeerklärung, 19.04.1932 (BArch)
[492] Mitteilungen der DKG, 15.06.1932
[493] SA-Eintritt am 12.07.1932

Er geht nicht in die Partei, obwohl er in seinen Kreisen längst für sie kämpft. Er ist beinahe fünfzig Jahre, und seine Generation will vom Parteibuch nichts wissen. Man hat seine unerschütterliche Überzeugung und bedarf keiner buchmäßigen Bestätigung.

Er möchte koloniale Vorträge in der Bewegung halten und hört, daß er da nur sprechen kann, wenn er Mitglied wird. Er fühlt sich darüber gekränkt, weil er längst Nationalsozialist ist.

Eigentlich möchte er wieder mit Frau und Kind nach Afrika, wo seine Farm verwahrlost. Wäre er nicht Nationalsozialist, könnte er in den Ton und den Geist der Reaktion, die auf kolonialem Gebiet vorherrschend ist, einstimmen, so würde er wohl Mittel finden, um wieder nach drüben zu kommen. So muß er antichambrieren, kaum, daß er an eine der maßgeblichen Stellen herankommt. Ja, weil man nicht weiß, was der Unterschied zwischen Marxismus und Sozialismus ist, unterstellt man ihm linksgerichtete Gesinnung. Das hat den Vorteil, daß er manchmal in Gewerkschaften sprechen darf und etliche Mark verdient. Die reaktionären Vortragsredner sind nicht fähig, zu organisierten Arbeitern der Faust zu sprechen. Er kann es und tut es, und es gibt wilde, empörte Diskussionen, weil die nationalsozialistische Weltanschauung aus seinen Worten hervorklingt.

Dann, wie der Haß gegen die Bewegung sich mehr und mehr zuspitzt und überschlägt im Gegeifer der Presse, findet er doch das Herz, in die Hedemannstraße[494] *zu gehen. Er meldet sich bei der zuständigen Sektion und kommt zu einem Unterstraßenzellenleiter, der SA-Mann ist und mit vorbildlicher Gründlichkeit seinen Parteidienst tut. Gewiß, es ist Verbotszeit, und man sieht nichts von der SA.*

Immer wilder wird der Kampf gegen die Bewegung, das Verbot der SA wird zwar aufgehoben, aber der Terror der Straße, der Presse und der Polizei nehmen zu. Es sieht so aus, als ob nun, im Sommer des Jahres 1932, der Kampf mit den Waffen in der Hand blutig ausgetragen werden würde.

Jetzt gilt es, sagt sich der Afrikaner, du hast in drei Erdteilen gefochten, du wirst auch hier nicht fehlen, wo ein irres System gestürzt werden soll. Er drückt dem Zellenleiter gegenüber den Wunsch aus, in die SA einzutreten und sieht das Staunen in dessen Gesicht.

Sie gehen dann doch gemeinsam zum nächsten Sturm, dessen Lokal ein paar Häuser weiterhin gelegen ist. Sie sehen den Sturmführer und einige der Männer, und es wird etwas davon gesprochen, daß die Aufnahme in die SA gesperrt sei. Sie gehen weiter zur Reserve und sehen sich dort den Betrieb an.

"Ihrem Alter nach gehören Sie in die Reserve", sagt der Zellenleiter.

---

[494] Hedemannstr. 100, seit 1928 Parteizentrale der Berliner NSDAP

"Nein", antwortet der Afrikaner, "kommt für mich nicht in Frage. Wenn ich mitmache, will ich aktiv sein. Ich will nicht in der SA bleiben, ich will nur nicht versäumen, mit dabei gewesen zu sein, nun, da es gilt, zu kämpfen. Ich war lange genug Offizier, ich kann militärisch etwas, weshalb soll ich nicht bei einer aktiven Formation die Waffe in die Hand nehmen dürfen?"

Der Zellenleiter weiß nicht recht, was sagen. Er hatte schon mit dem eigenen Sturmführer gesprochen und gehört, der wolle ungern frühere Offiziere.

Der Sturmbannführer ist derselben Auffassung. Was sollte man da tun? Soll man den Afrikaner kränken, der den besten Willen hat? Nein. Mag er es selbst versuchen.

Der Afrikaner versucht Sturmführer und Sturmbannführer zu sprechen. Tagelang gelingt das nicht. Nie sind sie da, oder sie sind gerade weggegangen.

Endlich, spät an einem Sonnabend abend, erwischt er den Sturmbannführer vor einem Verkehrslokal und bittet um Aufnahme in die SA. Er schildert seine Beweggründe, möchte in den Sturm seines Zellenleiters, und der Sturmbannführer sagt zu.

Am Sonntag vormittag ist der Afrikaner unterwegs, er trommelt Ladeninhaber aus den Betten oder auch nur aus der Wohnung, es gelingt ihm, Kleidung, Stiefel und Ausrüstung zu beschaffen, und er meldet sich am frühen Nachmittag eingepuppt zum Dienst.

Er wird der Schar zwei von Trupp zwei zugeteilt, sein Scharführer ist wenig mehr als halb so alt wie er, und die Männer nehmen ihn kameradschaftlich und nett auf, ohne etwa seines Alters halber zu spotten.

Der Sturmführer betrachtet ihn lange Wochen hindurch sehr mißtrauisch, der Zugführer ist etwas unsicher, weil der Afrikaner militärisch mehr weiß als er, aber die Männer kommen ihm herzlich entgegen, abgesehen vielleicht von einem oder dem andern Streber, der in wehrsportlichen Dingen einen Konkurrenten fürchtet.

An den Scharabenden, wenn gemeinsam ein Stiefel getrunken wird, lernt man sich kennen, bald weiß man gegenseitig alle Nöte und Sorgen und die ganzen Familienverhältnisse, und der Afrikaner erkennt die ungeheure Stärke der SA, ihren unverbildeten, rauhen, geraden und tapferen Geist, er begreift, daß eine Bewegung, die eine SA zum Rückgrat hat, niemals unterliegen kann.

Er, der frühere Hauptmann, nimmt die Knochen vor seinem jungen Scharführer zusammen, er steht seine Wache vor dem Sturmlokal genau wie jeder andere, er will keine besondere Leberwurst gebraten haben, er will nichts anderes sein als ein einfacher SA-Mann des Führers. Er wird zu gegebener Zeit Scharführer, und die Kommune erwischt ihn, der unverwundet durch Aufstände in Ostasien, durch Kämpfe mit wilden Negerstämmen, durch den Weltkrieg und durch die Greuel des Baltikum gegangen ist. Er weicht nicht vom Platz, er hat auch noch Glück, blutüberströmt steht er seinen Mann, so gut es geht, bis die Gegner türmen[495]*.*

Mehr ist von ihm nicht zu sagen. Die SA hielt ihn fest, wie sie jeden deutschen Menschen festhält, der bereit ist, für den Führer das letzte Opfer zu bringen und der ihren Geist, ihre Kameradschaft und ihre Opferfreudigkeit erkannt hat. - - -[496]

Der "kleine SA-Mann" ist Koch nie oder nur für sehr kurze Zeit gewesen. Schon bald führt er den Rang eines Obersturmführers[497] und bekleidet als *Berliner Mitarbeiter der Reichsleitung (Kolonialreferat)*[498] das Amt des *Kolonialreferenten beim Gau Gross-Berlin* [499]. Außerdem vertritt er das *Kolonialreferat der Reichsleitung* (der NSDAP) *in der Deutschen Kolonialgesellschaft*[500].

Koch arbeitet in diesen Monaten wie ein Besessener an seiner Karriere, es bleibt kaum Zeit für Maria und den kleinen Karlhans. Immer wieder hält er Vorträge über die Zeit in Angola, seit dem NSDAP-Eintritt stehen auch militärgeschichtliche und kolonialpolitische Themen auf dem Programm[501].

Eine anschauliche Zusammenfassung des Angola-Vortrags bringt die Spandauer-Zeitung:

Obersturmführer Koch sprach vorweg einige einleitende Worte über den Zweck und über die Bedeutung eigenen Kolonialbesitzes und führte dann alle Anwesenden an Hand seiner wundervollen Lichtbilder durch Westafrika. Er erzählte, wie schwer es für Deutsche sei, in Westafrika nach dem Weltkriege Fuß zu fassen. Nur Ausdauer, Mut und immer steter Kampfeswille seien die Grundlagen, um sich überall durchzusetzen. An Hand seiner Lichtbilder, die durchweg bunt waren, zeigte er, wie er mit seiner Frau in einem einfachen Zelt kampierte und durch Verhandlungen Boden erwarb und nun begann, sich eine mustergültige Farm aufzubauen. Die Lichtbilder zeigten den Aufbau einer Farm mit dem Wohnhaus, den Stallungen und den Plantagen. Mit einem Zelt wurde angefangen, später

---

[495] In der Festschrift "40 Jahre Deutsche Kolonialschule Witzenhausen" (1938) schreibt Koch: *Anfang 1933 durch kommunistischen Überfall erheblich verletzt*
[496] Koch: Das Ehrenbuch der SA
[497] Vergleichbar mit dem Dienstgrad eines Oberleutnants
[498] Lebenslauf zur Bewerbung als Direktor der Deutschen Kolonialschule (Abschrift / DB-Archiv)
[499] a.a.O.
[500] a.a.O.
[501] Vortrag am 15.11.1932 und 08.12.1932: *Als Kompanieführer im Feldzug von Kamerun,* Vortrag am 02.12.1932: *Afrikanische Siedlung und Erwerbslosenproblem*

dienten einige Pfähle mit Brettern und Draht zum Bau eines Farmerhauses, das nach und nach in ein großes geräumiges Farmerhaus, aus Lehm und Balken hergestellt, umgebaut wurde. Die Aufnahmen zeigten mustergültige Anlagen und Gärten, in denen neben den Zitronenbäumen auch die Apfelbäume, und neben der Ananas auch die Erdbeere wächst und reift. Der Redner brachte den Beweis, daß in Westafrika neben den tropischen Pflanzen und Erzeugnissen auch die europäischen Obstsorten und Pflanzen gedeihen. Die weiteren Bilder zeigten den Bau von Eingeborenen-Dörfern und -Häusern, sowie die einzelnen Rassen. Obersturmführer Koch, der mit seinen Lichtbildern allen Anwesenden die Bedeutung eines eigenen Kolonialbesitzes einfach und doch sehr interessant klarmachte und dafür großen Beifall fand, betonte zum Schluß, daß Deutschland niemals ohne Kolonien auskommen könne, denn dazu sei Deutschland ein zu großer Volksstamm und dem Deutschen liegt es im Blute, überall Fuß zu fassen, sofern der heimatliche Boden ihm keine Existenzmöglichkeiten mehr biete. Deutschland werde auf das ihm zustehende Recht niemals verzichten. Aufgabe der kolonialen Verbände Deutschlands und der Kolonialkämpfer innerhalb der NSDAP. sei es, die deutschen Volksgenossen rechtzeitig über den Zweck und über die Bedeutung eigenen Kolonialbesitzes aufzuklären. Deutschland brauche aus drei Gesichtspunkten heraus eigene Kolonien: einmal, um all die Kolonialprodukte, die täglich im deutschen Reiche verzehrt werden, aus eigenen Kolonien zu beziehen; zweitens, um neuen Lebensraum für unsere deutschen Volksgenossen zu erhalten und um Millionen deutscher Volksgenossen mit Arbeit und Brot zu versorgen, d.h. um ihnen eine Existenzmöglichkeit auch außerhalb des deutschen Reiches in eigenen Kolonien zu geben, wo sie auch dem deutschen Volkstum erhalten bleiben und nicht als Kulturdünger fremder Nationen dienen; drittens: um unsere landwirtschaftlichen Maschinen, worin Deutschland ganz besonders leistungsfähig ist, in eigenen Kolonien abzusetzen. Ein Gesichtspunkt wie der andere hängt zusammen und alle tragen dazu bei, Arbeit und Brot und Existenzmöglichkeiten dem deutschen Arbeiter, dem Handwerker und dem deutschen Kaufmann zu geben. Unmengen von Südfrüchten werden täglich in Deutschland verzehrt, überall Kolonialerzeugnisse verwendet. Millionen Mark gehen dem deutschen Volk verloren. Hundertausenden könnten somit Arbeit und Brot im Reiche verschafft werden, wobei das Siedlungsprogramm im eigenen Kolonialbesitz noch nicht einbegriffen ist. Allein das Siedlungsprogramm in Uebersee gebe Millionen Aufträge an deutsche Firmen, die jahrelang beschäftigt werden, und die Zahl der Beschäftigten dadurch erhöhen können. Die Lösung der Kolonialfrage trage zu einer ungeheuren Verminderung der Arbeitslosigkeit bei. Die Kolonialfrage sei eins der wichtigsten Probleme, jeder deutsche Volksgenosse sollte mitarbeiten und dazu beitragen, das deutsche Volk über die Notwendigkeit eigenen Kolonialbesitzes aufzuklären. Deutschland braucht nicht Kolonien, um die Eingeborenen zu unterjochen, sondern um leben zu können und seine kulturellen Aufgaben zu erfüllen, die ihm als deutsches Kulturvolk zustehen.[502]

[502] Spandauer Zeitung, 24.11.1933

Ist das wirklich derselbe Koch, der vor zehn Jahren den "Schwarzen Sieg" verfasste?

Koch stilisiert seine kleine Fazenda Maria Muanha im fernen Angola, deren Erträge oft kaum fürs nackte Überleben reichten, zur Musterfarm und führt in einem Zeitungsbeitrag auch gleich aus, was genau er unter einem Farmer versteht:

> *Es sei zunächst einmal ausgeführt, was ein Kleinsiedler, was ein Farmer und was ein Pflanzer ist, da diese Bezeichnungen vielfach nicht klar erscheinen.*
>
> *Der Kleinsiedler arbeitet körperlich gemeinsam mit seiner Familie, aber ohne oder ohne nennenswerte farbige Hilfskräfte. Er pflügt, drillt und versorgt Garten und Vieh selbst. Er ist in erster Linie voller Selbstversorger und baut daneben Erzeugnisse an, deren Ausfuhr oder deren Verkauf im Lande selbst ihm die Mittel für erforderliche Neuanschaffungen geben. Der Kleinsiedler entspricht demnach unserem heimischen Bauern.*
>
> *Der Farmer ist in ähnlicher Richtung tätig, aber er arbeitet körperlich nicht mit, vielmehr hält er bezahlte, farbige Hilfskräfte. Seine Erzeugnisse dienen der Selbstversorgung, dem Binnenmarkt und der Ausfuhr.*
>
> *Der Pflanzer ist die nächste Stufe. Er hat sein Programm für den Anbau von einem oder mehreren Ausfuhrprodukten. Er muß ein bestimmtes Kapital haben, um Anlage und Unterhalt seiner Pflanzung bis zur ersten Ernte zu bestreiten, und er muß einen bestimmten Preis für seine Erzeugnisse erzielen, damit sich seine Pflanzung rentiert.*[503]

Es soll ein Bild entstehen in den Köpfen seiner Zuhörer, das Bild des erfolgreichen Farmers Carl W.H. Koch, der nach jahrelangem Aufenthalt in Portugiesisch-Angola nun nach Deutschland zurückgekehrt ist, um für den kolonialen Gedanken zu werben.

In der Deutschen Kolonialgesellschaft kommt man nun nicht mehr vorbei an dem keineswegs unumstrittenen Farmer, SA-Führer und Propagandisten Koch. Er scheint allgegenwärtig zu sein, selbst im Rundfunk ist man nicht mehr vor ihm sicher[504]: Am 15. Januar 1932 spricht Carl W.H. Koch in der Jugendsendung der Funkstunde Berlin um 17.30 Uhr *Von afrikanischen Menschenaffen*[505], am 4. März 1932 um 15.40 Uhr zum Thema *Mit Zwergjägern auf Elefantenjagd*[506].

---

503 Übersee- und Kolonial-Zeitung, 01.03.1932

504 Laut Fragebogen der Reichsschrifttumskammer (08.05.1939 / BArch) zwei Beiträge zum Thema *Menschenaffen* sowie *Zwergjäger und Elefanten*

505 Radio Wien, Illustrierte Wochenschrift der österreichischen Radioverkehrs-A.G., Wien, 08.01.1932

506 Radio Wien, Illustrierte Wochenschrift der österreichischen Radioverkehrs-A.G., Wien, 26.02.1932

In Belgien erörtet er zwei Mal in umfangreichen Leserbriefen an die Zeitung "L'Essor Colonial et Maritime" koloniale Fragen[507]. Interessant ist in diesem Zusammenhang, dass Koch sich kein einziges Mal in "Jambo", der vom Reichskolonialbund herausgegebenen "kolonialen Monatsschrift der jungen Deutschen" zu Wort meldet.

Wie stolz ist Maria, als ihr Mann ganz selbstverständlich die Einladung zur 50-Jahr-Feier der Deutschen Kolonialgesellschaft auf den Küchentisch legt. Im festlich geschmückten Reichstag *erblicken wir* am 14. Oktober 1932 um 20 Uhr *neben dem Berliner Gaupropagandaleiter Kampmann und dem SA-Gruppenführer Graf Helldorf*[508] *auch den in der DKG so umstrittenen C.W.H. Koch; Dr. Lippert und Alfred Rosenberg als die Hauptschriftleiter des "Angriffs" und des "Völkischen Beobachters"*[509] waren ebenso unter den Ehrengästen.

> *Die feierliche Kundgebung im Reichstage entsprach in ihrer würdigen Form und ihrem geistigen Gehalt der Bedeutung der Gesellschaft und ihrer Idee. Träger großer Namen kolonialer Vergangenheit und die Vertreter des neuen Deutschlands nahmen an ihr teil. Die gesamte deutsche und ausländische Presse hatte ihre Berichterstatter entsandt. Durch den Rundfunk wurde die Kundgebung über ganz Deutschland verbreitet und Millionen nahmen so an ihr teil. Ein leichter Schatten freilich lag für den Fernerstehenden über ihr, weil der Reichsaußenminister und der Reichsinnenminister, die ihre Teilnahme zugesagt hatten, durch eine Kabinettsitzung verhindert waren. Aber die Begrüßungsschreiben des Reichspräsidenten* (Hindenburg), *Reichskanzlers* (von Papen, parteilos), *Reichsaußenministers* (von Neurath, parteilos) *und Reichsinnenministers* (von Gayl, DNVP) *bekundeten dem Volke und dem Auslande, daß Kampf und Arbeit der Deutschen Kolonialgesellschaft dem großen Ziele der deutschen Befreiungspolitik dienen.*[510]

Die Veranstaltung belegt einmal mehr die enge Verbindung zwischen Hitlers NSDAP und der Deutschen Kolonialgesellschaft.

So ist es fast eine Selbstverständlichkeit, dass Koch im Oktober 1932 von der Reichsleitung der NSDAP, Abteilung für Wehr- und Kolonialpolitik - Koch gehört diesem neu geschaffenen Amt selbst an[511] - für die Wahl in den Vorstand oder zumindest in den Hauptausschuss der Deutschen Kolonialgesellschaft vorgeschlagen wird. Zunächst jedoch soll eine eigens dafür eingesetzte Kommission unter Leitung des ehemaligen Gouverneurs von Deutsch-

---

507 27.03.1932: *Allemagne et Colonies*, 28.04.1932: *L'Allemagne et la Colonisation Africaine;* dazu am 05.05.1932 unter gleichem Titel ein Leitartikel der Zeitung mit Antworten auf Kochs Thesen

508 Wolf-Heinrich Graf von Helldorf (1896-1944), ab 1933 MdR und Polizeipräsident von Potsdam, später Berlin; hingerichtet im Zusammenhang mit dem Hitler-Attentat 1944

509 Hildebrand: Vom Reich zum Weltreich

510 Mitteilungen der DKG, 15.10.1932

511 vgl. Hildebrand: Vom Reich zum Weltreich

Neuguinea Dr. Albert Hahl die immer wieder erhobenen Vorwürfe und Bedenken gegen Koch - Untreue, Unterschlagung, Meineid - aus dem Weg räumen. Und das obwohl die beiden beim Oberstaatsanwalt in Wuppertal *unter dem Aktenzeichen 6 J 65/32 und 6 J 1637/30 gegen Sie anhängig gewesenen Verfahren eingestellt worden sind*[512] - also die beiden Anzeigen der ehemaligen Gesellschafter Klopsch und Gruber.

Am 26. November 1932 wird das Untersuchungsergebnis an den Leiter des Wehr- und Kolonialpolitischen Amtes Ritter von Epp nach München gemeldet:

> *Euer Exzellenz gestatte ich mir mitzuteilen, dass (...) der eingesetzte Ausschuss seine diesbezügl. Ermittlungen abgeschlossen hat und zu dem zu erwarteten Ergebnis gelangt ist, das sich klar und deutlich aus einem Schreiben des Herrn Gouverneurs Hahl an mich ergibt. (...) Es ist also m.E. mit einer alsbaldigen Ernennung des Herrn Koch zu rechnen.*
>
> *Ich teile dies mit, weil ich mich hierzu als einziger Pg., der zur Zeit Mitglied des Hauptausschusses der D.K.G. ist, der Reichsleitung gegenüber für berechtigt und verpflichtet halte.*[513]

Angesichts der guten Nachrichten aus der Kolonialgesellschaft blickt Familie Koch voller Zuversicht auf das nahe Weihnachtsfest und das neue Jahr 1933. Gerade ist man aus dem lauten Eckhaus in der Kaiser-Friedrich-Straße 61a II in die ruhige Kirchstraße 14[514] mitten in Charlottenburg umgezogen, wo es sogar einen eigenen Telefonanschluss gibt.

Die Kisten sind ausgepackt, Lampen und Bilder aufgehängt, zum ersten Mal seit der Rückkehr nach Deutschland wohnen Maria und Carl nicht mehr zur Untermiete. Es ist ein kurzer Augenblick des Durchatmens.

Da melden sich mit einem wahren Paukenschlag die Schatten der Vergangenheit zurück.

Anfang Dezember 1932 gehen bei der Gauinspektion I der NSDAP Berlin zwei umfangreiche Schriftsätze *Betr. Carl Wilhelm Heinrich Koch* ein. Noch einmal werden Klopsch und Gruber mehr als deutlich.

Nach ausführlicher Beschreibung der fehlgeschlagenen Wikobe-Gründung fasst *Pg. F.W. Klopsch*, der seine finanziellen Forderungen gegen Koch bisher nicht gerichtlich hat durchsetzen können, zusammen:

> *Alles in Allem eben ein Schurkenstreich, dem in seiner Niedertracht und brutalen Durchführung schwer etwas zur Seite gestellt werden kann, der unter Würdigung aller in Erscheinung getretenen Momente geradezu hart an die Grenze des vorsätzlichen Verbrechens streift.*

---

[512] Der Oberstaatsanwalt in Wuppertal an CWHK, 21.10.1932 (DB-Archiv)
[513] Schreiben vom 26.11.1932 (Abschrift / BArch)
[514] heute: Gierkezeile

Zusammenfassend stelle ich Folgendes fest:

1. *Koch, selbst ohne Geldmittel, hat eine Gründung der sogen. Wikobe durchgesetzt, nachdem er angegeben hatte, daß er Tropenfachmann sei und über genügende Kenntnisse verfüge, um ein Gelingen des vorgesehnen* (sic!) *Planes zu gewährleisten. Dies war nicht der Fall, wie der Ausgang der Affäre zeigte. Er hat also in leichtfertigster Weise, die man ruhig als Betrug bezeichnen kann, alle Gesellschafter schwer geschädigt (...)*
2. *Koch hat mich um 5000.- gebracht, davon bar ca. 3540.- veruntreut. (...)*
3. *Koch hat dem Gesellschafter Becker, einem jungen, gutgläubigen Mann unter dem Vorwand, dass ihm, dem Becker, dieselben an Land abhanden kommen könnten, eine Anzahl Wertgegenstände, schon an Bord abgenommen und nie wieder zurückgegeben, also unterschlagen. (...)*
4. *Koch hat sämtliche Gesellschafter bei den Portugiesen und anderen in Angola lebenden Deutschen in gemeinster Weise verdächtigt und deren Ruf dadurch schwer geschädigt, aber dadurch nicht allein ihren Ruf sondern schlechthin den Ruf Deutscher! (...)*

Das Dargelegte gestattet einen tiefen Einblick in die charakterliche Veranlagung des Koch. Derselbe ist der Typ des skrupellosen, selbstsüchtigen Menschen, der ein Schädling ist, und, um seine Interessen zu fördern, über Leichen geht!

Verstärkt wird die allgemeine Ansicht über Koch noch durch die Tatsache, dass einige Zeit nach Weggang der Gesellschafter aus Angola auch die Portugiesen den wahren Wert des Koch erkannten. Er lebte zum Schluss in Angola ohne Ansehen und von Allen gemieden. Man bezeichnete ihn selbst seitens der Portugiesen, wenn von ihm die Rede war, nur als großen Lumpen! Wie muss dieser Mann sich gezeigt haben, wenn selbst die Portugiesen, die, wie bekannt, nicht gerade den besten Ruf geniessen, solche Meinung von ihm hatten!

Hervorheben möchte ich noch, dass Koch die Täuschung aller Beteiligten im Anfang nur mit Hilfe seiner "überzeugenden" Art, zu reden, gelungen ist, ebenso wie er es glänzend versteht, sich durch seine "Rednergabe" in sogen. ersten (?) Kreisen Eingang zu verschaffen! Er ist ein Blender mit betrügerischem Einschlag, wenn es gilt, sein Fortkommen zu fördern!

Ich glaube, dass vorliegendes Material genügen dürfte, um die Ausschliessung des Koch aus der Partei zu rechtfertigen. Zu jeder vielleicht noch erforderlichen Auskunft stehe ich gern zur Verfügung.

Im übrigen bitte ich, alles vertraulich zu verwenden.[515]

---

515 Schreiben vom 30.11.1932 (BArch)

Harald Gruber, 1925 für kurze Zeit Mitgesellschafter der Fazenda Maria-Joconde, hält ebenfalls nicht hinter dem Berg:

> *Meine Strafanzeige gegen Koch in Deutschland, welche ich am 4. November 1930 einreichte, wurde niedergeschlagen, weil das Delikt verjährt sei. Ich werde die Strafverfolgung zu gegebener Zeit jedoch wieder aufnehmen.*
>
> *Betrug* Tatsache bleibt jedoch, dass Koch sich an mir eines vorsätzlichen Betruges schuldig gemacht hat (§ 263 St.G.B.)*
>
> *Meineid* Weiter lege ich Koch zur Last, für die Interessen eines polnischen Juden namens Briefel, in dessen Haus er in Malange verkehrte, in meinem Ehescheidungsprozess wissentlich einen Meineid geschworen zu haben.*
>
> *Diese Dinge beweisen bei Koch eine geradezu gemeingefährliche Skrupellosigkeit. Eine solche Einstellung ist mit dem Geiste des Nationalsozialismus nicht vereinbar. Leute dieses Schlages können uns nur zum Schaden gereichen. Ich bin auch der absoluten Ueberzeugung, dass er der Partei nicht beigetreten ist aus Ueberzeugung, sondern lediglich, um persönliche Vorteile zu ergattern.*
>
> *Ich beantrage daher den Ausschluss dieses Koch aus der Partei!*
>
> *Heil Hitler!*
> *(Unterschrift: H. Gruber)*[516]

Die NSDAP reagiert sofort, angesichts der Stimmenverluste bei der letzten Reichstagswahl vom 6. November will man dem politischen Gegner keinen Funktionär mit krimineller Vergangenheit auf dem Silbertablett servieren. Noch im Dezember 1932 wird Koch vor den Untersuchungs- und Schlichtungsausschuss (U.Schl.A.) des Kreises Spandau geladen. Er äußert sich zunächst mündlich, dann am 21. Dezember 1932 in einem dreiseitigen Rechtfertigungsschreiben an den *Vorsitzenden des U.Schl.A., Kreis Spandau, Herrn Pg.*[517] *Max Harrer*[518], dem insgesamt zehn Anlagen beigefügt sind, schriftlich zu den schwer wiegenden Vorwürfen.

Erst ein Dreivierteljahr später wird der Untersuchungs- und Schlichtungsausschuss zu einem Ergebnis kommen. Zwar wird Koch nicht wie von Klopsch und Gruber gefordert aus der NSDAP ausgeschlossen, doch bleiben Zweifel an seiner Unschuld.

> *In Sachen des Pg. Klopsch, Köln ggegen den Pg. Wilhelm Heinrich Koch* (sic!), *Charlottenburg, Kirchstrasse 14, auf Einleitung des Ausschlussverfahrens gegen den Pg. Koch wird das Verfahren eingestellt, da der*

---

516 Schreiben vom 26.11.1932 (BArch)
517 Parteigenosse
518 Briefabschrift CWHK an USchlA, 21.12.1932 (DB-Archiv)

Uschla zu der Überzeugung gekommen ist, dass ein Nachweis der dem Beschuldigten zur Last gelegten Verfehlungen aus den Jahren 1924/25 nicht erbracht werden kann. Dies ergibt sich auch aus der Tatsache, dass zwei gegen den Beschuldigten anhängig gemachte Verfahren seitens der Staatsanwaltschaft eingestellt worden sind.

Dem Antragsteller muss es daher überlassen bleiben, wegen seiner gegen den Pg. Koch erhobenen Beschuldigungen die Hilfe des Gerichts in Anspruch zu nehmen.[519]

Schließlich wird Carl W.H. Koch wenige Tage vor Hitlers Ernennung zum Reichskanzler rückwirkend zum 1. Januar 1933 in den Hauptausschuss der Deutschen Kolonialgesellschaft berufen[520]. Er gehört damit der wichtigsten Interessenvertretung innerhalb der deutschen Kolonialpolitik an.

Am 22. Januar 1933 gedenkt die NSDAP ihres vor drei Jahren ermordeten Märtyrers Horst Wessel. Hitler hat die gesamte Berliner SA mobilisieren lassen. SA-Obersturmführer Koch marschiert gemeinsam mit den Männern seines "Sturms 31/1" (Charlottenburg-Mitte) zum Versammlungsort vor der KPD-Parteizentrale im Karl-Liebknecht-Haus.

Um der S.A. ihre Kundgebung vor dem kommunistischen Parteihaus am Bülowplatz zu ermöglichen, an der nach amtlicher Schätzung 16 000 Nationalsozialisten teilnahmen, hat die Berliner Polizei die "große Alarmstufe" angesetzt und 14 000 Mann uniformierte Polizei - nahezu auf jeden Teilnehmer der Kundgebung einen Polizisten - aufgeboten. Unter solchem Schutz ist die nationalsozialistische Kundgebung ohne nennenswerte Störungen vor sich gegangen. Nach der zusammenfassenden Darstellung der Polizei sind im ganzen Stadtgebiet Berlin etwa 25 Personen verletzt worden, davon zwei, ein Polizeibeamter und ein Arbeiter, schwer.[521]

Einer der Verletzten des 22. Januar ist Carl W.H. Koch. Während er im Februar 1934 in einem Bewerbungsschreiben die *Kopf- und Schulterverletzungen durch kommunistischen Überfall am 22.1.33* [522] aufzählt, wird er später eher ausweichend *Anfang 1933 durch kommunistischen Überfall erheblich verletzt* formulieren. Was genau an diesem Wintersonntag geschehen ist, lässt sich nur schwer rekonstruieren. Der Völkische Beobachter erwähnt den prominenten SA-Führer jedenfalls nicht namentlich in seinen Berichten.

In der Memhardstraße (frühere Münzstraße) wurde ein einzeln gehender S.A.-Mann von einer kommunistischen Mordbande angefallen, zu Boden geschlagen und schwer mißhandelt. Als einige seiner S.A.-Kameraden ihm

---

[519] Briefabschrift USchlA I an CWHK, 22.08.1933 (DB-Archiv)
[520] Mitteilungen der Deutschen Kolonialgesellschaft, 15.01.1933
[521] Vossische Zeitung - Abendausgabe, 23.01.1933
[522] Lebenslauf zur Bewerbung als Direktor der Deutschen Kolonialschule (Abschrift / DB-Archiv)

zu Hilfe eilten, zogen sich die Kommunisten zunächst zurück. Der Verletzte wurde in eine Kraftdroschke gebracht. Kaum war der Wagen angefahren, als die blutrünstige Rotte wieder vorstürmte, den Wagen anhielt und ihn umwarf. In diesem Augenblick erschien Polizei auf der Bildfläche und die Kommunisten verschwanden eiligst in den nächsten Häusern.[523]

Im "Ehrenbuch der SA" beschreibt Koch im Kapitel *Der Kampf um die Straße* einen ganz ähnlichen Überfall. Der Schluss liegt nahe, dass er wieder einmal das eigene Erleben schriftstellerisch verarbeitet hat.

Es ist ein bitterkalter Wintertag. Schnee liegt in den Straßen, eine matte Sonne steht am Himmel, und die SA will in ein Viertel marschieren, das als kommunistische Hochburg gilt. Ja, sie hat es bereits angesagt.

Der Scharführer sitzt noch an der Maschine, es hilft nichts, die Arbeit muß vorher fertig werden und zur Post, die Zeit langt nicht, ins Sturmlokal zu gehen, er muß direkt zum Sammelplatz der Standarte. Die Not im Hause ist groß, hier ist Gelegenheit, mit der Übersetzung ein paar Mark herauszuschlagen, und jede Gelegenheit muß benutzt werden, da sie selten ist. Als Nationalsozialist hat man wenig Aussicht, in seinem Beruf Beschäftigung zu finden, zufällig kann man eine fremde Sprache und hat von dem rührigen Ortsgruppenleiter den Auftrag zur Übersetzung des Manuskripts erhalten.

(...) Er überlegt noch, wo der Brief am besten eingesteckt wird. Dann, auf der Straße, schwankt er einen Augenblick. Vielleicht langt die Zeit doch noch dazu, ins Sturmlokal zu gehen. Nein, sagt er sich, du gehst nun gerade zu diesem Briefkasten im Kietz und direkt zum Antrittsplatz der Standarte. (...)

Der Scharführer ist alter Soldat, weit älter als fast der ganze Sturm. Er geht, steckt den Brief ein, und dort, in der ziemlich berüchtigten Straße, trifft er die Frau eines seiner Männer. (...) Die Frau steht auf dem Bordstein, der Scharführer vor ihr, mit dem Rücken zur Häuserfront. Wie er sich umblickt, kommen hintereinander, in unregelmäßigen Gliederungen und anscheinend nicht zusammengehörig, sieben Männer, die alle gut gekleidet, ohne Abzeichen und unverdächtig sind.

Der Scharführer wendet sich wieder der Frau zu, blickt auf die Uhr und will sich verabschieden.

Ein fürchterlicher Schlag über den Schädel, jäh von hinten geführt, läßt ihn schwanken. Fast schwindet die Besinnung.

Er dreht sich herum und erhält einen wuchtigen Hieb mit einem Schlagring auf die linke Schulter. Der Arm hängt gelähmt herab.

---

[523] Völkischer Beobachter - Norddeutsche Ausgabe Berlin, 23.01.1933

Mit der Rechten wehrt er sich gegen die sechs Mann, die über ihn hergefallen sind. Der siebente steht an der nächsten Ecke.

Blut läuft ihm übers Gesicht, in die Augen. Fast blind teilt er Faustschläge aus, haut hier in ein brutales Gesicht, dort unters Kinn. Wäre er nicht sportlich geschult von Jugend auf, läge er längst auf der Erde. Im Unterbewußtsein fühlt er, liegst du erst einmal, so bist du erledigt, dann trampeln sie auf dir herum. (...)

Eine Taxe kommt. Der Scharführer winkt, rasch hinterher. Sie fahren um die nahe Kirche herum und erblicken niemanden mehr.

Der Scharführer ist nun einer Ohnmacht nahe. Er beißt die Zähne zusammen. "Zur Rettungsstelle", sagt er. (...)

Wir werden euch das eines Tages austreiben, denkt der Scharführer, während er gewaschen und verbunden wird. Dann fährt er zum Antrittsplatz und meldet sich zum Dienst.[524]

Koch intensiviert nach dem Überfall seine Vortragstätigkeit trotz der Verletzungen noch einmal. Für Maria und den kleinen Karlhans bleibt wenig Zeit. Er spricht vor dem Deutschen Verein für Vermessungswesen (09.02.1933), der Deutschen Gesellschaft für Säugetierkunde (27.02.), vor Hitlerjugend und NSDAP. Meist ist es der bekannte Angola-Vortrag. Regelmäßig meldet er sich in der Kolonial-Presse zu Wort.

Und er hat ganz eigene Vorstellungen von der eigenen Rolle und der seiner Partei in der deutschen Kolonialpolitik, wenn man den Erinnerung Dr. Heinrich Schnees[525] Glauben schenkt.

Dass auch bei der "Gleichschaltung" der Deutschen Kolonialgesellschaft von einem Pg ein gewaltsames Vorgehen geplant war[526]*, habe ich erst weit später von Dr. Jung, dem Vertreter des General von Epp im Kolonial-politischen Amt, erfahren. Es handelte sich um einen rührigen und ehrgeizigen früheren Kolonialmann namens Koch, der vor dem Weltkrieg und in diesem in Kamerun und später in Angola als Pflanzer tätig gewesen, dann zurückgekehrt in die SA eingetreten war und jetzt in derselben einen bescheidenen Posten (...) erreicht hatte. Er wollte die Kolonialgesellschaft im Sturm nehmen, den Präsidenten nebst dem Ausschuss und Vorstand der Deutschen Kolonialgesellschaft heraussetzen. Wahrscheinlich wollte er sich*

---

524 Koch: Ehrenbuch der SA, Der Kampf um die Straße

525 Heinrich Schnee (1871-1949), ehemaliger Gouverneur von Deutsch-Ostafrika, von 1931–1936 Präsident der Deutschen Kolonialgesellschaft

526 Schnee beschreibt zuvor die gewaltsame Machtübernahme durch Nationalsozialisten in der Jugendorganisation der Deutschnationalen Volkspartei und beim "Verein für das Deutschtum im Ausland"

selbst an diese Stelle setzen. Dr. Jung hatte - wie er mir sagte - dieses Vorgehen verhindert.[527]

In jeder freien Minute arbeitet Koch an seinem neuen Buchprojekt. Ganz im Stil des "Tropenhelms" will er die Geschichte der Sturmabteilung erzählen:

> *Viele deutsche Menschen wissen nichts von alledem, das der Weg der trotzigen, kämpferischen und hungernden SA war.*
>
> *Sie wissen aber auch wenig von der tiefen Kameradschaft der SA, von der innerlichsten Verbundenheit, die sie beseelt, von dem hilfsbereiten Eintreten des einen Mannes für den anderen, von dem ungeheuren seelischen Reichtum, der sich daraus entwickelte, der dort, in finsteren Kellerlöchern und schmutzigen Räumen von Kaschemmen und Kneipen oder in schmalen Schlafstellen und dumpfen Hinterhauswohnungen entstand und sich in hellem, beglückenden Licht offenbarte.*[528]

Wenn Koch nicht unterwegs ist, klappert bis spät in die Nacht hinein die Schreibmaschine. Manchmal sitzen SA-Männer in abgewetzter Uniform auf dem neuen Sofa im Wohnzimmer und erzählen Geschichten aus der "Kampfzeit". Schwerer Zigarrenrauch hängt dann in der Stube und auf dem Tisch stehen Biergläser. Koch lässt sich erzählen, notiert, fragt und hört zu. Kapitel folgt auf Kapitel, er arbeitet wie ein Besessener, wenn nur kein anderer vorher ein Buch über die SA veröffentlicht!

Bemerkenswert ist ein umfangreicher Artikel aus dieser Zeit, den Koch zum neuen Sammelband des Floeder-Verlags "Rundfunk und Film im Dienste nationaler Kultur" beiträgt. Koch fragt *Wie können Rundfunk und Film die Kolonialfrage fördern?*[529] und liefert in seiner Antwort klare Forderungen an das junge Medium:

> *Wir haben das Recht auf kolonialen Lebensraum, weil wir reinen Herzens kolonisiert haben und weil wir kolonisieren können, wie kaum ein andres Teil der Erde. (...)*
>
> *Propagandistisch betrachtet, müßte zur Förderung des kolonialen Gedankens im eigenen Volke in zwingender Regelmäßigkeit ein bildlicher Ruf nach Wiedererwerb eignen kolonialen Lebensraumes als Einführung oder als Abschluß jeder Vorstellung gebracht werden.*
>
> *Packende, graphische Darstellungen des heute unter fremder Herrschaft befindlichen deutschen Raumes sind leicht herstellbar und von großer Wirksamkeit. Lehrfilme über die Art der Gewinnung tropischer und*

---

527 Aufzeichnungen, Berichte Nr. 73-100, Heinrich-Schnee-Archiv (Geheimes Staatsarchiv Preußischer Kulturbesitz)

528 Koch: Ehrenbuch der SA, Vorwort

529 Koch in: "Rundfunk und Film im Dienste nationaler Kultur", hg. von Richard Kolb und Heinrich Siekmeier, Floeder-Verlag, 1933

subtropischer Erzeugnisse sind billig, können immer in natürlicher Verbindung mit der Idee eigener Schutzgebiete gebracht werden und sind ein wertvolles Erziehungsmittel für die Jugend, die willig ist, den Sinn in sich aufzunehmen. Filme über die ungerechte, wahllose und willkürliche Verteilung des Raumes der Erde wirken auch bei dem Laien überzeugend und arbeiten die Knechtschaft unsres engen Daseins scharf heraus. Kurzfilme kolonialen Inhalts lassen sich größtenteils in der Heimat drehen, ohne hohe Aufwendungen zu erfordern, wenn sie mit Geschick und Vorstellungskraft angepackt werden. Wo ein Wille ist, lassen sich auch Wege finden, um alledem gerecht zu werden und darüber hinaus auch dem Ausland zu zeigen, daß das deutsche Volk von heute nicht gesonnen ist, den Raub seiner Schutzgebiete stillschweigend hinzunehmen. (...)

Wer wagt sich daran?

Ist es nicht unsre Pflicht, unsern Kämpfern, deren Gräber heute noch vergessen ruhen, überwuchert von Gras und Unkraut oder unter den stillen Hallen ragenden, schweigsamen Urwaldes ein lebendiges Denkmal zu setzen, bevor die Generation, die dort für die Ehre des deutschen Raumes mitkämpfen durfte, völlig ausgestorben ist?

(...) *in dieser sicheren Ergänzung* (durch Rundfunk und Film) *könnte der koloniale Gedanke die entscheidende Stoßkraft finden und weit herausgehoben werden aus seiner kleinen Schar von Anhängern, um zu einer Volksbewegung zu führen, die gebieterisch jene sonnigen, weiten Gebiete verlangt, die ihm heute noch verweigert werden! -*[530]

Am 18. Mai 1933 wird der Schriftsteller Koch - so lässt er sich ins Berliner Adressbuch eintragen - in den Arbeitsausschuss zur Neugliederung der Deutschen Kolonialgesellschaft berufen, die zu diesem Zeitpunkt über *rund 250 Ortsgruppen und 25000 Mitglieder umfasste*[531]. Im Juli des gleichen Jahres wird er innerhalb der DKG mit der Leitung der Abteilung IV. Presse betraut werden und der Abteilung V. Siedlung angehören[532].

Er hat - endgültig, so scheint es - seinen Platz im politischen, im braunen Berlin gefunden.

Weit weg von der Reichshauptstadt, im beschaulichen Fachwerkstädtchen Witzenhausen, spitzt sich die Lage inzwischen immer weiter zu. Hier, an den Ufern der Werra, wurde 1898 die Deutsche Kolonialschule (DKS) angesiedelt. Ihr Gründer und erster Direktor Ernst Albert Fabarius hat die Schule fast 30

---

[530] a.a.O.

[531] Hildebrand: Vom Reich zum Weltreich

[532] vgl. Die neuen Organe der DKG in "Der Koloniale Kampf", 15.07.1933 und Hildebrand: Vom Reich zum Weltreich

Jahre lang bis zu seinem Tod 1927 geprägt und junge Menschen auf den Dienst im Ausland - hauptsächlich in den deutschen Kolonien - vorbereitet.[533]

> *Der Nachfolger* (Dr. Wilhelm) *Arning, ein gestandener Kolonialpolitiker und anerkannter Fachmann für deutsche Auslandssiedlung, gewährleistete das Festhalten am konservativen Konzept.*[534]

Bald schon kommt es zu erheblichen Meinungsverschiedenheiten zwischen Dr. Arning, der dem Vorstand der Deutschen Kolonialgesellschaft angehört[535], und seinem Stellvertreter Dr. Curt Winter über die Ausrichtung der Schule.

> *Unerfreulich war, daß sich die damalige Studentenschaft* (im Herbst 1933) *so weit vergaß, eine offene Revolte gegen Dr. Arning zu inszenieren. Mit der örtlichen Parteileitung* (der NSDAP in Witzenhausen) *war vereinbart, mit Lärmen und Johlen gegen Dr. Arning vorzugehen, um der Polizei Anlaß zu geben, Dr. Arning in Schutzhaft zu nehmen. Daß dieser Plan, als er schon angelaufen war, nicht zur Durchführung kam, geht auf mein Konto: ich habe damals den Innenhof* (der Kolonialschule) *geräumt, obwohl ich kein Recht dazu hatte, die Führung der Studentenschaft suspendiert und meinen Willen auch dann durchgesetzt, als mir die Parteileitung mit dem KZ drohte.*[536]

Winter macht sich Hoffnungen auf den Direktorenposten[537], doch längst ist die altehrwürdige Kolonialschule zum Spielball im Machtkampf zweier Reichsministerien geworden. Innenminister Dr. Frick (NSDAP) - in dessen Ressort die Witzenhausener Einrichtung fällt - und Minister für Ernährung und Landwirtschaft Dr. Darré (NSDAP) - selbst Zögling der Kolonialschule - haben jeweils eigene Vorstellungen zur Ausrichtung der DKS.

Während Innenminister Frick an der grundsätzlichen Ausrichtigung der Schule nichts ändern möchte, plant Darré *die DKS nicht mehr koloniale Landwirte, sondern vielmehr Siedler für den Osten ausbilden lassen.*[538]

Eine Schlüsselfigur im Ringen um einen Nachfolger für Dr. Arning ist Dr. Kurt Weigelt[539], Direktor der Deutschen Bank und Discontogesellschaft Berlin. Seit Jahren fungiert er faktisch als *Außenminister der Deutschen Bank*[540], ist Mitglied

---

[533] Zur Geschichte der Deutschen Kolonialschule in Witzenhausen vgl. Eckhard Baum, Daheim und überm Meer sowie Karsten Linne, Von Witzenhausen in die Welt

[534] Eckhard Baum: Daheim und überm Meer

[535] vgl. Die neuen Organe der DKG, in: Der Koloniale Kampf, 15.07.1933

[536] Dr. Winter: Aus meinem Leben, in "Der Deutsche Tropenlandwirt", 04.1963

[537] vgl. Besprechung unter Leitung D. Dr. Groos in Witzenhausen, 16.06.1933 (DB-Archiv)

[538] a.a.O.

[539] Dr. Kurt Weigelt (1884-1968), 1927-1945 stellv. Vorstand bzw. Direktor der Deutschen Bank

[540] vgl. Klaus Hildebrand: Vom Reich zum Weltreich

sowohl im Aufsichtsrat der DKS als auch im Vorstand der DKG. Außerdem verfügt er durch zahlreiche Ehrenämter über ein dichtes Netzwerk innerhalb der deutschen Wirtschaft.

In einer kurzen Notiz an die beiden Deutsche Bank-Vorstände Mosler[541] und Urbig[542] beschreibt Weigelt am 10. Oktober 1933 die aktuelle Situation der Kolonialschule.

> *Es wird Sie vielleicht interessieren, dass die Deutsche Kolonialschule in Witzenhausen, die unseren Pflanzungen zahlreichen Nachwuchs geliefert hat, in letzter Zeit Angriffen des Herrn Ernährungsministers Darré ausgesetzt war, der die Schule zu einer Siedlerschule umwandeln und sie dem Reichsernährungsministerium angliedern wollte. Nach mehrfachen Verhandlungen konnte heute beim Innenminister Frick die Entscheidung erreicht werden, die Schule bleibt - wie bisher - im Etat des Innenministeriums und wird in ihrer bisherigen Form weitergeführt. Wir werden aber das Kuratorium etwas verkleinern müssen und auch jüngere Kräfte einsetzen.*
>
> *Bei der letzten Besprechung, die zwischen Minister Frick, Herrn Dr. Jung[543] (für General von Epp[544]) und mir heute stattfand, hat sich der Minister auch vorbehaltlich der endgültigen Stellungnahme des Führers für die koloniale Idee ausgesprochen.*[545]

Spätestens seit der offenen Studentenrevolte muss dringend ein Nachfolger für den nicht nur gesundheitlich angeschlagenen Wilhelm Arning gefunden werden[546]. Angesichts des schwindenden Rückhalts in Schule und Politik hat der ohnehin Bedenken bezüglich seiner eigenen Weiterbeschäftigung.

> *Ich selber weiss nicht, ob bei dieser Stellung der Gauleitung (...) es für mich oder irgendeinen anderen ein besonderes Vergnügen sein wird, die Kolonialschule in irgend einer Zukunft als Direktor zu leiten. Ich selbst werde wahrscheinlich froh sein, wenn ich unter Anerkennung meines Rechts auf Ruhegehalt mich dauernd zurückziehen kann.*[547]

---

541 Eduard Mosler (1873-1939), 1911-1939 Deutsche Bank-Vorstand, 1934-1939 Vorstandssprecher

542 Franz Urbig (1864-1944) 1902-1929 Deutsche Bank-Vorstand, 1930-1942 Vorsitzender des Aufsichtsrats

543 Dr. Karl Jung (1883-n.b.), SS-Oberführer und Vertreter Ritter von Epps, ab November 1933 Mitglied im Aufsichtsrat der DKS und Vorstand der DKG

544 Franz Ritter von Epp (1868-1947), Berufssoldat und Kolonialpolitiker, von 1933-1945 Reichsstatthalter in Bayern, ab 1934 Reichsleiter des Kolonialpolitischen Amtes der NSDAP in München

545 Notiz Weigelt an Urbig und Mosler, 10.10.1933 (DB-Archiv)

546 vgl. Arning an Weigelt, 13.11.1933 (DB-Archiv)

547 Arning an Weigelt, 15.11.1933 (DB-Archiv)

Am 1. Mai
Direktor, Sturm=Hauptführer Farmer K. W. H. Koch und Dr. Winter.

Fotografie aus "Der Deutsche Kulturpionier", Zeitschrift der Deutschen Kolonialschule Wilhelmshof für die Kameraden, Freunde und Förderer, Juni 1934

Direktor Sturmhauptführer K. W. H. Koch, ab 1934

Fotografie aus der Festschrift
"40 Jahre Deutsche Kolonialschule Witzenhausen", 1938

Dr. Weigelt fragt indessen bei Paul Meissner von der Deutsch-Asiatischen Bank in Shanghai vertraulich an, ob der an der Central University of Nanking verpflichtete Hermann von Wissmann [548] als Direktor der Deutschen Kolonialschule zur Verfügung stehe. [549] Sechs Wochen später ist die Entscheidung für Carl W.H. Koch und damit gegen Dr. Curt Winter gefallen, der zwischenzeitlich als Vorstandskandidat in der DKG gehandelt worden war.[550]

> *(...) inzwischen haben aber die Dinge den folgenden Verlauf genommen:*
>
> *Das Kuratorium der Schule wird sich ändern; es wird dabei darauf Rücksicht genommen werden, dass die Majorität Nationalsozialisten sind. Auch die Leitung soll in bewährten nationalsozialistischen Händen liegen. Dies wird umsomehr für erforderlich gehalten, als durch eine grosse Palastrevolution in der Kolonialschule mehrtägige Unruhen eingetreten waren, und dem bisherigen Leiter grosse Unannehmlichkeiten gemacht worden sind. Es wird wahrscheinlich daran zu denken sein, für die Leitung auf einen Herrn zurückzugreifen, der praktische Erfahrungen als Pflanzer und den Krieg als Offizier in Afrika mitgemacht hat. Derselbe Herr ist gleichzeitig Sturmführer in einer besonders wichtigen Gegend Berlins und daher qualifiziert, sich auch gegen widrige Strömungen durchzusetzen.*
>
> *Ich schreibe Ihnen das alles vertraulich, um Ihnen zu zeigen, auf welche Momente hier Wert gelegt wurde und dass die Schule nicht zu sehr akademischen Charakter hat, als vielmehr allein für die Kolonien ausbilden soll; ich glaube so wird die Wahl nach der dargelegten Richtung gehen.*[551]

Koch hat eine differenzierte Sicht zu Winter und dessen Rolle während der Studentenrevolte vom 8. November 1933.

> (Dr. Winter) *hetzte (...) jahrelang gegen Dr. Arning - (Notizen von diesem darüber habe ich)- , um die Zöglinge aufzuwiegeln. Herbst 1933 war es so weit, mithilfe von Ortsgruppenleiter der NSDAP Kolckhorst*[552] *fand mit dem Motto "Kampf der Reaktion" eine Meuterei der Zöglinge unter Führung vom SA Sturmführer Nebelsieck der DKS statt, wobei in der Nachbarschaft den "reaktionären" Mühlenbesitzern Ritz Scheiben eingeworfen wurden. Dr. Arning musste gehen, doch erreichte Winter sein Ziel, Direktor zu werden nicht, da man ihn im Reichsinnenministerium erkannt hatte. Ich nahm nach langem Zögern den Auftrag des Ministeriums an, in Witzenhausen Ordnung zu schaffen. (Ich kannte von 17 Jahren Aufenthalt in Afrika und Asien weite Teile dieser Erdteile.)* [553]

---

548 Hermann von Wissmann (1985-1979), Geograph
549 Weigelt an Meissner, 30.10.1933 (DB-Archiv)
550 vgl. Weigelt an Adolf Friedrich von Mecklenburg, 15.11.1933 (DB-Archiv)
551 Weigelt an Meissner, 16.12.1933 (DB-Archiv)
552 Herman Kolckhorst, seit 1933 Bürgermeister in Witzenhausen
553 CWHK an Bundeslandwirtschaftsminister Werner Schwarz, 06.05.1963 (DITSL)

Der bekannte Tropenmediziner Prof. Hans Ziemann[554] unternimmt einen letzten vergeblichen Versuch, die Berufung Kochs zu verhindern und wendet sich an *Consul Seeger* in Loanda:

> *Wie bei so vielen Verbänden pp. ist, wie Sie erfahren haben werden, auch die deutsche Kolonial-Gesellschaft der sogenannten Gleichschaltung unterworfen worden. Solche Dinge gehen ja gut aus, wenn dabei eine vernünftige Personalpolitik getrieben wird. Bei uns aber liegen die Dinge so, dass infolge der weichen Nachgiebigkeit des Präsidenten[555] und im Anfang auch des Generalsekretärs Duems der frühere Farmer Koch aus Angola die ganze Umschaltung auch in personeller Beziehung ganz nach seinem Gutdünken vorgenommen hat. Alle älteren Kolonialleute sind darin einig, dass dieser brutale und hemmungslose, wenn auch etwas schriftgewandte Mann, wenn es so weiter geht, der Totengräber der deutschen Kolonialgesellschaft wird. Man nimmt nun an, dass, wohl indirekt auf seine Veranlassung hin, er als Favorit von einflussreichen Stellen der NSDAP bei der Besetzung des Postens von Dr. Arning in der Kolonialschule in Witzenhausen genannt wird. Das aber würde, wie wir älteren annehmen, den Tod eines der wichtigsten deutschen Kulturmutterzellen bedeuten, die so und so viele anderer Kulturzellen im Auslande befruchten soll.*
>
> *Nun hat mir der Zufall Material in die Hände geführt, enthaltend die allerschwersten Anklagen mehrerer junger deutscher Leute in Angola gegen Koch, so ungeheuerlich, dass, wenn nur ein Zehntel wirklich wahr wäre, der Mann eigentlich geliefert sein müsste.*[556]

Dr. Seeger antwortet ausweichend:

> *Ob der von Ihnen Genannte als Theoretiker geeignet ist, die kolonialen Bestrebungen zu fördern und tropische Landwirtschaft zu lehren, entzieht sich meiner Beurteilung. Möglicherweise kann er - an die richtige Stelle gesetzt - durch seine Schriftstellerei Gutes wirken. Dagegen dürfte er nach meiner Meinung nicht als ein praktischer Tropenpflanzer anzusehen sein. Dagegen spricht der Mißerfolg seiner langjährigen Arbeit in Angola, der nicht lediglich auf Mangel an Geld und etwaiges Unverständnis der hiesigen Amtsstellen zurückzuführen ist.*[557]

Unklar bleibt die Rolle von Kochs SA-Vorgesetztem Karl Ernst[558] und seines Adjutanten Walter von Mohrenschild - wie Darré ehemaliger Schüler der DKS - bei Kochs Bewerbung für Witzenhausen.[559]

---

[554] Hans Ziemann (1865-1939), ehemaliger Leiter der Medizinalverwaltung der Kolonie Kamerun

[555] Heinrich Schnee

[556] Prof. Ziemann an Dr. Seeger, 27.01.1934 (Archiv AA)

[557] Dr. Seeger an Prof. Ziemann, 07.03.1934 (AA)

[558] Karl Ernst (1904-1934), Stabsleiter der SA-Gruppe Berlin-Brandenburg, wie Mohrenschild während des sog. Röhm-Putsches ermordet

Die datiert auf den 11. Februar 1934 und ist gerichtet an den Staatssekretär im Reichinnenministerium Hans Pfundtner.

> *Auf Veranlassung von Herrn Dr. Jung-München übersende ich Ihnen in der Anlage eine Übersicht meines Lebenslaufes und wäre Ihnen für Gelegenheit zu einer Rücksprache verbunden, um meine Bewerbung um die Leitung der Kolonialschule in Witzenhausen mündlich vortragen zu können.*
> *(...)*
> *Heil Hitler*
> (Unterschrift)
> *Obersturmführer 31/1*[560]

Einen Durchschlag der Bewerbungsunterlagen schickt Koch verbunden mit einem Dank für *Ihre weitgehende Unterstützung in der ganzen Angelegenheit der Kolonialschule*[561] an Dr. Kurt Weigelt.

Nachdem seine Berufung nicht verhindert werden konnte, informiert der Vorsitzende des Aufsichtsrats der Deutschen Kolonialschule Konsistorialpräsident i.R. D. Dr. Groos die Mitglieder des Aufsichtsrats:

> *Der in der Aufsichtsratssitzung vom 19. März d.Js. zunächst für die Dauer eines Jahres zum Geschäftsführer unserer Gesellschaft gewählte Herr Farmer Karl W.H. Koch aus Berlin hat auf Grund der von mir mit ihm getroffenen vorläufigen Vereinbarungen die Geschäfte in Witzenhausen Anfang April übernommen. Wegen Festsetzung seiner Gehaltsbezüge waren noch Nachfragen nötig. Ich denke in nächster Woche den endgültigen Anstellungsvertrag mit Herrn Koch tätigen zu können.*[562]

Der Empfang des ehemaligen Farmers und frisch zum SA-Sturmhauptführer beförderten Koch in Witzenhausen ist frostig:

> *Bei meiner Ankunft im April 1934 empfing mich der (...) Gauleiter in Kassel*[563] *mit den Worten "ich will nicht Sie, sondern Dr. Winter als Direktor der DKS!" Fast die gleichen Worte gebrauchte der (...) Ortsgruppenleiter Kolckhorst in Witzenhausen, und auch der Vorsitzende vom Altherrenverband der ehem. Studierenden der Kolonialschule, ein Herr von Scherbening (goldenes Parteiabzeichen, Bund Oberland, Teilnahme Putsch 1923)- zeigte die gleiche Einstellung, während ich das Vertrauen der Jugend sehr schnell gewann.*[564]

---

559 vgl. Eckhard Baum: Daheim und überm Meer
560 CWHK an Pfundtner, 11.02.1934 (DB-Archiv)
561 CWHK an Weigelt, 20.02.1934 (DB-Archiv)
562 Groos an Aufsichtsrat, 03.05.1934 (DB-Archiv)
563 Karl Weinrich (1887-1973), Staatsrat, 1928-1943 NSDAP-Gauleiter von Kurhessen
564 CWHK an Bundeslandwirtschaftsminister Werner Schwarz, 06.05.1963 (DITSL)

Dr. Winter ergänzt:

> *Und so erschien mit dem 1. April 1934 Herr Koch als neuer Direktor, freundlich, kameradschaftlich, sicherlich, weil man fremd in der neuen Umgebung war und sich erst in die ungewohnte Aufgabe, die Verhältnisse, hineinfinden mußte.*[565]

Der Direktoren-Vertrag mit der D.K.S. ist lukrativ. Zum Monatsgehalt von brutto 920,- RM kommen *Freie Wohnung, frei Licht und frei Brand* sowie *Deputate in gleichem Umfang, wie sie von Dr. Arning bezogen wurden.*[566]

Die repräsentative Dienstwohnung verfügt über 12 Zimmer, die in den nächsten Wochen geschmackvoll eingerichtet werden. An den Wänden hängen bald Erinnerungsstücke aus Afrika, Waffen, Schmuck und Jagdtrophäen. Endlich ist genügend Platz für elegante Möbel, sogar Karlhans bekommt ein eigenes Kinderzimmer. Maria blüht auf in der neuen Umgebung, man sieht es ihr an, wie wohl sie sich im überschaubaren, gemütlichen Witzenhausen fühlt.

In der Hauszeitung der Kolonialschule steht kein Wort von den fortdauernden Machtkämpfen. Am 1. Mai posiert Koch auf der Schulfeier in SA-Uniform mit gut sichtbarem Ärmelabzeichen, das ihn als "Alten Kämpfer" der NSDAP ausweist. Neben ihm steht Dr. Winter, den Hut im Nacken mit eingestützen Armen. Rein körpersprachlich ist keine gemeinsame Kommunikationsebene erkennbar.

> *Mit Beginn des neuen Semesters hat die Schule einen neuen Direktor erhalten. Sturmhauptführer Farmer K.W.H. Koch, Berlin. Herr Direktor Dr. Arning, der schon seit letztem Herbst aus gesundheitlichen Gründen beurlaubt war, ist infolge Erreichung der Altersgrenze (68 Jahre) in den Ruhestand getreten.*[567]

Nur zwischen den Zeilen erkennt der aufmerksame Leser, dass nicht alles mit rechten Dingen zugegangen sein kann. In der gleichen Ausgabe meldet der "Kulturpionier" nämlich, dass Dr. Arning *nach seinem Ausscheiden aus der Kolonialschule - noch einmal die Stätten seines früheren Wirkens in den deutschen Schutzgebieten von Ost- und Westafrika*[568] besuchen wird. Die gesundheitlichen Probleme können also nicht allzu groß gewesen sein.

Koch ist noch kein Vierteljahr im Amt, da rollt eine Mord- und Verhaftungswelle über das Reich. Hohe und höchste Parteiführer - allen voran der "Stabschef der SA" Ernst Röhm - werden inhaftiert und ohne Gerichtsverfahren erschossen. Es sind Tage der Angst für Maria, jeden Augenblick erwartet sie ein Rollkommando, das ihren Mann abholt. Dass diese Angst nicht unbegründet ist,

---

565 Dr. Winter: Aus meinem Leben, in "Der Deutsche Tropenlandwirt", 04.1963
566 Dienstvertrag für Herrn Karl W.H. Koch vom 18.05.1934 (DITSL)
567 Der Deutsche Kulturpionier, Juni 1934
568 a.a.O.

belegt ein Brief des Ministerialrats Dr. Bourwieg[569] vom 7. Mai 1936 an Koch, der sich *Persönlich und vertraulich!* erkundigt:

> *Endlich wird in einem weiteren Bericht vorgetragen, dass Sie ein persönlicher Freund des Gruppenführers Ernst gewesen seien und kurz vor der Röhmrevolte von ihm ein Bild mit Unterschrift erhalten hätten. Es bestehe die Vermutung, dass mit damals von den Studierenden abgeholten Waffen die Röhm-Revolte auf dem Lande durchgeführt werden sollte. Auch hierzu bitte ich um Ihre Äusserung.*[570]

Karl Ernst, Führer der SA-Gruppe Berlin-Brandenburg, Reichstagsabgeordneter und Mitglied des Preussischen Staatsrates war einer der am 30. Juni 1934 Ermordeten.

Und dann ist da noch der ehemalige Fluchtkamerad Hans Reupke, *Faschismusreferent in der Geschäftsführung des Reichsverbandes der deutschen Industrie (RDI) und Verfasser der Bücher "Das Wirtschaftssystem des Faschismus" (1930) und "Der Nationalsozialismus und die Wirtschaft" (1931)*[571]. Wegen seiner Kontakte zum linken Flügel der NSDAP um Gregor Strasser[572] wurde er im Februar 1933 aus der Partei ausgeschlossen und ist seit Juni 1934 im Konzentrationslager Lichtenburg bei Torgau inhaftiert.

Wäre Koch in den Sommertagen 1934 in Berlin gewesen, säße er nun auf Grund seiner weitverzweigten Kontakte möglicherweise ebenfalls in Schutzhaft oder wäre erschossen worden.

Vor diesem Hintergrund zeugt es von persönlichem Mut, was Koch wenige Tage vor Weihnachten auf einem Briefbogen der Deutschen Kolonialschule an die verzweifelte Alma Reupke schreibt:

> *Zusammenfassend kann ich ihrem Manne nur das beste Zeugnis ausstellen. Unvorsichtig in Worten mag er sein, in Taten würde ich mich stets auf ihn verlassen.*[573]

Im gleichen Brief schildert Koch die gemeinsame Flucht aus Spanien und die Tätigkeit nach dem Krieg, als er und Reupke sich bei der Kriegsgefangenenhilfe wiedergesehen hatten.

Alma Reupke wendet sich in bewegenden Worten an Innenminister Frick, den sie aus früheren Tagen kennt und bittet um Unterstützung. Kochs Brief legt sie

---

569 Walther Bourwieg (1885-n.b.), Ministerialbeamter im Reichsinnenministerium, ab 1939 Leiter der Wehrmachtauskunftstelle für Kriegerverluste und Kriegsgefangene, Mitglied im Aufsichtsrat der DKS

570 Handschriftlicher Brief Bourwieg an Koch, 07.05.1936 (Nachlass)

571 Hördler/Jacobeit (Hrsg.): Lichtenburg - Ein deutsches Konzentrationslager

572 Gregor Strasser (1892-1934), während des "Röhm-Putsches" ermorderter NSDAP-Politiker

573 CWHK an Alma Reupke, 12.12.1934 (BArch)

in Abschrift bei. Der Vorgang wird an den "Persönlichen Stab Reichsführer-SS" zur Entscheidung weitergeleitet - und das Wunder geschieht. Dr. Hans Reupke wird aus dem Konzentrationslager entlassen.[574]

Die Weihnachtsausgabe des "Kulturpionier" zitiert ausführlich Kochs Ergebenheitsadresse nach dem "Röhm-Putsch".

> *Anläßlich der Münchener Ereignisse traten Montag, den 2. Juli Mittag ½ 12 Uhr Lehrkörper, Gefolgschaft und Studentenschaft zu einer eindrucksvollen Treuekundgebung für Adolf Hitler im Innenhof unseres altehrwürdigen Klosterhofes zusammen. Direktor Sturmhauptführer Koch sprach in kurzen Worten über die Ereignisse der letzten Tage:*
>
> *"Wer heute, nach den innenpolitischen Ereignissen dieser Tage, die Gesichter der Menschen betrachtet, sieht verschiedenartigen Ausdruck. Die einen haben ein schlechtes Gewissen, weil sie sich selbst in irgendeiner Form schuldig fühlen und nun fürchten, die Säuberungsaktion werde auch sie erfassen. Andere sind weich geworden, sie glauben alles verloren, sie sind der Auffassung, der Zusammenbruch stehe bevor (...). Dann sehen wir Gesichter junger Menschen, die die bestraften SA-Führer kannten und nun ein Ideal zertrümmert glauben. Und viele fühlen die Befreiung der Tat des Führers, die Reinigung der Luft. (...) Im Glauben an sein Volk und an seine Sendung hat der Führer mit harter Hand zugegriffen, er hat erbarmungslos das ausgemerzt, was als dunkle Gefahr über Deutschland schwebte. Seine Taten müssen uns allen eine Warnung sein. Es muß uns eine Warnung sein, was da geschehen ist, wie da Führer sich Luxus, Wohlleben und Ausschweifung verschrieben und schließlich zum verdienten bitteren Ende kamen. (...) Verhindern wir, daß über schändliche Taten, deren innere Zusammenhänge noch verborgen sind, geredet, geklatscht und gelästert wird. Seien wir stark und wachsam! (...) Wünschen wir uns und dem deutschen Volke, daß er, den ein gütiges Schicksal in diesen Tagen der Gefahr bewahrte, uns erhalten bleibe, um uns emporzuführen in Freiheit und Ehre."*[575]

So spricht einer, der davongekommen ist: *Seine Taten müssen uns allen eine Warnung sein.* Das kann man auch anders formulieren. Koch hat gespürt, wie haarscharf er an Gefängnis und Erschießungskommando vorbei geschrammt ist.

In diesem zeitlichen und politischen Kontext bringt der Floeder-Verlag im Spätsommer 1934 endlich das lange vorbereitete *Ehrenbuch der SA* heraus. Die erste Auflage vom Frühjahr mit den Bildern der *als Verräter hingerichteten*[576]

---

[574] Reupkes Haft ist zwischen dem 13.06.1934 bis mindestens 23.12.1934 durch Eintragungen in das Häftlingskassenbuch belegt (Hördler/Jacobeit, a.a.O.)

[575] Der Deutsche Kulturpionier, Weihnachten 1934

[576] Die kurz vor dem sog. Röhm-Putsch erschienene Ausgabe des "Ehrenbuchs der SA", in der die Fotos ermordete SA-Führer (z.B. Heines, Schneidhuber, Ernst) mit dem Satz "Als Verräter hingerichtet" vom Verlag überdruckt sein sollen, wird in einem Internet-Forum beschrieben (Abfrage 2018 www.miliaria-

SA-Führer war nur in wenigen Exemplaren ausgeliefert worden. In der Hektik der "Säuberung" des Buches haben die Lektoren übersehen, dass Koch zwischenzeitlich zum Sturmhauptführer befördert wurde. Dieser Fehler wird erst in späteren Auflagen korrigiert werden. Der neue "Stabschef der SA" Viktor Lutze schreibt im Vorwort Sätze, die Koch nur zu gern auf sich selbst bezieht:

> *Der SA-Mann, verheiratet, mit kleinem Einkommen, der sich Abend für Abend für die Idee und die Bewegung einsetzte, seine Stellung verlor, erwerbslos wurde und kaum wußte, auch nur das Nötigste für seine Familie zusammenzubringen, der sich trotzdem sein braunes Hemd noch selbst anschaffte, ja selbst die Fahrten zu Versammlungsschutz oder Aufmärschen selbst noch bezahlte, zu einer Zeit, als andere tanzten und sich amüsieren konnten, und der immer und immer wieder pünktlich seinen SA-Dienst machte, auch ohne Aussicht auf Beförderung oder es je besser zu haben, darüber hinaus aber noch im Dunkeln von Meuchelmördern aufgelauert wurde (...) das ist für mich der Held des Kampfes um die deutsche Freiheit.*[577]

Eine der ersten Ausgaben stiftet Koch der Schul-Bibliothek. Großzügig legt er das "Ehrenbuch des Führers" von Heinrich Haake, ebenfalls bei Floeder erschienen dazu. Den ehemaligen Gauleiter des Gaues Rheinland-Süd und jetzigen Reichstagsabgeordneten mag er von seiner Kölner Zeit her kennen.

Gleich nach der Ernennung stürzt sich Koch mit gewohnter Energie in seine neuen Aufgaben als Schuldirektor. Schon am 31. Juli 1934 unterbreitet er der Wirtschaftskommission des Aufsichtsrats der DKS weitreichende Pläne.

> *In der Anlage wird Durchschlag meines Schreibens vom 19. Juli 1934 an das Reichinnenministerium bezüglich der Herabsetzung der Gebühren für die Studierenden überreicht. Nach vorheriger Rücksprache mit Ministerialrat Dr. Bourwieg trug ich die Angelegenheit am 25.d.Mts. Staatssekretär Pfundtner vor und erhielt die Zusage, dass die D.K.S. als Überbrückungszuschuss für das Wintersemester RM 12 500,- und für das Sommersemester 1935 nochmals den gleichen Betrag erhalten werde.*
>
> *Ich glaube, dass wir es auf Grund dieses Zuschusses verantworten können, schon vom Herbst ab die Gebühren für die Studierenden auf jährlich RM 1 500,- und für die Praktikanten auf RM 1 200,- herunterzusetzen. Es ist damit fraglos ein Risiko verbunden, aber auf der anderen Seite ist es offensichtlich unmöglich, zum Eintritt in das Wintersemester eine entsprechende Zahl von Praktikanten bezw. Studierenden zu bekommen. (...)*

---

fundforum.info); im BArch befindliche Dokumente zum Floeder-Verlag belegen das Verbot der *ersten Fassung, wo es sich um Bilder des Verräters Röhm und Genossen handelte* (BArch, Fachschaft Buchvertreter an Reichsschrifttumskammer, 21.06.1935)

[577] Koch: Ehrenbuch der SA

Hand in Hand mit der Herabsetzung müssen entsprechende Sparmassnahmen gehen. Es ist anzunehmen, dass durch Vereinfachung des Essens eine jährlich Ersparnis von etwa RM 5 000,- erzieht werden kann.

Ferner wird es möglich sein, im Obstbau, der im letzten Rechnungsjahr ein Minus von RM 5 000,- aufwies, eine entsprechende Summe einzusparen. Dann muss unter allen Umständen der Fehlbetrag der Landwirtschaft von Letztjährig RM 13 000,- ganz oder zu erheblichem Teil verschwinden. Schließlich wird durch äusserste Sparsamkeit in der Verwaltung und in anderen Zweigen der Betriebe billiger gewirtschaftet werden können als zuvor. Besonders wird sich hierbei auch die notwendige Steigerung der Arbeitsleistungen der Studierenden und Praktikanten auswirken, die geringere Unkosten bezw. erhöhte Erträge zur Folge haben wird und muss. (...)

Wie sich dann die Verhältnisse der D.K.S. später entwickeln, läßt sich nicht voraussagen, wenn auch damit zu rechnen ist, daß die zunehmende koloniale Propaganda einen höheren Besuch verursachen wird.[578]

Vorangegangen ist eine Buchführungsprüfung, die teilweise haarsträubende Verhältnisse zu Tage gefördert hat.

Auf Wunsch von Herrn Dr. Weigelt war ich am 18., 19. und 20. Juli in Witzenhausen, um die Buchführung der dortigen Deutschen Kolonialschule einer Begutachtung zu unterziehen.

Ich stellte dort fest, daß vom 1. April ds.Js.ab ein neues Durchschreibe-System eingeführt werden sollte, mit dessen Anwendung jedoch noch nicht begonnen worden war, weil man erst über seine Zweckmäßigkeit Gewißheit haben wollte.

Die Einführung des neuen Systems war notwendig geworden, weil das bis dahin angewandte nicht den zu stellenden Anforderungen genügte. So wurden z.B. die Bankkonten (Dresdner Bank und Kreissparkasse) in Notizbüchern geführt, in denen nicht nur jede Zeile beschrieben war, sondern auch noch – angeblich aus Ersparnisgründen – zwischen je zwei Zeilen weitere 2 Posten mit dazugehörigem Text notiert erschienen. Um das zu ermöglichen, mußte so klein und fein geschrieben werden, daß jede Uebersichtlichkeit verloren ging. Viel schlimmer als dieser mehr äußerliche Mangel war aber, daß die Schüler- und ebenso die Schuldnerkonten nur soweit in das Hauptbuch übernommen wurden, wie sie bezahlt waren. Es wurden wohl über die Verpflichtungen der Schüler Konten geführt, ihre Buchung erfolgte aber unabhängig vom Hauptbuch und bei der Aufstellung der Bilanz wurde der Teil diese Konten, der beglichen war, in das Hauptbuch übernommen. Aehnlich war es mit den Konten derjenigen Personen und Firmen, die mit der Schule für von ihr bezogene Produkte im

---

578 CWHK an Wirtschaftskommission des Aufsichtrats der DKS, 31.07.1934 (DB-Archiv)

Verrechnungsverkehr standen. Auch hier fehlte in der Bilanz jeder Nachweis der noch ausstehenden Beträge. Das Resultat ist, daß die Bilanz unvollständig ist und ein zu ungünstiges Bild gibt. Eine Buchführung, bei der derartige Auslassungen möglich sind, ist natürlich nicht zu gebrauchen, und man kann der bisherigen Leitung den Vorwurf nicht ersparen, daß sie eine solche Handhabung – angeblich auf Rücksicht auf den früheren Rendanten – duldete, trotzdem sie über ihre Mangelhaftigkeit im Bilde war. Durch das neu eingeführte Durchschreibesystem sind derartige Auslassungen unmöglich gemacht, und ich kann sagen, daß die Neueinrichtung auch in jeder anderen Beziehung gut geeignet ist und allen zu stellenden Anforderungen entspricht. Herr Direktor Koch hat auch noch in meinem Beisein mit der Vornahme der Buchungen beginnen lassen.

Auch in der Form der Unterlagen für die Buchhaltung sind seit dem 1. April grundlegende Aenderungen eingeführt worden. Während z.B. bisher die Auslieferungen von Waren auf einfachen Zetteln notiert wurden, sind jetzt vorgedruckte Lieferzettel eingeführt worden, auf denen die Auslieferungen seitens der liefernden Stelle getrennt nach belieferter Stelle des Betriebes, Deputatsempfängern, Barverkäufen und Verrechnungsverkehr aufgeführt werden müssen. Diese Zettel sind numeriert und werden wöchentlich an die Buchhaltung gegeben. (...) Da diese Scheine als Buchungsunterlagen dienen, ergibt sich zwangsläufig, daß die gegen Rechnung gelieferten Waren den Empfängern belastet werden und bis zur Bezahlung als Außenstände erscheinen. (...)

Eine auch räumliche Trennung von Kasse und Buchhaltung wurde von Herrn Direktor Koch noch während meiner Anwesenheit durchgeführt.

Hinweisen möchte ich noch auf die Verteilung der Verwaltungs-Unkosten. Von ihnen werden 85% dem Lehrbetrieb (...) und nur 15% allen anderen Betrieben zur Last geschrieben. Wie mir gesagt wurde, erfolgt die Verteilung in dieser Weise mit Rücksicht auf den vom Reich für den Lehrbetrieb gezahlten Zuschuß, der sich bei einer anderen Verteilung der Unkosten nicht mehr so leicht begründen ließe. Tatsächlich erscheint mit dadurch aber das Ergebnis der anderen Betriebe zu günstig, man könnte durch eine richtigere Verteilung der Unkosten ein der Wahrheit mehr entsprechendes Bild geben und dadurch wahrscheinlich auch einen Druck zur Verminderung der Verluste erzeugen. Natürlich würde jede solche Verlustminderung leicht eine Herabsetzung der Reichszuschüsse herbeiführen (...).

Wenn ich das Gesehene zusammenfasse, so kann ich wohl sagen, daß die getroffenen Neueinrichtungen durchaus allen Anforderungen genügen und bei sachgemäßer Handhabung eine korrekte Buchführung zur Folge haben müssen.[579]

---

[579] Bericht vermutlich von Herrn Jachinski vom 12.08.1934 über die am 18.-20.07.1934 durchgeführte Buchführungsprüfung (DB-Archiv), vgl. CWHK an Weigelt, 28.09.1934

Detailliert beschreibt Koch den von ihm ausgearbeiteten Lehrplan für die DKS.

> *Der neue Lehrplan geht davon aus, dass auf der einen Seite die unerlässliche wissenschaftliche Grundlage der Ausbildung nicht leiden, sondern nur vom Überflüssigen befreit werden darf und dass auf der anderen Seite Praxis und praktische Notwendigkeiten gefördert werden müssen. Ausserdem geht die Zusammestellung des Lehrplans davon aus, dass nach Möglichkeit trotzdem, den ganzen Vormittag füllende Vorlesungen vermieden werden, da die Erfahrung bewies, dass Studierende bereits von der dritten Vorlesung an nicht mehr folgen konnten. Soweit Vorlesungs-Vormittage (Montag-Freitag) nicht vermieden werden können, ist der Stoff abwechslungsreicher gegliedert.*
>
> *Bisher war der Montag-Vormittag dem Wehrsport, der Spät-Nachmittag vom Mittwoch der politischen Schulung und der Sonnabend-Nachmittag dem Sport gewidmet. Der neue Lehrplan sieht vor, dass die 5 ersten Wochentage (Montag-Freitag) ausschließlich der Schule gewidmet sind und dass für Wehrsport, Sport und politische Schulung der ganze Sonnabend verbleibt. (...)*
>
> *Zum Unterschied vom früheren Wintersemester weist der neue Lehrplan bedeutend mehr Zeit für Lehrausflüge, besondere Seminare und Unterweisungen auf (Plus 9). Hierdurch soll erreicht werden, dass in lebendiger Anschauung Kenntnisse und Erfahrungen erworben werden, die die trockene Vorlesung nicht zu bieten vermag. Dazu sollen diese Seminare usw. dazu dienen, dann bestehende Lücken auszufüllen. Es ist unmöglich, dass – wie es sich bei der letzten Prüfung ergab – der grössere Teil des vierten Semesters niemals an der Drillmaschine ausgebildet worden war. Es entspricht ferner nicht dem Niveau der D.K.S., dass Studierende weder mit Schweröl- noch Leichtöl-Traktoren umzugehen wissen und dass sie ganz allgemein keinen Fahrtunterricht mit dem Kraftwagen erhalten. Gründliche Ausbildung mit Dreschsatz, Mäh- und Erntemaschinen, Bulldog, Hannomag und Kraftwagen – um das Wichtigste herausgegriffen zu haben – soll eingeführt bezw. vertieft werden.*
>
> *Grundsätzlich wird der neue Lehrplan nicht nur eine höhere Anspannung der Dozenten und Betriebsleiter, sondern auch grössere Leistungen der Studierenden erfordern. Es wird dennoch im Interesse von erhöhter Praxis und praktischer Ausbildung ganz allgemein ein anderes Arbeitstempo einzusetzen haben, als es bisher der Fall war, zumal auch die älteren Semester immer wieder zu praktischer Arbeit herangezogen werden sollen. (...)*[580]

Zwei Wochen später schickt Koch Dr. Weigelt seinen *Vorschlag bezüglich kolonialer Presse*[581], dessen phantasievolle Berechnungen unwillkürlich an die

---

[580] Undatierter, von CWHK paraphierter Bericht mit Eingangsvermerk von Dr. Weigelt vom 14.09.1934 (DB-Archiv)

[581] CWHK an Weigelt, 28.09.1934 nebst Anlage (DB-Archiv)

zehn Jahre zurück liegenden Wikobe-Planungen erinnern. Da noch immer nicht klar ist, welchen Standpunkt Hitler in der kolonialen Frage einnehmen wird, treibt Koch im Anschreiben an den Bankdirektor regelrechte Wort-Akrobatik.

> *Ich bin mir darüber klar, dass heute noch nicht der richtige Zeitpunkt sein könnte, weil es sich nicht empfehlen dürfte, im derzeitigen Stadium der Kolonialfrage eine allzu umfassende Propaganda zu treiben. Auf der anderen Seite aber glaube ich, dass es wünschenswert ist, schon heute auf die Fragen vorbereitet zu sein, die -- wie wir hoffen – verhältnismäßig bald an uns herantreten können.*[582]
>
> *Vorschlag bezüglich kolonialer Presse.*
>
> *Von dem Gesichtspunkt ausgehend, daß einerseits die offiziöse Presse der Deutschen Kolonialgesellschaft inhaltlich und propagandistisch durchaus versagt und daß andererseits die Deutsche Kolonialschule in der kolonialen Bewegung nicht die Rolle spielt, zu der sie berufen ist, obwohl sie dafür prädestiniert erscheint, durch ein entsprechendes Organ an die Öffentlichkeit zu treten, um aufklärend zu wirken, habe ich mit Pg. Hans Kitzinger (Mitglied des Arbeitsausschusses der D.K.G.) in Berlin eine eingehende Rücksprache gehabt.*
>
> *Ich bemerke dazu, daß Pg. Kitzinger durch seine Tätigkeit in der Reichsleitung der N.S.V. gerade auf propagandistischem Gebiete viel geleistet hat. Zum Beispiel hat er 3 Broschüren über Bevölkerungspolitik in je 10 Millionen Exemplaren, „Kampf dem Verkehrsunfall", „Mutter und Kind", „Ratgeber für Mutter und Kind" und „Feuerschutz" in je 5-6 Millionen Exemplaren herausgebracht und hat die Monatsschrift „Kampf der Gefahr" innerhalb von 4 Monaten auf eine Auflagenziffer von 1 Million gebracht.*
>
> *Wir sind uns darüber klar geworden, daß etwas ähnliches auch mit einem kolonialen Organ möglich wäre. Erforderlich wären hierzu zweckdienliche Aufrufe von General Ritter v. Epp, von der NSV., von der NSKOV, von der HJ. usw. Natürlich müßte der Vertrieb durch Organisationen der NSDAP. erfolgen.*
>
> *Als Herausgeber hätte die Deutsche Kolonialschule zu zeichnen, Schriftleiter und Personal müßten ihren Sitz in Berlin haben. (...) Ein Berliner Verlag wäre bereit, die Auflage des ersten Heftes im Umfang von etwa 500 000 Exemplaren kostenlos zu übernehmen. Das Heft würde 32 Seiten umfassen, müsste anschaulich und lebendig geschrieben und entsprechend bebildert sein.*
>
> *Es wäre die Aufgabe der genannten Organisationen, die erste Auflage zu verteilen und Bezieher auf Grund dieser Verteilung zu werben. Das Heft ließe sich für 10 Pfg. verkaufen.*

---

582 a.a.O. (Anschreiben)

Von diesen 10 Pfg. würde der Verleger etwa 6 Pfg. erhalten. Die übrigen 4 Pfg. sind zum geringen Teil für die Aufrechterhaltung des Berliner Büros, zum grösseren Teil für bestimmte Zwecke gedacht. Beispielsweise wäre ein wirksamer Verteilungsschlüssel unter dem Moto (sic!) „Für die Kolonialschule in Deutschland und für die deutschen Schulen in den Kolonien" propagandistisch wertvoll. (...)

Bei einer Auflage von 500000 Stück würden demnach je 4 Pfg. oder monatlich 20 000 Mk, bezw. jährlich 240 000 Mk. eingehen (sic! tatsächlich läge der monatliche Gewinn nur bei 200 Mk!).

Dass Direktor Koch sich für die ihm anvertrauten Schüler verantwortlich sieht, belegt nicht zuletzt ein Brief an Dr. Weigelt vom 27. August 1934.

Anbei übersende ich Ihnen im Anschluß an unsere letzte Unterredung Lebenslauf und Bild unseres Absolventen Bernhard[583] (sic!) *und wäre Ihnen sehr dankbar, wenn Sie für ihn eine Anstellung in Afrika bezw. Übersee erreichen könnten.*[584]

Der *liebe Herr Weigelt* leitet die Unterlagen umgehend an Vorsitzenden des Ostasiatischen Vereins Staatsrat Emil Helfferich[585] in Hamburg sowie an die Direktion des Deutsch-Ostafrikanischen Gesellschaft weiter, von wo schon wenige Tage später ein abschlägiger Bescheid eingeht.[586]

Als ob die Vergangenheit nie zur Ruhe kommen will, werden trotz der niedergeschlagenen Ermittlungs- und Parteiausschlussverfahren schon wieder Vorwürfe gegen Koch laut. Diesmal ist es der Vorsitzende des Aufsichtsrats der DKS D. Dr. Groos, der sich an den Präsidenten der Deutschen Kolonialgesellschaft Dr. Schnee wendet.

Wie Ihnen erinnerlich sein wird, wurden bei der Eröffnungssitzung unseres Aufsichtsrats im März d.Js. in Berlin gegen die kommissarische Bestellung des Farmers K. Koch zum Leiter der Kolonialschule gewisse, an seine Farmertätigkeit in Angola anknüpfende Bedenken geäussert. Sie, verehrte Exzellenz, haben, ebenso wie Herr vortr. Legationsrat Gunzert, uns damals über die zugrunde liegenden Vorgänge und den Ausgang der gegen Koch eingeleiteten Untersuchung auf Grund Ihrer Akten näher unterrichtet und der Aufsichtsrat hat daraufhin die gegen Koch schwebenden Bedenken als erledigt ansehen können. Im Sommer d.Js. sind jene Vorgänge aus Kochs „Vergangenheit" erneut bei dem Herrn Reichsminister d.I. zur Sprache gebracht worden. Der Herr Minister bzw. sein Staatssekretär Herr Pfundtner haben Herrn Koch zur Sache gehört und – wie ich aus einer

[583] Max Bernhardt (1912-n.B.), seit 1932 an der DKS
[584] CWHK an Weigelt, 27.08.1934 (DB-Archiv)
[585] Emil Helfferich (1878-1972), Südostasienkaufmann und Staatsrat, Vorsitzender des Aufsichtsrats der HAPAG, Vorsitzender des OAV
[586] DOAG an Weigelt, 05.09.1934 (DB-Archiv)

Mitteilung Herrn Dr. Jungs entnehme – auf eine weitere Verfolgung der fast 10 Jahre zurückliegenden Vorgänge verzichtet.

In jüngster Zeit sind nun bei mir von Seiten unseres Aufsichtsratsmitgliedes Herrn von Scherbening wiederum ernste Vorstellungen gegen die Übertragung des Direktorpostens an Herrn Koch erhoben worden. (...) Ich habe einen der Hauptbeteiligten an der Gründung der Gesellschaft „Wikobe", den jetzt in Köln wohnenden Abteilungsleiter bei der „Agrippina" Kopsch (sic!), kürzlich hier in Koblenz empfangen. Er steht in vollem Umfang zu seinen schriftlichen Aussagen und hat mir die u.R. beigefügten Erklärungen eines Referendars Herbert Ludwig, früher Mitglied des Hauptausschusses der D.K.G., überreicht, die sich mit Kochs Beziehungen zur D.K.G. befassen. (...)

Es mag richtig sein, wie Herr Dr. Jung annimmt, dass es sich wieder um alten, verjährten Kolonial- und Küstenklatsch handelt. Immerhin sehe ich mich als Führer unseres Witzenhausener Werkes verantwortlich dafür, dass wir nur einer Persönlichkeit mit unbedingt reiner Weste die Leitung der DKS anvertrauen![587]

Koch, von Weigelt informiert, reagiert umgehend und stellt noch vor Weihnachten einen fünfseitigen *Bericht zu den Anschuldigen des F.W. Klopsch*[588] mit insgesamt vierzehn Anlagen zusammen.

Die gesamten Anschuldigungen von Klopsch und seinen Gewährsmännern lagen dem Kreis Uschla Spandau im Dezember 1932 vor. Ich beantwortete sie am 21.12.32 laut Anlage. Unterm 22/8.33 erhielt ich den Beschluss (...) zu meinem Gunsten, und das Verfahren wurde eingestellt. (...)

Ich bestreite jede der weiteren Anschuldigungen von seiten Klopsch und Gewährsmännern. Ich habe die Angelegenheit in vergangener Woche mit einem Juristen durchgesprochen und werde gegen Klopsch Anzeige beim Staatsanwalt erstatten unter Benachrichtigung des Parteigerichts.

Ich bedaure, dass ich nicht früher gegen Klopsch vorging. Die ersten ausführlichen Anschuldigungen erhielt ich Dezember 1932 vom Uschla Spandau. Kurz darauf wurde ich durch kommunistischen Überfall schwer verwundet und mit der Führung von Sturm 30 (jetzt 31/1) im roten Charlottenburg beauftragt. Die Befriedung des Sturmgebiets erforderte meine ganze Zeit. Hinzu kamen später meine ehrenamtlichen Arbeiten für die koloniale Bewegung, für das Kolonialreferat der Reichsleitung und – als Kolonialreferent – beim Gau Gross-Berlin. Dann schrieb ich das „Ehrenbuch der SA" und wurde im Anschluss daran nach Witzenhausen berufen. Im Rahmen der erforderlichen produktiven Reformen blieb mir hier keine Zeit für unproduktives Vorgehen gegen verbrecherische Menschen. ----[589]

---

[587] Groos an Schnee, 24.11.1934 (DB-Archiv)
[588] CWHK an Pfundtner, 11.12.1934 (DB Archiv)
[589] a.a.O.

Drei Tage später - am 14. Dezember 1934 - findet unter Vorsitz von D. Dr. Groos im Berliner Reichsinnenministerium eine Sitzung des Aufsichtsrats der DKS statt. Das Verlaufsprotokoll von Dr. Weigelt zeigt deutlich, wie unversöhnlich die Meinungen der beiden Lager für und gegen Koch aufeinanderprallen, als die endgültige Bestellung von Koch als Direktor der DKS verhandelt wird.

> *Groos: (...) KOCH als Familienvater hat Anspruch auf Definitivum. Hierfür in erster Linie Frage: Wie hat er sich in diesem halben Jahr bewährt? (...) ich persönlich: reibungslose Verwaltung, Schüler haben Vertrauen. (...)* (Die Dozenten Ulitzsch, Duisburg und Peppler) *haben erklärt, KOCH sei die rechte Persönlichkeit für den Betrieb. Für mich wäre von dieser Seite das Votum fertig, man könne KOCH das Amt übertragen.*
>
> *Weinrich: Seitdem KOCH in Witzenhausen, Verkehr zwischen Kolonialschülern und Einwohnern getrübt, letzten Sonntag Schlägereien (...)*
>
> *Jung: Flut von Zuschriften an* (Ritter von) *EPP und Innenministerium. Vorwürfe, dass eine Existenz wie KOCH in Frage kam. Historische Darstellung – Meuterei unter ARNING - , daher war starker Mann nötig, ein S.A.-Kolonialmann. Haltlose Angriffe aus der Angolazeit. Negative Untersuchungen. JUNG geht auf die neuen Angriffe betreffend WIKOBA (sic!) ein und kritisiert diese.*
>
> *Weinrich: widerspricht der bagatellisierenden Berichterstattung Dr. JUNG's und glaubt dadurch eingelullt werden zu sollen. (...)*
>
> *Groos: (...) Selbst wenn am letzten Sonntag Krach, so steht es fest, dass durch KOCH's Regime die Situation in Witzenhausen besser geworden ist.*
>
> *Jung: schildert seine Eindrücke in Witzenhausen. Besprechung mit KOLKHORST, der zugab, seinerzeit die Streitigkeiten begünstigt zu haben (im Februar). Offenbar Spannungen zwischen Bürgermeister und Kolonialschule. Anscheinend möchte der Bürgermeister einen anderen Direktor haben.*
>
> *Groos: die regelmäßigen Konflikte in Witzenhausen sind ein Resultat der Kleinbürgerlichkeit im Konflikt mit der grössere Gesichtspunkte verfolgenden Schule. Eventuell sollte die Schule lieber von Witzenhausen abziehen. Die Sache krankt auch daran, dass ein Machtfaktor mit staatlicher Autorität sich nicht zu Gunsten der Schulleitung betätigt; daher Bitte, die Anstalt vom Reich zu übernehmen. (...)*
>
> *Weinrich: Affäre KOCH geht ins Uferlose. (...) KOCH soll erklären, dass er Klage einreicht. Die Bevölkerung ist nicht gegen die Kolonialschule. Die Jungens sollen Dummheiten machen. Wenn KOLKHORST so dumm gewesen ist, dann werde er ihn in den nächsten Tagen vorladen (dann gäbe er ihm eine Zigarre, dass er daran noch lange denken soll). KOLKHORST hat*

bestimmt die Revolte nicht inszeniert. „Ich kann heute die beiden nicht zusammenbiegen, solange KOCH nicht als einwandfrei erwiesen ist".

Groos: schlägt vor, dass KOCH sich damit einverstanden erklärt, dass der Beschluss über seine Anstellung so lange vertagt wird, bis das von ihm einzuleitende Strafverfahren bezw. Privatklageverfahren beendet ist. Zur Einleitung betreffenden Verfahrens werden ihm 14 Tage Frist gestellt.

Allgemeine Zustimmung. (...)

Mit KOCH.

Groos: macht Herrn KOCH mit dem Beschluss bekannt und fügt hinzu: „Nach dem, was Sie in den ersten 6 Monaten getan und für die Schule geleistet haben, hoffen wir doch, dass es gelingt, Sie dauernd für die Schule zu bestellen."[590]

Wie gut sich Koch inzwischen eingearbeitet hat, belegen seine protokollierten Aussagen zum Alltag an der DKS. Dass er sich mit Erfolg für eine Profitabilisierung der Schule einsetzt, wird man ihm wenig später übrigens zum Vorwurf machen.

Koch: bisher 13.000 M Minus im Gartenbau. Ein Herr von ESCHWEGE wurde gebeten zu prüfen. 5.500 M Defizit Obstbau, liegt am Versagen des Gärtners SCHMIDT. Wir können ihm nicht ohne weiteres kündigen, müssen ihm andere Anstellung verschaffen und dann besseren Mann einstellen. Weiteres Minus 10.000 M durch Trockenheit in diesem Sommer. Viehwirtschaft zwei Kuhställe. Es wird nicht auf Leistung gezüchtet. Wir brauchen nur einen Stall, damit ist ein Schweizer überflüssig. ESCHWEGE ist überzeugt, bei Annahme dieser Reform die Landwirtschaft auszugleichen und später rentabler gestalten zu können. Das dauert aber ein bis zwei Jahre. Später brauchen wir neues Gewächshaus (...).

Koch: (...) Vorfälle aus der letzten Zeit: Demonstration vor dem Geschäft des Juden Katzenstein. Bedenklich besonders aber der Vorgang letzten Sonntag. Nikolaustag Ballerei mit Fröschen. ¾ 7 Glocke Ruhe. Um ½ 8 erneuter Lärm, erst zu dieser Zeit kamen einige Studenten über den Marktplatz. Einer wurde angefallen, der andere half und erhielt Messerstich, Polizei zog blank. Ein weiterer Student erhielt Schlag über's Auge. 5 Studenten verhaftet. Koch gab 8 Uhr Ausgehverbot. Dann ging er zum Bürgermeister, wo er von den 5 Verhaftungen hörte. Erst nach Erscheinen des Sturmbannführers wurden die 5 Mann freigegeben. Die Studentenschaft hat die Sache an die Staatsanwaltschaft wegen des Messerstechers weitergegeben. (...)

Groos: Das scheint mir doch mit der allgemeinen Haltung des Herrn KOLKHORST zusammenzuhängen (so war es ja auch bei ARNING).

[590] Sitzungsprotokoll Weigelt, 14.12.1934 (DB-Archiv)

Animosität in gewissen Schichten der Bürgerschaft gegen die Deutsche Kolonialschule. Da müssen doch Einflüsse von bestimmten Stellen sein, die solche Störungen fördern.

Auf Wunsch von Weinrich erklärt KOCH, dass er loyalerweise nichts unternimmt, was als eine Unterstützung der Schüler gegen KOLKHORST gewertet werden könnte.[591]

Im offiziellen Protokoll der Sitzung ist nichts zu lesen von den Animositäten der Herren Weinrich und Koch.

Der Vorsitzende berichtet über den bisherigen Verlauf der Tätigkeit des kom. Geschäftsführers (Direktors) Koch. Nach seiner eingehenden Prüfung der heutigen Verhältnisse in Witzenhausen und nach Besprechungen mit Vertretern der Dozentenschaft und mit den Führern der Studentenschaft sei die Eignung Kochs für die endgültige Übertragung der Leitung der Kolonialschule, von der Leistungsseite aus gesehen, (ab April 1934) unbedingt zu bejahen. (...)

Die Entscheidung über die dauerhafte Anstellung Kochs wird vertagt und ihm aufgegeben, durch ein gegen die Beteiligten einzuleitendes Straf- oder Privatklageverfahren die Grundlosigkeit der gegen ihn erhobenen Vorwürfe nachzuweisen. Zur Einleitung dieses Verfahrens wird ihm eine Frist bis Jahresende gewährt.

Dem wieder hereingerufenen Herrn Koch wird von dem vorstehenden Beschluss Kenntnis gegeben. Er erklärt: „Ich unterwerfe mich der getroffenen Entscheidung."[592]

Das neue Jahr 1935 beginnt traurig.

Marias Vater stirbt 74jährig am 6. Januar im Spandauer Johannisstift. Die Gedanken gehen zurück ins Jahr 1920, als er das frisch verliebte Paar in Neulingen getraut hat. Vorbei, vorbei.

Anläßlich des 2. Jahrestages der Machtübernahme durch den Nationalsozialismus am 30. Januar 1933 versammelten sich (...) die Studentenschaft und die Gefolgschaft der Kolonialschule zu einer eindrucksvollen Gedenkfeier. Herr Direktor Sturmhauptführer Koch ergriff hierbei das Wort zu einer kurzen, kernigen Ansprache, in welcher er einen Überblick gab über die außerordentlich erfolgreiche Arbeit der nationalsolzialistischen Regierung während der vergangenen 2 Jahre. Von der Innenpolitik ausgehend, erwähnte Herr Direktor Koch die Arbeitsschlacht, durch die 4 Millionen deutscher Volksgenossen dem Hunger und Elend entrissen worden seien, die Verwaltungsreform (...), die Agrarreform, durch die die Ernährung des deutschen Volkes sichergestellt

---

591 a.a.O.

592 Sitzungsprotokoll Groos, 14.12.1934 (DB-Archiv)

wurde, die großen Arbeitsprojekte, gekennzeichnet durch die Reichsautobahnen sowie die Urbarmachung großer Ödlandstrecken. (...) Von besonderem Interesse für uns aber sei, daß der koloniale Gedanke immer mehr Raum gewinne, mehrten sich doch die Stimmen im Ausland, die für eine Rückgabe der Kolonien an Deutschland eintreten. (...) Trotz Nörglern und 150%igen, die es immer gegeben hat, wollen wir uns nicht irre machen lassen in dem Glauben an ein großes Deutschland und an unseren Führer, dem wir wie bisher unsere Treue halten werden.[593]

Nörgler und 150%ige - mit ihnen hat sich Koch im März 1935 auseinanderzusetzen. Da prüft nämlich der Reichsrechnungshof die Bücher der DKS und beanstandet unter anderem die um 134,64 RM zu hohen Monatsbezüge ihres Direktors. Außerdem stellt er Unregelmäßigkeiten bei Kochs Repräsentationskosten fest und konstatiert, *daß die Gehälter der Gefolgschaftsmitglieder der Anstalt seit der Übernahme der Leitung durch Koch ohne ersichtlichen Grund zum Teil wesentlich erhöht worden sind, wobei die Willkürlichkeit dieser Gehaltserhöhungen zu der Vermutung Veranlassung gibt, daß (...) die Erhöhungen dazu dienen sollten, einzelne begünstigte Angestellte sich hierdurch besonders gefügig zu machen.*[594]

Harte Vorwürfe, die zunächst nicht weiter verfolgt werden.

Koch wirbt mit gewohnter Energie für die koloniale Idee. Als echter Besuchermagnet erweist sich am 8. März 1935 ein Vortrag des legendären "Seeteufels" Graf Luckner[595] als Ehrengast auf der kolonialen Kundgebung in den Capitol-Lichtspielen. Koch erinnert in seiner Begrüßungsrede an Deutschlands Leistungen in Übersee:

> *Unsere militärischen Expeditionen befreiten die Eingeborenen von arabischen Sklavenhändlern und ihren Mordbrennerein. Gewalttätige Häuptlinge wurden nach schwierigen Kämpfen unterworfen. Gegen Menschenfressereien, gegen Zauberer* (da sind sie wieder, die Zauberer aus Kamerun und Angola!) *und Fetischpriester, die ganze Landschaften durch Aberglauben in Angst und Furcht hielten, wurde vorgegangen. Durch Steppe und Urwald bauten wir Wege und Straßen, Handel und Verkehr blühten, Sicherheit war in die entlegensten Gebiete eingezogen, Pflanzungen und Handelsniederlassungen entstanden und schoben sich weit ins Innere vor, Bahnen und Häfen wurden gebaut, eine schnelle Entwicklung und ein stetiger Aufstieg waren unverkennbar. (...)*
>
> *Wir erblicken im eigenen kolonialen Raum (...) den Weg zur Gesundung unserer Wirtschaft und zum Wiederaufstieg unseres Volkes, zur Schaffung von besseren Lebensbedingungen und zur Erweiterung des Horizontes und des Geistes.*[596]

---

593 Witzenhäuser Kreisblatt, 01.02.1935
594 Regierungs-Präsidium Kassel an RMdI, 22.08.1940 (DITSL)
595 Felix Graf Luckner (1881-1966), deutscher Seeoffizier und Schriftsteller
596 Der Deutsche Kulturpionier, Juni 1935

Zu Ostern wird Karlhans in Witzenhausen eingeschult. Ein neuer Lebensabschnitt beginnt für den Buben, der sich gut eingelebt hat. Begeistert rennt er mit seinen Freunden neben den Marschkolonnen von Jungvolk, Hitlerjugend und SA her und träumt mit seinen sechs Jahren von Kriegsruhm und Uniformen.

Ein Erinnerungsfoto von einem Wochenendausflug im Mai 1935 zur nahen Wartburg bei Eisenach zeigt Vater und Sohn auf der Besuchertreppe. Papa Koch trägt zum dicken Wollmantel eine Schiebermütze und legt schützend seine Hand um den kleinen Karlhans, der sich liebevoll an ihn kuschelt.

> *Söhnchen war vom Tintenklecks[597] enttäuscht, die Kanonen u. Rüstungen findet er aber fein. (...) Unterwegs mit ihm das Übliche, nach einer Wurst geht es ihm jetzt besser, er genießt den Aufenthalt![598]*

Maria ist an diesem Tag nicht dabei. Es geht ihr nicht gut, sie braucht wieder viel Ruhe, die Jahre in Afrika und das Übergewicht machen ihr zu schaffen, dazu das große Haus, die Arbeit im Garten und auch Karlhans verlangt ungeteilte Aufmerksamkeit. Karl hat sich bereits über Kureinrichtungen informiert, Hindelang bei Sonthofen soll schön sein. Nun, man wird sehen.

Koch, der neben der Geschäftsführung der Kolonialschule auch Vorlesungen in Kolonialgeschichte, Kolonialpolitik und Kolonialwirtschaft hält[599], legt im Juni 1935 im "Deutschen Kulturpionier" einen stolzen Arbeitsbericht vor.

> *Um den Studierenden Gelegenheit zur Aneignung technischen Wissens zu geben, wurde die alte Reithalle* (der DKS) *zu hellen, luftigen Maschinenräumen umgebaut. In der einen Hälfte befinden sich die entsprechenden landwirtschaftlichen Maschinen und Gerätschaften, in der anderen Hälfte wird der theoretische und praktische Unterricht an Leicht- und Schwerölmotoren, an Kraftwagen und Pumpen eingeübt. Jeder D K.Ser wird im Kraftwagenfahren und im Schlepperdienst (Hanomag und Bulldog) ausgebildet und geprüft. (...)*
>
> *Ein von den Studenten gegrabener Brunnen dient dazu, verschiedene Pumpen-Systeme praktisch durchzuführen. (...)*
>
> *Im Obst- und Lehrgarten wurde die östliche Hälfte völlig freigeschlagen und eine moderne Obstanlage eingerichtet. Sie umschließt 850 ausgesuchte Buschobstbäumchen, 13 000 Erdbeer- und 5 000 Himbeerpflanzen. Der Einbau einer Beregnungsanlage (...) ist im Gange (...).*

---

[597] Tintenfleck an der Wand in Luthers Studierstube auf der Wartburg; Luther soll der Legende nach mit einem gezielten Wurf mit dem Tintenfass den Teufel vertrieben haben.
[598] Postkarte vom 18.05.1935 (Nachlass)
[599] Vorlesungsverzeichnis (Nachlass)

Um einen praktischen Begriff von afrikanischer Bauweise zu geben, wurde im Obstgarten ein Lehmhaus gebaut (...). Den Orkan, der im Frühjahr Witzenhausen heimsuchte und Ziegel wegriß, ja auch Schornsteine umstürzte, hat das "Buschhaus" gut überstanden, obwohl bei seinem Bau nur die primitiven Werkzeuge benutzt werden durften, die drüben zur Verfügung stehen. - (...)

Bei all diesen und bei den noch geplanten weiteren Neuerungen sind die beiden leitenden Motive die, daß die einzelnen Zweige der Deutschen Kolonialschule zu Musterbetrieben ausgebaut werden sollen und daß das gelehrt werden soll, was der D.K.Ser draußen wissen muß. Hierdurch ergeben sich ohne weiteres eine gewissen Befreiung von Schema und Theorie, eine erhöhte Betonung der praktischen Arbeitsleistungen und höhere Anforderungen an das allgemeine Können der Studierenden.[600]

Kein Zweifel, Koch verfolgt ganz eigene Pläne in der Kolonialschule, die mit der bisherigen Ausbildung eines Fabarius oder Arning nur wenig zu tun haben.

Seit dem Erscheinen des "Ehrenbuchs der SA" hat Koch die schriftstellerischen Ambitionen zurückgefahren. Nun will sich der Floeder-Verlag mit kolonialen Themen neue Marktanteile erschließen. Friedrich Floeder mahnt in einem privaten Brief seinen erfolgreichsten Autor: Für das Buch "Der Koloniale Wille" müssen *etwa 100 Seiten Manuskript von Ihnen schnellstens angefertigt werden.*[601]

Denn Floeder hat massive Schwierigkeiten. Sein "Ehrenbuch des Führers" ist *im Einvernehmen mit der Parteiamtlichen Prüfungskommission zum Schutze des NS-Schrifttums* durch das Geheime Staatspolizeiamt beschlagnahmt worden, *weil Sie entgegen Ihren Zusicherungen, das Buch aus dem Verkehr zu ziehen, einen weiteren Verkauf geduldet haben.*[602]

Und es kommt noch schlimmer.

Daß mir der Verlag und Vertrieb nationalsozialistischer Bücher bis auf weiteres verboten wurde, ersah ich aus verschiedenen Zeitungen. Daraufhin habe ich die Verlagsrechte und Bestände meiner Ehrenbücher an den Est-Est-Verlag G.m.b.H., dessen Anteile, soweit dieselben mir gehörten, ich inzwischen notariell abgetreten habe, verkauft. Vor einigen Tagen wurden auch diese Bestände polizeilich beschlagnahmt und sind sichergestellt.[603]

---

600 Koch in: "Der Deutsche Kulturpionier", Juni 1935
601 Friedrich Floeder an CWHK, 21.09.1935 (Nachlass)
602 Gestapa an Friedrich Floeder, Briefabschrift 20.08.1935 (Nachlass)
603 Friedrich Floeder an CWHK, 21.09.1935 (Nachlass)

Vater und Sohn Koch (x)

Noch immer ist Koch nicht endgültig als Direktor der Kolonialschule angestellt. Nachdem ihn der Aufsichtsrat unmissverständlich aufgefordert hatte, die gegen ihn erhobenen Vorwürfe und Verdächtigungen durch eine Privatklage endgültig aus dem Weg zu räumen, hat er nach anfänglichen Bedenken gegen seinen ehemaligen Kompagnon Klopsch eine Beleidigungsklage angestrengt.

Zum letzten Mal werden die Umstände der Wikobe-Gründung ans Licht der Öffentlichkeit gezogen. Doch nun findet Koch mit Ritter von Epp und dem Innenministerium im Rücken Richter, die sich seiner eigenen Rechtsauffassung anschließen. Das Schöffengericht B III in Köln verurteilt am 12. Oktober 1935 den Angeklagten Friedrich Wilhelm Klopsch *wegen übler Nachrede zu 2 Monaten Gefängnis kostenpflichtig*[604].

Die Urteilsbegründung klingt wie Hohn:

> *Zu Gunsten des Angeklagten wurde berücksichtigt, daß er aus Erbitterung über den Verlust seiner Einzahlung gehandelt und seine Behauptungen auf Angaben gestützt hat, die ihm von Buddeberg und Becker gemacht und als wahr versichert worden sind.*[605]

Es ist ein Befreiungsschlag! Koch hat die Schatten der Vergangenheit besiegt. Er sorgt dafür, dass die Nachricht bis nach Angola gelangt. Die Notiz des Auswärtigen Amtes dürfte in Loanda für einiges Kopfschütteln gesorgt haben:

> *Der früher bei Malange ansässig gewesene Pflanzer* - nicht Farmer! - *Koch, jetzt Direktor der Kolonialschule in Witzenhausen, hat anliegenden Durchschlag von einem Gerichtsurteil und einem Verhandlungsbericht übergeben und gebeten, mit Rücksicht auf die über ihn umlaufenden unwahren Gerüchte von dem Inhalt der Anlagen Kenntnis zu nehmen und auch für dessen Bekanntwerden in der Kolonie Sorge zu tragen.*[606]

Der "Deutsche Kulturpionier" meldet:

> *Da das Strafverfahren die völlige Haltlosigkeit der erhobenen Anschuldigungen ergab, wurde Direktor Koch durch einstimmigen Beschluß des Aufsichtsrates in seiner Sitzung vom 23. Oktober 1935 endgültig zum Direktor ernannt.*[607]

Koch resümiert in seinem Leitartikel *Zur Kolonialfrage*:

> *Wir wissen, daß wir heute wieder ein Machtfaktor sind, mit dem die Welt zu rechnen hat. Diese Tatsache gibt uns die Gewißheit, daß wir zu*

---

604 Urteil zitiert nach "Der Deutsche Kulturpionier", Weihnachten 1935
605 a.a.O.
606 AA an Deutsches Konsulat Loanda, 29.11.1935 (Archiv AA)
607 Der Deutsche Kulturpionier, Weihnachten 1935

gegebener Zeit wieder im Besitz von ausländischem kolonialem Raum sein werden.[608]

Der *Arbeitsbericht* knüpft an die Erfolge vom Sommer an:

Die wichtigste Neuerung (...) ist eine eigene Kraftstation, die uns völlig unabhängig vom städtischen Strom macht. (...) In den Kolonien gibt es keine Elektrizitätswerke, und der DKSer soll befähigt sein, eine eigene Kraftstation anlegen zu können. Soweit sich bis jetzt übersehen läßt, arbeiten die Maschinen gut. Auf jeden Fall ist unser Licht besser als das, was wir bisher hatten (...).

Unsere maschinellen Einrichtungen wurden durch den Kauf eines Hanomagschleppers mit ganz moderner, schwerer Gummibereifung verbessert.[609]

Am Ende des Jahres 1935 steht Koch unangefochten an der Spitze der Deutschen Kolonialschule. Mächtige Fürsprecher - allen voran Dr. Karl Jung, SS-Oberführer, Mitglied des Aufsichtsrats der DKS und als Leiter des Kolonialpolitischen Amtes der NSDAP eine direkte Verbindung zu Reichsleiter Ritter von Epp - haben ihre Hand über ihn gehalten, die Familie ist finanziell abgesichert, man kann fast von Wohlstand sprechen.

Die Ruhe währt kein halbes Jahr.

Den Auftakt bildet der bereits zitierte handschriftliche Brief Dr. Bourwiegs, in dem er *ganz vertraulich einige Auskünfte* von Koch erbittet:

Das Geheime Staatspolizeiamt übersandte ein Lichtbild[610]*, auf dem der Kolonialschüler Fischbach auf einem Sockel dargestellt wird, den zwei Milchflaschen zieren. Unterschrift: Unser Führer. Es wird behauptet, dass dieses Lichtbild mit Ihrer Kenntnis noch heute in der Kolonialschule aufgehängt sei.*

Ich frage:
1). wann und bei welcher Gelegenheit ist das Bild aufgenommen?
2). ist das Bild noch heute aufgehängt?
3). Wurde von dem Bild nicht bereits in der letzten Aufsichtsratssitzung gesprochen und dabei die Angelegenheit - auch von dem Gauleiter[611] *- als Studentenulk bezeichnet und lächelnd abgetan mit dem Bemerken, dass den Schülern sicherlich eine Beleidigung des Führers und Reichskanzlers ferngelegen habe?*

608 a.a.O.
609 a.a.O.
610 Fotografie im Nachlass
611 Karl Weinrich, Gauleiter und Mitglied des Aufsichtsrats der DKS

Ein Gendarmeriebericht behauptet, dass "in der Kolonialschule ein grosser Prozentsatz verlorener Söhne untergebracht sei, "gegen die nicht immer mit der gebotenen Schärfe vorgegangen würde, die im Gegenteil von ihrem Direktor allzuviel in Schutz genommen würden. (...) Was hat es hiermit auf sich?[612]

Es folgt die bekannte Erkundigung nach der Beziehung zu dem 1934 ermordeten SA-Gruppenführer Ernst. Bourwieg schließt:

Mit der nochmaligen Bitte, die Angelegenheit nur zwischen uns beiden zu lassen, bin ich mit Heil Hitler Ihr sehr ergebener (gez. Bourwieg)

Eines belegt das Schreiben in aller Deutlichkeit: Auch wenn die Disziplin innerhalb der DKS bereits von außen in Frage gestellt wird, hält das Innenministerium, vertreten durch Ministerialrat Walther Bourwieg, an Koch als Direktor fest. Die Frage ist nur, wie lange noch.

Gemeinsam mit dem Dozenten von Duisburg[613] besucht Koch im Juni 1936 die Hauptversammlung der Kolonialgesellschaft in Berlin[614]. Zwei Monate später - es sind nur noch wenige Tage bis zum Beginn der 11. Olympischen Spiele - eskaliert die Situation in Witzenhausen mit einer atemberaubenden Dynamik.

Anfang Juli ist Koch zusammen mit Maria und Karlhans hinüber nach Hannoversch-Münden gefahren. Marias Mutter liegt im Sterben und wollte so gern ihren Enkel noch ein letztes Mal sehen. So kommt es, dass der Besuch von Kyffhäuser-Kameraden[615] in der DKS ohne den Direktor stattfindet.[616]

Genau in diesen Tagen entsteht eine umfangreiche Denkschrift der Studentenschaft an den *stellv. Reichsfachgruppenleiter in der Reichsstudentenbundsführung Pg. Kam. Gross*[617], die vermeintliche Missstände innerhalb der DKS beim Namen nennt, *Tatsachen, die Herrn Koch als Direktor der Deutschen Kolonialhochschule untragbar machen*[618].

In der vierzehnseitigen Denkschrift wird kein Blatt vor den Mund genommen:

Die Studentenschaft hört seit 2 ½ Jahren kolonialpolitische und -geschichtliche Vorlesungen und Seminare von Direktor Koch, von denen nach Aussagen Alter Kameraden die zur Einführung gehaltenen gut gewesen sein sollen, während augenblicklich sich das Niveau dieser so wichtigen Fächer in einer journalistischen Wochenschau erschöpft. (...)

---

612 Brief Dr. Bourwieg an CWHK, 07.05.1936 (Nachlass)
613 Adolf von Duisburg (1883-1946), Offizier der Schutztruppe Kamerun, von 1920-1938 Dozent an der DKS, Sprach- und Kulturwissenschaftler
614 Kamerun-Post, Juli 1936
615 Kyffhäuserbund, 1900 gegründeter deutscher Soldatenbund
616 Vgl. Kamerun-Post 10.1936
617 Herbert Gross, Reichsfachgruppe Land- und Forstwirtschaft
618 Denkschrift, 08.07.1936 (BArch)

Die von Dr. Bourwieg angefragte Fotografie
zeigt den Schüler Kurt Fischbach[619]

Dabei muss besonders betont werden, dass die kolonialpolitischen Tendenzen, wie sie Direktor Koch dauernd herausgestellt hat, sich in absolutem Widerspruch zu der von massgeblicher Seite des Reiches und der Partei gesetzten Zielrichtung befinden. Unser kommender überseeischer kolonialer Raum hat danach ausschließlich als Wirtschaftsfaktor zu gelten, jedoch niemals der Ansetzung unseres Bevölkerungsüberschusses zu dienen, was Herr Koch durch seine Zielsetzung planmäßiger kolonialer Siedlung geradezu propagiert. Die Studentenschaft ist nicht gewillt sich ihre kolonialpolitische Ausrichtung von Privatmeinungen diktieren zu lassen (...)

Die Studentenschaft findet es sehr eigenartig, wenn der Leiter einer deutschen Hochschule es für angebracht hält, Vorgänge zu decken, die

---

619 Fotografie im Nachlass

unter dem Paragraphen 175 des St.G.B.[620] *fallen. Einer der Fälle wurde von Direktor Koch niedergeschlagen; auf seine Veranlassung hatten sich die Anzeigenden bei dem Beschuldigten zu entschuldigen und zum Schweigen zu verpflichten. In einem anderen Fall nahm Herr Koch einen Mann wieder in die Kolonialhochschule auf, obwohl er nach seiner eigenen Aussage von der Veranlagung des Beschuldigten wusste.* [621]

Genau diese unerwartet liberale Haltung Kochs gegenüber Homosexuellen meint Bourwieg, wenn er von den "verlorenen Söhnen" spricht.

Die Nerven liegen blank in diesen Tagen. Die Schwiegermutter ist am 15. Juli gestorben, ihre Beerdigung muss organisiert werden, Maria sitzt weinend im Wohnzimmer und Karlhans fragt nach seiner Oma.

Koch reagiert auf die Denkschrift der Studentenschaft mit äußerster Härte. Er entlässt zunächst den unterzeichnenden Hochschulgruppenführer Bachmann, einen Tag später am 21. Juli 1936 sämtliche Mitglieder der Hochschulgruppenführung.

> *Als der Chef* (Direktor Koch) *den Innenhof betrat, pfiff die Kameradschaft* (gemeint sind die Studenten der DKS) *und sang schaurige Lieder. Dabei wurde das Dienstantrittssignal überhört (...). Nachmittags kündigte ein Aushang des Chefs an, dass die Hochschule bis auf Weiteres auf Grund der Vorfälle vom Mittag geschlossen sei und die Studierenden (...) die Hochschule zu verlassen hätten. (...)*
>
> *Die Studentenschaft* (rückte) *ab und meldete sich bei der Polizei obdachlos. Der Bürgermeister stellte Quartier und Verpflegung zur Verfügung.*[622]

Es kommt zu Verhandlungen zwischen Koch und den Studenten.

> *Am Sonnabend, den 25.VII. waren in Witzenhausen anwesend: der Gauleiter, der Gaustudentenbundsführer, der Gebietsführer, der SS-Standartenführer, ferner Dr. Jung vom Kol.Polit. Amt München und Minsterialrat Bourwig, Innenministerium Berlin dazu 10-15 Mann der Gestapo und des SD.*[623]

Noch einmal, ein letztes Mal gelingt es Bourwieg und Jung, die Situation zu entschärfen und Koch im Amt zu halten. Er muss einen Verweis durch den Aufsichtsrat der DKS hinnehmen und den Ausschluss der Rädelsführer der "Meuterei" zurücknehmen.

---

[620] §175 StGB (alter Fassung) stellte homosexuelle Handlungen unter Strafe
[621] Denkschrift, 08.07.1936 (BArch)
[622] Heino Messerschmidt, einer der entlassenen Mitarbeiter der Hochschulgruppenführung an Herbert Gross, 20.08.1936 (BArch)
[623] a.a.O.

Im Einvernehmen sämtlicher Anwesenden wird zunächst über die jüngsten Vorgänge in der Kolonialschule, die zu einer Entfernung von 4 Studierenden, BACHMANN, HEINRICH, MESSERSCHMIDT und DIETRICH, und zu einer vorübergehenden Schließung der Anstalt geführt haben, gesprochen.

Der Aufsichtsratsvorsitzende, Herr Dr. JUNG, trug den Sachverhalt ausführlich vor und berichtete über die langwierigen Besprechungen, die am 25. Juli in Witzenhausen mit den Vertretern der in Betracht kommenden Parteiinstanzen und unter Hinzuziehung der Geheimen Staatspolizei stattgefunden haben. Der Aufsichtsrat nahm Kenntnis von dem Ergebnis dieser Besprechungen, das in 7 Punkten niedergelegt war (...)

Die Punkte 1 bis 6 lauten:

1) Die Studentenschaft hat durch ihre Erklärung die Behauptung zurückgezogen, Direktor KOCH habe Vorgänge, die unter den § 175 StGB fallen, gedeckt. (...)

3) Der Lehrbetrieb auf der DKS wird mit sofortiger Wirkung in vollem Umfange wieder aufgenommen.

4) Die Studentenschaft erhält für ihr Verhalten bestimmte Strafen, die von dem Vorsitzenden des Aufsichtsrats festgesetzt werden. (...)

6) Die Vorwürfe gegen Direktor KOCH werden in einem Disziplinarverfahren bezw. in der Sitzung des Aufsichtsrats vom 31. Juli 1936 behandelt.

(Die unter Ziff. 4 verhängten Strafen bestehen in vermehrter Heranziehung zu landwirtschaftlichen Arbeiten und in Urlaubsentziehung bis Semesterschluss; bei gutem Verhalten der Schüler ist Direktor KOCH ermächtigt, nach etwa 2 Wochen eine Lockerung der Urlaubssperre vorzunehmen). (...)

Zu Punkt 6 nahm der Aufsichtsrat – in Abwesenheit von Herrn Direktor KOCH, jedoch nachdem dieser sich zur Sache geäußert hatte – übereinstimmend dahin Stellung, daß dessen Verhalten bei der Untersuchung der ihm gemeldeten Verfehlungen gegen § 175 StGB ernstlich zu beanstanden sei; Herr Direktor KOCH habe sich mit der ehrenwörtlichen Versicherung der Angeschuldigten, sich niemals homosexuell betätigt zu haben, nicht begnügen dürfen, sondern ein polizeiliches Ermittlungsverfahren in Gang setzen müssen. Herr Direktor KOCH habe auch insofern einen schweren Fehler begangen, als er den Anzeigenden zugemutet habe, sich bei den angeschuldigten (inzwischen ihrer Straftat überführten) Schülern zu entschuldigen. Der Aufsichtsrat beschloss daher, Herrn Direktor KOCH eine nachdrückliche Missbilligung seines Vorgehens auszusprechen und ihm gleichzeitig seine Entlassung anzudrohen, wenn ähnliche Vorfälle sich wiederholen sollten und wenn Herr KOCH es nicht verstände, das frühere gedeihliche Verhältnis zwischen ihm und den Schülern alsbald wiederherzustellen. Dieser Beschluss wurde Herrn Direktor KOCH nach dessen Wiedererscheinen im Saal von dem Aufsichtsratsvorsitzenden in sehr entschiedener Form bekanntgegeben.[624]

Am Lagerfeuer

Wie unbeliebt Direktor Koch und seine stark übergewichtige Frau Maria in Teilen der Studentenschaft sind, belegt ein konfisziertes Foto, das Koch in seinem Nachlass aufbewahrt hat. Eigentlich zeigt das undatierte Bild die beiden inmitten fröhlicher junger Leute *am Lagerfeuer* - wäre da nicht der bitterböse Nachsatz: *(in der Mitte seine Eminenz die Chefin mit Gatten, unserem Rektor) 200 kg contra 100.*[625]

Kann er sich freuen, dass sein "Ehrenbuch der SA" gerade in zweiter Auflage - nun endlich mit seinem richtigen SA-Dienstgrad "Sturmhauptführer" - im Nibelungen-Verlag[626] und kurz darauf unter dem Titel "Männer im Braunhemd" in einer neuen, *bis zur Gegenwart fortgeführten Auflage, mit einem Ausklang von Kurt Maßmann*[627] bei Herbert Stubenrauch in Berlin erscheint? Wie unwichtig erscheinen die Bemühungen seines alten Verlegerfreunds Floeder, ein neues Kolonialbuch oder auch nur die Neuauflage des "Tropenhelms" auf den Markt zu bringen. Der Floeder-Verlag kämpft mit der Zahlungsunfähigkeit, seit er nicht mehr politisch tätig sein darf - und Koch kann nicht helfen.

---

[624] Protokoll Aufsichtsrat, 31.07.1936 (DB-Archiv)
[625] Albumausschnitt im Nachlass CWHK
[626] 1934 vom Propagandaministerium gegründeter Verlag, vgl. Klaus Körner, Eberhard Taubert und der Nibelungen-Verlag (www.luise-berlin.de)
[627] Kurt Maßmann (1910-1945) NS-Schriftsteller und Journalist

Übrigens wird der "Kolonial-Informationsdienst" des "Presseamtes des Kolonialpolitischen Amtes der NSDAP" noch 1940 Kochs "Tropenhelm" als *bedingt negativ* einstufen: *Dieses Tagebuch eines Kamerunkämpfers entspricht zwar z.T. der Wahrheit, ist aber aufgrund der oft taktlosen Darstellung abzulehnen.*[628]

Koch will als Direktor in Witzenhausen Erfolge vorweisen und sieht die Fehler - wie so oft - nicht bei sich. Er geht in die Offensive und wirbt im Februar 1937 öffentlichkeitswirksam in der Kolonialzeitung für die moderne und vielseitige Ausbildung an der DKS:

> *Die besondere Bedeutung der Kolonialschule liegt darin, daß sie junge Leute mit gründlichen und vielseitigen Kenntnissen versieht und sie befähigt, das Deutschtum in überseeischen Ländern im Kampf gegen Vorurteile und die Reste von Kriegspropaganda zu vertreten und ihrer Umwelt einen Begriff von dem heutigen Deutschland zu geben. (...)*
>
> *Es ist selbstverständlich, daß bei der Vielseitigkeit der* (dreijährigen) *Ausbildung eine Beschränkung auf das Wesentliche vorgenommen werden muß und daß demgemäß der gesamte Lehrgang unter dem Leitspruch steht, das zu lehren, was der junge tropische und subtropische Landwirt unter fremden und oft sehr primitiven Verhältnissen wissen muß. Der Absolvent der Deutschen Kolonialschule soll sich drüben in allen Lagen zu helfen wissen.*
>
> *Großer Wert wird auf die charakterliche Entwicklung gelegt. Das Zusammenleben im Internat dient auf der einen Seite zum Abschleifen des Charakters und auf der anderen Seite zur Entwicklung der Persönlichkeit. (...) Die Deutsche Kolonialschule ist der lebendige Ausdruck des Glaubens an unsere koloniale Zukunft, und sie erwartet die Zeit, in der die deutsche Fahne wieder über deutschen Kolonien wehen wird.*[629]

Angesichts der Vorjahresereignisse sind diese Formulierungen regelrechte Kampfansagen an seine Gegner und durchaus als Antwort auf die Vorwürfe der Denkschrift der Hochschulgruppe zu werten. Koch weicht keinen Deut von seiner Linie ab.

Einen ganz ähnlichen Hintergrund dürfte Kochs überraschender Eintritt in die *Nationalsozialistische Studentenkampfhilfe des NS-Studentenbundes* haben[630]. Koch sieht sich als Opfer einer Intrige von Gauleitung und örtlicher NSDAP-Führung und versucht so, die Studenten der DKS auf seine Seite zu ziehen.

Interessant an diesem Dokument ist die lange Reihe von Kochs Mitgliedschaften. Neben NSDAP und SA zählt er gewissenhaft folgende Organisationen, Gruppierungen und Vereine auf: NS-Volkswohlfahrt, Deutscher

---

[628] zitiert nach Hildebrand: Vom Reich zum Weltreich
[629] Koch in: Deutsche Kolonialzeitung, 01.02.1937
[630] Abschrift der Beitrittserklärung, 30.05.1937 (DITSL)

Luftfahrt-Verband, Deutsche Arbeitsfront, NS-Kriegsopferversorgung, Volksbund für das Deutschtum im Ausland, NS-Deutscher Dozentenbund, Reichskriegerbund, Reichsluftschutzbund, Kolonialkriegerbund und Reichsschrifttumskammer.

Karl W.H. Koch
Standbild aus dem Film "Der Weg in die Welt"

Kochs Werbung für die DKS - und damit indirekt für die eigene Arbeit - geht noch weiter. Mindestens zwei Mal sendet der Reichsrundfunk Beiträge über die Kolonialschule[631] und im Sommer 1937 entsteht der 19 Minuten lange Imagefilm "Der Weg in die Welt". Paul Lieberenz produziert ihn ohne Drehbuch innerhalb einer Woche als Kulturfilm für das Kino. Koch kennt den bekannten Kolonialfilmproduzenten Lieberenz schon seit Anfang der 1930er Jahre[632] und spannt ihn für seine eigenen Zwecke gekonnt ein.

Kurze Sequenzen zeigen Ausschnitte aus dem Alltag der DKS - für wenige Sekunden tritt sogar Direktor Koch im schwarzen Anzug vor die Kamera. Obwohl der Film auch im benachbarten Österreich gezeigt wird[633], dürfte er kaum eine Breitenwirkung erzielt haben.

---

631 Zeitschrift Radio Wien, 19.02.1937 (Sender Frankfurt, Funkbild "Tropenluft im hessischen Werratal"21.02.1937), Radio Wien 28.05.1937 (Deutschlandsender, Funkbericht "Die deutsche Kolonialschule"31.05.1937)

632 vgl. Marion Hulverscheidt: Der Weg in die Welt; Maren Heimlich: Der Weg in die Welt

633 vgl. z.B. Wiener Neueste Nachrichten, 23. und 29.12.1937

Im Spätherbst 1937 reist Karl W.H. Koch, der in diesem Jahr 55 Jahre alt geworden ist, über Berlin nach Hamburg, wo diesmal das traditionelle Jahresessen des *Vereins der Offiziere der ehemaligen Kaiserlichen Schutztruppe für Kamerun* stattfindet. Koch trifft auf alte Bekannte. Zimmermann, von Duisburg, Eymael, Harttmann, von Oertzen, Strümpell, alles Namen einer längst vergangenen Epoche. Man prostet sich zu, schwelgt in Erinnerungen und prüft gemeinsam die Angaben des frisch erschienenen Buchs "Kameruns Kampf 1914/16" von Erich Student.

Friedrich Floeder bemüht sich derweil weiter vergeblich um eine Neuauflage des Weltkriegsromans. Seine Briefe sprechen eine deutliche Sprache:

> *Durch das Verbot geht es mir geschäftlich sehr schlecht. Ich kann erst wieder arbeiten, nachdem das Verbot aufgehoben ist.*
>
> *Ich hatte in den letzten Monaten Ihr Manuskript "Im Tropenhelm" verschiedenen Verlagen in der Absicht angeboten, Ihnen den Erlös hieraus zu geben und damit eine neue Auflage Ihres Buches "Im Tropenhelm" herauszubringen. Augenblicklich verhandle ich mit dem Safari-Verlag. Vielleicht können Sie mir den einen oder anderen Verlag oder eine sonstige Stelle benennen, mit welchen ich mich wegen des Tropenhelm in Verbindung setze.*[634]

Wie unbedeutend Koch inzwischen in Kolonialkreisen geworden ist, belegt eindrucksvoll im Januar 1938 die Festschrift zum 50. Jahrgang der Deutschen Kolonial-Zeitung. Kein Grußwort, keine einzige Zeile des Direktors der Kolonialschule, Koch ist offensichtlich und öffentlich eine persona non grata.

Hans Reepen - ehemals wortgewandter Kritiker der in den Reichskolonialbund überführten Deutschen Kolonialgesellschaft - erinnert in der Illustrierten "Die Woche" am Ende einer Artikelserie über die deutschen Kolonien an den vergessenen Schriftstellerkollegen:

> *Neben der Schulung kolonialen Nachwuchses durch den Reichskolonialbund selbst und seine Gliederungen steht im Dienste des gleichen Gedankens die Deutsche Kolonialschule in Witzenhausen an der Werra. Unter der Leitung eines alten, erfahrenen Kolonialdeutschen, Carl W. Koch* (sic!), *wird den Studenten des Instituts an theoretischen und praktischen Kenntnissen alles vermittelt, was grundlegend ist für die praktische Arbeit des Kolonialdeutschen.*[635]

In der ebenfalls 1938 erschienenen Anthologie "Heiß war der Tag" beschwört Koch in einer Kurzgeschichte die Erinnerungen an den "Tag von Djembe". Während eines dramatischen Gefechts erhält sein Alter ego - Koch nennt die Hauptfigur kurz den "Fähnrich" - einen tödlichen Lungenschuss:

---

634 Friedrich Floeder an CWHK, 10.12.1937 (Nachlass)
635 Die Woche, 23.02.1938

Er war schon sehr schwach, seine Augen waren geschlossen, seine Gedanken verwirrten sich, vielleicht glitten Bruchstücke aus dem kurzen Gang seines jungen Lebens vor den Resten seines Bewußtseins in buntem Reigen vorbei, vielleicht aber war alles schon verdämmert, was ihm einst Sinn des Lebens schien. Es ging sehr schnell, und fast unmerklich glitt er hinüber, während ihm Zischen der Geschosse, Krachen der Gewehre und der Lärm des Gefechts zum Tod aufspielten. -[636]

Im gleichen Jahr feiert die Deutsche Kolonialschule ihr 40jähriges Bestehen. Koch weiß, bei wem er sich zu bedanken hat:

Wenn es (...) bisher gelungen ist, Verbesserungen und Neuerungen auf der Deutschen Kolonialschule einzuführen, so haben wir das dem Herrn Reichs- und Preußischen Minister des Innern und jenen seiner Mitarbeiter zu verdanken, die uns in großzügiger Weise immer wieder erhebliche Mittel zur Verfügung gestellt und die sich unserer Sonderwünsche stets mit warmem Herzen angenommen haben. (...)

Wir haben uns dementsprechend bemüht, im Zuge des Ausbaues der Anstalt die Wirtschaftlichkeit der einzelnen Betriebe so zu gestalten, daß das jährliche Ergebnis als Unterlage für den Unterricht dienen kann.[637]

Die Festschrift ist eine Abrechnung mit all jenen, die andere Pläne mit der DKS haben - allen voran Reichsbauernführer Darré, der im letzten Jahr den *Verband Alter Herren der Deutschen Kolonialschule Witzenhausen (Werra) e.V. (...) mit Wirkung vom 11. Februar 1937, mittags 12 Uhr, dem Reichsnährstand angegliedert*[638] hat.

Die Aufgaben des neuen Direktors (Koch) *waren sehr groß: Die Ausrichtung der Schule auf die neue Zeit. Die Ausbildung der Studierenden mußte nicht nur weltanschaulich, sondern auch rein lehrmäßig auf eine andere Grundlage gestellt werden, wenn die Schule ihren Platz im Dritten Reich verdienen wollte.*

In der Ausbildung wurde in größerem Maße als bisher die praktische Seite betont, d.h. die Ausbildung in der praktischen Landwirtschaft und der Technik mußte verschärft und vertieft werden. Ein Teil der theoretischen Vorlesungen wurde durch Seminar ersetzt.[639]

---

636 Koch, Der Tag von Djembe, in: Hans Ernst Pfeiffer, Heiß war der Tag
637 Festschrift "40 Jahre Deutsche Kolonialschule Witzenhausen"
638 Der Deutsche Kulturpionier, 1937
639 Festschrift "40 Jahre Deutsche Kolonialschule Witzenhausen"

Kam. von Scherbening bei seiner Ansprache zur 40-Jahrfeier. Rechts neben ihm: Direktor Koch, Min.-Rat. Bourwieg, Gauleiter Staatsrat Weinrich.[640]

Noch 1962 ist Koch vom Erfolg seiner Arbeit an der DKS überzeugt, als er den Vorsitzenden des DITSL[641]-Aufsichtsrats Dr. Erich Keup belehrt,

> *dass sie* (die DKS) *zu meiner Zeit mit bis zu 180 Studierenden und Praktikanten ihre Blütezeit erlebte (...). Da das Reich mit grosszügigen Zuschüssen half, waren Reorganisation und Modernisierung der Anstalt möglich, insbesondere durch Bau einer Molkerei, von Gewächshäusern, einer Kraftstation, eines Praktikantenhauses auf dem Vorwerk, usw.*[642]

1969 legt der 86jährige noch einmal nach, als er an die Verwaltung der Tropeninstitut GmbH schreibt:

> *Ich habe alle Zweige der Anstalt reorganisiert und die Korruption in Buch- und Wirtschaftsführung beseitigt, wie auch das durchschnittliche Defizit auf dem* (Lehrgut) *Gelsterhof von jährlich RM. 25 000; die Molkerei stammte von mir, wie auch das Praktikantenhaus auf dem Gelsterhof, die Kraftstation und technische Einrichtungen moderner Art.*[643]

Während der Jubiläumsfeiern herrscht Burgfriede. Doch unter der Oberfläche gärt es - die Tage des Direktors sind gezählt. Daran kann auch ein dreiseitiger Artikel im *Amtlichen Organ der Deutschen Arbeitsfront* nichts mehr ändern.

---

640 Fotografie aus "Der Deutsche Kulturpionier", 1. September 1938

641 Deutsches Institut für tropische und subtropische Landwirtschaft, 1956 aus der DKS hervorgegangen

642 CWHK an Dr. Keup, 16.12.1962 (DITSL)

643 CWHK an Schäfer, Tropeninstitut GmbH, 12.03.1969 (DITSL)

Unter der Überschrift *Farmernachwuchs in Witzenhausen - Die Kolonialschule im Leistungskampf* singt Hans Eckensberger[644] ein letztes Loblied auf Koch.

> *Seit der Machtübernahme begann für die Deutsche Kolonialschule der Weg in eine völlig neue Zukunft. Carl W.H. Koch wurde der Mann, dem die Aufgabe zufiel, die Schule auf ihre heutige Sendung umzustellen; als alter Tropendeutscher hatte er den rechten Blick für die Notwendigkeiten der Zeit. An der englischen Goldküste, in Ostasien und in Kamerun, wo er zuletzt als Hauptmann d. R.* (sic!) *der Marine-Infanterie Führer der 5. aktiven Feldkompanie war und das E.K. 1. Klasse erhielt, sammelte er all die Erfahrungen, die er heute den jungen Deutschen, die in die Kolonien gehen wollen, mitgeben kann. 1916 wurde er in Spanien interniert, flüchtete auf einem Segelschiff durch den Kanal, geriet dabei in englische Gefangenschaft, in der er von 1917 bis 1919 blieb, fortgesetzt Fluchtversuche unternehmend. 1919 steht er bei der Eisernen Division im Baltikum, 1920 ist er der Chef der Stelle Baltikum im Reichswehrministerium und bis 1921 Verbindungsoffizier der Heeresfriedenskommission im besetzten Gebiet. Dann verläßt er den alten Kontinent und wird Farmer in Angola, von wo er erst 1930 zurückkehrt, um sich hier bald der nationalsozialistischen Bewegung anzuschließen und als SA.-Mann und Mitarbeiter im Kolonialpolitischen Amt der Reichsleitung der NSDAP. mitzukämpfen für die Erneuerung des Reiches.*
>
> *Heute steht SA.-Sturmhauptführer Koch nach vollendeter Umstellung der Kolonialschule vor einer Mannschaft, die jederzeit für Deutschlands koloniale Ziele einsatzbereit ist.*[645]

Der Historiker Eckhard Baum fasst die nun folgenden dramatischen Ereignisse in seiner Geschichte der DKS zusammen:

> *Eine offene Meuterei gegen Koch (...) brachte die Verhältnisse an der DKS mit einem Schlage an das Licht der Öffentlichkeit. Am 19. November 1938, 7 Uhr, verweigerte die Studentenschaft der DKS den Dienst und zog geschlossen auf die nahegelegene Jugendburg Ludwigstein. (...) Sogar der französische Auslandssender in Straßburg berichtete über den politisch brisanten Vorfall.*[646]

[644] Hans Eckensberger (1897-1966), Journalist, Zeitungsverleger und Chefredakteur, mit einer Jüdin verheiratet und mit Kontakten zum Widerstand

[645] Arbeitertum, Blätter für Theorie und Praxis der nationalsozialistischen Betriebszellenorganisation, Amtliches Organ der Deutschen Arbeitsfront, 01.10.1938

[646] Eckhard Baum: Daheim und überm Meer

Karl W.H. Koch

Privatmann — SA-Führer — Direktor

Wie schon 1936 ist Auslöser der Revolte die Unzufriedenheit der Studenten mit Ausbildung und Lehrplan. Der Aufsichtsrat der DKS beschäftigt sich am 28. November 1938 ausführlich mit den Geschehnissen.

> *Ministerialdirektor Dr. Vollert* (vom Reichsinnenministerium) *führte aus, daß der Herr Reichsminister des Innern über die kürzlichen Vorfällen in der Kolonialschule Witzenhausen aufs äußerste befremdet sei. Angesichts des Geistes der Unbotmäßigkeit und Disziplinlosigkeit, wie er in den vergangenen Jahren unter den Studierenden schon mehrfach zu Tage getreten sei und sich jetzt wiederum bemerkbar mache, könne an einer ernstlichen Prüfung der Frage nicht vorübergegangen werden, ob sich die Bewilligung der erheblichen Zuschüsse, wie sie das Ministerium aus seinen Mitteln bisher gewährt habe, noch länger rechtfertigen lasse. Vor allem müsse bedauert werden, daß immer wieder von außen her Unruhe in den Schulbetrieb hineingetragen werde. Durch den geschlossenen Abmarsch aus der Kolonialschule hätten die Studierenden ihren Austritt aus der Anstalt bekundet, die Wiederzulassung zum Studium sei daher von einem neuen Aufnahmegesuch jedes einzelnen Schülers abhängig zu machen; über diese Gesuche habe der Vorsitzende des Aufsichtsrats zu entscheiden. Die Zuschußbeträge des RIM*[647] *seien zunächst gesperrt worden und würden erst wieder gezahlt werden, wenn für die gedeihliche Weiterentwicklung des Anstaltsbetriebes volle Gewähr bestehe.*
>
> *Reichsamtsleiter Dr. Jung schilderte die Ereignisse, die sich in der Zeit vom 12. bis 19. November 1938 in Witzenhausen abgespielt haben. Dabei hob er hervor, daß das achttägige Ausgehverbot für die Studierenden von ihm erlassen worden sei und daß er den Anstaltsleiter* (Koch) *angewiesen habe, jede Zuwiderhandlung mit der Verweisung von der Schule zu ahnden. Gegen die Strafverfügungen des Direktors hätte den von ihnen Betroffenen der Weg der Beschwerde an den Aufsichtsrat und an das Reichsministerium*

[647] Reichsinnenminister(ium)

des Innern offengestanden. Das geschlossene Verlassen der Anstalt stelle sich als Meuterei dar, die unter keinen Umständen geduldet werden könne (...).

Gaustudentenführer Schultze wendete sich dagegen, daß der Auszug der Studierenden aus der Kolonialschule als Widersetzlichkeit und Disziplinlosigkeit bezeichnet werde. Die Schüler hätten lediglich dem Befehl der Studentenführung als der für sie maßgeblichen nationalsozialistischen Gliederung gefolgt. Die Schulleitung habe jedes psychologische Verständnis vermissen lassen, indem sie gegen die Studierenden mit einem Ausgehverbot vorgegangen sei und diejenigen von der Anstalt verwiesen habe, die wegen notwendiger, dem Direktor Koch rechtzeitig bekanntgegebenen Besprechungen mit der Studentenführung und der Kreisleitung verspätet heimgekehrt seien. Die Schuld für den Ausmarsch am 19. November (...) liege daher lediglich auf Seiten der Schulleitung, die sich jegliches Vertrauen bei der Studentenschaft verscherzt und offenbar die zuständigen Instanzen über den Verlauf der Dinge unzutreffend unterrichtet hat. (...)

Nach eingehender, den genannten Fragenkreis behandelnder Aussprache äußerte sich der stellvertretende Gauleiter Solbrig dahin, daß auch dem Gau Kurhessen an einer endgültigen Klärung der Zustände in der Kolonialschule dringend gelegen sei. Nach Auffassung der Gauleitung habe Direktor Koch während seiner gesamten Amtszeit versagt; weder seine Leistungen hätten befriedigt noch sei es ihm gelungen, mit den zuständigen Parteidienststellen ein vertrauensvolles Verhältnis herzustellen. Koch sei nicht die Führerpersönlichkeit, deren die Anstalt bedürfe; ihm fehle das richtige Gefühl für die Volksgemeinschaft und er verfüge nicht über das für die Durchführung der ihm übertragenen Aufgabe erforderliche soziale Verständnis. Bei dieser Sachlage habe sich der Gauleiter [Weinrich] *veranlaßt gesehen, Koch mit Ende dieser Sitzung aus der Partei auszuschließen.*

Der Vorsitzende [des Aufsichtsrats Dr. Jung] *bestritt die Berechtigung der gegen Koch erhobenen Vorwürfe. Insbesondere bezeichnete er es als unzutreffend, daß der gegenwärtige Direktor keine Leistungen aufzuweisen habe. Richtig sei vielmehr, daß verschiedene Wirtschaftsbetriebe, die in früheren Jahren mit erheblichen Verlusten abgeschnitten hätten, jetzt einen Gewinn abwürfen und daß sich die Anstalt dank der Umsicht und der starken Initiative Kochs in fortschreitender Aufwärtsentwicklung befinde. Dies sei zu wiederholten Malen sowohl von dem Reichsministerium des Innern als auch von dem Aufsichtsrat – und zwar einschließlich des Gauleiters Weinrich – anerkannt worden.*[648]

[648] Niederschrift der Aufsichtsratssitzung der DKS, 28.11.1938 (DB-Archiv)

Obwohl die Einstweilige Verfügung des Gauleiters am 6. März 1939 durch das Gaugericht wieder aufgehoben und das Parteiausschlussverfahren eingestellt wird[649], ist Koch nicht mehr zu halten.

Aussprachen werden geführt, Berichte geschrieben, Ministerialdirektor Dr. Vollert und Ministerialrat Wagner lassen sich von Vertretern der Studentenschaft über die Zustände in der Anstalt unterrichten[650]. Der Aufsichtsrat beschließt im April die *Trennung der schulischen Leitung der Kolonialschule von der Wirtschaftsführung, Einsetzung eines neuen schulischen Leiters und dessen völlige Gleichberechtigung mit dem Leiter des wirtschaftlichen Betriebes*[651]. Er überträgt die schulische Leitung dem Botaniker und erfahrenen Pädagogen Dr. Boss[652], während Koch zunächst weiter Geschäftsführer der DKS bleibt.

Als dann ein Gutachten des *Sachverständigen für Kolonisationswesen in leeren Räumen Walther Böhmer* über die Verhältnisse an der Kolonialschule vorgelegt wird, brechen die letzten Dämme.

> *Nur mit Potemkinschen Dörfern vergleichbar wird der laienhafte Beschauer geblufft. Die Wirklichkeit ist einfach grauenhaft - ausserhalb der Paradestücke herrscht unvorstellbarer Schmutz und Verwahrlosung (...)*
>
> *Irgend ein Ansatz zur kolonialen Wirtschaft kann ausserhalb des neuen Gewächshauses nicht entdeckt werden (...)*
>
> *Die innere Wirtschaft der Anstaltsversorgung ist, soweit sie nicht zur Schaustellung, also Irreführung benötigt wird, ebenso fehlerhaft und unnationalsozialistisch wie die der Agrarwirtschaft. (...)*
>
> *Nicht umsonst läuft das Wort von Mund zu Mund, das Parteikreise in Witzenhausen geprägt haben: "Der Nationalsozialismus hat auf der DKS bisher die Macht noch nicht ergriffen!"*[653]

Koch verschafft sich eine kurze Verschnaufpause und fährt für einige Tage nach Wien, wo im ganz großen Rahmen mit Aufmärschen, Vorträgen und Ausstellungen die diesjährige Reichskolonialtagung stattfindet.

> *Die Jubiläumsfeier in der Hofburg war ein Fest für uns alle. Die Rede unseres Bundesführers, in der er die Kolonialkrieger als seine "Alte Garde" bezeichnete, die durch alle Stürme der Zeiten seine Ideen und den*

---

649 NSDAP-Kreisleitung Witzenhausen an den Präsidenten der Reichsschrifttumskammer in Berlin, 09.12.1939 (BArch)

650 Bericht anlässlich des Besuchs der Herren aus dem Innenministerium am 12.05.1939 (DITSL)

651 Niederschrift der Aufsichtsratssitzung der DKS, 23.06.1939 (DB-Archiv)

652 Dr. Georg Boss (1903-1972)

653 Böhmer: Bericht aufgrund der Ergebnisse eines zweiwöchigen Studiums der Verhältnisse auf der "Dtsch.Kolonialschule", 19.05.1939 (BArch)

kolonialen Gedanken getragen hat, ließ jedes alten Kolonialsoldaten Herz höher schlagen. (...)

Die gewaltige Beteiligung der Bevölkerung zeigte, mit welcher Anteilnahme die Ostmark für die Rückgabe unserer geraubten Kolonien eintritt.[654]

Dann ist es vorbei.

In seiner Sitzung am 23. Juni 1939 beschließt der Aufsichtsrat der DKS, auf die weiteren Dienste Kochs zu verzichten und konstatiert, *daß Koch auch in der Führung der ihm anvertrauten Jugend versagt hat.*[655] *Die Gründe für den Beschluss liegen darin, dass Koch sich sowohl in pädagogischer wie organisatorischer Hinsicht als Leiter der Schule ungeeignet erwiesen hat.*[656]

Koch wird mit sofortiger Wirkung beurlaubt und scheidet am 30. September 1939 aus dem aktiven Dienst an der Deutschen Kolonialschule aus. Erneut sieht er sich als Opfer einer Intrige des Gauleiters[657]. Seinen Nachfolger Dr. Boss denunziert er in bitterböser Form beim Innenminister.

Nachdem vor rund Monatsfrist der komm(issarische) *Direktor Dr. Boss cum infamia*[658] *entlassen worden war, hatte ich damit rechnen dürfen, dass mir wie auch den unter seinem Regime entlassenen oder verfolgten Dozenten und Gefolgschaftsmitgliedern der Deutschen Kolonialschule Genugtuung gegeben würde.*

In meinem Bericht vom 27.6.39 an den Herrn Reichsminister hatte ich Dr. Boss als Ferment der Dekomposition bezeichnet und pflichtgemäss seine Beziehungen zum Studierenden Langhoff unmissverständlich erwähnt. Ich hatte es für meine Pflicht gehalten, diesen Bericht vorzulegen, da es mir ein unerträglicher Gedanke war, ein Werk zerschlagen zu sehen, dem ich beste Jahre meines Lebens widmete.

Dieser Bericht aber, der nur Tatsachen enthielt, war die direkte Veranlassung zu meiner Dienstenthebung in derart beschämender Form, dass mir mein guter Ruf genommen und mein Ansehen in der kolonialen Bewegung vernichtet wurde.

Weil ich die Wahrheit gesagt hatte, musste ich gehen, obwohl ich für mich in Anspruch nehmen darf, trotz oft fehlender Unterstützung in fünf Jahren ernster Tätigkeit entscheidend zur Neuausrichtung und zum Ansehen der Kolonialschule beigetragen zu haben.

---

654 Kamerun-Post, 07.1939

655 Regierungspräsident Kassel an RMdI, 22.08.1940 (DITSL)

656 Regierungspräsident Kassel an DKS, 18.02.1941 (DITSL)

657 CWHK an Dr. Keup, 16.12.1962 (DITSL): "Ich persönlich (...) wurde auf Betreiben vom ehem. Gauleiter abgesetzt"

658 lat. unehrenhaft

Dr. Boss konnte nach meiner Dienstenthebung seine hemmungslose Herrschaft gemeinsam mit Landwirtschaftsrat Schwend, über den ich in dem angezogenen Bericht gleichfalls die Tatsache gebracht hatte, die allein ihn von vornherein für eine Verwendung an der Kolonialschule unmöglich machte.

Einem Homosexuellen und einem haltlosen Intriganten wurde wertvolle Deutsche Jugend sowie eine zahlreiche Gefolgschaft anvertraut.

Das Facit ihrer verderblichen Tätigkeit ist das folgende: Mehrere Familien wurden ins Unglück gestürzt, werdende oder junge Mütter dem Tod oder der Verzweiflung nahe gebracht, anständige Gefolgschaftsmitglieder verfolgt und seelisch gemartert. Speichellecker durften regieren und aufrechte Menschen mussten verschwinden, junge Menschen wurden verdorben, und das Schlechte wurde in ihnen geweckt, Geist und Tradition der Kolonialschule wurden zerschlagen, und Anstand und Recht, Sitte und Moral gelten nichts mehr. –

Diese Entwicklung der Dinge bestätigt die Richtigkeit der in meinem Bericht vom 27.6.1939 ausgesprochenen Warnungen und dürfte mich daher, da ein Grund für meine Dienstenthebung nicht mehr besteht, dazu berechtigen, an den Herrn Reichsminister die Bitte zu richten, entsprechend einzugreifen und uns Betroffenen Genugtuung zu verschaffen. –[659]

Ministerialrat Wagner vom Reichsinnenministerium und Bankdirektor Weigelt besprechen Anfang Januar 1940 die verfahrene Situation.

Dr. Boss machte sich wissenschaftlich gut, kam aber in den Verdacht des § 175[660] *und steht zunächst zur Disposition. Er ist noch nicht entlassen cum infamia. Dagegen suchte das Ministerium sofort einen Ersatz. Diesen Ersatz glaubt es gefunden zu haben in dem Leiter einer Landwirtschaftsschule, Herrn Köster, den es kommissarisch als Leiter ernannt hat und der am 18. Januar eingeführt werden soll. Ihm wird unterstellt Landwirtschaftsrat Schwend, der vom Gauleiter und vom Reichsbauernführer glänzend empfohlen wird. Um die mangelnde Kenntnis des Herrn Köster auf kolonialem Gebiet zu ersetzen, soll ihm ein Herr zur Seite gestellt werden, dessen Namen am Telefon sich Herr Min.Rat Wagner nicht erinnerte, über den er mir aber noch Mitteilung zugehen lassen will.*

Herr Koch selbst ist noch in der Wohnung. Es ist Räumungsklage gegen ihn eingeleitet, die aber nicht durchgreifen wird, weil Koch zur Waffe gegangen ist und nun die sich daraus ergebenden Einwendungen erhebt.[661]

---

[659] Hauptmann Koch an Reichsminister des Innern, 10.12.1939 (DB-Archiv)

[660] § 175 StGB stellte zwischen 1872 und 1994 sexuelle Handlungen zwischen Personen männlichen Geschlechts unter Strafe

[661] Telefonnotiz Weigelt, 05.01.1940 (DB-Archiv)

Wieder liegt eine nicht nur finanziell ungewisse Zukunft vor der Familie. Maria hat mit 41 Jahren am 8. Januar 1939 ihren zweiten Sohn Peter geboren. Es war eine schwere Schwangerschaft, nicht nur wegen der ständigen Unruhen an der Schule. Maria spürt die Jahre in Afrika, sie ist alt geworden, auch eine Kur im Allgäu hat nur für kurze Zeit Erholung gebracht. Wenn Koch auf Dienstreise geht, bringt er Maria bei Verwandten in Kassel unter, damit sie nicht alleine in der 12-Zimmer-Wohnung den Anfeindungen in Witzenhausen ausgesetzt ist.

Bis zu seinem Tod wird Koch auf der Anrede "Herr Direktor" bestehen und auf seinem privaten Briefpapier den Titel "Direktor der Deutschen Kolonialschule i.R." führen. [662]

---

[662] Zu den Vorgängen an der DKS unter Kochs Leitung vgl. Karsten Linne, Von Witzenhausen in die Welt, 2017

Was auf Kochs Entlassung folgt, gleicht einer Provinzposse.

> *Am 29.9.1939 kam Herr Direktor Dr. Boss nach hier auf Urlaub und teilte mir mit, daß er vom Reichsinnenministerium die Weisung habe, die Räumungsklage gegen Koch einzuleiten. (...)*
>
> *In der Zwischenzeit hat Herr Koch sich eifrig bemüht, beim Wehrbezirkskommando Kassel II eine militärische Verwendung zu erhalten, was ihm auch auf Grund seiner persönlichen Bekanntschaft mit dem Wehrbezirkskommandeur Oberst Schellmann anscheinend gelungen ist. Es ist unverkennbar, daß Herr Koch erst in dem Augenblick sich freiwillig um eine militärische Verwendung bemüht hat, als er feststellen mußte, daß er in einer Räumungsklage unterliegen würde. Somit kann seine Einberufung nur als Flucht aus der durch sein monatelanges Zögern, sich nach einer anderen Wohnung umzusehen, von ihm selbst geschaffenen unangenehmen Lage, in kurzer Zeit die Wohnung räumen zu müssen, gewertet werden. Ob Herr Koch tatsächlich eingezogen ist, entzieht sich meiner Kenntnis. Ich weiß nur aus dem Munde des Wehrbezirkskommandeurs, daß er sich um eine Anstellung als Dolmetscher in einem Gefangenenlager oder bei einer Abwehrstelle bemüht hat und daß er sofort nach Einleitung der Räumungsklage unter der Angabe, eingezogen zu sein, abreiste.*[663]

In den kommenden fast zweieinhalb Jahren werden sich die verfeindeten Parteien - Verwaltung der Kolonialschule und Familie Koch - das Leben gegenseitig schwer machen. Ein Beispiel:

Der Direktor der Deutschen Kolonialschule Köster an Hauptmann Koch:

> *Ich halte es daher für richtig, wenn Sie Ihrem Sohn* (Karlhans) *das Betreten der DKS-Grundstücke, soweit es sich nicht um den Zugang zu Ihrer Wohnung handelt, untersagen. Ich sehe mich sonst gezwungen, die Betriebsangehörigen der DKS anzuweisen, die Kinder aus den Grundstücken der DKS zu verweisen und die Eltern für evt. entstehende Schäden haftbar zu machen. In Witzenhausen ist ja Platz genug. Die Kinder können anderswo auch genügend spielen.*[664]

---

[663] Wirtschaftsleiter Schwend an Ministerialrat Wagner (RMdI), 08.10.1939 (DITSL)
[664] Dr. Köster an CWHK, 21.10.1940 (DITSL)

Hauptmann Koch an Direktor Köster:

> *Ich habe meinen Jungen Karl-Hans angewiesen, keinerlei Unfug auf den Grundstücken der DKS anzustellen.-*
>
> *Das Ansinnen, meinem Jungen das Betreten der DKS Grundstücke zu untersagen (...), lehne ich ab. Es ist eine Diffamierung des Jungen, der der H.J. angehört, wenn ihm allein das Betreten von Grundstücken verboten wird, die jedem Kind und jedem Erwachsenen offen stehen.*
>
> *Ich werde Ihr Verhalten den zuständigen Stellen vorlegen und behalte mir vor, Weiterungen Ihrerseits entsprechend zu begegnen.-*[665]

Direktor Köster an Kochs Rechtsanwälte in Kassel:

> *Ich habe bereits gestern den Sohn von Herrn Hauptmann Koch aus dem Grundstück der DKS. verwiesen, als er wiederum in seiner altgewohnten Weise, beide Hände in den Hosentaschen und betont pfeifend ohne zu grüssen an meiner Frau und mir vorbei ging.*[666]

Die Situation entspannt sich erst im Frühjahr 1942, als Familie Koch in ein neu gebautes Siedlungshaus auf der anderen Werra-Seite umziehen kann. Doch Vermieterin ist weiterhin die Kolonialschule - und das birgt Zündstoff auf Jahre.

Inzwischen interessiert sich die Reichsschrifttumskammer für Karl W.H. Koch, der eine Neuauflage seiner Afrikaerzählungen plant. Eine entsprechende Anfrage beantwortet die NSDAP-Kreisleitung Witzenhausen ohne Umschweife:

> *Koch ist nach den hier gemachten Erfahrungen ein grosser Egoist, der es versteht, einflussreiche Persönlichkeiten für seine persönlichen Zwecke einzuspannen. Äusserste Vorsicht im Umgang mit ihm ist angebracht. Er war früher als SA.-Sturmführer persönlich gut bekannt mit dem damaligen Gruppenführer Ernst aus Berlin. (...) Wenn Koch auch politisch nicht abgelehnt wird, muss aber darauf hingewiesen werden, dass sein Charakter zu grossem Zweifel Anlass gibt.*[667]

Dagegen hat die Gestapo in Kassel nur Gutes zu berichten:

> (Koch) *war während des Weltkrieges Offizier der deutschen Schutztruppe in Kamerun. Nach abenteuerlicher Flucht gelangte er nach Deutschland, wo er sich sofort wieder zum Heeresdienst meldete. Während der Ruhrbesetzung war Koch im deutschen Nachrichtendienst und in der Eisernen Division im Baltikum. Koch hat in jeder Weise seine Einsatz-*

---

665 CWHK an Köster, 27.10.1940 (DITSL)

666 Köster an RA' Dr. Früchte und Dr. Paulmann, Kassel, 08.10.1941 (DITSL)

667 NSDAP-Kreisleitung Witzenhausen an den Präsidenten der Reichsschrifttumskommer in Berlin, 09.12.1939 (BArch)

bereitschaft unter Beweis gestellt. Als Führer eines SA-Sturmes in Berlin wurde K. in der Kampfzeit verletzt.

Seine politische sowie weltanschauliche Zuverlässigkeit steht ausser Zweifel. Gegen eine Betätigung innerhalb der deutschen Presse bestehen von hier aus keine Bedenken.[668]

Koch arbeitet seit Ende 1939 für die militärische Abwehr als Dolmetscher und Auswertungsoffizier mit dem Dienstgrad eines Hauptmanns der Reserve im Oflag IX A, einem Durchgangslager für kriegsgefangene englische Offiziere. Das Lager im mittelalterlichen Schloss Spangenberg ist keine 40 Kilometer von Witzenhausen entfernt, so dass Karl und Maria an manchem Wochenende ein fast normales Familienleben führen können.

Vorgestern musste ich in die Rhön nach Wildflecken, wo die bekannte amerikanische Kommission unser Arbeitskommando besuchte, und gestern waren die Herren hier in Spangenberg. Dann war mir gestern noch ein Dolmetscher zugewiesen und heute kommt eine -in, die ich besonders gut aufnehmen soll. So ist immer etwas besonderes, sodass ich nicht weg kann. (...) Nun müssen wir uns, - wenn Du nicht vorher einmal Gelegenheit hast, hierherzukommen, bis zum nächsten Sonntag gedulden! (...)

Dir und den Kindern viel Liebe! Sei nur tapfer und lass Dich nicht ärgern, mein Bestes. Kuss![669]

Karl macht sich immer größere Sorgen um Marias Gesundheit, gerade jetzt im Krieg, wo er nicht ständig bei ihr und den Kindern sein kann.

Ich bin sehr froh darüber, daß es Dir besser geht, auch wenn Du noch sehr, sehr vorsichtig sein mußt. Ich bitte Dich, denke daran u. an das, was auf dem Spiel steht. Du warst doch sehr krank, u. ich wage nicht zu denken, wie sehr! Liebling, sei nicht leichtsinnig u. schone u. pflege Dich.

Heute schönste Sonne, wenn auch noch frisch. Ich möchte mit Dir irgendwo draußen sein können. Eine nette Wagenfahrt oder so etwas! Und Du Ärmstes mußt noch liegen! (...)

Sonst nichts Neues. Die übliche Arbeit, nur schmeckt sie garnicht.[670]

In den wenigen erhaltenen Privatbriefen zeigt sich ein liebevoller Ehemann und Vater. Die Zeilen wollen so gar nicht zu Kochs übriger Korrespondenz passen - und doch ist alles mit der gleichen Maschine und dem gleichen Füllfederhalter geschrieben.

---

[668] Gestapo Kassel an den Präsidenten der Reichsschrifttumskommer in Berlin, 24.04.1940 (BArch)

[669] CWHK an Maria Koch, 03.03.1940 (Nachlass)

[670] CWHK an Maria Koch, 01.04.1940; in den Brief eingelegt einige Brot-, Fett- und Fleischmarken (Nachlass)

Unter dem Pseudonym "Sedlatzek" erzählt Koch in der Deutschen Allgemeinen Zeitung von seiner Arbeit im Kriegsgefangenenlager:

> *Tagebücher englischer Offiziere*
> *In Norwegen erbeutet - Wichtige Beweise für Englands Schuld*
>
> *Die englischen Gefangenen der Kämpfe nördlich von Drontheim sind müde und abgestumpft, als man sie in das Barackenlager führt (...). Jetzt wollen sie nur schlafen.*
>
> *Inzwischen wird unter den aufgefundenen Papieren die Zusammensetzung der gelandeten Truppen, ihre Stärke und vieles andere festgestellt. Als der zuständige Offizier von den Dolmetschern die verschiedenen Unterlagen geordnet vorgelegt bekommt, pfeift er leicht durch die Zähne. Da kommen ja wirklich interessante Dinge zum Vorschein. In einer eisernen Kiste finden sich dicke Aktenbündel, aus denen hervorgeht, daß in monatelanger Kleinarbeit der englische Geheimdienst den Einmarsch in Norwegen genau vorbereitet haben muß. Nicht nur Aufzeichnungen über das Land, seine Struktur, sein Klima, seine Verkehrsmittel, englisch-norwegische Redewendungen werden gefunden, nicht nur die Namen aller maßgebenden Männer in Narvik und Drontheim und in den dazwischen liegenden Landbezirken, sondern auch ein vollständiger Aufmarschplan mit genauen Truppenstärken und Kartenskizzen. Die Dokumente, die vermittels einer Vervielfältigungsmaschine hergestellt sind, gehen sämtlich von einem "X-Tag" aus. Ein schmaler angehefteter Zettel weist aus "X-Tag ist der 6. April!"*[671]

In einem nach dem Krieg entstandenen Aufsatz "Himmler und die militärische Abwehr"[672] schildert Koch Einzelheiten seiner damaligen Tätigkeit:

> *Durch die Briefprüfstellen wurde der gesamte Postverkehr erfasst, so liefen z.B. in der Stelle Berlin bis Frühjahr 1941 die gesamten russischen Bestellungen von Kriegsmaterial ein und gaben ein Bild dessen, was die Soviets brauchten, ferner die Post der Auslandsorganisation der NSDAP mit lehrreichen Berichten und die private Post von Deutschen und deutschen und ausländischen Unternehmungen in ganz Asien und Amerika, die damals über Sibirien kam. Die Post von Mannschaften von Prisenschiffen und den Walfängern am Rande der Antarktis südwestlich von Australien unterlag ebenso der Prüfung wie etwa die oft reizenden Briefe von Ausländerinnen an Wehrmachtsangehörige und der Schriftverkehr dieser letzteren in besonderen Fällen. Die Zensurstellen der Kriegsgefangenenlager kontrollierten die eingehende und ausgehende Post wie auch die Papiere und Tagebücher der eingelieferten Offiziere und Mannschaften.*[673]

---

[671] DAZ, 01.05.1940, Zeitungsausschnitt mit handschriftlichem Vermerk "Allgemeine Ztg (stammt von mir!) K" (Nachlass)
[672] Typoskript "Himmler und die militärische Abwehr" (Nachlass)
[673] a.a.O.

Am 30. August 1941 stirbt Kochs Bruder Gustav in Berlin. Es hat nicht viel Kontakt zwischen den beiden gegeben, seit dieser 1915 mitten im Krieg seine Verlobte Helene Auguste Woizeschke, Tochter eines Friseurs aus Lauenburg in Pommern geheiratet hat[674]. Als *Tragikomödie*[675] hatte Koch die Hochzeit 1918 in seinem Tagebuch bezeichnet.

Im gleichen Jahr erscheint unter dem alten Namen "C.W.H. Koch" eine überarbeitete Fassung seines ersten Buches "Im toten Busch"[676]. Der bekannte Grafiker Fritz Koch-Gotha[677] hat acht Zeichnungen dazu beigesteuert. Auf den ersten Blick sind es die gleichen Geschichten wie 1922. Doch an wesentlichen Stellen hat Koch noch einmal Hand angelegt.

So heißt es beispielsweise in der Urfassung der Erzählung "Bala, die Waldwiese" eindeutig:

> *Im Schein der Nachtlampe überblickte* (Bala) *den Raum, sie sah die breite Ruhestatt, sah zwischen den zurückgeschlagenen Vorhängen des Moskitonetzes den Weißen und sah, wie er die Augen öffnete, als sie auf der Matte niederkniete und die scheuen Hände auf den Bettrand legte. Und sie sah wieder die heißen, hochmütigen Herrenaugen, die es ihr angetan. Sie sahen sich an. Endlich sagte er: "kuja na ngai", komm zu mir - - - - -.*[678]

1941 nimmt die Geschichte eine politisch korrekte Wendung, die sich schon im veränderten Titel "Balas Schicksal" andeutet:

> *Und sie sah wieder die hochmütigen* (nicht mehr heißen!) *Herrenaugen, die es ihr angetan. Sie sahen sich an. Dann mußte Bala die Augen senken. Bang krampfte sich ihr Herz.*
>
> *"Kuja na ndako na yo", geh in dein Haus, sagte endlich der Weiße mit milder Stimme.*
>
> *Müde, mit Scham in der Seele, verließ Bala den Raum.*[679]

Am 30. September 1941 endet offiziell der Dienstvertrag zwischen der DKS und ihrem ehemaligen Direktor. Das koloniale Kapitel in Kochs Leben ist damit endgültig beendet und hat nur noch ein winziges Nachspiel. Am Stiftungstag 1942 verleiht die Kameradschaft Kameruner Offiziere kurz vor ihrer Selbstauflösung *Unserem lieben Koch* die Jaunde-Plakette, eine auf einen Marmorsockel montierte Bronzeplatte, die einen afrikanischen Schutztruppenangehörigen mit Gewehr im Anschlag zeigt.

---

[674] Standesamt Charlottenburg, 16.01.1915
[675] Tagebucheintrag 03.07.1918
[676] Koch: Im toten Busch
[677] Fritz Koch-Gotha (1877-1956), Grafiker, Zeichner, Illustrator und Schriftsteller
[678] Koch: Im toten Busch, 1922
[679] Koch: Im toten Busch, 1941

Weiß Koch, dass es im Reichskolonialamt seit Jahren einen Einsatzstab "Banane" gibt, der detaillierte Pläne für die Wiederbesetzung Kameruns ausarbeitet und ausrechnet, dass insgesamt 1.362 *weiße Beamte für die örtliche Verwaltung*[680] benötigt werden? Würde er noch einmal nach Afrika gehen?

Koch wird nach kurzer Verwendung in Berlin und Brüssel - einige belgische Flugblätter im Nachlass belegen seine dortige Tätigkeit - zur Abwehrstelle Südwestfrankreich[681] zunächst nach Bordeaux und wenig später nach Dijon kommandiert.

Nach dem Waffenstillstand von Compiègne am 22. Juni 1940 war Frankreich in einen besetzten Norden und Westen sowie einen unbesetzten Süden geteilt worden. Während die besetzte Zone unter deutscher Militärverwaltung stand, wurde in Vichy eine Regierung unter Marschall Pétain[682] installiert. Als sich nach der Landung alliierter Truppen in Nordafrika ein direkter Angriff auf das europäische Festland abzeichnete, besetzten deutsche und italienische Truppen Anfang November 1942 den bis dahin unbesetzten Teil Frankreichs.

> *Canaris*[683] (hatte) *seine Abwehrstellen im Inland und Ausland und damit ein weites Netz, das sich über Deutschland und die besetzten Gebiete erstreckte und das seine Fühler durch Agenten im neutralen und feindlichen Ausland hatte. Was die Gruppe I, die sich mit aktiver Spionage befasste, und die Gruppe III, die der Abwehr von feindlicher Spionage und Sabotage diente, festgestellt hatten, konnte von der Gruppe II, der die Sabotage im weiteren Sinne oblag, zu entsprechenden Unternehmungen oder Gegenmassnahmen benutzt werden (...)*
>
> *Die faktische Stärke der Abwehrstellen in den besetzten Gebieten, insbesondere im Westen lag darin, dass sie in der geheimen Feldpolizei eine eigne Exekutive besassen und den örtlichen Gruppen unmittelbare Weisungen erteilen konnten, die der Aufklärung, Vernehmung oder Festnahme dienten.* [684]

Koch wechselt im Februar 1943 von der Abwehr-Abteilung III F in Dijon nach Lyon ins bisher unbesetzte Frankreich.[685] Maria ist in diesen Tagen wieder einmal zur Kur nach Hindelang ins Allgäu gefahren. Karl pendelt zwischen verschiedenen Abwehrstellen, er schreibt kurze Postkarten aus Bordeaux, Dijon, Berlin und Münster, zu mehr reicht die Zeit nicht.

---

680 BArch; in den vorhandenen Unterlagen des Einsatzstabes "Banane" findet sich kein Hinweis auf eine Verbindung mit Koch

681 Feldpostnr. 28694, vgl. Koch an Dr. Jung, 03.05.1942 (DITSL)

682 Philippe Pétain (1856-1951), französischer Militär, Diplomat und Politiker

683 Wilhelm Canaris (1887-1945), deutscher Admiral, von 1935-1944 Leiter der Abwehr

684 Typoskript "Himmler und die militärische Abwehr" (Nachlass)

685 Verhörprotokolle Oberstleutnant Friedrich Dernbach, Military Intelligence Service Center US Army 1946 (CIA)

Hier große Umorganisation, Leiter in Bln, u.s.f. Dies soll nur ein Lebenszeichen sein. (...) L & K (Liebe und Kuss) *Dein Karl*[686]

Eben Alarm. Dorthin (gemeint ist Hindelang) *kommt niemand, also keine Angst. (...) Freue mich, daß es Dir besser geht! (...) L & K Dein Karl*[687]

Der Kontakt zu Verleger Floeder in Düsseldorf ist nie ganz abgerissen. Ende 1942 bemüht dieser sich noch ein letztes Mal um die Neuauflage des Weltkriegsromans "Im Tropenhelm" und berichtet von *Verhandlungen bei der O.H.L.* [688] *Berlin, welche an der Neuauflage für Truppenbetreuung stark interessiert ist.*[689]

Schließlich scheitert das Projekt an der fehlenden Papierzuteilung. Doch es gibt neue Pläne.

Ich sprach auch mit der Sachbearbeiterin (im Propagandaministerium) *über das neue Buch "Ein Farmer geht in den Urwald" und gab sie mir den Rat dasselbe so schnell als möglich der Prüfstelle einzureichen. Daher bitte ich Sie uns sofort das Manuskript einzusenden, damit ich dasselbe mit den nötigen Begleitschreiben an die Sachbearbeitung weiterleite und in Kürze wegen Genehmigung in Berlin wieder vorspreche.*[690]

Koch hat tatsächlich den Angola-Roman aus der Schublade genommen und ihn gründlich überarbeitet. Dazu gehört ein neues, wesentlich dramatischeres Ende, bei dem die Frau des Farmers versehentlich beim Gewehrreinigen erschossen wird.

---

686 Postkarte CWHK an Maria Koch, 10.02.1943 (Stempel Generalkommando VI. Armeekorps, Nachlass)
687 Postkarte CWHK an Maria Koch, 19.02.1943 (Stempel Generalkommando VI. Armeekorps, Nachlass)
688 Oberste Heeresleitung, gemeint ist das Oberkommando des Heeres (OKH)
689 Friedrich Floeder an CWHK, 11.12.1942 (Nachlass)
690 Gustel Floeder an CWHK, 11.01.1943 (Nachlass)

Er versuchte, die Hauptschlagader (...) abzubinden, fühlte, dass es unmöglich sei, da der Schusskanal schräg nach oben verlief und die Ader an unerreichbarer Stelle zerrissen sein musste.

"Hannes, ich fliege." Ganz matt und wieder singend kamen die Worte.

Herrgott, was kannst Du tun? Irr, mit starren Augen blickte Hannes. Er fühlte den hinterlistigen Schlag des trügerischen, unversöhnlichen Urwaldes und seiner tausend bösen und tückischen Geister. (...)

"Hanna, bleib bei mir," flehte er, "Hanna, Geliebte!" (...)

Hannes fühlte das Herz, das arme, so lange geplagte Herz. Irgendwo in grauenhafter, enteilender Ferne klopfte es schwach, flatterte und flatterte immer weiter weg.

War das noch ein Druck der müden, kleinen, geliebten Hand? Oder eine irrsinnige Einbildung. Was das ein Wunsch? War das die Unfasslichkeit der Tatsache, die Erkenntnis der schmählichen inneren Verblutung? Was war das überhaupt, dass dieses Herz stillstehen konnte und durfte?

"Hanna!" schrie Hannes auf und brach zusammen. -----------

Auf der Bastion von Muanha sind zwei Gräber in den spröden Felsen gehauen. In dem einen liegt seit längerer Zeit ein totgeborenes Kind, in das andere kam Hanna mit einem ungeborenen. Immer blühen da Blumen in verschwenderischer Fülle und immer senkt ein Zitronenbäumchen seine dunklen Zweige über beide Hügel. Es senkt sie bei Tage und bei Nacht und während der kurzen, ständig von neuem überraschenden Dämmerungen, die jäh und trennend zwischen Sonne und Dunkelheit fallen.[691]

Es scheint fast so, als träumte sich Koch an den langen, einsamen Abenden in Frankreich zurück ins sonnige Angola. Auf das Drängen seines Verlegers antwortet er ausweichend:

"Ein Farmer geht in den Urwald" ist leider noch nicht soweit. Ich werde so viel unterwegs sein, dass ein voller Monat, wenn nicht mehr Zeit, mit der Fertigstellung bezw. Umarbeitung vergehen wird. Nun habe ich noch ein Manuskript liegen, "Die drei Erdnüsse", eine abenteuerliche Geschichte aus Angola. (Erdnüsse werden dort schwarzgehandelte Diamanten genannt.) Das ist nun ein ganz anderes Genre, und ich weiss nicht, ob Sie dafür Interesse haben. Aber vielleicht ist das gerade das, was heute nicht aneckt, (...)[692]

---

[691] Typoskript "Der Farmer geht heute in den Urwald" (Nachlass)
[692] CWHK an Gustel Floeder, Brief vom 13.02.1943 (Nachlass)

Auch "Die drei Erdnüsse" werden keine Veröffentlichung erleben, obwohl Koch mit Feuereifer den zehn Jahre alten Text bearbeitet hat. Sogar den Klappentext verfasst er eigenhändig.

> *Der Verfasser, alter Afrikaner, hat auch lange Jahre in der portugiesischen Provinz Angola zugebracht und greift daher mit seiner Erzählung mitten hinein in Landschaft und Leben des reichen und schönen portugiesischen Besitzes. Er lässt die Stimmung des Landes ebenso bildhaft entstehen, wie er die Menschen in die Handlung hineinstellt und sie denken, fühlen und sprechen lässt.*
>
> *(...) Die Erzählung beginnt mit dem zufälligen Fund von "Erdnüssen" durch gänzlich verschiedenartige Personen, der zu eigenartigen, den Verhältnisen des Landes entsprechenden Komplikationen führt. Die drei Erdnüsse, die bald von einem sagenhaften Nimbus umhüllt werden, gehen von Hand zu Hand, sie wechseln ihre Besitzer und führen zu Totschlag und versuchtem Mord und sie landen schließlich bei einem verarmten deutschen Ehepaar, das damit seiner Sorgen enthoben ist.*[693]

Währenddessen verläuft das Leben in Witzenhausen in ruhigen Bahnen, sieht man vom ständigen Ärger wegen Mängeln am Haus ab, die zeitweise sogar die NSDAP-Kreisleitung beschäftigen. Maria hat alle Hände voll zu tun mit den beiden Buben und ihrer geschwächten Gesundheit. So oft es ihm möglich ist, schaut Karl bei seinen zahlreichen Dienstreisen im Siedlungshaus "Auf der Kluse" vorbei. Oft bringt er Kleinigkeiten aus Frankreich mit, die in Deutschland längst zu begehrter Mangelware geworden sind.

Im März 1943 wird Nachkömmling Peter mit mehr als vier Jahren endlich getauft. Koch berichtet seinem Freund Floeder von der Feier:

> *Ich hatte die Freude, 2 Tage bei meiner Familie sein zu können, als wir das seltene Fest von Taufe von Peter und Konfirmation von Karl-Hans hatten. Peter benahm sich recht anständig, d.h. für seine Verhältnisse, denn er versuchte während der Worte des Pfarrers* (sic!) *nur kurze Zeit dadurch seine Paten ausser Fassung zu bringen, dass er ihnen die Zunge herausstreckte. Als er nach sechs- bis achtfachem Versuch keinen Erfolg sah, beruhigte er sich wieder.*
>
> *Sie haben ganz recht, der zweite Krieg hat uns unsre Zukunft zerschlagen, wir wären sonst weiter gekommen. Jedoch, man muss sich damit abfinden, so gut oder so schlecht es eben geht.*[694]

Peters Taufspruch aus der Offenbarung Johannis liest sich wie eine Beschwörungsformel:

---

693 Typoskript "Drei Erdnüsse" (Nachlass)
694 CWHK an Friedrich Floeder, 29.03.1943 (Nachlass)

Fürchte dich nicht vor dem, was du leiden wirst! Siehe, der Teufel wird etliche von euch ins Gefängnis werfen, auf daß ihr versucht werdet, und werdet Trübsal haben zehn Tage. Sei getrost bis an den Tod, so will ich dir die Krone des Lebens geben.[695]

Warum sucht ein Nationalsozialist, Parteigenosse und "Alter Kämpfer" angesichts immer katastrophalerer Zustände an den Fronten - gerade erst ist Stalingrad verloren gegangen und Goebbels hat den totalen Krieg proklamiert - einen solchen Text für eine Kindstaufe aus? Hat Koch erkannt, wohin Hitler die Deutschen führt?

Nach den großen Ferien wird Karlhans - inzwischen ist er vierzehn Jahre alt - an die Staatliche Oberschule ins nahe Heiligenstadt versetzt.

Im Herbst 1943 gelang der Abwehr in Frankreich ein bedeutungsvoller Zugriff, als bei Paris der Chef der größten französischen Spionageorganisation nach seiner Landung aus dem britischen Flugzeug mit Begleitung festgenommen und im Anschluss daran seine Stabsquartiere in Paris ausgehoben werden konnten.[696]

Daraufhin konnten in Frankreich mehrere hundert Agenten verhaftet werden. Aus ihren Aussagen und dem bei ihnen gefundenen Material ging für uns Abwehroffiziere einwandfrei hervor, wann und wo die Invasion stattfinden werde - natürlich mit gewissem Spielraum, was den Ort und die genaue Zeit anbelangte. Ich habe persönlich die Sortierung des Ausspähungsmaterials und seine Weitergabe überwacht. Wenn die höheren Stäbe davon nichts erfahren haben, kann es nur daran liegen, daß nachgeordnete Stellen die Tragweite unseres Materials nicht begriffen.[697]

Koch hat die dramatischen Umstände rund um die Verhaftung Léon Fayes[698] am 16. September 1943 nach dem Krieg unter dem Titel "Kennspruch: Die Walfischjagd ist ein Teufelshandwerk. Tatsachenbericht eines Abwehroffiziers."[699] detailliert beschrieben.

Escogriffe fuhr wie der Teufel. Die schwere Maschine jagte die grosse Strasse von Paris nach Südosten dahin, nach Verlassen der ausgedehnten Vorstädte hatte sie freie Fahrt. Strassenkontrollen von seiten der Besatzung waren um diese Zeit, im Sommer 1943, noch sehr selten, nach aussen hin spielte sich das Leben damals zwar reichlich dürftig, aber doch ziemlich glatt ab, und es gab viele Beziehungen zwischen dem feldgrauen Rock und den Landesbewohnern.

---

695 Offenbarung Johannes, 2,10; Stempel auf Geburtsurkunde (DITSL)
696 Typoskript "Himmler und die militärische Abwehr" (Nachlass)
697 CWHK, Leserbrief in Quick Nr. 26/1964
698 Léon Faye (1899-1945), französischer Offizier und Widerstandskämpfer
699 Typoskript "Kennspruch: Die Walfischjagd ist ein Teufelshandwerk. Tatsachenbericht eines Abwehroffiziers." mit handschriftlichen Anmerkungen und Unterschrift (Nachlass)

"Stossen wir auf eine Kontrolle, so überlass' es mir, mit den Boches[700] zu verhandeln, ich spreche deutsch und werde uns schon herauswinden," hatte Max bei der Abfahrt gesagt, als er sich auf den Soziussitz schwang.

Die beiden Männer Max und Escogriffe haben eine Aufgabe zu erfüllen.

Ein jäher Feuerstoss aus einer Maschinenpistole unterbrach Escogriffes Überlegungen, der Schall kam von der anderen Seite des Häuserblocks, wo die Strasse von der Dienststelle der Feldgendarmerie zum Hotel hinlief, das Echo rollte hin und her, verteilte sich und erstarb. Man hörte Trampeln von schweren Füssen, dann Rufe und das Anspringen von Motoren. Indem kam Max, den mégot, den Zigarettenstummel im linken Mundwinkel, herangeschlendert, der weite Fahrermantel umgab bauschend den Oberkörper über dem Gürtel. (...)

"Es wird Zeit für uns," meinte Max, Escogriffe hatte schon bezahlt, im dunklen Hausschatten nahm Max die Maschinenpistole auseinander und packte sie in den kleinen aufgeschnallten Koffer, das Rad sprang sofort an, Escogriffe hatte den Plan der Seitenstrassen genau im Kopf, es klappte dementsprechend, sie erreichten die Nationalstrasse nach Beaune (...)[701]

In Kochs Geschichte ist der Anschlag nur fingiert, denn

Max war Agent der deutschen militärischen Abwehr, und nur auf diesem Wege konnte er sich das erforderliche, restlose Vertrauen der Leitung des grössten französischen Nachrichtendienstes, der Allianz[702] erwerben, gegen die er angesetzt war. ---------[703]

Nach dieser spannenden Einleitung erzählt Koch, wie Max die Abwehr auf die Spur von Oberst Faye bringt.

"La chasse de baleine est un métier d'enfer," - die Walfischjagd ist ein Teufelshandwerk, - der Kennspruch dafür, dass der Leiter der Allianz in derselben Nacht durch ein britisches Flugzeug abgesetzt werde, kam um 18,30 eines Abends an, einwandfrei abgehört in der langen Kette von anderen Kennsprüchen der BBC. (...)

Die Lysandermaschine landete vorschriftsmäßig, Oberst F. und sein englischer Cheffunker Magpie = die Elster stiegen aus, zahlreiche Vorräte wurden herausgereicht, lange Trommeln mit Kaffee, Tee, Rauchwaren, Schokolade, Kleidungsstücken und einigen Millionen französischer Franken, es ging alles sehr schnell, (...) nach kurzen Kommandos rollte die Maschine ab und erhob sich, um ungehindert London zu erreichen.[704]

---

[700] Französisches Schimpfwort für Deutsche
[701] a.a.O.
[702] Alliance, Unterabteilung der Resistance
[703] a.a.O.
[704] a.a.O.

Nach kurzer Rast besteigt Léon Faye mit seiner Begleitung den Bummelzug nach Paris.

> *Sie bemerkten nicht, dass ein unauffälliger Zivilist ebenfalls eingestiegen war und bald nach der Abfahrt prüfend durch den Wagen schritt. Es dämmerte um diese Zeit des Tages, der Zug ratterte polternd in den warmen Herbsttag hinein und hielt oft. Als er sich wieder einmal in Bewegung setzen wollte, stürmte ein halbes Dutzend Zivilisten mit Pistolen in den Händen heran, sprangen auf den Wagen auf, aus dem der unauffällige Zivilist - ein Unteroffizier der Abwehr - gewinkt hatte, einer zog die Notbremse, Beamte protestierten, Reisende schrien auf, ein ungeheurer Tumult entstand.*
>
> *Indem schnappten schon die Handschellen um die Gelenke von Oberst F. und seinen Begleitern, die völlig überrascht worden waren. Aber sie schnappten auch um die Gelenke von Max, von dessen Spiel sie nichts wussten und nichts wissen sollten. Die Festgenommenen wurden in bereitstehende Wagen gebracht, ihr Spiel war aus, in rasender Fahrt ging es nach Paris, um den Erfolg auszubauen.*[705]

Am 21. November 1943 wird der Kriegsverwaltungsvizechef Dr. Hans Reupke, seit 1940 Chef der Militärverwaltung in Dijon, von der Resistance - die Zeitungen sprechen von einem *braconnier*[706], einem Wilddieb - erschossen. Auch wenn es keinen Beleg dafür gibt, haben sich die beiden Fluchtkameraden von 1916 mit großer Wahrscheinlichkeit in Dijon getroffen. Haben Sie ihre Gedanken über Partei und Staat ausgetauscht? Hat Reupke vom Konzentrationslager erzählt? Und Koch von den Intrigen des Gauleiters Weinrich, die mit zum tiefen Fall des Kolonialschuldirektors beitrugen?

> *Bis zum Sommer 1944, noch vor dem 20. Juli* (übernahm das Reichssicherheitshauptamt des "Reichsführers SS" Heinrich Himmler) *unter einem neugeschaffenen militärischen Dezernat die Aufgaben der Abwehr auf dem gesamten zivilen Sektor einschließlich der Nachrichtenmittel und der Wirtschaft. Das Personal, Offiziere, Mannschaften und weibliche Hilfskräfte, wurde meist geschlossen zu den Dienststellen der betr. Kommandeure des SD*[707] *überführt, sodass - verwaltungstechnisch ein Unding - rein militärische Referate unter eine Ministerialbehörde kamen. Und mit ihnen wurden ihre V-Leute überführt, also die Agenten, die für sie arbeiteten und die zum Teil jahrelang für sie gearbeitet hatten. (...)*
>
> *Einen derart differenzierten Apparat zu überführen, musste nachrichtenmässig zu einer Pleite führen.*

---

[705] a.a.O.
[706] Cherbourg-Eclair, 30.11.1943, "Assassinat du Dr Reupke"
[707] Sicherheitsdienst

Allerdings, in das wichtigste Referat der Abwehr gelang damals Himmler der Einbruch noch nicht, nämlich in das Referat F=Feind. (Koch verrät in seiner Arbeit mit keinem Wort, dass er selbst in genau diesem Referat III-F Gegenspionage als Auswertungsoffizier tätig ist.) *Hierbei handelt es sich nicht um die kleinen Fälle von Sabotage, Attentaten, Waffenbesitz, Wirtschaftsspionage, örtliche Widerstandsnester etwa in Behörden u. dgl. mehr, sondern um die Erkennung der feindlichen Spionagenetze und -organisationen und die grossen militärischen Probleme auf dem Gebiet der geschlossenen Widerstandsbewegungen, der drohenden oder im Gang befindlichen Invasionen mit allen Einzelheiten, insbesondere mit den Schwerpunkten der gegnerischen Pläne.*

Aus dem Referat F wurden im Frühjahr 1944 die Frontaufklärungstruppen gebildet, die den örtlichen, militärischen Oberbefehlshabern zugeteilt wurden. Es waren kleine Kommandos mit geringem Personal, im ganzen Westen gab es nur je 4 dieser Einheiten für Spionage und Gegenspionage, davon 2 für Frankreich und je 1 für Belgien und Holland. (...) Sie hatten naturgemäss die besten Agenten und verfügten über Funkeinrichtungen und entsprechendes Personal. Dass ihre Tätigkeit fast ausschließlich in Zivil und entsprechend getarnt ausgeführt wurde, ist selbstverständlich, dass damit ein mehr oder weniger grosses Risiko verbunden war, ist ebenso klar.

Koch wird im Februar 1944 Stellvertreter beim neu aufgestellten Abwehr Leit-Trupp 351, den der bisherige Leiter III-F in Lyon Oberstleutnant Friedrich Dernbach führt. Zeitweise fungiert Koch selbst als Kommandeur der Einheit.[708]

Die Lage in Südfrankreich wird nach der alliierten Invasion in der Normandie für die Wehrmacht von Tag zu Tag bedrohlicher. In den Wäldern rund um Lyon haben sich bis an die Zähne bewaffnete Widerstandsgruppen eingenistet, fast täglich kommt es zu Bluttaten. Die Nerven sind auf beiden Seiten zum Zerreissen gespannt. Ein Bild dieser Tage zeichnet Heinz A. Eckert, selbst Abwehroffizier beim Abwehr Leit-Trupp 351, in seinem 1959 erschienenen Buch "Der gefesselte Hahn":

Erstes Bild: Auf dem Boulevard des Belges in Lyon marschiert singend eine Luftwaffen-Kompanie. Von rückwärts kommend, rasen plötzlich zwei Citroen-Wagen an der Kolonne entlang. Maschinenpistolen bellen aus den Fahrzeugen in den Rücken der marschierenden deutschen Soldaten. Neunzehn Soldaten fallen. Die Wagen, aus denen geschossen wurde, fahren weiter und entkommen.

Zweites Bild: Ein Sanitätskraftwagen fährt heran. Die Toten sind nicht alle tot, der »Sanka« birgt drei Schwerverletzte und setzt seine Fahrt zum Kriegslazarett fort.

---

[708] vgl. Verhörprotokolle Oberstleutnant Friedrich Dernbach, Military Intelligence Service Center US Army 1946 (CIA)

Drittes Bild: Der Sanka, deutlich mit dem Zeichen des Internationalen Roten Kreuzes markiert, biegt in die Rue Boileu ein. Er muß beim Einbiegen in die Straße sein Tempo verringern. In diesem Augenblick springt ein Terrorist auf das hintere Trittbrett und wirft einige Handgranaten in das Wageninnere. Drei Schwerverletzte werden bis zur Unkenntlichkeit zerfetzt.[709]

Im Juni 1944 findet in Dijon eine Besprechung mit weitreichenden Folgen statt. Koch notiert dazu während seiner Kriegsgefangenschaft in französischer Sprache:

Ich habe am ersten Teil der (...) Konferenz in Dijon teilgenommen und die vorgesetzten Offiziere haben beschlossen, dass die Einsätze radikal ausgeführt werden sollten, (...) dass der Widerstand mit allen Mitteln gebrochen werden sollte und (...) dass die Häuser und Ruhelager der französischen Widerstandskämpfer zerstört, geplündert und verbrannt werden, auch dass sämtliche Transportmittel inklusive der Fahrräder und aller Empfangsgeräte zu beschlagnahmen sind.

Ziel war es, Macht über sämtliche Nahrungsmittel und Transportmittel zu erlangen, um es für den Maquis[710] *unmöglich zu machen, sich neu zu organisieren und sich im Land zu ernähren, mit anderen Worten wollte man das Territorium von allem entblößen, was dem Maquis von Nutzen sein könnte.*[711]

In Folge dieser Besprechung der Generale Niehoff[712] und von Henning[713] gehen Einheiten der Wehrmacht im Juli 1944 massiv gegen den Maquis in den Departements Ain und Haut-Jura vor. Im Zuge der "Operation Treffenfeld" rücken am Nachmittag es 12. Juli 1944 deutsche Truppen in Nantua ein, einem kleinen Städtchen zwischen Bourg-en-Bresse und Genf, idyllisch gelegen im tief eingeschnittenen Bergtal Cluse de Nantua. Mit dabei ist der von Koch geführte Abwehr Leit-Trupp 351.

Ich habe einen Besuch im Krankenhaus (in Nantua) *gemacht, wo ich Floreck*[714] *traf, der den Direktor, Herrn Geoffray, abführen wollte, weil dieser ihm eine Liste mit Widerstandskämpfern mit falschen Angaben gegeben hatte. Ich besuchte auch einen verletzten deutschen Deserteur, und ich hatte auch ein Gespräch mit dem Chefchirurgen des Krankenhauses, Dr. Touillon. Es war für mich interessant, die*

---

709 Heinz A. Eckert: Der gefesselte Hahn

710 Synonym für die französische Widerstandsbewegung

711 Koch an Prof. Erich Schwinge, 29.09.1953 (Staatsarchiv München / eigene Übersetzung)

712 Heinrich Niehoff (1882-1946), Kommandant Heeresgebiet Südfrankreich

713 Wilhelm von Henning (1887-1969), Kommandeur der Freiwilligen-Stamm-Division

714 Ernst Floreck (1913- ?), SD-Offizier, 1954 vom Militärgericht Lyon zum Tod verurteilt, später zu lebenslanger Zwangsarbeit begnadigt

Bekanntschaft des Letzteren zu machen, der uns genau wie M. Geoffray als verdächtig bezeichnet wurde, und wir wussten darüber hinaus, dass er nahe Verwandte im Untergrund hatte.

Einige Tage später (am 19. Juli) *traf ich von neuem Floreck und Normann und seine Mannschaft. Sie waren damit beschäftigt, verletzte Untergrundkämpfer in den Keller zu transportieren, um sie zu erschießen. Ich intervenierte bei Floreck, indem ich veranlasste, ihn darauf hinzuweisen, dass man Verwundete, noch dazu in einem Hospital, nicht erschießen dürfe. Auf meine dringende Bitte hin gab mir Floreck sein Versprechen, sie* (die Verletzten) *ins Hospital nach Lyon transportieren zu lassen. Auf diese Weise wurden etwa zehn Männer auf Lastwagen geladen. Ein Mann, der protestierte, Untergrundkämpfer zu sein, wurde auf meine Intervention hin im Hospital zurückgehalten.*

Später habe ich von Touillon erfahren, dass diese Verletzten von Floreck und seinen Leuten bei La Cluse exekutiert wurden. Um Beweise zu erhalten, schickte ich den Photographen der Division an die Orte der Exekution, um dort Photos zu machen. Das Photo ergab unglücklicherweise nichts als einen Berg Asche, denn die Leichname wurden vollständig verbrannt. Einige Tage später erhielt ich eine Nachricht von Herrn Touillon, mit der er mich darüber informierte, dass Floreck Herrn Geoffray niedergeschlagen und in Richtung Bourg mitgenommen habe. Ich bin sofort der Kolonne des SD gefolgt, die nach Lyon zurückkehrte und ich habe Floreck etwa 12 km von Bourg entfernt gefunden. Nach einer heftigen Diskussion gab mir Floreck einen Mann, um Herrn Geoffray zu suchen und wir fanden ihn schließlich mit Zeichen von Schlägen auf seinem Körper. Ich nahm ihn in meinen Wagen und fuhr ihn nach Nantua zurück. Ich habe die Herren Touillon und Geoffray gebeten, mir eine Aussage zu machen, um Klage gegen Floreck zu führen.[715][716]

Wieder einmal hat Koch sein eigenes Rechtsempfinden - diesmal sogar unter Gefahr für das eigene Leben - über Anweisungen und Befehle von Vorgesetzten gestellt[717].

Weshalb ging er (Floreck) *nicht zu seinem Vorgesetzten Dr. Knab*[718] *und sagte ihm, der Major Koch hindert mich an der Ausführung Ihrer Befehle?*

---

[715] Erklärungen des Majors der deutschen Armee Karl Koch, Kriegsgefangener in St. Priest, zitiert nach Prof. Pierre Mazel: Erinnerungsbuches der Unterdrückung, 1945 (eigene Übersetzung)

[716] Im Bestand des DHM befinden sich unter Nr. ZD038539 und ZD038538 zwei Fotografien aus Kochs Nachlass, die während der Ereignisse in Nantua aufgenommen wurden; ein Bild von vier Männern ist rückseitig beschriftet mit *Juli 1944 Dept Ain (dem SD entrissen)*

[717] Zu den Geschehnissen im Hospital von Nantua vgl. u.a. Cahier pédagogique 01.2008, Concurs National de la Résistance et de la Déportation und Dr. Peter Lieb: "Wehrmacht et SS contre la Résistance - La Perspective Allemande"

Er behauptet, das Hospital stehe unter dem Schutze der Wehrmacht und ich (Floreck) *solle mich danach richten?*[719]

Wäre Lyon nicht einen Monat später aufgegeben worden, hätte Koch möglicherweise für sein mutiges Eintreten in Nantua bezahlen müssen.

> *Tatsächlich haben unsre französischen V-Männer ja auch berichtet, dass wir, der damalige Oberfeldwebel Eckert*[720] *und ich, von der Equipe des Floreck "umgelegt" werden sollen (...)*[721]
>
> *Am 22. August 1944 endete der Kampf der Abwehr gegen die Résistance.*
>
> *Wir sammelten uns noch einmal zur letzten Befehlsausgabe im Fort St. Iréné von Lyon. Der Abmarsch der Abwehrstelle III F von Lyon, nunmehr Frontaufklärungskommando 313, war für die kommende Nacht festgesetzt. Wir standen neben unseren vollgetankten Wagen, die mit Munition und Waffen beladen waren, Wir hatten unsere Akten verbrannt, unsere Fernmeldeanlagen mit Handgranaten zerstört. Den Bürgern Lyons, die wegen ihrer Zusammenarbeit mit den Deutschen in Gefahr waren, hatten wir unseren Schutz angeboten. Wir hatten ihnen freigestellt, zu bleiben oder sich uns anzuschließen.*
>
> *Es fiel kein Schuss, als wir um Mitternacht Lyon verließen. In unheimlichem Schweigen entließ uns die Stadt, dunkel, geheimnisvoll, so wie sie mir aus meinen ersten Tagen in Erinnerung war.*
>
> *Wir sammelten uns vor der Stadt; im Morgengrauen fuhren wir auf der Straße nach Dijon weiter.*[722]

Im September 1944 erreicht der Abwehr Leit-Trupp 351 unter verlustreichen Rückzugsgefechten die elsässische Gemeinde Klimbach bei Weißenburg. Aus den verbliebenen Resten der Einheit wird das Frontaufklärungskommando 313 mit Sitz im pfälzischen Bad Kreuznach mit Dernbach als Kommandeur und Koch als Stellvertreter gebildet.[723]

> *Da kam beispielsweise eine frische Division* (der Wehrmacht) *in das Tohuwabohu der Auflösung im September 1944 im östlichen Mittelfrankreich an, stemmte sich der Unordnung entgegen und versuchte, eine Front zu bilden. Als dann rund 100 km entfernt in südwestlicher Richtung eine Flussüberschreitung durch ein amerikanisches Regiment*

---

718 Werner Knab (1908-1945), u.a. Kommandeur der Sicherheitspolizei und des SD in Lyon

719 CWHK an Prof. Erich Schwinge, 29.09.1953 (Staatsarchiv München)

720 Heinz A. Eckert

721 CWHK an Prof. Erich Schwinge, 29.09.1953 (Staatsarchiv München)

722 Heinz A. Eckert: Der gefesselte Hahn

723 vgl. Verhörprotokolle Oberstleutnant Friedrich Dernbach, Military Intelligence Service Center US Army 1946 (CIA)

gemeldet worden war, konnten die ersten eingetroffenen Teile der Division die sofortige Aufklärung nicht vornehmen, wohl aber das in der Nähe befindliche Frontaufklärungskommando. Es schickte einen Unteroffizier in Zivil, der gut französisch sprach, im Kraftwagen mit französischen Papieren zu einem, unweit der Übergangsstelle gelegenen Gendarmerie-posten, dort wies sich der Unteroffzier durch passende Dokumente als französischer Kommissar der Sûreté [724] *aus, liess sich mit dem Gendarmierieposten im vermeintlichen Übergangsort verbinden und erhielt jede gewünschte Auskunft, in diesem Falle eine negative, die er dann an Ort und Stelle noch nachprüfte. Innerhalb weniger Stunden war die Lage geklärt.*

Derartige Aufgaben wurden, insbesondere auch durch Durchschleussen von Agenten durch die Fronten vielfach gelöst oder zu lösen versucht, und so waren die Frontaufklärungskommandos doch noch mitunter von Nutzen für die Truppe.[725]

Im November 1944 wird Koch zur einer sogenannten "Dienststelle Ehinger" im Amt VI (Ausland) des Reichssicherheitshauptamts (RSHA) versetzt. Deren Leiter Otto Ehinger kennt Koch aus der gemeinsamen Zeit bei der Abwehr in Dijon.[726]

Über Kochs Tätigkeit im RSHA liegen keine Informationen vor.

Während der letzten Kriegstage liefern sich Waffen-SS, Wehrmacht und die französische Armee blutige Gefechte im Vorarlberg. Bregenz brennt und fanatische Parteiführer lassen Zivilisten ermorden, die zu früh weiße Fahnen gehisst hatten.

Als Koch bei Bad Lanterns[727] im Vorarlberg in Kriegsgefangenschaft gerät, ist den Franzosen schnell klar, welchen Fang sie da gemacht haben. Er wird umgehend nach St. Priest bei Lyon transportiert und auf Grund seiner Tätigkeit als *ex-commandant de l'A.S.T. de Lyon*[728] durch das Ständige Militärgericht von Dijon des mehrfachen Mordes, der Plünderung und vorsätzlichen Brandstiftung[729] angeklagt. Im Fall einer Verurteilung ist ihm die Todesstrafe sicher.

---

[724] Von 1944-1966 neben der Gendarmerie wesentliches Polizeiorgan in Frankreich

[725] Typoskript "Himmler und die militärische Abwehr" (Nachlass)

[726] vgl. Verhörprotokolle Oberstleutnant Friedrich Dernbach, Military Intelligence Service Center US Army 1946 (CIA)

[727] Deutsche Dienststelle (ehem. WASt), Information vom 03.07.2017

[728] Ordonnance de Non-Lieu vom 21.10.1946 (Justice Militaire / Depot Central d'Archives, Le Blanc)

[729] wörtlich: "inculpé de assassinats, pillage, incendie volontaire."

Daheim in Witzenhausen vergeht Maria vor Sorge um ihren Mann, von dem sie seit Ende April nichts mehr gehört hat. Kurz vor Weihnachten 1945 kommt endlich ein Brief aus St. Priest, den sie umgehend beantwortet.

> *Liebstes Herz! Dein Formularbrief vom 23.8., der heute kam, ist das erste Lebenszeichen nach Deinem Brief vom 20.4. von Schloss Heiligenberg* (am Bodensee), *den ich (...) Anfang September erhielt. (...)*
>
> *Nun zu uns: Wir haben nach der Einnahme von Witzenhausen Anfang April, die ersten Monate gut überstanden, bis am 1. Juli das Haus für 4 Monate beschlagnahmt wurde, d.h. die letzten beiden Monate stand es leer. Ich habe mit Peter den ersten Monat bei Kurz in Bischhausen gewohnt, dann bei Pepplers*[730]*. Dort waren wir sehr gut aufgehoben, aber es war trotzdem nicht leicht. Karl-Hans war die ganze Zeit bei Harkes. Glücklicherweise geht er seit einigen Wochen wieder zur Schule nach Münden, wenn auch nur jeden zweiten Tag. Er hat sich die Zeit bis dahin vertrieben mit Nichtstun, Heizerarbeiten bei den Amerikanern*[731] *und Stundengeben, sodass er sich als der Ernährer der Familie bezeichnete. (...) Peter geht nun auch zur Schule, wenn er auch 4 Wochen später, am 1.12. eingeschult wurde. (...) Er entwickelt sich recht gut. Bezeichnet die Schule allerdings als "Mist". Pepplers haben ihn sehr ins Herz geschlossen, sie finden, dass er Dir sehr ähnlich wird. Von mir ist zu sagen, dass es mir eigentlich besser geht als man nach dem letzten halben Jahr vermuten könnte. Ich kann mir auch kein Kranksein leisten, auch wenn das Herz natürlich oft streikt. Mir ist die Hauptsache, dass ich wieder ein Dach über dem Kopf habe. Die obere Etage habe ich an eine Bergbaugesellschaft vermietet und wohne dadurch mietefrei. Im übrigen leben wir von der Substanz. Ich mache mir keine Sorgen und Du hoffentlich auch nicht um uns. Ich hatte natürlich mit Schwierigkeiten zu kämpfen, aber es geht jetzt bergauf. Wir Drei denken in Liebe an Dich, besonders jetzt zu Weihnachten. Deine Mieze.*[732]

Koch wird fast täglich verhört und bereitet sich im Gefängnis von St. Priest auf seinen Kriegsverbrecherprozess vor. Eines Tages im Spätsommer

> *es mag auch Herbst 1945 gewesen sein - besuchten mich, als ich zur Vernehmung in Lyon war, ein französischer Oberst und ein Professor, Vorsitzender der Organisation für Kriegsverbrechen, und sprachen mir Frankreichs Dank für mein Eintreten für französische Untertanen aus. Sie erklärten mir, tagszuvor seien 2 Herren aus Nantua bei ihnen gewesen, um sich für mich zu verwenden. Der eine davon war jener Wirtschaftsdirektor*

---

[730] Dr. August Peppler, bis 1939 Studiendirektor an der DKS

[731] vgl. Karlhans Koch, Lebenslauf (Nachlass): "Während der Zeit des Interregnums arbeitete ich für die Militärpolizei der 3. amerikanischen Infanteriedivision und gab Nachhilfeunterricht in Deutsch, Mathematik und Englisch, um die Familie zu unterstützen."

[732] Maria Koch an Major Karl Koch, No. du prisonnier: 1 097 001 (Nachlass)

vom Hospital in Nantua, den Florek (sic!) *persönlich niedergeschlagen und mitgenommen hatte und den ich aus seinen Händen befreite.*[733]

Das fast Unglaubliche geschieht. Während ungezählte Angehörige von Abwehr, SD, SS und Wehrmacht berechtigt und manchmal auch unberechtigt zum Tod verurteilt werden, wird Kochs Verfahren am 21. Oktober 1946 durch Hauptmann Colombet, Richter der Militärinstruktion beim Ständigen Militärgericht in Dijon, eingestellt. Ausdrücklich bestätigt das Gericht in seiner "Ordonnance de Non-Lieu"[734], dass *es in der Ausübung seiner* (Kochs) *Funktionen keine Verbrechen gegen die Menschlichkeit gegeben hat*[735] und fährt fort:

In Anbetracht dessen, dass er auf der einen Seite in Nantua während des Monats Juli 1944, den Franzosen immense und unzweifelhafte Dienste geleistet hat:

1. *indem er Herrn MARTINAUD und andere Personen aus MAILLAT (Protokoll Nr. 438 vom 18/6/46 in NANTUA) freigelassen hat, die erschossen werden sollten, die ohne seine Intervention erschossen worden wären, während gleichzeitig zwei Maquisards in ihrer Gegenwart gerade exekutiert wurden;*

2. *indem er hinging und Herrn GEOFFRAY, der herbeigeführt wurde, um erschossen zu werden, den Händen des S.D. entriss und ihn so vor seinem sicheren Tod rettete (Protokoll Nr. 464 vom 26/6/46 und Nr. 456 vom 24/6/46 in NANTUA);*

3. *indem er neun verletzte F.F.I.* ("Forces Francaises de l'Intérieur", französische Befreiungsarmee), *die zur Behandlung im Krankenhaus in NANTUA waren, in ihr Zimmer hochkommen ließ, nachdem sie bereits im Untergeschoss des Gebäudes waren, um dort erschlagen zu werden, und indem er nach mehr als einer Stunde Diskussion über jeden von ihnen erreichte, dass sie nur das Gebäude wechseln mussten (Protokoll Nr. 464 und 456/479 vom 28/6/46) und indem er am 20. Juli die Erschießungsorte fotografieren ließ, um einen Rapport gegen die Gestapo zu erstellen, die nach seiner Meinung eine „Schande der deutschen Armee" sei (Protokoll Nr. 465 vom 26/6/46);*

---

733 CWHK an Prof. Erich Schwinge, 29.09.1953 (Staatsarchiv München)

734 Befehl zur Einstellung eines Verfahrens

735 Ordonnance de Non-Lieu vom 21.10.1946 (Justice Militaire / Depot Central d'Archives, Le Blanc) (Übersetzung)

4. *indem er auf eigene Verantwortung etwa hundert Einwohner von Nantua frei ließ, die als Schülergruppe festgehalten wurden und von denen mindestens ein Teil nach Deutschland deportiert worden wäre (...)*

5. *indem er ohne Zweifel verhindert hat, dass Herr TOUILLON festgenommen und erschossen wurde (Protokoll Nr. 467 vom 27/6/46):*

(...) *erklären wir, dass es nichts zu verfolgen gibt;*[736]

Nachdem Koch *durch einen Sonderbefehl aus Paris unter dem 29.10.1946 in Freiheit gesetzt worden war*[737] kehrt er am Vorabend des Heiligen Abends 1946 nach Witzenhausen zurück.

Er ist 64 Jahre alt, beschäftigungslos und ohne Einkommen, seine Frau ist asthma- und herzleidend[738], am Tisch sitzen zwei hungrige Kinder.

---

736 a.a.O.
737 CWHK an DKS, 30.09.1947 (DITSL)
738 Karlhans Koch, Lebenslauf (Nachlass)

> *Die Auszahlung meines Ruhegehalts wurde in meiner Abwesenheit mit dem 1. Juli 1945 eingestellt. (...) Da ich seit dem 1.7.1945 ebenso wie meine Familie ohne Einnahmen bin, bin ich auf Auszahlung meines Ruhegehalts angewiesen und bitte, das Erforderliche zu veranlassen.*[739]

Der Kampf um die Rente dauert mehrere Jahre und führt die Familie bis an den finanziellen Ruin. Statt des geplanten Jurastudiums nimmt Karlhans nach seinem Abitur im Februar 1948 nacheinander Stellen beim Gleisbau, als Dolmetscher der Militärpolizei und als Kohlenhauer unter Tage an, *um auf eigenen Füssen zu stehen, Geld zu verdienen und meinen Horizont zu erweitern.*[740]

Am 31. Mai 1948 erhält Koch endlich die ihm zustehende Nachzahlung von rund 10.000 RM für die Jahre 1946 bis 1948, von denen wenige Tage später durch die Währungsreform gerade einmal 650 DM übrig bleiben. Immerhin wird wenigstens die Direktoren-Pension im Verhältnis 1:1 umgestellt. Mit den monatlichen Einnahmen von knapp 500 DM kann man zwar keine großen Sprünge machen, doch es reicht zum Leben.

Als Autor des "Ehrenbuchs der SA" steht Koch von Anfang an auf der "Liste der auszusondernden Literatur", 1953 wird sogar der "Tropenhelm" von 1931 indexiert[741]. Als Schriftsteller wird Koch kein Geld mehr verdienen, soviel steht fest. Mindestens einmal versucht er, mit dem Bastei-Verlag ins Geschäft zu kommen. Das unverbindlich-freundliche Schreiben des Lektorats eine Woche nach Übersendung des Manuskripts konstatiert:

> *Nach Rücksprache mit unserem Buchverlag muß ich Ihnen zu unserem größten Bedauern mitteilen, daß wir uns nicht zu einem Abdruck Ihrer Arbeiten entschließen können, da unser Verlag ein ganz bestimmtes auf lange Zeit festgelegtes Programm hat, in dessen Rahmen Ihre Arbeit leider nicht paßt.*[742]

Dennoch sitzt er manche Nacht an der Schreibmaschine.

---

[739] CWHK an DKS, 30.09.1947 (DITSL)
[740] Karlhans Koch, Lebenslauf (Nachlass)
[741] Ministerium für Volksbildung der DDR: "Liste der auszusondernden Literatur", Dritter Nachtrag, Berlin 1953
[742] Bastei-Verlag an CWHK, 05.09.1966 (Nachlass)

Allein der Briefwechsel mit der Kolonialschule und später ihrem Nachfolgeinstitut DITSL [743] füllt Archivbände. Meist sind es kleinliche Beschwerden wegen vermeintlich fehlerhafter Pensionsberechnungen oder Berichte über *Mängel an Haus und Grundstück Felsenweg 2*[744]*:*

> *Der Lattenzaun ist niemals richtig gestrichen worden, der Drahtzaun niemals gespannt worden. (...) Alle Räume weisen Deckenrisse auf von grösserer oder geringerer Bedeutung. (...) Alle Wände sind so schlecht verputzt, dass der Putz dauernd abfällt. Der Keller ist feucht. Der Waschkessel ist defekt bezw. war nur ganz kurze Zeit brauchbar. (...) Die Falltreppe zum Boden ist seit 1 Jahr entzwei, d.h. die Verbindung der eigentlichen Treppe mit der Falltür hatte nur 1, anstatt 2 Schrauben. (...) Das Regenabflussrohr an der Nordostseite des Hauses ist seit 2 Jahren verstopft, das Wasser läuft bei starkem Regen in den Keller. Die Haustür klafft, da wahrscheinlich zu frisches Holz und niemals richtig gestrichen.*[745]

Anwesen Felsenweg 2 (früher Auf der Kluse)
in Witzenhausen / Bauzustand 1948

Von Zeit zu Zeit meldet sich Koch als Leserbrief-Schreiber zu Wort. Wann immer Hessische Nachrichten oder Hessische Allgemeine ein Afrika-Thema aus seiner Sicht unzureichend bearbeiten, kommt Post von *Karl W.H. Koch, Direktor der Deutschen Kolonialschule i.R.*[746]:

> *Schade, dass Sie über die Goldküste - die immerhin im erheblichen öffentlichen Interesse steht - nichts aus berufener Feder bringen wollen, ich hätte Ihnen sonst gerne etwas über die fabelhafte Entwicklung dieses*

---

[743] Deutsches Institut für Tropische und Subtropische Landwirtschaft
[744] Die Straße "Auf der Kluse" wurde nach dem Krieg in "Felsenweg" umbenannt
[745] Undatierte Mängelliste, ca. 1955 (DITSL)
[746] Übliche Leserbriefunterschrift

Gebietes seit 50 Jahren sagen können. (...) Sie haben Pech mit Afrika: Auf Seite 3 des Hauptblattes vom Sonnabend bringen Sie unter "Ein echter Lebenskünstler" den guten Adam im Kölner Zoo als AP-Bild (...). Das ist kein Watussibüffel, sondern ein Watussirind oder -bulle. Die Watussi sind ein Herren- und Hirtenvolk hamitischer Herkunft - also keine Neger - in Ruanda (...), sie haben die Bantuvölker des Landes unterworfen, züchten diese Rinder mit dem wundervollen Gehörn und sind durchschnittlich - die Männer - fast 2 m gross. Jeder junge Mtussi - (Einzahlform) - muss nach der Pubertät seine Grösse springen, viele Watussi könnten jeden Olympiarekord spielend schlagen!! -[747]

Die Unruhen in Duala und Jaunde anläßlich der Flaggenhissung des neuen Staates Kamerun in der Hauptstadt Jaunde beweisen, daß der Westen seit Jahrzehnten eine durchaus falsche Politik gegenüber dem dunklen Erdteil (...) getrieben hat (...). Es geht nicht um jenen imperialistischen Kolonialismus, der so gerne dem Westen zum Vorwurf gemacht wird, weil Moskau es wünscht, denn diesen Kolonialismus gibt es nur im russischen Reich von der Werra bis zur Beringstraße, während der Farbige in Afrika unter der weißen Herrschaft mehr Freiheit hat oder hatte, als er sie unter den neuen Usurpatoren jemals wieder haben wird. Daran ist nicht zu zweifeln.[748]

Auch Kriegsthemen greift Koch auf:

Wir sollten uns nicht nur von den Richtern, die Unschuldige an den Galgen brachten, sondern ganz allgemein von allen denen distanzieren, die in diesem Schema eine Rolle spielten. Es war doch so, daß die NS-Führungsoffiziere den Tatbericht einreichten, der mehr oder weniger gefärbt sein konnte, und damit die Feldgendarmerie oder Gestapo einschalteten. Die Berichte der Führungsoffiziere dienten dann den Kriegsgerichten und dem Volksgerichtshof als Beweisstücke. Die ehemaligen NS-Führungsoffiziere fühlen sich heute offenbar sehr sicher. Sie dienen der Restauration als zäher Haufen, der für sich selbst sorgt und die Vernunft sabotiert.[749]

Es mag für den alten Herrn, der in Witzenhausen einerseits als Alt-Nazi, andererseits auf Grund der "Ordonnance de Non-Lieu" als Vaterlandsverräter verschrien ist, eine Genugtuung gewesen sein, zum 75. Geburtstag eine kurze Würdigung in der Zeitung zu lesen.. Vielleicht hat er den Text aber auch selbst verfasst:

---

[747] Leserbrief "Der schwarze Erdteil", Hessische Nachrichten, 25.03.1957 (Nachlass)

[748] CWHK in Hessische Allgemeine, 07.01.1960

[749] Leserbrief "Die NS-Führungsoffiziere", Hessische Allgemeine, 19.03.1960

Direktor Koch stand der DKS von 1934 bis zum zweiten Weltkrieg vor.

Unter seiner Leitung wurde das weit über die Grenzen Deutschlands hinaus bekannte Institut nicht nur technisch und wissenschaftlich reorganisiert, sondern erhielt auch eine europäisch-weltwirtschaftliche Ausrichtung. Der Erfolg war, daß sich die Zahl der Studierenden in diesen Jahren nahezu verdoppelte.[750]

Koch beobachtet das Geschehen an seiner ehemaligen Schule aus der Ferne. Weder erscheint er zu öffentlichen Veranstaltungen auf dem Gelände des DITSL noch tritt er 1948 in den "Verband Alter Herren der Deutschen Kolonialschule" ein, deren Presseerzeugnisse er dennoch aufmerksam bearbeitet. Auch an der "Arbeitsgemeinschaft ehemaliger Abwehrangehöriger (AGEA)" beteiligt er sich nicht. In deren interner Zeitschrift "Die Nachhut" ist nicht ein einziger Hinweis auf Koch enthalten.

Dagegen pflegt er den Kontakt zum Abwehrkameraden Heinz A. Eckert, der seit seiner Freilassung aus der Todeszelle als Sachbearbeiter für Export und Fremdsprachen arbeitet.

Eckert, im Dezember 1950 von einem französischen Militärgericht zum Tode durch Erschießen verurteilt, hat während der Monate, die er bis zu seiner Begnadigung zu lebenslänglicher Zwangsarbeit im Herbst 1951 in der Todeszelle verbrachte, seine Aufzeichnungen niedergeschrieben.[751]

Ein Exemplar dieses Erinnerungsbuches schickt Eckert Ende Februar 1959 nach Witzenhausen:

Mein lieber Kamerad Koch! (...)

Auch ich bin jetzt wiederum mehr als zwei Jahre im Arbeitseinsatz und die Vergangenheit fängt so langsam an, zu verblassen. Aber wenn wir auch manchen Menschen verzeihen können, vergessen werden wir deshalb niemals, was geschehen ist und, damit dieses Vergessen auch bei der jüngeren Generation keine Schule macht, sondern sie darauf hinweist, dass ihre Väter Kerle waren, die Alles für Deutschland gegeben haben, ist das Buch "Der gefesselte Hahn" entstanden und jetzt auf den Markt gekommen.[752]

Es ist still geworden im Felsenweg, seit die Kinder erwachsen sind. Karls Gesundheitszustand ist zwar besser als der Marias, doch immer häufiger muss er Pausen einlegen. Längere Briefe brauchen manchmal Tage, bis sie endlich aus der Maschine kommen. Und längst wird nicht mehr jeder Schreibfehler korrigiert.

---

750 Hessische Nachrichten, 13.08.1957
751 Klappentext zu Eckerts Erinnerungsbuch "Der gefesselte Hahn", 1959
752 Eckert an CWHK, 28.02.1958 (Nachlass)

Hinzu kommt der dauernde Ärger mit dem Haus.

> *Der Aufsichtsrat des Deutschen Instituts für tropische und subtropische Landwirtschaft GmbH hat die Firma Berndt & Glebe, Kassel, mit dem Verkauf unseres Hauses Felsenweg 2 beauftragt. Natürlich kann er* (Otto Schmaltz, 1962 Geschäftsführer des DITSL) *dabei das Lügen nicht lassen, und dabei wird mir immer unerfindlicher, wie dieser Mann Geschäftsführer werden konnte. Er spricht von Besuchen von Reflektanten "zu angemessener Tageszeit." Ist im Winter wenige Minuten vor 18 Uhr angemessene Tageszeit? Oder der Sonnabend Nachmittag, wenn eine dichtgedrängte Horde in allen Altersklassen ankommt? Keiner der Kaufinteressenten legte eine Bescheinigung des Instituts vor. Alle kamen ohne Anmeldung, auch ohne entsprechende Formen. (...) Dieser komische Geschäftsführer mutet mir zu, dass ich - dessen Frau auf den Tod liegt - xbeliebige Leute - (es kann ja jeder kommen!) - einlasse, die dann von Raum zu Raum schnatternd besichtigen? Schmaltz weiss, wie krank meine Frau ist.*[753]

Im gleichen Brief beschreibt Koch den Zustand seiner Frau:

> *(...) meine Frau ist im 66.* (Jahr) *und - neben schweren Herz- und Kreislaufstörungen - nach 19 operativen Eingriffen in ihre Augen und 3 Monaten Aufenthalt in Klinik und Krankenhaus nahezu blind.*[754]

Am 19. Dezember 1962 erleidet Maria einen Schlaganfall.

Das Haus wird trotz mehrfacher Eingaben Kochs im kommenden Jahr verkauft. Zwar gilt zunächst ein Mieterschutz, doch die Tage im Siedlungshaus sind gezählt. Am 2. Oktober 1963 stirbt Maria *nach langem, qualvollen Leiden*[755].

Um der Einsamkeit zu entfliehen, entschließt sich Koch zum Umzug in das moderne Altenheim am Frauenmarkt in Witzenhausen.

Wenn er nicht mit seiner umfangreichen Korrespondenz beschäftigt ist, arbeitet Koch an seinen Geschichten. Er korrigiert, verbessert und schreibt auch einiges Neue, das niemand drucken will. Selten genug bitten Besucher um Interviews oder Informationen aus Kochs reichhaltigem und akribisch sortierten Dokumentenarchiv. Besonderen Besuchern verehrt der alte Mann unveröffentlichte Manuskriptseiten aus längst vergangenen Tagen.

Bereitwillig öffnet er dem jungen Historiker Klaus Hildebrand 1965 sein Archiv und unterstützt ihn gern mit Auskünften. Entsprechend umfangreich ist die Würdigung seiner Person in der 1969 unter dem Titel "Vom Reich zum

---

753 CWHK an RA Dr. Erich Keup, Vorsitzender des Aufsichtsrats des DITSL, 16./20.12.1962 (DITSL)

754 a.a.O.

755 Todesanzeige Maria Koch geb. Hübotter (DITSL)

Weltreich - Hitler, NSDAP und koloniale Frage 1919-1945" erschienenen Dissertation Hildebrands.

Als der jüngste Sohn Peter nach Südafrika auswandert, begleiten ihn alle guten Wünsche des greisen Vaters. Doch die Reise wird zur Katastrophe. Schon kurz nach der Ankunft verunglückt Peter schwer und liegt über ein Jahr lang im General Hospital von Pretoria[756].

Fast täglich schreibt Koch seinem Sohn sorgfältig auf der Schreibmaschine getippte Briefe, von denen er Durchschläge in seinem Archiv verwahrt. Er erzählt von der eigenen Zeit in Afrika, von Verwandten, dem Alltag in Witzenhausen, gibt Ratschläge und schimpft wieder und wieder über seine Zeitgenossen.

> *Gestern Abend Vortrag von Dr. Grzimek über seinen Transport von 9 Schimpansen auf eine grosse Insel im Viktoria See in Tansania, wo die Tiere (...) so wild wurden, dass alle Menschen ins Wasser flüchteten. Stell Dir mal vor: Die Tiere wurden in engen Käfigen in Frkft nach Hamburg gebracht, auf einen Dampfer verladen und fuhren 4 Wochen lang in den engen Behältern auf See. Dann mussten sie 5 Tage in Mombasa warten, bezw. nach Dar-es-Salam weiterfahren und wurden hierauf 2000 Km auf Lastwagen auf schlechten Wegen geschaukelt und schliesslich - hin und her gerüttelt - auf ihrer Insel ausgeladen und vorsichtig in Freiheit gesetzt. Da kannst Du sehen was die grosse Kapazität Prof. Grzimek für ein Rindsknochen ist mit dem Verstand einer besoffenen Wanze. (...) Selbstverständlich hätte man sie im Flugzeug befördern müssen (...).*[757]

[756] Heute Verwoerd Hospital
[757] CWHK an Peter Koch, 16.11.1966 (Nachlass)

Weihnachten 1967

Am Samstag Abend hatten wir Vorstandssitzung, ich bin jetzt 13 Jahre Vorsitzender vom Nestophilen Verein, der die Kliniken betreut. Nestophil kommt aus dem Griechischen und heißt "Fasten". Ich übe das jetzt auch, ich habe ein paar Pfund zu viel. Am Samstag Abend - beim Sitzungsessen - war es schlecht möglich, es gab Fleischbrühe mit feingeschnittenen Paprikaschoten und dann Putenbraten mit Erbschen und Möhrchen, Endiviensalat mit etwas Tomatenscheiben und herrlichen Kartoffeln, die von einem Bauern bezogen werden, der biologisch düngt! (Du weißt, es gibt Mist und Kunstdünger und die homöopatische, also chemisch-biologische Art der Düngung, die gekonnt sein muss).[758]

Heute erhielt ich vom Westdeutschen Rundfunk eine Aufforderung zu einer Podiumsdiskussion im Fernsehen über das Thema des Films "Heia Safari"[759]*, gegen den ich mich in scharfem Protest gewendet hatte, da eine Unverschämtheit und voller Lügen. Es gab dann noch einen Briefwechsel und schließlich erhielt ich die genannte Aufforderung. "Sie haben durch Ihre Zuschrift zu dieser Sendung Ihr Interesse daran bekundet, an dieser Diskussion teilzunehmen. Wir würden uns freuen, wenn Sie sich zur Teilnahme entschliessen könnten, und bitten um Ihre Zusage.-" Leider kann*

---

758 CWHK an PK, 21.11.1966

759 Umstrittene WDR-Dokumentation von 1966/67 über Deutschlands Kolonialvergangenheit, vgl. Eckhard Michels: Geschichtspolitik im Fernsehen, in: Vierteljahreshefte für Zeitgeschichte 3/2008

ich nicht nach Köln zur Diskussion fahren, es ist mir zu anstrengend, obwohl es ein schönes Honorar erbringen würde, das ich brauchen könnte. Aber mein linkes Auge muss dreimal behandelt werden an jedem Tag, und das kann ich nicht risikieren, sonst hätte ich mich sehr gerne im Fernsehen mal (...) gezeigt, und sicherlich hätte ich damit an Propaganda auch wirtschaftliche Erfolge gehabt, was Veröffentlichungen anbelangt.[760]

Zu Mittag gab es klare Brühe, dann Rouladen und Schnippelbohnen, recht gut und besonders gewürzt. Meine Stadtkassiererin glaubte, herausgeschmeckt zu haben, dass die Rouladen mit Senf überpinselt wurden, bevor gebraten, das gäbe den feinen Geschmack. Auf jeden Fall war es ein gutes Essen, während ich normalerweise die Mahlzeiten als notwendiges Übel ansehe, obwohl das Essen ganz allgemein als gut zu bezeichnen ist.[761]

Beim Rückblick auf die eigenen beruflichen Möglichkeiten verschwimmen Wunsch und Wirklichkeit in kaum vorstellbarem Umfang. Es fragt sich, ob nur ein Vater gegenüber seinem Jüngsten dick aufträgt oder ob Koch inzwischen selbst an die Geschichten glaubt:

Und ich glaubte, Mieze ohne Geld heiraten zu können, da ich ja so viele glänzende Möglichkeiten hatte. Erst sollte ich - vor dem 1. Weltkrieg - die französische Gesellschaft im Kongo Companie Forestière mit 20 000 qKm Land leiten, dann wollte mich der Gouverneur als Bezirksamtmann in Nola am Sanga haben, in der Heimat sollte ich Generalsekretär vom Roten Kreuz werden, der Arbeitgeberverband in Solingen wollte mir ein Büro in Ohligs einrichten, durch welches der gesamte Vertrieb der Stahlindustrie der Stadt Solingen und Umgebung gesteuert werde, der damals mindestens 50 Millionen umfasste, heute mindestens eine halbe Milliarde. Schliesslich auch die DKS! Mit meinen Aufbauplänen wäre es eine grosse Sache geworden, aber dann kam die grosse Meute, Gauleiter und NSDAP, Gau- und Reichsstudentenführer und das ganze verbrecherische Gesindel, da(s) *Du ja kennst und das selbst heute noch aktiv ist.*[762]

Am 24. November 1968 stirbt Kochs Schwester Emilie in Erbach im Odenwald. Sie ist zeitlebens unverheiratet geblieben und hatte zuletzt nur wenig Kontakt zum Bruder.

Meine Schwester hat Fremde gefunden, die sie in den Händen haben und auf ihre etwa 6000 DM. spekulieren. Ich bin ihr endgültig böse (...). So treibt der Teufel sein Spiel, die eigne Schwester erhielt schon vor 60 Jahren von mir aus Schanghai schönen Schmuck, immer zog sie von mir bis auf Dutzende frankierte Briefbogen, die ich nach Wsbdn schickte und bei ihr vorfand. (...) Schrecklich, daran zu denken.[763]

---

760 CWHK an PK, 07.12.1966
761 CWHK an PK, 11.12.1966
762 CWHK an PK, 27.11.1966
763 CWHK an PK, 21.11.1966

Auch wenn er in seinen letzten Jahren im Rollstuhl sitzt und der Weg zum nahen Friedhof einer Weltreise gleicht, lodert noch immer der alte Kampfgeist in ihm:

> *Was soll das alles? Ich habe die GmbH* (DITSL) *1964 oder 1965 dabei erwischt, dass sie rd. 350 DM zuviel Steuern abgeliefert hatte, denn ich hatte es mir zur Regel gemacht, alljährlich durchs Finanzamt nachsehen zu lassen, nachdem ich 1962 und 1963 (...) den Gerichtsweg hatte beschreiten müssen. (...) Mitunter neige ich zu der Auffassung, dass auch Sie* (gemeint ist die Verwaltung des DITSL) *sich von der Naziklique in der Führung des Altherrenverbandes beeinflussen lassen, die sich seit Jahrzehnten, d.h. seit meiner Ankunft im Frühjahr 1934 nach dem ehem. Gauleiter Weinrich richtet? -*
>
> *Hochachtend!*
> *Karl W.H. Koch*
>
> *Übrigens: Dieses Heim heisst nicht Altersheim, sondern Altenheim und gehört der Arbeiterwohlfahrt. Unter Altersheim versteht man allgemein das Haus Salem! - -*[764]

Am Ende der Biografie soll eine Seite Kochs nicht unerwähnt bleiben, die auf den ersten Blick so gar nicht zu dem scheinbar harten Mann passen will. In seinen über viele Jahre in einer schmalen Mappe gesammelten Gedichte tritt uns ein feinfühliger, empfindsamer und zutiefst verletzbarer Mensch entgegen.

> *Hoffnung*
>
> *Sieh, wie die Sonne die Wolken umwirbet,*
> *Wenn sie sich senket, vergehend und rot,*
> *Wenn sie dem Tage, der rasch erstirbet*
> *Leuchtende Hoffnung gibt mit in den Tod.*
>
> *Wenn sie in klingenden Farbtönen malet,*
> *Selbst schon versunken im Abendschein,*
> *Wenn ihre Glut erst im Sterben erstrahlet,*
> *Was sie Dir kündet, der Seele Dein.*
>
> *Sei wie die Sonne, sieghaft und heiter,*
> *Lasse den andern die plötzliche Nacht,*
> *Steigst Du empor auf der himmlischen Leiter*
> *Leuchte noch lange in gleissender Pracht.*

---

764 Koch an DITSL, 12.03.1969 (DITSL); das Altersheim Haus Salem in Witzenhausen entwickelte sich aus einem Sanatorium, worauf Koch in seiner Fußnote anspielt

Erwartung.

Ein Spruch ist es nur, er klingt zu mir her,
Er fliegt durch die Luft, übers wogende Meer
Und saget zwei Worte: "Sie kommt."
Ich sitze ganz still in der Stube und stumm,
Und um mich ist Schweigen, und rundherum
Der Spruch nur ist es, der summt.

Er füllet die Stube und füllet das Haus
Und füllt mir das Herz und die Seele aus,
Die Liebste, sie kommt, sie ist nah.
Das Dunkel wird hell und die Einsamkeit licht,
Die Stille wird laut, ihre Stimme spricht,
Die Liebste ist bald wieder da.

Ich bin nicht mehr mürrisch und müde und matt,
Bin wieder froh, meine Miene wird glatt,
Und ich fühle ein Singen in mir.
Es singet im Wallen und senget gar heiss,
Und Bilder erstehen, der Liebsten zum Preis
In holder und süsser Zier. -

Spiel.

Kleines, wenn ich sanft Dich kose,
Zitternd zuckst Du weich
Wie die kleine Heckenrose
In dem Dornenreich.

Mädel, wenn ich heiss Dich küsse,
Bebend schlägt Dein Herz
Und es wünscht, dass es nicht misse
Rosenlied und -schmerz.

Liebste, wenn ich wild Dich greife,
Bist kein Röslein mehr,
Dann im Arm liegst wie die reife
Aufgeblühte Rose schwer.

Weibchen, wenn die Wünsche klingen
Selig im Erwarten,
Müssen Blätter, Blüten singen
Von dem Duft im Rosengarten.

Betrachtung.

Wenn ich des Abends in die karge Lampe blicke,
Dann tanzen Elfen um der kleinen Glocke Schein,
Jedoch im Lichte selbst, wie auch das Glas ich rücke,
Seh immer ich die Züge von dem Weibe[765] *mein.*

Ich schaue hin und bin ihm manchmal böse,
Dass es mit sichrer Hand trat in mein Leben ein,
Doch wenn ich dann in seinen Zügen lese,
So fühle ich bestimmt, es konnt nicht anders sein.

Es lächelt still und leis, ein bisschen müde,
Mit Augen blau und zarten Frauenfalten,
Gezeichnet ein durch Arbeit, Liebe, Güte,
Wenn Glück und Unglück wechselseitig walten.

Ich sehe um die Lippen einen Zug von Sorgen,
Der sagt, Du musst mich, ich Dich immer halten,
Lass uns uns lieben wie am Lebens Morgen,
Auch wenn am Abend jetzt sich schwere Wolken ballten.

Vision.

Und wieder blick hinaus ich in die Weite
Und sehe, wie das Mondlicht wandert hell
Den Weg hinab in seiner ganzen Breite
Und durch dies Land, erleuchtet jäh und grell.

Ich sehe Dich, Maria, doch Du kehrst den Rücken.
Ich rufe Dich, jedoch kein Laut erschallt.
Du gehst hinweg, wirst kleiner meinen Blicken
Und näherst Dich dem stummen, schwarzen Wald.

Du schreitest nicht hinein, Du schwebst hinüber
Mit unbewegtem Körper, starr und stille;
Du wirst dem Auge immer matter, trüber,
Verschwindest sachte in der Nebelhülle.

Ich schliess das Fenster, stehe in dem Zimmer,
Geh müde dann zu meinem Stuhl und Tisch;
Abwesend setz ich mich, denn immer
Erschüttert das Erlebnis innerlich.

---

765 Im Typoskript "dem Weibe" durchgestrichen und handschriftlich korrigiert auf "der Freundin"

Ich weiss es kaum zu deuten noch zu klären,
Es überfällt mich nichts als schwere Traurigkeit,
Anzeichen sehe ich sich ständig mehren
Wie Schicksal sich erfüllt zu seiner Zeit.[766]

Karl W.H. Koch ist am 2. Juni 1970 gestorben. Nach der Einäscherung in Kassel wird seine Urne am Hauptweg des Witzenhausener Friedhofs beigesetzt.

Das Grab ist heute nicht mehr sichtbar.

Die Todesanzeige in der Hessischen Allgemeinen benennt die wesentlichen Stationen seines Lebens:

Nach langem Leiden verließ uns heute zur Wandlung unser Vater, Schwiegervater, Großvater und Vetter, der

Direktor der Deutschen Kolonialschule i.R.
Karl W.H. Koch

Major der Abwehr und der Marine-Infanterie d.Res. a.D.
late first Lieutenant SVC[767]*, China*
Ritter hoher Orden[768]

im 88. Lebensjahr.[769]

---

[766] Typoskripte im Nachlass
[767] Shanghai Volunteers Corps
[768] Es konnte nicht ermittelt werden, welche Orden konkret gemeint sind. Auf Fotografien trägt Koch das Eiserne Kreuz I. Klasse als höchste Auszeichnung.
[769] Hessische Allgemeine, 06.06.1970

Nachwort

Der Schriftsteller, Offizier, Kolonialpolitiker, Farmer und Schuldirektor Carl W.H. Koch ist heute nur noch Wenigen ein Begriff. Man könnte auch sagen, er ist rund fünfzig Jahre nach seinem Tod vergessen.

Er hat ein Leben gelebt, das selbst nach den Maßstäben des 21. Jahrhunderts ein außergewöhnliches war. Er hat Asien und Afrika gesehen, als Fernreisen kaum verbreitet waren und in jedem Fall ein unkalkulierbares Abenteuer darstellten. Wenn er im Tagebuch ganz selbstverständlich von Accra, Konakry, Buea, Hongkong, Shanghai und Madeira erzählt, vergisst man leicht, dass seitdem über hundert Jahre vergangen sind. Zu Kochs Zeit steckten Telefon und Fliegerei in den Kinderschuhen, das Fernsehen war noch nicht erfunden, ganz zu schweigen vom Internet. Die hinterlassenen Texte und Fotografien bieten private Einblicke in vergangene Zeiten und faszinieren durch ihr hohes Einfühlungsvermögen und die große Genauigkeit des Beobachters.

Koch hat zeitlebens Entscheidungen getroffen. Zwei wesentliche Daten ragen gleichsam wie Rahmen aus der Biografie hervor: Am 13. Mai 1910 gab der Stationsleiter Koch den Feuerbefehl auf ein Dorf im afrikanischen Busch. Die Schüsse brachten acht Menschen - drei Frauen und fünf Männern - den Tod und ihm selbst das Ende einer hoffnungsvollen Karriere als Kolonialbeamter. Vierunddreißig Jahre später, am 19. Juli 1944, verhinderte der Major d.R. Koch - möglicherweise unter Einsatz des eigenen Lebens - in Nantua die Ermordung französischer Widerstandskämpfer durch SD und SS. Beide Entscheidungen folgten dem gleichen Denkmuster, das Kant 1785 in seiner "Grundlegung zur Metaphysik der Sitten" als kategorischen Imperativ zusammen fasste: "Handle nur nach derjenigen Maxime, durch die du zugleich wollen kannst, dass sie ein allgemeines Gesetz werde". Koch folgte einem inneren Gesetz, er erhob das eigene Handeln über jeweils geltendes Recht und brachte sich dadurch mehr als einmal in direkte Opposition zu seinen Vorgesetzten. Dass er nicht im Gefängnis oder am Galgen endete, grenzt an ein Wunder; jedenfalls stand er 1916 in England, 1934 während des so genannten Röhm-Putsches und 1944 in Südfrankreich jedes Mal kurz davor.

Keine Frage, Koch war kein einfacher Mensch und als Nachbar dürfte er unausstehlich gewesen sein. Er hat sich das Leben schwer gemacht, hat höchste Maßstäbe angelegt und ist mehr als einmal selbst daran gescheitert, in Kamerun, Angola und Witzenhausen. Dass er trotzdem immer wieder aufgestanden ist, nötigt zu einer gewissen Achtung.

Nur durch die im Nachlass erhaltenen Tagebücher und Dokumente war die Rekonstruktion seiner Biografie möglich. Weder im Archiv der ehemaligen Deutschen Kolonialschule noch im Bundesarchiv konnten wesentliche Informationen ermittelt werden. Winzige Mosaikteilchen wie die Erwähnung der ersten Veröffentlichung im Fragebogen der Reichsschrifttumskammer führten zur mikroverfilmten Deutschen Zeitung in der Staatsbibliothek Berlin und zu Kochs Pseudonym "Karl Gaskia". Dass Carl W.H. Koch identisch ist mit dem Leutnant d.R. Koch in Students "Kameruns Kampf 1914-16", dem Verfasser des "Ehrenbuchs der SA" Sturmhauptführer Karl W.H. Koch und Major Koch in den Vernehmungsprotokollen des Military Intelligence Service Centers der US Army - verfügbar im Internetauftritt der CIA - waren wesentliche Erkenntnisse.

Die umfangreichen Aktenbestände der ehemaligen Deutschen Botschaft Luanda im Archiv des Auswärtigen Amtes brachten Licht in Kochs Farmerleben in Angola und zeigten den unbequemen Zeitgenossen in seiner ganzen "Größe". Daneben waren es immer wieder winzige Splitter, die zum Gesamtbild beitrugen: Eine handschriftliche Widmung an die jüdische Ärztin Alice Gottschalk, die Bekanntschaft mit der Berliner Kriminalkommissarin Heide Gobbin, der Vermerk "Buchhalter" in der Solinger Meldekartei, eine Visitenkarte mit chinesischen Schriftzeichen im Bestand des Deutschen Historischen Museums Berlin. Überall steckten Geschichten, wohin man in Kochs Biografie auch griff.

Obwohl sich die Lebensgeschichte Carl W.H. Kochs in manchen Teilen wie ein Roman liest, hat er kaum sichtbare Spuren hinterlassen, nicht einmal in Witzenhausen, wo er fast vierzig Jahre lang lebte. Ein paar Jahre lang stand er im grellen Licht der Öffentlichkeit, erst in Berlin, später als Direktor der Deutschen Kolonialschule. Seine drei Afrika-Bücher wurden gekauft und gelesen, bis sie ebenso verboten wurden wie das Ehrenbuch der SA. Kochs Bedeutung in der deutschen Kolonialgeschichte ist gering, auch wenn er kurze Zeit dem Hauptausschuss der Deutschen Kolonialgesellschaft angehörte. Seine Vorstellung von Deutschlands kolonialer Größe deckte sich spätestens nach 1933 nicht mehr mit den Plänen maßgeblicher Kreise, er wurde kaltgestellt und von der großen Bühne verdrängt.

Ich finde, dass es sich lohnt, Kochs Geschichte zu erzählen. Sie zeigt, dass es auch vor hundert Jahren Menschen gab, die ihren ganz persönlichen Weg gingen und sich nicht mit gesellschaftlichen Gegebenheiten, mit Normen und Regeln abfinden wollten. "Laßt euch nicht behandeln. Behandelt selber." lässt Carl Bulcke seinen Protogonisten im Tagebuch-Roman "Silkes Liebe" schreiben, den Koch im Kameruner Busch las.

"Laßt euch nicht behandeln. Behandelt selber." - Und handelt dabei stets so, dass ihr vor euch selbst besteht.

So könnte Kochs Vermächtnis lauten.

Bibliografie

Bücher von Carl W.H. Koch

Vortrag zu den Lichtbildern der Deutschen Kolonialgesellschaft, Neu-Kamerun., Verfasst im Auftrage der Deutschen Kolonialgesellschaft von C. Koch, Als Manuskript gedruckt, Verlag der Deutschen Kolonialgesellschaft, Berlin, 1912

Die Stämme des Bezirks Molundu in sprachlicher, geschichtlicher und völkerkundlicher Beziehung, Baessler-Archiv, Leipzig und Berlin, 1913

Im toten Busch, Kameruner Erzählungen, R. Voigtländers Verlag in Leipzig, 1922

Das Lied des Landes, Erlebtes und Empfundenes aus Kamerun, R. Voigtländers Verlag in Leipzig, 1923

Kamerun, Erlebtes und Empfundenes, R. Voigtländers Verlag in Leipzig, Voigtländers Volksbücher Band 2, 1924

Im Tropenhelm, Kriegstagebuch eines Kamerunkämpfers, Friedrich Floeder-Verlag, Düsseldorf, 1931

Das Ehrenbuch der SA, Friedrich-Floeder-Verlag, Düsseldorf, 1934

Das Ehrenbuch der SA, Nibelungen-Verlag, Berlin-Leipzig, 1936

Männer im Braunhemd. Vom Kampf und Sieg der SA. Bis zur Gegenwart fortgeführte Auflage mit einem Ausklang von Kurt Maßmann, Verlag Herbert Stubenrauch, 1936

Im toten Busch, Kamerun-Geschichten, Koehler & Voigtländer Verlag Leipzig, 1941

Aufsätze von Carl W.H. Koch / Auswahl

An der Goldküste, Skizze aus einer westafrikanischen Faktorei, Deutsche Zeitung, 1905

Stimmungsbilder aus einer westafrikanischen Faktorei, Deutsche Zeitung, 1905

Unsere Verbindungen nach dem Hinterland von Kamerun und Nue-Kamerun, Kolonie und Heimat, 1911

Unter Kannibalen, Reclams Universum, 1913

Jagdbilder aus Südostkamerun, Wild und Hund, 1913

Die Gerätschaften der Eingeborenen von Südost-Kamerun, Kolonie und Heimat, 1913

Der Wald von Mokwabut, Kameruner Erzählung, Der Fährmann, 1922 und Köhlers illustrierter deutscher Kolonial-Kalender, 1930

Allerhand von Kameruner Menschenaffen, Reclams Universum, 1923

Im toten Busch, Zache: Das deutsche Kolonialbuch, 1926

Das Zwergvolk der Bagielli, Übersee- und Kolonial-Zeitung, 1930

Portugiesisch-Angola, Der Kolonialfreund, 1930

Die Kämpfe um Putu am Sanga, Kamerun-Post, 1931

Gedanken eines Überseedeutschen zur Kolonialfrage, Der Kolonialfreund, 1931

Allerlei von der Ostabteilung im Kameruner Feldzug, Kamerun-Post, 1931

Auf den Cap Verdeschen Inseln, Der Mittag, 1931

Kolonialpolitik ist Sozialpolitik, Übersee- und Kolonial-Zeitung, 1931

Kolonien und Kleinsiedler, Afrika-Nachrichten, 1931

Eine umstrittene Frage: Afrika als Siedlungsland für Kleinbauern, Der Gedanke der genossenschaftlichen Kleinsiedlung, Übersee- und Kolonial-Zeitung, 1932

Afrikanische Menschenaffen, Der Mittag, 1932

Allemagne et Colonies, L'Essor Colonial et Maritime, 1932

L'Allemagne et la Colonisation Africaine, L'Essor Colonial et Maritime, 1932

Was sollen Bauernsiedlungen in Afrika produzieren?, Übersee- und Kolonial-Zeitung, 1932

Ludwig Eckert, Ein Gedenkblatt, Kamerun-Post, 1933

Wie können Rundfunk und Film die Kolonialfrage fördern? in: Rundfunk und Film im Dienste nationaler Kultur, Friedrich Floeder-Verlag Düsseldorf, 1933

Deutsche Farmer in Angola, Afrika-Nachrichten, 1933

Als wir noch Schutztruppler waren..., Neue Berliner 12 Uhr-Zeitung, 1934

Fort in Kamerun, in: Werner v. Langsdorff, Deutsche Flagge über Sand und Palmen, 53 Kolonialkrieger erzählen, Verlag C. Bertelsmann, Gütersloh, 1936

Die deutsche Kolonialschule, Deutsche Kolonialzeitung, 1936

Die Deutsche Kolonialschule in Witzenhausen (Werra), Deutsche Kolonialzeitung, 1937

Der Tag von Djembe, in: Hans Ernst Pfeiffer, Heiß war der Tag, Das Kolonialbuch für das junge Deutschland, Verlag von Otto Janke, Leipzig, 1938

Typoskripte im Nachlass von Carl W.H. Koch

Der schwarze Sieg (Roman), 237 Seiten

Ein Farmer geht heute in den Urwald (Roman), 1. Fassung 176 Seiten

Ein Farmer geht heute in den Urwald (Roman), 2. Fassung 196 Seiten

Die drei Erdnüsse (Erzählung), 83 Seiten

Dröhnende Trommeln (Erzählung), 61 Seiten

Potta-Potta, Eine Geschichte aus Afrikas Urwald, 21 Seiten

Tuanga (Erzählung), 19 Seiten

Wehrhaftes Wild, Afrikanische Erlebnisse, 7 Seiten

Brandung, Nach einem Erlebnis an der ehemaligen englischen Goldküste, 5 Seiten

Mulodj, Nach einem Erlebnis erzählt, 11 Seiten

Im Tal des Buschbocks, Eine afrikanische Weihnachtsgeschichte, 7 Seiten

The Whiteman's Grave (unvollständig), 2 Seiten

Begebenheiten um Renate (Erzählung), 15 Seiten

Vom Zufall (Betrachtung), 4 Seiten

Kennspruch: Die Walfischjagd ist ein Teufelshandwerk, Tatsachenbericht eines Abwehroffiziers, 15 Seiten

Himmler und die militärische Abwehr, 11 Seiten

Neoafrikanische Glossen, 23 Seiten

Auswanderung - Paneuropa - Zentralafrikanische Siedlung, 7 Seiten

Tagebücher im Nachlass von Carl W.H. Koch

27.11.1909 - 24.12.1912, 208 Seiten

09.05.1918 - 30.04.1919, 286 Seiten

Umfangreiche militärische Notizen aus Kamerun 1914-1916

Benutzte Literatur / Auswahl (Bücher)

Ardenne/Caemmerer, In Wehr und Waffen, Ein Buch von Deutschlands Heer und Flotte, Union Deutsche Verlagsgesellschaft, Stuttgart, Berlin, Leipzig, 1912

Baum, Eckhard, Daheim und überm Meer, Von der Deutschen Kolonialschule zum Deutschen Institut für Tropische und Subtropischen Landwirtschaft in Witzenhausen, Der Tropenlandwirt, Sonderausgabe, 1997

Bölke, Jens, Zur Geschichte der Deutschen Kolonialschule in Witzenhausen, Aspekte ihres Entstehens und Wirkens, Schriften des Werratalvereins Witzenhausen e.V., 1995

Buchheit, Gert, Der deutsche Geheimdienst, Geschichte der militärischen Abwehr, Paul List Verlag, 1966

Bulke, Carl, Silkes Liebe, Verlag Carl Reißner, Dresden und Leipzig, 1902[770]

Cooper, Reginald Davey, Hunting and Hunted in The Belgian Congo, London 1914[771]

Croker, B.M., Ihre Familie, Engelhorns Allgemeine Roman-Bibliothek, Verlag J. Engelhorn, Stuttgart, 1907[772]

Dickhuth-Harrach, Gustav von, Wie wir uns zur Fahne durchschlugen, Erlebnisse von Auslandsdeutschen und Seeleuten im Weltkrieg, J.F. Lehmanns Verlag, München, 1922 - darin: Petersen, Erich Robert, Virgen del Socorro

Dippold, Max F., Kameruner Lesestücke aus der deutschen Kolonial- und Missionsliteratur, Édition Keyline, 2014

Eckert, Heinz A., Der gefesselte Hahn, Im Nahkampf mit der Résistance, Holsten-Verlag, Hamburg, 1959

Feusel, Adriane, A Photo Album About Women's History of Social Work, in: Vesna Leskošek, Vesna (Hg.), Teaching Gender in Social Work, ATHENA, 2009

Frobenius, Leo, Und Afrika sprach..., Bericht über den Verlauf der dritten Reise-Periode, Vita, Deutsches Verlagshaus, Berlin, 1912[773]

Haase, Lene, Meine schwarzen Brüder, Geschichten aus dem Urwald, Egon Fleischel & Co., Berlin, 1916[774]

---

770 Dieses Buch erwähnt Koch im Tagebuch 1909-1912
771 Dieses Buch erwähnt Koch im Tagebuch 1918
772 Dieses Buch erwähnt Koch im Tagebuch 1909-1912
773 Dieses Buch erwähnt Koch im Tagebuch 1918

Heimlich, Maren, Der Weg in die Welt, die Deutsche Kolonialschule Witzenhausen 1937, in: Publikationen zu Wissenschaftlichen Filmen, Göttingen, 1976

Herbert, Frederick William von, The Defence of Plevna, 1877, London, 1911[775]

Herzog zu Mecklenburg, Adolf Friedrich, Vom Kongo zum Niger und Nil, Berichte der deutschen Zentral-Afrika-Expedition 1910/1911, F.A. Brockhaus, Leipzig, 1912 (1923)

Heye, Alexander, Kriegstagebuch des weiland Major und Bataillons-Kommandeurs im 2. Nassauischen Infantierie-Regiment Nr. 88 Wilhelm Heye, Verlag Gerhard Stalling, Oldenburg, 1905

Hildebrand, Klaus, Vom Reich zum Weltreich, Hitler, NSDAP und koloniale Frage 1919-1945, Wilhelm Fink Verlag, München, 1969

Hoffmann, Florian, Okkupation und Militärverwaltung in Kamerun, Teil II: Die Kaiserliche Schutztruppe und ihr Offizierskorps, Cuvillier Verlag, Göttingen, 2007

Hördler, Stefan und Jacobeit, Sigrid, Lichtenburg, Ein deutsches Konzentrationslager, Metropol-Verlag, Berlin, 2009

Hulverscheidt, Marion, Der Weg in die Welt, Propagandafilme für deutsche Kolonialschulen, in: Das Vorprogramm, Eine französisch-deutsche Vergleichsstudie, A 25, Rhinfilm, Heidelberg-Strasbourg, 2015

Jütersonke, Max, Krieg im Urwald, in: Unter flatternden Fahnen, Deutscher Wille, Berlin, 1937

Keckeis, Gustav, Der Fährmann, Ein Buch für werdende Männer, Herder & Co., Freiburg i.Br., 1922

Linne, Karsten, Von Witzenhausen in die Welt, Ausbildung und Arbeit von Tropenlandwirten 1898-1971, Wallstein-Verlag, Göttingen, 2017

Miller, Francis Trevelyan (Hg.), True Stories of the Great War, Volume V, New York, 1917

Onnen, Jakobus, Festschrift zum 40jährigen Bestehen der Deutschen Kolonialschule Witzenhausen, DKS, 1938

Petersen, Erich Robert, Die Gummisucher, Aus dem Leben eines Kameruner Pflanzers, Safari-Verlag, Berlin, o.J.

[774] Dieses Buch erwähnt Koch im Tagebuch 1918
[775] Dieses Buch erwähnt Koch im Tagebuch 1918

Petersen, Erich Robert, Die weißen Häuser am Gummibusch, Fahrten und Taten im deutschen Kamerun, Franz Schneider Verlag, Berlin, Leipzig und Wien I, 1936

Petersen, Erich Robert, Durch Busch und Blockade, Kriegsfahrten Kameruner Schutztruppler, R. Thienemanns Verlag, Stuttgart, 1933

Pusztai, Gábor, An der Grenze - Das Fremde und das Eigene, dargestellt an Werken der deutschen und der niederländischen Kolonialliteratur in der ersten Hälfte des 20. Jahrhunderts von C.W.H. Koch, H. Grimm, M.H. Székely-Lulofs und W. Walraven, Verlag Peter Lang, Bern, 2007

Reile, Oskar, Der deutsche Geheimdienst im II. Weltkrieg, Westfront, Weltbild Verlag, 1989

Rosenwald, Walter, Die Herzoglich Nassauische Brigade im Feldzug 1866, Schellenberg'sche Verlagsbuchhandlung, Taunusstein, 1983

Sauer, Bernhard, Goebbels' „Rabauken", Zur Geschichte der SA in Berlin-Brandenburg. Erschienen in: Berlin in Geschichte und Gegenwart. Jahrbuch des Landesarchivs Berlin 2006

Schulte-Varendorff, Uwe, Krieg in Kamerun, Die deutsche Kolonie im Ersten Weltkrieg, Ch. Links Verlag, Berlin, 2011

Student, Erich, Kameruns Kampf 1914/16, Verlag Bernard & Graefe, Berlin, 1937

Tornau Joachim F., Ausbildungsziel Herrenmensch, Der agrarwissenschaftliche Fachbereich der Universität Kassel hat seine Wurzeln in der "Deutschen Kolonialschule", in: Frankfurter Rundschau, 2004,

Weigelt, Andreas, Umschulunglager existieren nicht, Zur Geschichte des sowjetischen Speziallagers Nr. 6 in Jamlitz 1945-1947, Brandenburgische Landeszentrale für politische Bildung, Potsdam, 2001

Wolff, Peter, Witzenhausen - 85 Jahre im Dienste der Agrarentwicklung in den Tropen und Subtropen, Der Tropenlandwirt, Beiheft Nr. 18, 1983

Wright, Arnold, Twentieth Century Impressions of Hongkong, Shanghai and other Treaty Ports of China, Lloyd's Greater Britain Publishing Company, 1908

Zache, Hans, Das deutsche Kolonialbuch, Wilhelm Andermann Verlag, Berlin-Schmargendorf und Leipzig, 1926

Zimmermann, Emil, Unsere Kolonien, Ullstein & Co., Berlin-Wien, 1912

Benutzte Literatur / Auswahl (Periodika)

Afrika-Nachrichten

Adressbuch Berlin

Adressbuch Mainz

Adressbuch Frankfurt

Adressbuch Hamburg

Amtsblatt für das Schutzgebiet Kamerun

Berliner Tageblatt

Der Deutsche Kulturpionier

Der Deutsche Tropenlandwirt

Der Spiegel

Deutsche Kolonial-Zeitung

Deutsche Übersee- und Kolonial-Zeitung

Deutsche Zeitung

Die Kolonial-Bücherei

Die Nachhut

Die Woche

Jambo

Kamerun-Post

Köhlers illustrierter deutscher Kolonial-Kalender

Kolonial-Handels-Adressbuch

Kolonie und Heimat

L'Essor Colonial et Maritime

Mitteilungen der Deutschen Kolonialgesellschaft

Reclams Universum

The Directory & Chronicle for China, Japan, Corea, Indo-China, Straits Settlements, Malay States, Siam, Netherlands India, Borneo, The Philippines, &C.

The Nottingham Evening Post

Völkischer Beobachter

Wild und Hund

Benutzte Archive und Bibliotheken

Alice-Salomon-Archiv, Berlin

Archiv der Deutschen Bank, Frankfurt (Akten Dr. Kurt Weigelt)

Politisches Archiv des Auswärtigen Amtes, Berlin

Archiv der ehemaligen Deutschen Kolonialschule, Witzenhausen

Bundesarchiv, Berlin

Deutsche Dienststelle

Deutsche Nationalbibliothek

Deutsches Historisches Museum, Berlin

Geheimes Staatsarchiv Preußischer Kulturbesitz, Berlin (Nachlass Dr. Heinrich Schnee)

Hessisches Hauptstaatsarchiv Wiesbaden

Internet-Datenbank ancestry.de

Internet-Datenbank der CIA

Internet-Datenbank Freiburg postkolonial

Internet-Datenbank des Internationalen Roten Kreuzes

Staatsarchiv München

Staatsarchiv Hamburg

Stadtarchiv Darmstadt

Stadtarchiv Hückeswagen

Stadtarchiv Solingen

Universitätsbibliothek Frankfurt

Zentralarchiv der französischen Militärjustiz, Le Blanc

Benutzte Archivbestände (Auswahl)

Unterlagen im Bundesarchiv (BArch):

Organisation Banane	NS 52/35
	NS 52/59
Studentenschaft Kolonialschule	NS 38/2014
	NS 38/2019
	NS 38/2186
	NS 38/3650
	NS 38/3764
	NS 38/4068
Reichsministerium des Innern	R 2301/6840
Kolonialschule Witzenhausen	R 8023/982
Berlin Document Center	VBS 1/1060018684
Reichsschrifttumskammer	R 9361/V 7122
Wikobe	R 9361/I 20745
Floeder-Verlag	R/56/V

Unterlagen im Geheimen Staatsarchiv Preußischer Kulturbesitz, Berlin:

Nachlass Dr. Heinrich Schnee	VI. HA NI Schnee, H. Nr. 25

Unterlagen im Politischen Archiv des Auswärtigen Amtes (AA):

Angola	R 71681
	Luanda 10/1

Unterlagen im Archiv der Deutschen Bank (DB-Archiv):

Handakten Dr. Weigelt	P 06370
	P 06372
	P 06362
	P 06363

Danksagung

Während meiner Recherchen haben mir zahlreiche Menschen zur Seite gestanden, denen ich nicht genug danken kann. Allen voran gilt mein Dank meiner lieben Frau Kathrin, die zeitweise den Eindruck hatte, Koch sei bei uns zur Untermiete eingezogen.

Besonders wertvoll war die Unterstützung durch Claudia Blaue vom DITSL in Witzenhausen, die mir den Zugang zum Archiv der ehemaligen Deutschen Kolonialschule ermöglichte. Über Frau Blaue lernte ich Frau Dr. Marion Hulverscheidt kennen, die für mich den Kontakt zum Alice-Salomon-Archiv herstellte. Ralf Engel sichtete die umfangreichen Aktenbestände zur deutschen Kolonialgeschichte im Bundesarchiv und stellte den Kontakt zu Dr. Gerhard Keiper vom Auswärtigen Amt her. Ihm verdanke ich die Möglichkeit zur Einsicht in die Akten der Länderabteilung sowie des ehemaligen deutschen Konsulats in Luanda, in denen eine rege Behördenkorrespondenz Carl W.H. Koch betreffend erhalten ist.

Ausgesprochen hilfreich waren die Hinweise von Tristan Oestermann, der im Rahmen seiner Disseratation über die Kautschukproduktion in Kamerun immer wieder Spuren von Carl W.H. Koch entdeckte.

Ganz wesentliche Informationen entdeckte ich im Historischen Archiv meines Arbeitsgebers Deutsche Bank AG, wo umfangreiche Akten die Aufsichtsratstätigkeit von Direktor Dr. Kurt Weigelt dokumentieren. Diese Akten wurden bis zum Mauerfall vom Zentralarchiv der DDR verwaltet und 1992 an die Bank zurückgegeben.

Ohne die nahezu unerschöpflichen Bestände an Kolonialliteratur, die in der Universitätsbibliothek Frankfurt zugänglich sind, wäre die Recherche an vielen Stellen an Grenzen gestoßen, die so mühelos überwunden werden konnten.

ISBN 978-3-7467-7458-9
9 783746 774589 0000
www.epubli.de